咸的历程
——明清以来云南石羊古镇城镇化研究

The Journey of Salty: The Research of Old Shiyang Town's
Urbanization in Yunnan Since Ming and Qing Dynasty

李陶红 著

中国社会科学出版社

图书在版编目（CIP）数据

咸的历程：明清以来云南石羊古镇城镇化研究／李陶红著．—北京：中国社会科学出版社，2019.12

（中国社会科学博士后文库）

ISBN 978-7-5203-5695-4

Ⅰ.①咸… Ⅱ.①李… Ⅲ.①城市史—研究—大姚县 Ⅳ.①K297.44

中国版本图书馆 CIP 数据核字（2019）第 271797 号

出 版 人	赵剑英
责任编辑	王　琪
责任校对	赵雪姣
责任印制	李寡寡

出　　版	中国社会科学出版社
社　　址	北京鼓楼西大街甲 158 号
邮　　编	100720
网　　址	http://www.csspw.cn
发 行 部	010-84083685
门 市 部	010-84029450
经　　销	新华书店及其他书店
印　　刷	北京君升印刷有限公司
装　　订	廊坊市广阳区广增装订厂
版　　次	2019 年 12 月第 1 版
印　　次	2019 年 12 月第 1 次印刷
开　　本	710×1000　1/16
印　　张	22.25
字　　数	422 千字
定　　价	118.00 元

凡购买中国社会科学出版社图书，如有质量问题请与本社营销中心联系调换

电话：010-84083683

版权所有　侵权必究

第八批《中国社会科学博士后文库》编委会及编辑部成员名单

（一）**编委会**
主　任：王京清
副主任：崔建民　马　援　俞家栋　夏文峰
秘书长：邱春雷
成　员（按姓氏笔画排序）：
　　　　卜宪群　王立胜　王建朗　方　勇　史　丹
　　　　邢广程　朱恒鹏　刘丹青　刘跃进　孙壮志
　　　　李　平　李向阳　李新烽　杨世伟　杨伯江
　　　　吴白乙　何德旭　汪朝光　张车伟　张宇燕
　　　　张树华　张　翼　陈众议　陈星灿　陈　甦
　　　　武　力　郑筱筠　赵天晓　赵剑英　胡　滨
　　　　袁东振　黄　平　朝戈金　谢寿光　樊建新
　　　　潘家华　冀祥德　穆林霞　魏后凯

（二）**编辑部**（按姓氏笔画排序）：
主　任：崔建民
副主任：曲建君　李晓琳　陈　颖　薛万里
成　员：王　芳　王　琪　刘　杰　孙大伟　宋　娜
　　　　张　昊　苑淑娅　姚冬梅　梅　玫　黎　元

序　言

博士后制度在我国落地生根已逾30年，已经成为国家人才体系建设中的重要一环。30多年来，博士后制度对推动我国人事人才体制机制改革、促进科技创新和经济社会发展发挥了重要的作用，也培养了一批国家急需的高层次创新型人才。

自1986年1月开始招收第一名博士后研究人员起，截至目前，国家已累计招收14万余名博士后研究人员，已经出站的博士后大多成为各领域的科研骨干和学术带头人。这其中，已有50余位博士后当选两院院士；众多博士后入选各类人才计划，其中，国家百千万人才工程年入选率达34.36%，国家杰出青年科学基金入选率平均达21.04%，教育部"长江学者"入选率平均达10%左右。

2015年年底，国务院办公厅出台《关于改革完善博士后制度的意见》，要求各地各部门各设站单位按照党中央、国务院决策部署，牢固树立并切实贯彻创新、协调、绿色、开放、共享的发展理念，深入实施创新驱动发展战略和人才优先发展战略，完善体制机制，健全服务体系，推动博士后事业科学发展。这为我国博士后事业的进一步发展指明了方向，也为哲学社会科学领域博士后工作提出了新的研究方向。

习近平总书记在2016年5月17日全国哲学社会科学工作座谈会上发表重要讲话指出：一个国家的发展水平，既取决于自然科学发展水平，也取决于哲学社会科学发展水平。一个没有发达的自然科学的国家不可能走在世界前列，一个没有繁荣的哲学社会科学的国家也不可能走在世界前列。坚持和发展中国特色社会主义，需要不断在实践和理论上进行探索、用发展着的理论指导发展着的实践。在这个过程中，哲学社会科学具有不可替代的重要地位，哲学社会科学工作者具有不可替代的重要作用。这是党和国家领导人对包括哲学社会科学博士后在内的所有哲学社会科学领域的研究者、工作者提出的殷切希望！

中国社会科学院是中央直属的国家哲学社会科学研究机构，在哲学社会科学博士后工作领域处于领军地位。为充分调动哲学社会科学博士后研究人员科研创新积极性，展示哲学社会科学领域博士后优秀成果，提高我国哲学社会科学发展整体水平，中国社会科学院和全国博士后管理委员会于2012年联合推出了《中国社会科学博士后文库》（以下简称《文库》），每年在全国范围内择优出版博士后成果。经过多年的发展，《文库》已经成为集中、系统、全面反映我国哲学社会科学博士后优秀成果的高端学术平台，学术影响力和社会影响力逐年提高。

下一步，做好哲学社会科学博士后工作，做好《文库》工作，要认真学习领会习近平总书记系列重要讲话精神，自觉肩负起新的时代使命，锐意创新、发奋进取。为此，需做到以下几点：

第一，始终坚持马克思主义的指导地位。哲学社会科学研究离不开正确的世界观、方法论的指导。习近平总书记深刻指出：坚持以马克思主义为指导，是当代中国哲学社会科学区别于其他哲学社会科学的根本标志，必须旗帜鲜明加以坚持。马克思主义揭示了事物的本质、内在联系及发展规律，是"伟大的认识工具"，是人们观察世界、分析问题的有力思想武器。马克思主义尽管诞生在一个半多世纪之前，但在当今时代，马克思主义与新的时代实践结合起来，越来越显示出更加强大的生命力。哲学社会科学博士后研究人员应该更加自觉坚持马克思主义在科研工作中的指导地位，继续推进马克思主义中国化、时代化、大众化，继续发展21世纪马克思主义、当代中国马克思主义。要继续把《文库》建设成为马克思主义中国化最新理论成果的宣传、展示、交流的平台，为中国特色社会主义建设提供强有力的理论支撑。

第二，逐步树立智库意识和品牌意识。哲学社会科学肩负着回答时代命题、规划未来道路的使命。当前中央对哲学社会科学愈发重视，尤其是提出要发挥哲学社会科学在治国理政、提高改革决策水平、推进国家治理体系和治理能力现代化中的作用。从2015年开始，中央已启动了国家高端智库的建设，这对哲学社会科学博士后工作提出了更高的针对性要求，也为哲学社会科学博士后研究提供了更为广阔的应用空间。《文库》依托中国社会科学院，面向全国哲学社会科学领域博士后科研流动站、工作站的博士后征集优秀成果，入选出版的著作也代表了哲学社会科学博士后最高的学术研究水平。因此，要善于把中国社会科学院服务党和国家决策的大智库功能与《文库》的小智库功能结合起来，进而以智库意识推动品牌意识建设，最终树立《文库》的智库意识和品牌意识。

第三，积极推动中国特色哲学社会科学学术体系和话语体系建设。改革开放30多年来，我国在经济建设、政治建设、文化建设、社会建设、生态文明建设和党的建设各个领域都取得了举世瞩目的成就，比历史上任何时期都更接近中华民族伟大复兴的目标。但正如习近平总书记所指出的那样：在解读中国实践、构建中国理论上，我们应该最有发言权，但实际上我国哲学社会科学在国际上的声音还比较小，还处于有理说不出、说了传不开的境地。这里问题的实质，就是中国特色、中国特质的哲学社会科学学术体系和话语体系的缺失和建设问题。具有中国特色、中国特质的学术体系和话语体系必然是由具有中国特色、中国特质的概念、范畴和学科等组成。这一切不是凭空想象得来的,而是在中国化的马克思主义指导下,在参考我们民族特质、历史智慧的基础上再创造出来的。在这一过程中,积极吸纳儒、释、道、墨、名、法、农、杂、兵等各家学说的精髓,无疑是保持中国特色、中国特质的重要保证。换言之,不能站在历史、文化虚无主义立场搞研究。要通过《文库》积极引导哲学社会科学博士后研究人员:一方面,要积极吸收古今中外各种学术资源,坚持古为今用、洋为中用;另一方面,要以中国自己的实践为研究定位,围绕中国自己的问题,坚持问题导向,努力探索具备中国特色、中国特质的概念、范畴与理论体系,在体现继承性和民族性,体现原创性和时代性,体现系统性和专业性方面,不断加强和深化中国特色学术体系和话语体系建设。

新形势下,我国哲学社会科学地位更加重要、任务更加繁重。衷心希望广大哲学社会科学博士后工作者和博士后们,以《文库》系列著作的出版为契机,以习近平总书记在全国哲学社会科学座谈会上的讲话为根本遵循,将自身的研究工作与时代的需求结合起来,将自身的研究工作与国家和人民的召唤结合起来,以深厚的学识修养赢得尊重,以高尚的人格魅力引领风气,在为祖国、为人民立德立功立言中,在实现中华民族伟大复兴中国梦征程中,成就自我、实现价值。

是为序。

中国社会科学院副院长
中国社会科学院博士后管理委员会主任
2016 年 12 月 1 日

摘　要

"滇之大，惟铜与盐"，盐在云南历史中占据重要位置。石羊古镇，历史上称"白盐井"，为云南重要的盐产区之一，当地"有盐在先""皆以盐故"。

在"因盐而兴"的城镇化阶段，石羊古镇因盐形成"以卤代耕"的盐业社会。在石羊古镇盐业社会，井盐的生产形成专门的行业分工。石羊古镇因盐形成市场，市场带动当地形成区域性经济中心、政治中心、文化中心。石羊古镇因盐促进人的流动，多元的宗教表现形式、多样的饮食、杂糅的风俗观念等都成为石羊古镇的移民性表达。

在"因盐而衰"的城镇化阶段，石羊古镇的井盐产量减少，销售圈随之不断缩减，盐业社会呈衰落之势；同时在政策主导下封闭市场形成，石羊古镇往昔的市场渐失风华。盐业社会衰落的同时，当地社会也在悄然变化，多元生计取代"以卤代耕"的生计模式，盐业组织退场，人的流动性减弱。

在"因盐复兴"的城镇化阶段，石羊古镇重拾盐业社会的文化价值，以当地自1995年被命名为"云南省首批历史文化名镇"为推力，石羊古镇走出了一条"千年盐都、祭孔圣地、文化名邦"的旅游开发之路。人的流动渐频，人的流动之上也实现着文化的流动在城镇化建设过程中，实现着政府与民众共建的城镇化阶段。

在历时性的城镇化研究中，笔者以"盐"为切入点，意在抽离出在长时段的城镇化中，影响石羊古镇城镇化的关键因素：资源、市场、人的流动、国家角色。

资源要素。当地的盐业资源在城镇化中扮演关键角色，城镇化随盐而变，呈现阶段式的资源优势。自石羊古镇盐业开采时期，当地的盐业资源开始实现从天然的自然资源到经济资源的蜕变。作为经济资源的盐带来了人群的聚集效应、文化的多元共融、不断扩张的市场。当盐作为经济资源的优势不再，当地的城镇化走向了一条以开发当地盐业社会历史文化资源为主导的旅游开发之路，以盐作为当地文化资源符号，通过旅游将文化资源转化为经济资源，这一过程实现了盐作为文化资源、经济资源的互换。

市场要素。笔者的市场要素不仅有作为单纯经济自由市场的考量，也有将市场看作复合的交换场域，是经济、政治、文化，乃至象征资本的转换和交换场所。在石羊古镇市场的考量过程中，政治市场、文化市场等在很大程度上主导盐的交换及盐业价值的生成。传统盐业时代盐的销售区域和食盐价格并不必然受纯市场规律控制，而是成了国家权力、地方利益等各种政治诉求相互博弈和妥协的均衡结果。在旅游时代，当地的盐作为文化资本、象征资本又重新在市场中发挥功效，这一时期的市场主要是文化市场的建构与生成过程。

人的流动要素。笔者意在将城镇化作为非农人口聚集维度考量的基础上，增加人的流动这一要素，将人的流动与异质性也作为城镇化的一个关照对象，与传统的城镇化定义形成对话与补充。综观石羊古镇的城镇化，不管是长期的移民还是短期的集市贸易、旅游等形式，都促成了城镇空间中人这一核心要素的信息共享与文化交流，"城镇"在人的流动过程中变得鲜活。

国家角色要素。石羊古镇的城镇化和国家角色深深嵌合在一起，地方的城镇发展脉络，蕴含于国家角色和"国家话语"的深刻理解之中。在石羊古镇城镇化的三个典型阶段，国家呈现不同角色，从官民互动到国家藏匿到国家主导。

关键词：城镇化；石羊古镇；盐；市场；人的流动

Abstract

"Salt and copper make Yunnan powerful", Salt plays a very important role in the history of Yunnan. Old Shiyang town is one of the main salt productions areas of Yunnan province. Pondering the importance of salt in the history of Shiyang's urbanization, the starting point of this thesis is salt.

In the period of salt prosperity urbanization, old Shiyang town is a salt society rather than an agricultural society. In this society, there are profession division of labor basing on the well salt production. The salt market has formed which also bring about the prosperous of the economy, politics and culture, all of these make Shiyang become the center of local area. Salt production also bring about population mobility which can be presented by the diversity of religion, food and custom.

In the period of salt decline urbanization, the Shiyang's prosperity has disappeared because of the reducing salt productivity, salt distribution shrinking and government market closing policy. The livelihood has transformed from salt production to multivariate production; the salt industry organization has disappeared; the mobility of people has subsided.

In the period of salt revival urbanization, old Shiyang town retrieves salt culture to revival local society. Local people take the opportunity of the project "Historical and cultural towns" of Yunnan province to have formed the tourism development rout. Populations begin to flow frequency as well as the exchange between different cultures. In this period, local people and local government spare no effort to get high level of urbanization.

From the perspective of urbanization history and salt, the author wants to find out some basic elements that influence the process of Shiyang town's urbanization. These elements are resource, market, population movement and the role of state.

Resource Element. Salt plays a very important role in the process of Shiyang's urbanization. The procedure of urbanization can be changed as salt industry changing. From the beginning of salt resource exploration, the nature resource begins to change into economic resource, which brings about the multifold effects such as popular gatherings, cultural integration and market expansion. When the salt had not been the economic resource, the urbanization of Shiyang relies on the strategy of salt history and cultural tourism, which view salt as cultural resource rather than economic resource. In fact it is an interaction between culture and economy.

Market Element. The author views the market not only as the pure free economic element but also as the fusion of economy, politics, culture and even the symbol capital. Pondering the development of Shiyang market, politics and culture elements control the exchange of salt resource. In the traditional age, the salt's sale region and sale price are not decided by market but by the conspiracy between state power and local benefit. With the coming of tourism era that is a generating process of cultural market as a fact, salt plays a role again as the capital of culture and symbol. The period, the market is mainly the process of construction and generation of cultural market.

Population Mobility. The author aims to emphasize the transformation from rural people to urban people. This means that the population movement and population diversity are an index of urbanization, which can dialogue with, and supplement to the former researches. When retrieve the history of old Shiyang town, the longterm immigration, the short-term marketing and the tourism have promoted people's information sharing and culture exchange. The old town has become vivid as population mobility.

The Role of State. The urbanization of old Shiyang town has inserted with country's role, which means that when we considering the local urbanization, we must pay much attention to the state system and state discourse. The different periods of Shiyang's urbanization have presented different roles of state-from interaction between officials and people to state concealment and then to state led.

Key words: Urbanization; Old Shiyang Town; Salt; Market; Population Mobility

目　录

引　言 …………………………………………………………（1）

第一章　导论 …………………………………………………（2）
    第一节　研究问题的提出 …………………………………（2）
    第二节　田野点概况 ………………………………………（5）
    第三节　研究综述 …………………………………………（9）
    第四节　问题意识与核心概念 ……………………………（36）
    第五节　研究视角与方法 …………………………………（40）
    第六节　研究优势与困难 …………………………………（43）

第二章　盐业社会的形成与发展 ……………………………（47）
    第一节　盐业生产的传说与信仰 …………………………（53）
    第二节　盐业生产与分工 …………………………………（66）
    第三节　盐业生产组织 ……………………………………（78）
    第四节　官民互动的城镇建设 ……………………………（87）
    第五节　文学创作中的盐业社会 …………………………（99）

第三章　市场的形成与发展 …………………………………（108）
    第一节　盐业贸易与盐销售圈 ……………………………（109）
    第二节　盐业生产资料市场 ………………………………（116）
    第三节　其他市场 …………………………………………（119）
    第四节　从经济中心到政治中心、文化中心 ……………（125）

第四章　移民社会与城镇文化 (139)
第一节　白盐井人口与移民 (143)
第二节　城镇文化的移民性 (163)

第五章　因盐而衰的城镇化 (173)
第一节　盐业市场的隐退 (173)
第二节　"移卤就煤"的未完成与盐厂时代的挣扎 (183)
第三节　"水淌石羊"：石羊的苦难记忆 (186)
第四节　"以卤代耕"到多元生计 (193)
第五节　人口与人的流动 (196)

第六章　因盐而衰的城镇化阻碍 (204)
第一节　资源的"诅咒" (204)
第二节　行政力量：动力到阻碍 (218)
第三节　天灾人祸的制约 (232)

第七章　因盐复兴的石羊古镇 (242)
第一节　从"石羊镇"到"石羊古镇" (242)
第二节　旅游与文化的资本化 (250)
第三节　人的流动与人的城镇化 (267)
第四节　政府主导与民众参与的城镇化 (277)

第八章　结论：石羊古镇的城镇化 (291)
第一节　资源：城镇化的先天赋予 (294)
第二节　市场：城镇化的关键 (300)
第三节　人的流动：城镇化的活力与个性 (303)
第四节　国家在城镇化中的角色 (311)
第五节　"文化"的城镇化 (317)

参考文献 (320)

索　引 (329)

后　记 (331)

Contents

Foreword ·· (1)

Chapter 1 Introduction ··· (2)

Quarter 1 The Proposal of the Research Question ················· (2)
Quarter 2 Overview of the Field ··· (5)
Quarter 3 Literature Review ··· (9)
Quarter 4 Problem Consciousness and Core Concepts ·········· (36)
Quarter 5 Research Perspectives and Methods ···················· (40)
Quarter 6 Advantages and Difficulties of Research ··············· (43)

Chapter 2 Formation and Development of Salt Society ········· (47)

Quarter 1 Legends and Beliefs of Salt Production ················ (53)
Quarter 2 Salt Production and Division of Labor ··················· (66)
Quarter 3 Salt Production Organizations ······························ (78)
Quarter 4 Interaction between the Government and the
 People ·· (87)
Quarter 5 Salt Society in Literary Creation ·························· (99)

Chapter 3 Market Formation and Development ···················· (108)

Quarter 1 Salt Trade and Salt Sales Circles ······················· (109)
Quarter 2 Market for Factors of Salt Production ·················· (116)
Quarter 3 Other Markets ·· (119)
Quarter 4 From Economic Center to Political Center and

  Cultural Center ……………………………………………（125）

Chapter 4 Immigrant Society and Urban Culture ……………（139）

 Quarter 1 Population and Immigration in Baiyanjing …………（143）
 Quarter 2 The Migration Performance of Urban Culture ………（163）

Chapter 5 The Declining Urbanization Caused by the Salt ……（173）

 Quarter 1 The Recession of Salt Market ……………………（173）
 Quarter 2 The Unfinished "Moving Factory" ………………（183）
 Quarter 3 The Flood: The Miserable Memory of Shiyang ……（186）
 Quarter 4 Multiple Livelihoods ………………………………（193）
 Quarter 5 Population and Population Mobility ………………（196）

Chapter 6 Obstacles to Urbanization Declining Because of Salt ……………………………………………（204）

 Quarter 1 Curse of Resources …………………………………（204）
 Quarter 2 Administrative Force: Power to Obstacles …………（218）
 Quarter 3 Restrictions of Natural and Man-made Disasters ……（232）

Chapter 7 Reviving Because of Salt ………………………………（242）

 Quarter 1 From "Shiyang Town" to "the Old Shiyang Town" ……………………………………………（242）
 Quarter 2 Tourism and Cultural Capitalization ………………（250）
 Quarter 3 Population Mobility and Urbanization of People ……（267）
 Quarter 4 Government-Led and Citizen-Involved Urbanization ……………………………………（277）

Chapter 8 Conclusion: Urbanization of the Old Shiyang Town ………………………………………………（291）

 Quarter 1 Resources: Congenital Endowment of Urbanization ……………………………………（294）

Contents

Quarter 2　Market: The Key to Urbanization	(300)
Quarter 3　Population Mobility: Vitality and Individuality of Urbanization	(303)
Quarter 4　The Role of the State in Urbanization	(311)
Quarter 5　Urbanization of "Culture"	(317)
Bibliography	(320)
Index	(329)
Postscript	(331)

引　言

本书试图讲清楚一个故事，一个关于地处西南一隅的石羊古镇，其城镇化在时间的洗练中是如何蜕变的。

城镇化本身具有作为系统工程的复杂性，就此，笔者一直在探寻哪些关键有效的要素可以清楚勾画出当地城镇化脉络？不可置疑，石羊古镇的城镇化受多重因素的影响，在多重因素的影响之下，当地却又呈现出清晰的城镇发展脉络。即当地因盐而形成地方发展的特殊资源禀赋，石羊古镇城镇化历程溢满盐的气息与滋味，呈现"因盐而兴""因盐而衰""因盐复兴"的城镇化阶段。

因此，为了讲清楚石羊古镇的"城镇化"历程，笔者切入"物的社会生命"研究视角，将当地的"盐"作为故事的主角，即"咸的历程"。盐之咸作为人类天性中非常普遍的味觉体验，且是不可或缺的体验，在当地城镇化中扮演了重要角色。盐在城镇化的不同阶段扮演了不同的资源优势，呈现阶段式的资源优势特征，当地盐业资源的变迁史也就是一部石羊古镇的城镇化历程史。"咸的历程"由此展开……

第一章 导 论

第一节 研究问题的提出

一 研究缘起

2012年7月,云南大学民族研究院的老师和学生近20人到云南楚雄彝族自治州大姚县的石羊古镇进行了为期10天的田野调查。笔者作为当地人,也参与了这次田野调查。在田野调查的过程中,每天均有同学们的调查分享会,他们所发现的资料——当地是过去滇中地区的"滇戏窝子";方圆不足两千米的石羊古镇,在中华人民共和国成立以前仍可以容纳10000余人;传统的盐业时代,往来盐商不断,当地夜市小有名气;盐业时代所产食盐,兴盛时占了整个云南省产盐量的1/4……这些都是笔者所未耳闻的,无疑激起了笔者的好奇心。

在调查中,老人们向笔者分享了他们所亲历的1936年红军到石羊开仓分盐,当脚夫背私盐,石羊古镇的"甘罗布张"四大家族,石羊古镇著名历史人物等。老人越讲越有劲,时而手舞足蹈,时而泪眼涟涟,逝去历史的辛酸、荣耀,经过他们的口述,成了活的书页。古镇的历史也在老人道不尽、说不完的记忆中,一点点清晰。

2013年8月,笔者有幸考入中山大学继续深造,面对"早定题,早准备"的博士论文压力,笔者也在思考适合自己的田野点,当时,首先蹦出来的就是石羊古镇。除了基于情感的选择外,笔者亦将石羊古镇纳入学术研究的考量,因石羊古镇对理解云南的历史具有一定代表性。在云南的史书中,有"滇南大政,惟铜与盐"①的记载,可以看到盐对于理解云南历史的特殊性与重要性。另外,在1995年获得"云南省第一批历史文化名镇"的三个小镇:楚雄州大姚县的石羊古镇、楚雄州禄丰县的黑井古镇、曲靖会泽县的娜姑古镇中,石羊古镇和黑井古镇因历史上产盐而出名,娜姑古镇因历史上产铜而出名。从"云南省第一批历史文化名镇"的名单中,也可以看到石羊古镇因盐业地位所具有的历史文化遗产价值。

同时,笔者关注了现有盐业社会的研究,在相关文献的梳理过程中,发现从历史学来关注盐业社会的研究很多,但多从宏观的经济、政治角度来剖析,而运用地方性资料,结合田野调查展开的研究较少。从井盐的研究来看,川盐的研究已经较为成熟,而滇盐的研究尚欠火候。从地方文献、地方小历史等来切入,关注地方性,皆是可以继续深入研究的。同时,在搜索文献的过程中,笔者得知赵世瑜教授到石羊古镇进行过调查,就石羊古镇刻于清代道光二十一年(1841年)的"封氏节井"浮雕,发表了《图像如何证史:一幅石刻画所见清代西南的历史与历史记忆》②的论文。当地不显眼的浮雕,赵世瑜教授竟然可以"大书特书",这也证明了做此地的研究还有很大空间的判断。带着这些前期的发现,笔者向导师周大鸣教授汇报了自己初步的想法。只是当时与导师交流的时候,笔者要做的主题还比较模糊。

有幸的是,笔者于2014年7月随导师一起到山西省介休市进行学术调查,所调查的田野点——洪山镇因水资源的开发与利用呈现"因水而兴""因水而衰"的历史发展脉络,这样的历史再拉回到云南的石羊古镇也如出一辙,石羊古镇因盐业资源的开发与利用形成"因盐而兴,因盐而衰,因盐复兴"的历史脉络。且这两种不同历史地域催生的发展脉络,皆出自当地人自己对地方历史的总结。南北差异性较大的两个地点,却因资源形成大致相同的历史发展脉络,这引起了笔者的兴趣。这样的资源型城镇还有很多,如山西的很多地方,过去因煤炭的开采而兴盛,近年因煤炭行业的衰落呈现不景气的气象,面临着产业转型的困境。在国内和国外,中国辽宁阜新、美国阿巴拉契亚、苏联巴库等矿业城市,都不乏因矿业资源采

---

① (清)檀萃:《滇海虞衡志》,云南人民出版社1990年版,第65页。
② 赵世瑜:《图像如何证史:一幅石刻画所见清代西南的历史与历史记忆》,《故宫博物院院刊》2011年第2期。

竭而形成"矿竭城衰"的"鬼城"例子。"逝去的铜都""隐存的白金时代"等,皆揭示了资源型城镇面临的"资源诅咒"危机。但是,也有一些城镇,并未陷入"资源诅咒"的陷阱,通过巧妙转型避免了城镇的衰落。

由此,资源的开发与利用所引发的地方社会变迁是显而易见的。笔者带着这样的困惑,与导师交流,细致介绍了石羊古镇"因盐而兴""因盐而衰""因盐复兴"的历史发展脉络。导师凭借敏锐的学术感知力,启发笔者从盐业资源的开发与利用角度,来研究石羊古镇的特殊城镇化过程。经导师的提点,笔者的研究主题与思路渐为明晰。因明清时期是历史上石羊古镇最为繁荣的时期,加之相关的历史资料也足以支撑这一时期的城镇化研究,因此笔者的石羊古镇城镇化研究选择明清以来为关注时段。具体的研究中,将石羊古镇城镇化分为三个时间段来进行关注:"因盐而兴"的城镇化阶段、"因盐而衰"的城镇化阶段、"因盐复兴"的城镇化阶段,即传统盐业时代的城镇化阶段、工业化时代的城镇化阶段、旅游时代的城镇化阶段。

二　田野过程

2014 年 8 月至 2015 年 9 月,笔者深入石羊古镇,针对自己的研究,展开资料的收集及田野调查。田野调查期间收集到的地方性资料有家谱六部、村史一部、《大姚县志》《大姚年鉴》、雍正《白盐井志》、乾隆《白盐井志》、光绪《续修白盐井志》、民国《盐丰县志》、民国九年《盐丰县地志》、民国二十一年《盐丰地志》《大姚县地名志》《大姚县盐业志》《楚雄州盐业志》等。在县政协文史资料编辑部获《大姚文史资料》全集;在大姚县档案馆查阅到石羊镇档案资料、县民宗局档案资料、县文化局档案资料等;在大姚县图书馆查阅了《楚雄州文史》资料合辑及其他资料;在石羊诗书画协会获得《石羊诗词书画》自 1992 年至今的合辑。另外还接触了大姚县宣传部、大姚县民宗局、大姚县统计局、大姚县文物局、石羊镇政府、石羊镇派出所、石羊镇石羊村委会等十余家单位了解情况与收集资料。在调查期间,还参加了石羊古镇的祭孔仪式等较有代表性的地方活动。整个田野过程中有关键报道人 1 位,重点访谈 20 余位,共涉及访谈人员 100 余人。田野期间生成照片及文字资料图片有 4000 多张;收集到的书籍有 30 余本;整理出的文字资料约 35 万字。

第二节　田野点概况

石羊古镇又称石羊镇，即历史上的白盐井，位于云南省楚雄彝族自治州大姚县西北部，距县城35千米。全镇的行政辖区总面积407平方千米，东西横距24.4千米，南北最大纵距33.35千米，总面积410.27平方千米，年平均气温为14.8℃，年降水量为883毫米。石羊镇平均海拔为2064.5米。人口2.8万人，有汉、彝、白、哈尼、回、傣、苗等11个少数民族共6365人，占人口总数的23%，其中彝族占18%，回族占0.85%，其他民族占1.75%，是一个多民族聚居镇。① 东与县华、新街两乡相邻，南接七街，并与姚安县左门乡接壤，西连三岔河乡，北接三台。整体位于大姚县的中心地带，在交通方面占据重要位置，大姚县境内的三岔河、三台、铁锁三个乡的公路交通均途经石羊镇，同时，石羊镇也是通往周边大理州的祥云、宾川等地的便捷之地。

石羊古镇镇区位于西北—东南向的河谷中，呈狭长形，沿香河（又名香水河）分布，海拔为1590米，镇区人口5000余人。② 镇区内曾设有中学、小学、电影院、卫生院、文化站、粮所、客运站等。镇区自南向北由文联村、龙泉街、绿萝街、宝泉街、羊泉街、象岭街组成。石羊古镇镇区主要是现石羊古镇沿香河两岸南北关范围之内面积约2平方千米的区域，与历史上石羊古镇盐业开采范围的白盐井大致重合，③ 石羊古镇镇区范围

---

① 大姚县地方志编纂委员办公室：《大姚县志（1978—2005）》，云南人民出版社2010年版，第30页。
② 楚雄州勘探规划设计院：《大姚县石羊古镇旅游区总体规划（2005—2020）》，内部资料，2005年，第8—9页。
③ 历史上的石羊古镇因盐业开发，也有"白盐井"之名，后因行政建制需要改为"石羊镇"，并一直沿用至今，因此，本书中所提及的"白盐井""白井""美盐井""石羊古镇""石羊镇区"为同一个地域范畴。同时，在后文中，笔者还会提到"石羊镇域"的概念。镇域（administrative region of town）指镇人民政府行政的地域。镇区指（seat of government of town）镇人民政府驻地的建成区和规划建设发展区。镇域与镇区概念参见中华人民共和国建设部等编著《镇规划标准（Standard for planning of town）GB 50188—2007》，北京科文图书业信息技术有限公司，2006年。

也就是笔者所要关注的关键研究地域范围。白盐井地方的资源特质决定了当地的城镇形态，白盐井盐业开采的范围成为地方城镇化的区域范围基底。白盐井盐井的集中，使作为盐业生产基本资料的卤水较集中。以盐业为依托和中心，促进其他生产资料的聚集，生产的主体也因之聚集，作为经济中心、文化中心、政治中心的白盐井城镇地位因之形成。盐从卤水中提取，为节省运费，食盐的生产工作仅能在卤水所在地进行，因此，白盐井的城镇空间格局就是以盐井为中心铺展开来的。白盐井城镇的形成，取决于卤水资源的分布，因而也制约了城镇发展的空间，城镇发展形成有限的空间维度。

图1—1　石羊镇示意图①

----

① 资料来源：大姚县地方志编纂委员办公室《大姚县志（1978—2005）》，云南人民出版社2010年版。

第一章 导论

石羊古镇旧名白盐井，民国时期改名盐丰县。在明洪武十五年（1382年），于姚安设姚安府。洪武二十七年（1394年）姚安府升为军民府，领姚州、大姚县及白盐井提举司。清乾隆三十五年（1770年），废姚安府，将姚州、大姚县、白盐井改属楚雄府。石羊古镇自汉代以来生产食盐，"西汉在蜻蛉县（今大姚县）白盐井（今石羊镇）发现食盐并开采"①，因盛产食盐之故，石羊古镇的城镇化发展呈现出鲜明的"因盐而兴""因盐而衰""因盐复兴"的历程。石羊古镇有很多的传说，其中，关于"盐"的传说最具影响力。"石羊"这个名称即来源于一个古老而美丽的传说。相传很久以前，有一位美丽的牧羊女，有一天在放羊的时候突然发现少了一只羊，但回到家清点时发现羊又在了，第二天也是如此。于是第三天，她就目不转睛地盯着羊群，看看会发生什么事。不一会儿，就看见有一只羊钻进树林深处的池塘中不见踪影，牧羊女就在这只羊停留过的池塘不停地挖，想把白羊找出来。于是过了无数天，池塘变成了深井，而白羊也变成了石羊。石羊嘴里流出了清清的泉水，这股泉水就是卤水，这口深井就叫作石羊井。这个传说经过了时间的演变，发生了有趣的变化，故事的主体不变，但是人物形象和细节却增加了很多神话成分。现在石羊人普遍记忆中的这个传说，已经变成了"龙女牧羊"的故事。

据当地文献记载，最先开发白井盐的民族为白蛮（白族先民），白蛮尚白，因而所开发之盐井称为白井。②蜀汉建兴三年（225年），"诸葛亮武侯五月渡泸，亦收其金银盐布以益军储"。诸葛亮班师回蜀中（成都）后，白盐井即远销四川、西藏。十四年（236年），张嶷"开通旧道，千里肃清，复古亭驿"，丝绸之路畅通，往来盐商沿南方丝绸之路云集白井，中原文化随之传入蜻蛉。③到了唐代天宝年间，南诏和唐代边疆官吏发生矛盾，县域白蛮向西迁入大理，继续开发白井食盐的为乌蛮（彝族的先民）。五代末至宋，白盐井属大姚堡千户所，隶属大理万户府，由大理段氏政权统辖。西汉至宋，食盐销售惟民自便，民煎民销。④元三年（1266年）五月，置白盐井榷税官，秩正七品，建立了盐政机构，主管食盐统购和销售，当时的食盐实行"灶煎官收，商运商销"的形式。在明洪

---

① 大姚县地方志办公室：《大姚县盐业志》，内部资料，2002年，第1页。
② 同上书，"概述"部分第1页。
③ 同上。
④ 同上。

武十五年（1382年）置白盐井盐课提举司。在清代，由于地方官吏采取"计口授盐"，甚至"无盐有课"，激起民愤，于清嘉庆二年（1797年）发生"盐祸"。清嘉庆四年（1799年）改为灶煎商销，盐商向提举司购买盐票到指定灶户领盐后运销各地。光绪、宣统年间，白盐井食盐划定行销范围为24个府、厅、县、地区，年销969万斤盐。[①]

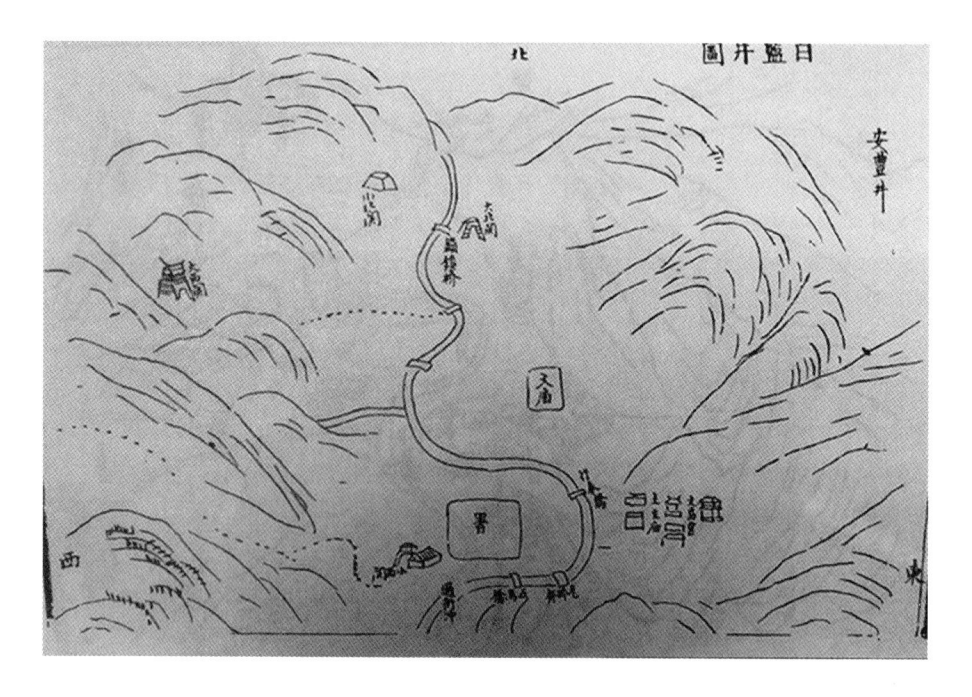

图1—2 盐业时代白盐井地形图[②]

民国元年（1912年）置盐丰县，现石羊镇区设为盐丰县县城。地方政权与盐政分治，井场隶属省实业公司，白井场署置督煎督销局。中华人民共和国成立之后，为解决民众日常的食盐需求，采取财政补贴制盐薪本，统一全省的盐价。1955年，白井盐场更名为白井盐厂，隶属于云南省盐务管理局。1958年，大姚、盐丰两县合并置大姚县，食盐销售归大姚县商业局管理。1964—1968年，楚雄的一平浪盐厂建成投产，而石羊盐厂煎

---

① 大姚县地方志办公室：《大姚县盐业志》，内部资料，2002年，"概述"第1—2页。
② 资料来源：《白盐井图》，雍正《白盐井志》，（台北）成文出版社1967年版，第16页。

盐柴薪缺乏，盐厂停办。1969年，为解决大姚县人民的用盐问题，抽调民工联办石羊盐厂。1970年，石羊盐厂引进了平板锅制盐生产线，改用煤作燃料，结束了长期以来采用筒子锅烧柴煎盐的历史。食盐运销由人背马驮、马车运输的阶段发展到用拖拉机、汽车运输。20世纪90年代末，盐厂彻底关闭，盐业时代在石羊古镇终告结束，古镇居民开启了多元生计模式，其中包括日渐发展起来的旅游业。

石羊开发为旅游观光古镇后，将龙泉、绿萝、宝泉、象岭四条传统街区列入保护范围。当下石羊古镇所打造的旅游品牌为"千年盐都，祭孔圣地，文化名邦"。1995年，石羊镇获云南省首批命名的"历史文化名镇"称号。其后，石羊镇选评为全省60个特色旅游小镇之一、楚雄州重点开发的4个旅游古镇之一和国家级AAA级旅游景区。2011年，石羊镇的古盐井群获国家级重点保护文物称号。2013年，到石羊镇旅游的游客达到15.6万人，旅游综合收入达1500万元。

第三节 研究综述

一 城镇化与乡村都市化研究

(一) 城镇化研究

1. 城镇化的概念与时间界定问题

不同学科视野对"城镇化"有不同定义，据初步统计，各种类型的城镇化概念不下30种。[①] 人口学认为，城镇化是农村人口转变为城镇人口的过程。经济学认为，城镇化是经济结构从分散的第一产业向集中的第二、第三产业转化的过程。地理学认为，城镇化是农村地域转变为城镇地域、城镇景观替代乡村景观的过程。而人类学和社会学则认为，城镇化是传统的乡村社会转变为现代化的城镇社会，乡村生活方式转变为城镇生活方式的过程。排除研究者个人价值立场和问题意识不同的影响，城镇化定义的纷繁复杂性，源于不同学科的理解，也源于城镇化本身作为系统工程的复

[①] 姜爱林:《中国城镇化理论研究回顾与述评》,《城市规划汇刊》2002年第3期。

杂性使然。不同学科的不同理解对城镇化的理论与实践十分有益，但也可能会陷入学科的狭隘境地。应了城镇化的复杂性和系统性，城镇化的研究需要跨学科的视野与思维。

关于城镇化的时间界定问题。根据现有研究来看，国内的学者在理解何为城镇化时受西方理论的影响较深，普遍将城镇化视作近代工业化以来特有的社会现象。认为"在农业生产效率和商业交换没有出现突破之前，城市人口在总人口中的比例一直受到限制，始终不可能持续提高，城市化只是工业革命开始后才出现的现象"①，因此仅关注到工业化时代以来的城镇发展。更有，在国内学术界为10%的城市人口比重标志着城市化进程的起步。②这样来看，1949年中国城市人口比重仅为10.64%，所以，真正意义上的城市化进程是从此时开始的。

但部分学者关注到城镇化作为一种社会现象所具有的相对性和历史性，并以此来考察和分析中国古代城镇发展和历史演进。较有代表性的是美国学者施坚雅（G. William Skinner），他以历史学、经济学、人类学、地理学等多学科结合的思维，研究中国古代城镇的社会结构、商业形态和市场体系，及由此引发的城镇化现象。他还就1893年的中国城镇进行分析，并以此统计出各个区域的城镇化水平。③日本学者斯波义信结合宋代长江下游经济发展的状况，以杭州等地为案例，对此期的城市化做了专题考察，指出城市化的基础是农村，宋代大量涌现的市镇，在行政上是乡村，在经济上却是城市。④李伯重指出中国古代城市化道路和现今主要依照近代西方经验得出的所谓城市化的普遍模式之间有着重大的差异，若以近代城市化标准认识和判断中国古代的城市，显然是不合适的。⑤陈国灿还对古代江南乡村都市化做了阶段性的划分，认为其经历了宋元时期的起步和明清时期的发展阶段。⑥他一方面从城市角度分析江南城市化的发展过程和不同阶段的特点，旨在弄清以城市为核心的城市化历史轨迹；另一方面以市镇角度分析农村城市化的历史进程，旨在弄清都市文明与乡村文明的

---

① 成德宁：《城市化与经济发展——理论、模式与政策》，科学出版社2005年版，第24页。
② 高佩义：《中外城市化比较研究》，南开大学出版社1991年版，第15页。
③ ［美］施坚雅编：《中华帝国晚期的城市》，叶光庭等译，中华书局2008年版。
④ ［日］斯波义信：《宋代江南经济史研究》，方健、何忠礼译，江苏人民出版社2001年版。
⑤ 李伯重：《江南早期工业化》，社会科学文献出版社2000年版。
⑥ 陈国灿：《江南农村城市化历史研究》，社会科学文献出版社2004年版。

内在关系。①

《简明不列颠百科全书》在解释城镇化时，从宏观角度将城镇化的发展进程归纳为一次演进的三种基本形态，即"现代以前的城镇化模式""城镇化的现代模式""未来的城镇化模式"②。其中所说的"现代以前的城镇化"，就是指工业化以前的城镇化。马戎教授将中国城乡社区的发展过程分为三个阶段：一是从古代到1949年，这一时期的中国城乡社区主要体现出封建社会城乡关系的基本特征；二是1949—1979年，主要表现为合作化、人民公社化、对资本主义工商业的社会主义改造；三是1979年至今，其间随承包制和多种所有制并存的新政策的推行，城乡关系出现新特点。③

2. 小城镇的概念与研究

费孝通先生早在20世纪80年代就提出小城镇的概念，指出小城镇是"一种比乡村社区更高一层次的社会实体"，"这种社会实体是以一批并不从事农业生产劳动的人口为主体组成的社区，他们既具有与乡村相异的特点，又都与周围的乡村保持着不可缺少的联系"。从本质上而言，小城镇"是个新型的正在从乡村性社区变成许多产业并存的向着现代化城市转变中的过渡性社区。它基本上已脱离了乡村社区的性质，但没有完成城市化的进程"④。这个定义较为全面、明确地阐述了小城镇的内涵。其后，他还在后续研究中深化了对城镇化的探讨，小城镇的概念也逐渐被地理学、社会学、经济学、管理学、规划学等学科的诸多学者认同和采纳。从学科整合视角来看，小城镇的内涵可以有以下几个方面：小城镇是介于农村与城市之间，连接城乡且兼具二者功能的过渡性社区；小城镇是城镇体系的基本单元、重要组成部分；小城镇是农村地区的经济、政治、文化、科技和生活服务中心。⑤

---

① 陈国灿：《中国古代江南城市化研究》，人民出版社2010年版。
② 《简明不列颠百科全书》，中国大百科全书出版社1985年版，第272页。
③ 马戎：《小城镇的发展与中国的现代化》，《中国社会科学》1990年第4期。
④ 费孝通：《论中国小城镇的发展》，《中国农村经济》1996年第3期。
⑤ 吴闫：《我国小城镇概念的争鸣与界定》，《城镇化研究》2014年第6期。

小城镇①在我国经济社会发展中的地位举足轻重，费孝通先生提到小城镇的重要性，"我们必须看到这种小城镇在社会主义现代化建设中的地位和作用。它正是城乡的纽带，是城乡发展的必要环节。不仅如此，它又是一个调节城乡人口的蓄水库"②。费孝通先生的小城镇研究是在"城—乡"关系把握基础上的研究，亦是他对前期乡村研究所提出的乡土性的反思，在小城镇的研究中，他补充了中国传统社会中除乡土性外的城市性的一面。小城镇成为连接城乡的重要渠道，是实现城乡统筹的重要纽带，小城镇作为乡村向城市转化的一种过渡形态，既有城市的一面，又有乡村的一面。因此，小城镇的研究既属于城市的研究范畴，也属于农村的研究范畴，有人则认为"小城镇"兼有城乡的双重性，既属于城，也属于乡，或分属于城乡。这也看出小城镇的双重特性或是具有超越双重特性而杂糅的多重特性，同时也看出小城镇研究的复杂性。关注城镇化的研究可实现对城市与乡村过渡地带的观照，同时也形成对城市与乡村的整合研究。在今天看来，小城镇可以作为城乡二元体制泾渭分明的矛盾调和地带，可成为解决农民工生存、发展的重要地区，以形成矛盾的缓冲地带，且能够利用伸缩自如的城镇优势。

中国社会学界最早涉足小城镇研究的是燕京大学，于1929年对燕京大学校址之东北约三里地的清河镇的调查研究，有专文对此研究之创举做了举例。③ 施坚雅是人类学领域最早关注城市化研究的，他在《中华帝国晚期的城市》序言中指出，"我对中国古代城市的兴趣始于1949年。该年夏天，我在四川进行常规村庄人种史的田野调查。当时的人类学家尚未开始注意城市，大部分人集中精力于研究小型原始社会，少数则另辟蹊径，将注意力转到农业社会，然则亦仅限于研究村庄。我在四川所看到的，大型村庄很少，大都是由集市联系在一起的小村落。我于是放弃了调查一个百来户的村庄的预定计划，转而重点考察一个包括2500来户既分散又有

---

① 现行的设镇标准是1984年正式颁布的，规定20000人以下的乡，假如乡政府驻地非农业人口超过2000人的，可以撤乡建镇；总人口在20000人以上的乡，乡政府驻地非农业人口占全乡人口10%以上的，也可以撤乡建镇。县政府所在地均应设镇的建制。少数民族地区、人口稀少的边远地区、山区和小型工矿区、小港口、风景旅游区、边境口岸等地，非农业人口虽不足20000人，如确有需要，也可设镇。
② 费孝通：《谈小城镇研究》，载《费孝通文集》第八卷，群言出版社1999年版，第502页。
③ 许士廉：《一个市镇调查的尝试》，《社会学界》1931年第5卷。

联系的从属于集市的经济区域"①。而其后,规模化的城镇化研究于 20 世纪 80 年代兴起,90 年代之后形成研究的热潮,城镇化成为人类学学科在关注中国社会现代化变迁过程中的关键词。自费孝通先生在 1983 年"三访江村",写下《小城镇 大问题》②的文章,主张解决农村剩余劳动力的问题应以小城镇为主、大中城市为辅以来,研究中国社会如何将城镇作为节点来组织政治、经济、社会、文化关系,成为关注的热点。地理学者、城市规划学者、经济学者、社会学者纷纷从不同的角度对小城镇的建设进行了探讨,研究领域中的都市人类学、乡村人类学、城市社会学、乡村社会学、乡村都市化(农村城镇化)、历史学的市镇研究等,均有涉及城镇化的研究。《城市规划汇刊》《城市规划》《经济地理》《人文地理》《地域研究与开发》《城市问题》《小城镇建设》等,成为城镇化研究的阵地。费孝通的《论小城镇及其他》③、国务院研究室课题组编著的《小城镇发展政策与实践》④、陈光的《小城镇发展研究》⑤、陈一筠编的《城市化与城市社会学》⑥、许学强的《中国小市镇的发展》⑦等成为城镇化研究的代表。

关于城镇道路的争论在 20 世纪 80—90 年代也极为激烈,主要有小城市论、大城市论、中等城市论、多元发展论、城市体系论等。⑧ 小城镇的发展模式有工业主导型、交通兴镇型、市场带动型、旅游开发型、强村膨胀型等。研究的内容包括小城镇问题、民工潮问题、农村剩余劳动力转移问题、城镇化发展方针、城镇化发展道路问题、城镇化水平、城镇化发展规律、城镇化动力机制、城镇化发展阶段、城镇化发展趋势等。另外,也有学者研究人口流动与城镇化、非农化与城镇化、城镇化与现代化、城镇

---

① [美]施坚雅编:《中华帝国晚期的城市》,叶光庭等译,中华书局 2008 年版,"序言"第 9 页。
② 费孝通:《小城镇 大问题(之二)——从小城镇的兴衰看商品经济的作用》,《瞭望周刊》1984 年第 3 期;费孝通:《小城镇 大问题(之三)——社队工业的发展与小城镇的兴盛》,《瞭望周刊》1984 年第 4 期;费孝通:《小城镇 大问题(续完)》,《瞭望周刊》1984 年第 5 期。
③ 费孝通:《论小城镇及其他》,天津人民出版社 1986 年版。
④ 国务院研究室课题组编著:《小城镇发展政策与实践》,中国统计出版社 1994 年版。
⑤ 陈光:《小城镇发展研究》,天津人民出版社 2000 年版。
⑥ 陈一筠主编:《城市化与城市社会学》,光明日报出版社 1986 年版。
⑦ 许学强:《中国小市镇的发展》,中山大学出版社 1987 年版。
⑧ 顾朝林、吴莉娅:《中国城市化研究主要成果综述》,《城市问题》2008 年第 12 期。

化与城镇规划、城镇化与经济发展、城镇化与可持续发展等问题。

从费孝通先生在20世纪80年代提出"小城镇，大问题"到1998年党的十五届三中全会提出"小城镇，大战略"，小城镇已经从问题意识的层面，走向了行动策略的层面，对小城镇进行了全面学术观照与战略意涵的表达。1995年，《全国小城镇综合改革试点指导意见》颁布。2002年，党的十六大报告第一次写进了城镇化的内容，其中把"繁荣农村经济，加快城镇化进程"写到了一起，充分说明城镇化对于解决"三农"问题的重要性。

（二）乡村都市化研究

都市是城市和城镇的总称。[1] 1993年美国新版的《世界城市》所提出的都市化定义强调了生活方式的变迁，认为"都市化是一个过程，包括两个方面的变化。其一是人口从乡村向城市运动，并在都市中从事非农业的工作。其二是乡村生活方式向都市生活方式的转变，包括价值观、态度和行为等方面。第一方面是强调人口的密度和经济职能，第二方面强调社会、心理和行为的因素。实质上这两方面是互动的"[2]。周大鸣、郭正林认为"都市化，如果从人口来看，一方面是居住在都市中的人增加，另一方面是享有都市化生活方式的人增加；如果从空间来看，一方面是原有都市的扩展，另一方面是乡村的就地都市化；如果从过程看，经历着村的集镇化、乡镇的市镇化，县城和小城市的大都市化以及大中城市的国际化这么几个阶段"[3]。周大鸣还把都市化归结为五个方面：一是人口结构的分化，从事非农业的人增多；二是经济结构的多元化，第二、第三产业比重逐渐增加，农业经营方式从传统农业向外向型、商品化、现代化农业的转变；三是生活方式的都市化，人们的衣食住行和休闲生活向都市生活的转变；四是大众传播的普及，随着乡村生活水平的提高，大众传播日益渗透乡村社会，成为乡村社会变迁的动力之一；五是思想观念的现代化，人们的思想观念从保守、落后、守成转为开放、先进和进取，人的文化水平提高，人的总体素质提高。[4] 因此，城市化的过程更是作为微观层面的人们生活方式的变迁。

---

[1] 张继焦：《英美人类学界对都市的研究》，《国外社会科学》1992年第9期。
[2] 周大鸣：《现代都市人类学》，中山大学出版社1997年版，第27—28页。
[3] 周大鸣、郭正林：《论中国乡村都市化》，《社会科学战线》1996年第5期。
[4] 周大鸣：《现代都市人类学》，中山大学出版社1997年版，第222页。

都市人类学意在加强城乡关系的研究。周大鸣指出将城市与乡村联系在一起研究是人类学的传统，而我国过去不太重视这方面的研究，都市人类学可以填补这方面的空白。注重城乡的相互影响，包括政治的、经济的、文化的交互影响，协调城乡关系等课题的研究。① 都市人类学还倾向于对都市文化职能的研究，具体关注都市的文化整合、文化持续与传递、观念的变迁。② 并且，我国的都市人类学把研究的视野扩大到历史、地理、政治经济学、生态学、考古学等方面，强调对都市进行全方位的考察，③ 即在强调学科的交叉研究。人类学的都市化研究在吸纳其他学科对都市化概念的同时，形成了自成体系的都市化概念，侧重于对人的都市化的研究。

乡村城市化属于城市化的一个重要方面，由于中国农村的发展是现阶段中国学术界关注的一个焦点，故而乡村城市化往往单独从城市化的研究中提出来，成为众多学者普遍关注的课题。④ 周大鸣在考察比较了国内外的城市化实践以后，也认为乡村城市化是中国等存在城乡分割的二元体制的国家所具有的一种独特现象。在这种体制下，由生产力发展所释放出来的"大批农村劳动力需要寻找出路，可是原有的城市根本无法容纳这么多的剩余劳动力，因此农村非农化和都市化成为必然的选择"⑤。在他看来，"乡村都市化"不仅要使人们获得更多的物质生活资料，更为便利的生存空间，更要使人们抛弃一些落后的思想观念和价值取向，逐步迈向现代文明的时空，获得新的生活方式，使社会从封闭走向开放。人口和非农产业的集中，只是物化了的都市化，只有城市人在价值观念、生活方式上实现了现代化才是完全的都市化。在这里，人类学者更注重的是城市化过程中人的观念及生活方式的变化，也可以说是研究一种"文化"而不是"物化"。以顾定国与周大鸣所提倡的"乡村都市化"定义为代表所理解的乡村都市化，并非简单地指越来越多的人居住在城市和城镇，而应该是指社

---

① 周大鸣：《未来的城市与都市人类学——都市人类学研究（下）》，《广西民族学院学报》1997年第4期。
② 周大鸣：《城市文化职能论——都市人类学研究》，《广西民族学院学报》1997年第3期。
③ 周大鸣：《未来的城市与都市人类学——都市人类学研究（下）》，《广西民族学院学报》1997年第4期。
④ 刘志军：《论城市化定义的嬗变与分歧》，《中南民族大学学报》2006年第2期。
⑤ 周大鸣：《论深圳特区的乡村都市化》，《中山大学学报论丛》1997年第6期。

会中城市与非城市地区之间的来往和相互联系日益增多的这种过程。"即城市与乡村的相互影响,乡村文化与城市文化互相接触融合后,产生了一种整合的社会理想,即既含有乡村文明的成分,又含有城市文明的成分,这种现象就是'乡村都市化'。"① 乡村的城市化应当是一种乡土社会与都市社会的双向互动过程,直观地来说,不是单向的"乡村→都市",而是双向的"乡村↔都市",不是意味着要将乡村变成都市,而是要通过乡村与都市的有机联系和取长补短,实现乡村与都市在经济、社会和文化等方面的共同发展和全面整合。②

乡村都市化在研究过程中,也在一定意义上等同于农村城镇化。农村城镇化是农村社区逐渐发展为城镇社区的一种多方面综合的社会经济运动,使农村人口变为城镇人口,农村固有特点消失和城镇特点增长,并逐渐发展为城镇社区的过程,其实质是实现城乡一体化并最终消灭城乡差别。农村城镇化的表现形式是多种多样的,其中,农村人口变为城镇人口是农村城镇化的显著特征之一。有学者估计,19世纪初,我国城镇人口占我国总人口的4%,高于当时世界平均3%的水平。到1949年,我国的城镇人口占我国总人口的10%左右。③ 而至当下,我国的城镇人口已经超过总人口的一半,呈现了快速的增长势头。

但是乡村都市化的过程并非简单的人口从农村人口转变为城镇人口的过程。再进而,一个由血缘、亲缘、地缘、宗族、民间信仰、乡规民约等深层社会网络联结的村落乡村社会,其终结问题不是非农化和工业化就能解决的。④ 乡村都市化不是终结目标,物质的都市化也不是发展的目的,根本的目的应该是村民观念的改变、社会制度的转型与市民社会的建立。那么,人的都市化、生活方式的都市化便提到了日程上来。⑤ 在乡村就地都市化的层面,有相当数量的学者对乡村的转型研究与人们生计生活方式

---

① 周大鸣:《现代都市人类学》,中山大学出版社1997年版,第219页。
② 刘志军:《论城市化定义的嬗变与分歧》,《中南民族大学学报》2006年第2期。
③ 肖桂云等:《农村社会学》,中国审计出版社2001年版,第151页。
④ 周大鸣:《都市化中的文化转型》,《中山大学学报》2013年第3期。
⑤ 周大鸣:《现代都市人类学》,中山大学出版社1997年版,第222页。

的变迁进行了探讨，如科技下乡①、都市化进程中的宗教②、文化留村③、城镇化与传统文化之间的良性互动④等。更值一提的是，李小云和林志斌⑤、周大鸣和秦红增⑥、杨小柳⑦、叶敬忠⑧等，与世界银行、联合国开发署、亚洲银行、英国海外发展部等国际组织合作，围绕"以人为本""文化优先"等理念，在中国乡村发展中展开相关参与式发展、内源式发展的讨论与实践。

在探讨乡村都市化的过程中，人类学关注在接收都市文明的同时，如何守望乡土，让文化留村，营造一个既充满乡土气息，又有强烈时代感的乡村，从而塑造出独特、多样且具有时代气息的新型乡土文化，而不是单纯的"城市化"，让城市吞并农村。⑨这样一来，城市与乡村才能形成有效互动，乡村才能在都市化进程中，得到永续发展，这实际上也正是中国乡村都市化的初衷。

（三）乡村都市化的"文化转型"

对转型的理解是多面向的。在当下学术界对"转型"的研究中，会涉及经济转型、政治转型、文化转型，并且不同面向的转型所探讨的学科支撑也是不一样的，现有转型的研究有政治学、文化学、哲学、经济学、社会学等学科介入，不同学科视角对转型的理解也可谓千差万别。同时，对转型的时间跨度的研究也复杂而多样，有关注中国改革开放40年来的转型，有关注近代至今的中国转型，更有研究将中国的转型置于中国历史的长时段维度之内。尤见，"转型"的研究取决于不同时间维度的界定基础之上，会伴随不一样的研究思路与研究论题。

文化转型指的是在变更的社会环境中，文化发生剧烈的变化而使得文

---

① 秦红增：《科技下乡中的乡村社会研究》，民族出版社2005年版。
② 刘志军：《乡村都市化与宗教信仰变迁：张店镇个案研究》，社会科学文献出版社2007年版。
③ 秦红增、杨恬：《乡村都市化进程中的文化实践：以桂中武台新村为例》，《广西民族大学学报》2014年第5期。
④ 蒋彬：《四川藏区城镇化与文化变迁：以德格县更庆镇为个案》，巴蜀书社2005年版。
⑤ 李小云、林志斌：《性别与发展理论评述》，《社会学研究》1999年第5期。
⑥ 周大鸣、秦红增：《参与发展：当代人类学对"他者"的关怀》，《民族研究》2003年第5期。
⑦ 杨小柳：《参与式行动——来自凉山彝族地区的发展研究》，民族出版社2008年版。
⑧ 叶敬忠：《发展干预中的权力滴流误区与农民组织》，《广西民族大学学报》2008年第1期。
⑨ 秦红增：《乡土变迁与重塑——文化农民与民族地区和谐乡村建设研究》，商务印书馆2012年版。

化形态产生嬗变的过程。① 文化转型的基础是文化变迁,这是人类学研究中长期备受关注的主题,"单线进化论""多线进化论"等理论分别从不同的角度对文化的变迁提出了各自的思考。文化转型是一个长时间段的积累过程,与社会转型互为动力、互相促进。在中国上下五千多年的历史中,从农业文化到现代都市文化,都不断在发生转型。就程度而言,文化转型有剧烈转变和逐渐演变两种类型。

乡村都市化的研究,涉及"文化转型"的命题。而问题在于,多数研究将都市化视为一种社会转型。所谓"转型",其含义在于从一种状态向另一种状态的变化。改革开放以来,在经济体制改革和全球化的双重作用下,中国不断经历的"社会转型"主要包含社会形态的变迁、经济体制转型、发展模式转型三条大的主线。② 在这种社会转型的视角下,学者们多是从利益调整、体制机制转轨和社会结构转换等方面去看待乡村都市化的问题。比如从地理学的角度,都市化是一个空间的再组织过程,行政区划调整、非正规建设、工业重组、居住空间分异都可以视为"转型"的表现;从政治经济学的角度,都市化就是关心政治权利之间的利益关系及其与经济过程之间的连接;都市化也可以被表述成为一个社会阶层重构的过程。③

在人类学界,费孝通先生曾在《反思·对话·文化自觉》中提出了"文化转型"的命题。他以鄂伦春族的狩猎文化因森林破坏而受到威胁,只有从文化转型上求生路为例,提出"文化转型是当前人类的共同问题,因为现代工业文明已经走上自身毁灭的路,我们对地球上的资源,不惜竭泽而渔地消耗下去……后工业时期势必发生一个文化转型,人类能否继续生存下去已经是个现实问题了"④。2012 年 10 月 13—14 日,于新疆塔里木大学举办的第十一届人类学高级论坛专门对"文化转型"专题进行了讨论。周大鸣的《文化转型:冲突、共存与整合的意义世界》以宏观的视野论述了文化转型研究的意义及未来走向,他认为"社会转型背后是更为深

---

① 莫蓉等:《文化转型研究综述》,载安晓平、徐杰舜编《社会转型与文化转型:人类学高级论坛 2012 卷》,黑龙江人民出版社 2013 年版,第 3 页。
② 郑佳明:《中国社会转型与价值变迁》,《清华大学学报》2010 年第 1 期。
③ 周大鸣:《都市化中的文化转型》,《中山大学学报》2013 年第 3 期。
④ 费孝通:《反思·对话·文化自觉》,载费孝通《文化与文化自觉》,群言出版社 2010 年版,第 190 页。

刻的文化转型问题。文化作为社会转型现象背后的深层结构性逻辑,文化机制影响着社会转型的方式",同时指出"在一个多极和多元文化的世界,正在形成的全球政治是一种基于文明秩序的文化重构。全球化与地方性、西方与非西方、冲突与整合将在未来的文化转型过程中共存,并成为未来文明转型取向中不可分割的组成要素"①。刘珩在《文化转型:传统的再造与人类学的阐释》中从人类学的理论出发,指出文化转型不是一种文化模式的断裂,是现有文化与自身传统和谐相容的变通。② 由会议对"文化转型"的讨论可见,"文化转型"是一个宏大的命题,是社会转型背后的深层结构,"文化转型"涵盖历史与现实、乡村与城市、地方与全球、传统与现代、西方与非西方、整合与冲突等,这些要素均是在探讨"文化转型"时需要厘清的意涵。

除会议外,亦有相关论文从人类学的视角来研究"文化转型"。刘珩的《乡村建设与文化转型:欧洲人类学"本土化"的借鉴与启示》认为"乡村建设在很大程度上就是一个文化转型的问题,也就是一个传统再造的问题"③。赵旭东的《在一起:一种文化转型人类学的新视野》认为"文化转型的核心还是要回到传统的概念上去,那就是权力,即转型背后的权力(power)如何使原本赤裸的暴力逐渐转变成各种形式的非暴力,即各种形式的社会与文化的支配。首先,时间就是一种'权力',它在控制你的生活"④。周大鸣的《都市化中的文化转型》做了深度的论述,认为文化转型是一个长期、隐蔽的过程,并从人类学角度看待都市化过程中发生的文化转型现象,从家庭、社会关系以及社会整合模式等较为典型的方面进行阐释。⑤

从学科的特性出发,人类学着眼关注都市化的文化转型。人类学关注的都市化文化转型核心就是告别乡土社会,这不是简单地指乡村演变为城市或城镇的过程,而是指一种乡村文明与城市文明整合后新的社会理想的

---

① 周大鸣:《文化转型:冲突、共存与整合的意义世界》,载安晓平、徐杰舜编《社会转型与文化转型:人类学高级论坛2012卷》,黑龙江人民出版社2013年版,第50—54页。
② 刘珩:《文化转型:传统的再造与人类学的阐释》,载安晓平、徐杰舜编《社会转型与文化转型:人类学高级论坛2012卷》,黑龙江人民出版社2013年版,第96—108页。
③ 刘珩:《乡村建设与文化转型:欧洲人类学"本土化"的借鉴与启示》,《思想战线》2013年第5期。
④ 赵旭东:《在一起:一种文化转型人类学的新视野》,《云南民族大学学报》2013年第3期。
⑤ 周大鸣:《都市化中的文化转型》,《中山大学学报》2013年第3期。

生成过程。这是自汉代以来就影响中国社会至深的农业文明开始向都市文明转型的过程，是中国乡土社会百年来发生深切而长远的文化转型的延续和深入，这一文化转型的过程虽然隐蔽而缓慢，却深刻地改变着中国社会。①

（四）研究述评

首先，针对以上综述，笔者认为关于城镇化的研究需要达成以下几点共识：一是应关注不同区域城镇化的差异。有研究认为中国城镇化的推进要因地制宜，在东部沿海和中西部采取不同的区域城镇化模式。②有研究认为我国城市化的区域差异性大，部分如北京、上海和天津已经进入城市化后期阶段，应走扩散型城市化道路。而其他区域仍处在城市化前期阶段，应走集中型城市化和大城市化道路。③王小鲁分析发现全国的"百强镇"，90%以上集中在长三角和珠三角地区。④小城镇区域的差异性较大，西部城市的发展明显滞后。"乡镇社会就是对非农化率已超过50%即经济结构已根本转型的镇的共同社会经济特征的概括和规定"⑤，显然，西部很多地方行政建制下的乡镇，还未达到学术研究所界定的乡镇社会的要求，这可以看出西部乡镇社会的发展明显滞后。现有学术界普适性的乡镇社会、城镇化概念并非明显适用于西部地区的城镇化表达。西部的城镇化既是现象，又是需要解决的问题。西部城镇化的发展，需要充分考虑其特殊性。而笔者欲研究的石羊古镇即提供了西部地区城镇化的参照之一。二是城镇化的研究不应该从乡村的研究和都市的研究中割裂开来。中国传统的城镇，具有浓厚的乡土性。而当下的小城镇乡土性与现代性并置，城镇化是随着强大的现代性的介入，乡土性渐为消失的过程。三是现有城镇化研究应加强对历史的观照。现有中国城镇化的研究仅限于1949年以后尤其是改革开放以后的时间段，并且，大部分研究索性将中国的城镇化当作改

---

① 周大鸣：《都市化中的文化转型》，《中山大学学报》2013年第3期。
② 辜胜阻、李华、易善策：《城镇化是扩大内需实现经济可持续发展的引擎》，《中国人口科学》2010年第3期。
③ 杨波、朱道才、景治中：《城市化的阶段特征与我国城市化道路的选择》，《上海经济研究》2006年第2期。
④ 王小鲁：《对"重点发展中小城市和小城镇"的质疑》，《中国市场》2010年总第46期。
⑤ 彭恒军：《乡镇社会论——农村工业化与新型工资劳动者研究》，人民出版社2001年版，第11页。

革开放以来的产物,[①] 这样中国城镇化的研究便仅集中在改革开放以后的时间段。并且深受西方城镇化概念和理论的影响,城镇化的概念亦成为西方意识形态下的概念范畴,忽略了对中国传统城镇的理解。因此,对城镇化的理解,应加入历史的维度及中国本土的维度。城镇的发展都是作为过程的存在,有一个从无到有、从古至今演化的过程。城镇化还是一个相对的、动态的概念,是不断发展和深化的历史过程。近现代城镇是在古代城镇的基础上发展起来的,近代以来的城镇化是从前社会长期发展的延续,只是城镇化的广度和深度、城镇化的发展形态在新的历史条件下呈现出新的特点。因此城镇化作为一种理论概念是近现代才出现,并越来越引起人们的广泛注意,但作为一种社会发展与变革现象,在古代就早已存在。在今日有关"乡土中国"的讨论中,无论是对传统中国的社会结构的再阐释,还是对中国传统性的文化意义的再建构,均需要从历史的维度来研究中国本土的城镇化,利用人类学学科特性,形成中国本土人类学发展的探索。

历史学的研究从区域的范围来看,大多指向较大区域的研究,研究以区域内的府、州、县的历史文献资料为依托。而相比历史学,人类学的研究历来偏向较小区域的研究,通常是以小型村落为考察对象,如开弦弓村、黄村、林村、台头村、凤凰村、南景村、下岬村的研究,均是小型村落的研究。因此对小城镇的研究,尤其是对现有乡镇建制的研究,因缺乏对历史资料充分有效的把握而被历史研究放弃,因人类学小型社区的研究范式亦被人类学学科所抛弃。费孝通先生在晚年深感人类学研究对小城镇的关注不够,在他70岁时,他将自己预计的生命的最后10年比作仅有的10块钱,用以购买自己心爱的东西,这一心爱的东西就是城乡关系的研究。由此看来,人类学对小城镇的关注、城镇化的研究还有相当大的空间。

[①] 此类观点将我国的城镇化历程分为四个阶段:(1) 1978—1984 年。该阶段的城镇化以农村改革产生的"推力"为主要动力。(2) 1984—1992 年。该时期的城镇化以城市改革产生的"拉力"为主要动力。(3) 1992—2003 年。这一时期以城镇化改革和体制转轨为主要动力;房地产与土地制度的有机结合,成为这一时期城市建设的主要动力。(4) 2003—2008 年。这一时期是国家经济、社会发展的转折时期,也标志着中国特色的城镇化道路思想的初步形成。具体可参见陈锋《改革开放三十年我国城镇化进程和城市发展的历史回顾和展望》,《规划师》2009 年第 1 期。

其次，应该有对城镇化的新定位。现有对城镇化的研究，有了新的认识，指出城镇化不是一个简单的城镇人口比重的变化，它本质上是人类现代化的过程和结果。中国的城镇化研究和制度设计必须从传统城市规划学、地理学和区域经济学科领域的局限中"走出来"，并上升到城市社会变迁、社会现代化的广域角度和高度来研究。① 这与人类学所倡导的都市化、城镇化内涵较为一致。同时，现有城镇化的建设，主张"新型城镇化"。新型城镇化是资源节约、环境友好、经济高效、社会和谐、城乡互促共进、大中小城市和小城镇协调发展、个性鲜明的城镇化。新型城镇化进程中，如何保持文化的传承、文脉的延续和历史的记忆，将成为不容回避的文化命题。文化是新型城镇化的灵魂，是新型城镇化内在的精神力量，是对城市文明进步的强烈向往和不懈追求，是推动城市文化繁荣发展的思想基础和先决条件。② 这些对新型城镇化的定位与实现，需要人类学家的参与，也与人类学乡村都市化的文化转型指向同归。

再次，在城镇化研究中，学界关注更多的焦点是农民如何进城镇和城镇如何更好地接纳农民。实际上，城镇化的关键不是农民进不进城镇，而是农村能不能实现传统农业向非农产业的转型，更是乡村文明与都市文明如何兼容并包，农民如何享有现代性的文化转型。其中，善用文化资源，推动经济转型到文化转型，是实现城镇良好、健康发展的有效途径。与此同时，文化转型的命题渐已被重视，其研究有待深入。

二　历史学的市镇、城市、城镇研究

历史学学科视野下的市镇、城市、城镇研究，虽在研究过程中有各自称谓，但研究所具体指涉的对象具有共通性，因此，这几个专有词语是可以互换的，如无特定情况，它们的内涵与外延有较大的重合性。由此，笔者关注了历史学对市镇、城市、城镇的研究，这些研究于笔者关注的石羊古镇历时性的城镇化研究均有助益。尤其是历史学在与国外关于城镇研究的学术对话中，将市民日常生活、活态的人的历史展现出来。

所谓中国传统市镇，是指未曾遭受近代工业化浪潮的浸染，介于传统

---

① 张鸿雁：《中国新型城镇化理论与实践创新》，《社会学研究》2013年第3期。
② 卜希霆、齐骥：《新型城镇化的文化路径》，《现代传播》2013年第7期。

县治与广大乡村之间的相对独立的商业实体。① 中国古代的市镇发展大体经历了秦汉的定期市，魏晋隋唐的草市，宋元时期的草市镇，明清市镇这几个重要阶段。② 市镇的研究中，江南市镇在中国城市史研究中备受关注，研究成果蔚为大观。③ 傅衣凌的《明清时代江南市镇经济的分析》④，在"资本主义萌芽"研究框架下，最早直接涉足江南市镇研究。尽管他的开创性研究一度中断，但他提出的"专业市镇"概念，对后来的研究起到引领性作用。1970年，我国台湾学者刘石吉对江南做了系统而全面的研究，并以"专业市镇"为核心概念，刊布了其成名作《明清时代江南地区的专业市镇》。⑤ 他将江南市镇划分为棉织业市镇、蚕桑业市镇、米粮市镇等类型，这种研究范式对20世纪80年代以来江南市镇研究有推动的作用。我国台湾的李国祁、范毅军等随后也发表了相关论文。

20世纪80年代以后，有关明清江南市镇研究的论著开始丰富。⑥ 樊树志、陈学文等注重江南市镇的实态研究，在汇集大量史料的基础上，对市镇的个案分析较为深入。王家范、陈忠平、范金民、王卫平、朱小田、包伟民、单强、陈国灿、吴仁安、张海英等的研究，注重江南乡土生活、社会风气、慈善事业、会馆公所、商业市场等方面的探讨，从多角度、多领域考察明清以来的江南市镇。其中，较引人注目的是施坚雅，提出了一个研究中国经济史的有效分析工具——"施坚雅模式"⑦，其后，相关学者依循"施坚雅模式"从事市镇研究，以王笛⑧为代表的学者参与"施坚雅模式"的对话中。

一些学者在研究市镇时，并未将市镇作为孤立体而是将其纳入城乡关系的范畴中研究。其中赵世瑜关注"城隍下乡"和城市庙会的乡村化现象

---

① 任放：《中国市镇的历史研究与方法》，商务印书馆2010年版，第262页。
② 同上书，第21页。
③ 任放：《20世纪明清市镇经济研究》，《历史研究》2001年第5期。
④ 傅衣凌：《明清时代江南市镇经济的分析》，载傅衣凌《明清社会经济史论文集》，人民出版社1982年版，第229—240页。
⑤ 刘石吉：《明清时代江南地区的专业市镇》，载刘石吉《明清时代江南市镇研究》，中国社会科学出版社1987年版。
⑥ 范金民：《明清江南城市文化研究举要（1976—2000）》，《人文论丛》2003年刊。
⑦ ［美］施坚雅：《中国农村的市场和社会结构》，史建云、徐秀丽译，中国社会科学出版社1998年版。
⑧ 王笛：《跨出封闭的世界——长江上游区域社会研究（1644—1911）》，北京大学出版社2018年版。

背后所凸显的城市对乡村的支配作用，并揭示出乡村的主动参与及其对城市统治关系的挑战。① 吴滔在梳理市镇研究学术史时指出，从城乡关系的视角，探讨市镇与周边农村的互动，在国内学界几乎可以说刚刚起步，而对市镇的起源、市镇对四乡的统辖关系确立于何时等重大课题，则基本没有涉及。他针对学术界这方面的研究空缺，力图突破从西方经验出发的"城乡二分法"及"城市化理论"的预设，全面审视清代江南市镇与农村的关系。②

城市史研究作为一门学科，涉及地理学、历史学、社会学、经济学、建筑学、政治学、人口学、生态学、统计学、文化人类学等社会科学和自然科学多门学科。③ 例如，王铭铭就从历史人类学的视角，对自己家乡泉州从公元3世纪到1949年长达1600年的历史进行考察，通过一个空间的历史转型的演变，来说明域外和本土的权力与文化在不同时代的演变过程，而这个演变过程也是家庭、地方社会、国家与更大空间范围中的世界之间互动的演变。④ 不同时期的城市有着不同的特点，不同时期的城市人有不同的生活。明清时期的城市研究是古代城市研究中相当活跃的领域，比较有影响的综合性研究有《明代城市研究》及《明清城市空间的文化探析》等。⑤ 随着城市史研究的深入，法国年鉴学派影响的扩大，城市日常生活史日益受到学者的重视。其中，颇成规模的"中国古代城市生活长卷丛书"⑥，宏观地介绍了唐、宋、元、明、清历代城市生活。"明清的城市文化与生活"研究计划也有较新成果问世。⑦

20世纪80年代以后，国际上关于中国城市史的研究相继增多，代表

---

① 赵世瑜：《庙会与明清以来的城乡关系》，《清史研究》1997年第4期。
② 吴滔：《清代江南市镇与农村关系的空间透视——以苏州地区为中心》，上海古籍出版社2010年版。
③ 熊月之、张生：《中国城市史研究综述（1986—2006）》，《史林》2008年第1期。
④ 王铭铭：《逝去的繁荣：一座老城的历史人类学考察》，浙江人民出版社1999年版，第21页。
⑤ 韩大成：《明代城市研究》，中国人民大学出版社1991年版；刘凤云：《明清城市空间的文化探析》，中央民族大学出版社2001年版；王卫平：《明清时期江南城市史研究：以苏州为中心》，人民出版社1999年版。
⑥ 丛书包括黄新亚的《消逝的太阳——唐代城市生活长卷》、李春棠的《坊墙倒塌以后——宋代城市生活长卷》、史卫民的《都市中的游牧民——元代城市生活长卷》、陈宝良的《飘摇的传统——明代城市生活长卷》、赵世瑜的《腐朽与神奇——清代城市生活长卷》（湖南出版社2006年版）。
⑦ 李孝悌：《中国城市生活》，新星出版社2006年版。

作品有《上海罢工——中国工人政治研究》①《危险的愉悦——20世纪上海的娼妓问题与现代性》②《汉口：一个中国城市的商业和社会（1796—1889）》③《中国资产阶级的黄金时代（1911—1937）》④《上海妓女——19—20世纪中国的卖淫与性》⑤《霓虹灯外——20世纪初日常生活中的上海》⑥等。受国外学者此脉研究的影响，中国学者开始针对市民社会、公共空间等问题进行研究，包括熊月之对上海张园、李德英对城市公园的研究，⑦乐正、忻平、李长莉对城市社会心态、社会伦理的研究，⑧刘海岩对城市贫民的研究，⑨苏智良对城市黑社会的研究，⑩郭绪印等对城市移民群体、同乡团体的研究⑪等。

关于云南历史维度的城镇研究还相对较少，具体述列于下。秦树才对明代云南城镇的发展状况、特点和作用进行了初步的探索。⑫其后，陆韧注意到明代时期云南城镇的规模、分布、居民构成，与当时大规模的移民

---

① [美] 裴宜理：《上海罢工——中国工人政治研究》，刘平译，江苏人民出版社2012年版。
② [美] 贺萧：《危险的愉悦——20世纪上海的娼妓问题与现代性》，韩敏中、盛宁译，江苏人民出版社2003年版。
③ [美] 罗威廉：《汉口：一个中国城市的商业和社会（1796—1889）》，江溶等译，中国人民大学出版社2005年版。
④ [法] 白吉尔：《中国资产阶级的黄金时代（1911—1937）》，张富强译，上海人民出版社1994年版。
⑤ [法] 安克强：《上海妓女——19—20世纪中国的卖淫与性》，袁燮铭等译，上海古籍出版社2004年版。
⑥ [美] 卢汉超：《霓虹灯外——20世纪初日常生活中的上海》，段炼等译，上海古籍出版社2004年版。
⑦ 熊月之：《张园：晚清上海一个公共空间研究》，《档案与史学》1996年第6期；熊月之：《晚清上海私园开放与公共空间拓展》，《学术月刊》1998年第8期；李德英：《城市公共空间与社会生活——以近代城市公园为例》，《城市史研究》第19—20辑，天津社会科学出版社2000年版。
⑧ 乐正：《近代上海人社会心态》，上海人民出版社1991年版；忻平：《从上海发现历史——现代化进程中的上海人及其社会生活（1937—1937）》，上海人民出版社1996年版；李长莉《晚清上海社会的变迁——生活与伦理的近代化》，天津人民出版社2002年版。
⑨ 刘海岩：《近代华北自然灾害与天津边缘化的贫民阶层》，《天津师范大学学报》2004年第2期。
⑩ 苏智良：《近代上海黑社会研究》，浙江人民出版社1997年版。
⑪ 李瑊：《上海的宁波人》，上海人民出版社2000年版；陶水木：《浙江商帮与上海经济近代化研究（1840—1936）》，上海三联书店2000年版；郭绪印：《老上海的同乡团体》，文汇出版社2003年版。
⑫ 秦树才：《明代云南城镇初探》，《昆明师专学报》1997年第3期。

有关。① 赵小平探讨了云南盐矿生产、移民与工商业市镇形成、发展的关系，认为历史上在云南的一些盐矿产区兴起了一系列新兴的工商业市镇。在这些市镇的形成过程中，大规模矿产资源的开发和大批前来从事采矿的外省移民的涌入是其成因的两大主导因素。这些因素影响了此类市镇的布局和发展规模，也影响了城镇经济、文化及未来发展规划等方面。② 总体来看，云南城镇的研究主要关注明清时期云南城镇发展演变过程中移民在市镇发展过程中的重要作用。

三 盐与地方社会研究

笔者选取的田野点石羊古镇是云南历史上的重要盐产区，当地的传统社会呈现典型的盐业社会风貌，因此，"盐与地方社会"议题为笔者深入细致地探讨石羊古镇以盐的开发利用为中心的城镇化过程起到铺垫与参考作用，特专门进行综述。

"盐与地方社会"，主要探讨盐在生产、运输、销售、消费和管理各区域的具体体现，包括盐对地方各基层组织的影响，以及地方各基层组织对待私盐的不同态度，简言之就是两者之间的互动。③ 日本的佐伯富教授较早对此问题进行了研究，他从探究"近世中国社会的性质"的角度出发，分析了扬州盐商对社会风气的毒化、对文化的贡献以及对奴婢制度的影响等问题，是盐与地方社会研究的开拓性著作。④ 盐业与地方社会的关系，越来越成为学术界关注的热点，私盐、盐商、盐业社会生活等纳入了研究的视野。

（一）私盐

私盐问题是盐与地方社会研究中重点关注的问题。民国时期著名盐务

---

① 陆韧：《明代汉族移民与云南城镇发展》，《云南社会科学》1999 年第 6 期。
② 赵小平：《试论云南盐矿生产、移民与工商业市镇形成、发展的关系》，《四川理工学院学报》2006 年第 4 期。
③ 吴海波：《清中叶两淮私盐与地方社会——以湖广、江西为中心》，博士学位论文，复旦大学，2007 年，第 10—11 页。
④ ［日］佐伯富：《盐和中国社会》，《日本学者研究中国史论著选译》第六卷，中华书局 1993 年版，第 92 页。

专家景学铃解释过:"私者何?对官而言,何谓官,何谓私,无人不知,有税为官,无税为私。"① 清代私盐泛滥,名目很多。从贩盐地点和工具来说,可分为场私、邻私、船私;从贩盐者的身份来说,可分为官私、商私、枭私等。为了杜绝私盐,盐业管理机构采取的措施主要有:为杜场私,设立公垣,专司启闭;官兵贩私指名题参,严加治罪;设立缉私卡巡,加大缉私力度;加强缉私队伍建设等。② 对于私盐贩卖的具体表现形式,王澈通过列举若干发生于乾隆四十二年(1777年)山东峄县的私盐案例,对私盐进行了细致的研究。③ 吴海波对私盐的研究颠覆了以往大多数研究成果对私盐的活跃持否定的态度,他指出既要看到私盐活跃的消极面,也要承认它的积极面。④ 王小荷较早关注广东私盐问题,其在《清代两广盐区私盐初探》⑤ 一文中认为清代两广盐区与全国一样,私盐盛行,并对私盐的贩卖情况、从事贩私活动的人员、贩私活动与社会政治经济状况的联系和影响进行了探讨。黄国信先后撰文对清代两广盐区的私盐贸易、贩运及私盐盛行原因进行了探讨。他指出私盐贸易在清代相当普遍,并对清代两广盐区私盐贸易的机制、方式、社会影响、私盐贸易量的历时性变化和两广盐区私盐贸易量与全国私盐贸易量平均水平的比较等问题进行了初步的研究。⑥ 张小也的《清代私盐问题研究》⑦ 一书对私盐问题进行了系统研究,研究将私盐活动作为主要脉络,而不是盐法盐政的参照物或补充,研究涉及全国各大盐区的私盐情况。

(二) 盐与人群

在现有的研究中,盐与地方社会的研究除了对私盐的关注外,还有盐商及与盐发生密切关系的人口、族群、宗族、移民、社会变迁等的研究。宋良曦认为,清代的盐商具有巨大的社会能量,对社会变迁、经济发展、大众心态、社会文化都曾产生巨大的影响。为此,他在《清代中国盐商的

---

① 景学铃:《盐政问题商榷书》之七(盐政丛刊),盐政杂志社,1921年。
② 纪丽真:《清代山东私盐问题研究》,《理论学刊》2006年第6期。
③ 王澈:《乾隆四十二年山东峄县私盐贩拒捕伤差案》,《历史档案》1991年第3期。
④ 吴海波:《清中叶两淮私盐与地方社会——以湖广、江西为中心》,博士学位论文,复旦大学,2007年。
⑤ 王小荷:《清代两广盐区私盐初探》,《历史档案》1986年第4期。
⑥ 黄国信:《清代两广盐区私盐贸易研究》,硕士学位论文,中山大学,1992年;黄国信:《区与界:清代湘粤赣界邻地区食盐专卖研究》,生活·读书·新知三联书店2006年版。
⑦ 张小也:《清代私盐问题研究》,社会科学文献出版社2001年版。

社会定位》①一文中对清代盐商的社会作用、影响进行了具体、全面的分析。刘德仁、薛培认为,清政府对盐商的控制和利用政策,集中反映了清政府与盐商的政治经济关系和相互结合的原则。②卜奇文在《论明清粤商与广西圩镇经济的发展》③中指出,明清时期是广西圩镇经济从发展到成熟的阶段,粤商在这个过程中扮演了重要的角色,而盐的运输在其中起了重要的作用。关文斌的《文明初曙——近代天津盐商与社会》④从市民社会与公共领域的角度出发,对清代天津盐商进行了研究,旨在通过对天津盐商的活动来探讨晚清国家、地方社会和经济的互动。王振忠在淮盐的研究中,先后对明清时代的两淮盐商与青楼文化、盐商社区文化、扬州的城市结构、城市人口、苏北社会变迁、仪征民俗、民间信仰等的关系进行了长期而扎实的研究。⑤

王果的《移民入川与四川井盐的开发》⑥认为,移民入川成为古代四川盐业发展的一个非常重要的外在原因。李绍明的《少数民族对开发盐源盐业的贡献》⑦认为,唐时盐源的盐井一直为少数民族所开采,由于经济价值而成为唐王朝与吐蕃、南诏三方争夺的要地。张学君、张莉红在《南方丝绸之路上的食盐贸易》⑧中指出,7—17世纪四川食盐产量跟不上人口增长,处于产不济销状态,反而有其他产地的盐运销蜀地。李清清的《唐代西南地区盐的产销及其在经济社会中的作用》⑨论述了唐代西南地区

---

① 宋良曦:《清代中国盐商的社会定位》,《盐业史研究》1998年第4期。
② 刘德仁、薛培:《略论清政府对盐商的控制与利用》,《盐业史研究》1998年第2期。
③ 卜奇文:《论明清粤商与广西圩镇经济的发展》,《华南理工大学学报》2001年第1期。
④ 关文斌:《文明初曙——近代天津盐商与社会》,天津人民出版社1999年版。
⑤ 王振忠关于两淮盐商与地方社会的关系方面的成果,可参见《明清两淮盐商与扬州青楼文化》,《复旦学报》1991年第3期;《明清扬州盐商社区文化及其影响》,《中国史研究》1992年第2期;《清代两淮盐业盛衰与苏北区域之变迁》,《盐业史研究》1992年第4期;《歙县明清徽州盐商故里寻访记》,《盐业史研究》1994年第2期;《明清两淮盐业与扬州城市人口数的再认识》,《盐业史研究》1994年第3期;《明清淮南盐业与仪征民俗》,《盐业史研究》1994年第4期;《明清两淮盐商与扬州城市文化》,《盐业史研究》1995年第3期;《明清两淮盐商与扬州城市的地域结构》,载《历史地理》第十辑,上海人民出版社1997年版。
⑥ 王果:《移民入川与四川井盐的开发》,《盐业史研究》1991年第2期。
⑦ 李绍明:《少数民族对开发盐源盐业的贡献》,载自贡市盐业历史博物馆编《四川井盐史论丛》,四川省社会科学院出版社1985年版。
⑧ 张学君、张莉红:《南方丝绸之路上的食盐贸易》,《盐业史研究》1995年第4期。
⑨ 李清清:《唐代西南地区盐的产销及其在经济社会中的作用》,硕士学位论文,西南大学,2010年。

的盐业生产对当时该区社会经济的重要作用,指出西南的盐充当民族交往的媒介,并为乡村城镇化创造了条件。

(三)人类学的"盐"与"物"

近年来,人类学亦参与了盐业社会的研究,舒瑜的《微盐大义——云南诺邓盐业的历史人类学考察》①及《从清末到民国云南诺邓盐的"交换圈"》②关注了盐的流动性,总结了学界已有的关于物的流动的研究,以云南诺邓盐井的历史人类学研究为例,对诺邓盐井由内而外的交换圈进行了细致分析,力求透过盐的流动与交换来呈现诺邓的上下、内外关系,管窥晚清帝国如何通过"物"来实现对西南地区的治理。她的研究指出,在西南研究物的流动,不仅要关注民族之间的关系,而且要考虑到国家力量、区域市场体系以及村落内部的社会结构等。李何春亦从人类学视角,选取西藏芒康县盐井纳西民族乡为田野点,考察盐井不同时期盐业生产和权力之间的互动关系。③

笔者将盐置于物的研究视野下来梳理。关于物的社会生命史和饮食人类学的研究,在国内呈现发展的势头,物质文化的研究现有人类学、考古学、民俗学、历史学、艺术史、城市研究、消费文化研究等不同学科和不同研究领域的介入。例如,2015年5月16—17日,在复旦大学举行了"言必有物:近现代中国的物与物质文化"工作坊日。人类学脉络下的物质文化研究,主要探讨物质与人类行为之间的互动。研究范式从人类是物件的主宰者到物件成为人社会文化中的一部分,而且主宰着人与物的关系,Lash和Scott就指出,人不再是知道物件,而是去体验物件,物件也不再被视为仅是功能性的东西,而是被赋予了影响、需求、关注、陪伴、共存等文化上的意义。④ 物质不仅赋予了文化上的意义,更再现了文化,物件参与了我们自身与他人的过程,而此也正是社会自我形塑的过程。⑤ 物是社会文化意义的承载体、传承者与散播者,物是个人特性、价值、品味、生活状况之反映者,物对人的意义会随着人、时间、空间的不同而有

---

① 舒瑜:《微盐大义——云南诺邓盐业的历史人类学考察》,世界图书出版公司2010年版。
② 舒瑜:《从清末到民国云南诺邓盐的"交换圈"》,《西南民族大学学报》2010年第7期。
③ 李何春:《动力与桎梏:澜沧江峡谷的盐与税》,博士学位论文,中山大学,2014年。
④ Lash and Scott, *Another Modernity: A Different Rationality*, Oxford: Blackwell, 1999.
⑤ Miller and Daniel, *Material Culture and Mass Consumption*, Oxford: Blackwell, 1987.

所转变，物对人的意义可以被记号化。①

人类学视角下的物的研究，都将物作为理解人、理解社会的途径而非目的。在摩尔根那里，物质文化成为他观察古代社会的媒介，他对待古代的遗存物就如达尔文对待消失的物种残骸一样，将社会遗存物作为了解社会进化的重要一环。莫斯《礼物》中的礼物建构了稳固的社会关系结构，其后更多人类学对礼物的研究，延续了将礼物作为人与人交换和取予的关系场路径。道格拉斯的《物品世界》(The World of Goods)，成为在方法上独出心裁的物质文化研究范本。而从巴塔耶（George Bataille）开始，物质文化从古老的社会遗迹和他者的文明真正转向了当代社会，从而借他者的研究变为直接地对自己所在社会物质现实的研究。②

阿帕杜莱（Arjon Appadurai）在将物从时间维度进行发掘的过程中，与马克思的商品理论进行了对话。在马克思那里，作为商品存在的物经历了生产、消费的环节，就意味着作为商品的物的终结；而在阿帕杜莱那儿，一种物质的生命不是变成商品、走出生产线、走向市场和消费就完结了，市场生活只是物生命史中的一个段落。物质的商品生命的终结，不意味着物质本身的终结，物质的生命可能延续到商品的死后来生。"如果马克思主义侧重研究的是物质怎样获得商品价值，那么阿帕杜莱等人引入人们视野的是商品如何从市场价值转入社会文化载体的，或者说，进入社会文化领域之后的商品究竟变成了什么。"③ 阿帕杜莱关于物的社会生命研究的总体基调就是要把商品视为物的社会生命中的一个阶段，一个经历丰富的物必定经过商品化、去商品化，甚至循环往复的过程。④

《甜与权力》将我们日常生活再熟悉不过的糖放到更为广阔的历史中考量，探讨伴随糖的传播、接受、使用并赋予意义的文化过程和社会过程。糖从由贵族阶级独享降格到非常平民化的位置。阎云翔以人情往来中的礼物切入来研究人际关系背后的社会网络的生成：横向的关系流动——

---

① 李如菁：《物质文化研究文献评述》，《设计研究》2002年第2期。
② 孟悦：《什么是"物"及其文化——关于物质文化的断想》，载孟悦、罗钢《物质文化读本》，北京大学出版社2008年版，"前言"第9页。
③ 同上书，第13页。
④ 舒瑜：《物的生命传记：读〈物的社会生命：文化视野中的商品〉》，《社会学研究》2007年第6期。

人情伦理以及纵向的关系流动——等级秩序。① "礼物"一词,将"礼"和"物"拆分开来看,物是礼的载体,礼是物的灵魂,作为物的基础之所以能成为礼物,在于其在一定社会规范和文化之下赋予的流动性意义,在流动中实现了物的社会生命。物的社会生命就是礼物在流动中所遵循的社会规范和文化及结成的社会关系。② 王铭铭从认识论的层面探讨古代中国物观念的原型,世界之物全为生命,并无有生和无生之分,更为接近人类学所谓的"泛生论",人和物是可以相互体察的,所谓"人物一理",从一草一木中也可以悟出人的品质。③

以物的视角的切入研究,可以实现对物由表及里的深层认识。例如,物视角下的滇越铁路,滇越铁路作为现代交通工具,由法国人在中国的边疆修建,隐喻着一种社会发展的阶序性,其作为法国商品输出与资本输出的综合体,在殖民时代体现着法国的权力、地位。在滇越铁路主权收复后,作为帝国殖民隐喻的符号意义逐渐消失,更多的是为边民社会发展提供现代运输条件的现代表征,从而使滇越铁路自身的历史书写发生转变。④ 例如,探讨当下山参之"野"的建构过程,以及背后的文化动力与商业逻辑。人参被商人层层赋予文化意义,在"国家检验"与"山寨检验"的标准、程序面前,"野"的文化意义与价格在现代被制造与消费。在东北野山参的社会生命史中,生态资源、国家制度、民间行为、社会需求与市场行为形成一个相互联结的联动模式。⑤ 林淑蓉以阿帕杜莱的"物的社会生命史"这一概念作为切入研究问题的架构,试图探讨有机食品从生产到消费的过程中如何传达"反现代性"的意识形态,如何建构有机食品的"物的价值",如何成为个人追求"自然的""健康的"生活理念,以及个人的身体如何实践体验此种理念与意识形态作为支撑基础的生活实践。⑥ 以

---

① 阎云翔:《礼物的流动:一个中国村庄中的互惠原则与社会网络》,李放春、刘瑜译,上海人民出版社2000年版。
② 杨涛、吴国清:《物的社会生命:人情伦理与等级秩序——兼论〈礼物的流动〉》,《南京理工大学学报》2008年第1期。
③ 王铭铭:《心与物游》,广西师范大学出版社2006年版,第182—186页。
④ 吴兴帜:《延伸的平行线:滇越铁路与边民社会》,北京大学出版社2012年版,第22页。
⑤ 孙晓舒:《山参之"野"——关于意义与价格之生成的人类学研究》,载庄孔韶《人类学研究·第二卷》,浙江大学出版社2013年版,第140—158页。
⑥ 林淑蓉:《有机食品与自我修养——身体、消费与生活风格》,"国立"清华大学人类学研究所,2006年。

上诸多关于物的研究,都超越了物作为自然实体的存在基础,而从文化层面直指物背后的权力、象征、关系、观念的形态研究。

(四)云南的盐

黄培林等较早对云南盐进行研究,① 赵小平对云南盐的研究较为深入,② 此外,还有一些学者的关注。李兴福论述云南的盐产地——黑井古镇的发展、形成过程,以及文化特色,并就其保护与发展问题提出若干意见,以供有关部门决策参考。③ 徐建平与文正祥从盐业法律角度对清代盐业法律制度与工商城镇的形成和发展做了论述,认为清代云南的盐税收入是地方财政的重要支柱,对盐井的开发也形成了新的高潮。④ 阎柏认为云南楚雄黑井和石羊(白盐井)盐业古镇的兴衰对滇中社会经济发展有很大的影响,该文论述了黑井和石羊两个古镇井盐产业兴起、发展,最后走向衰落的过程,从中探寻区域经济发展的一般规律及其特殊性。⑤ 另外,张崇荣从历史地理学的角度对清代时期的白盐井市镇文化做了细致的研究。⑥

(五)研究述评

首先,从研究的视角来看,抽象的王朝食盐专卖制度必须落实到具体地区才能实现,而这一实现过程又必然要通过具体社会中的人来完成,因此,盐业与社会的关系、盐区与盐区之间的关系等问题都是在研究盐业问题时必须重视的。这样自下而上看待问题的方式给了人类学研究的空间。其次,从研究的区域来看,盐的区域研究呈现严重的不平衡状态。盐业研究中对区域性盐业的关注点主要集中在两淮、广东、四川等地区。相比而言,对云南的盐业研究还较为薄弱,研究起步也较晚。并且在原本屈指可数的云南盐研究中,多是关注盐商、盐法、食盐专卖制度的研究。既有的研究忽略了云南盐业有其自身的区域特点,这样来看,重视云南盐的研究于盐业制度史、区域社会史的研究是一种加强与深化。再次,从研究方法

---

① 黄培林等:《滇盐史论》,四川人民出版社1997年版。
② 根据CNKI检索信息,赵小平发表的关于盐的研究论文有30余篇。
③ 李兴福:《历史文化名镇黑井研究》,博士学位论文,云南大学,2008年。
④ 徐建平、文正祥:《清代云南盐业法律制度与工商市镇的形成和发展》,《广西社会科学》2009年第12期。
⑤ 阎柏:《古镇的兴衰对滇中社会经济发展的影响——以云南楚雄黑井和石羊古镇为例》,《云南民族大学学报》2007年第3期。
⑥ 张崇荣:《清代白盐井盐业与市镇文化研究》,硕士学位论文,华中师范大学,2014年。

和资料运用来看,相对单一。以往的研究多采用历史学的文献分析法,历史资料主要依赖正史、档案、地方志书等文献资料。近年来,黄国信等学者试图采用历史人类学的方法,通过实地调查收集口述史料与历史文献等对以往研究进行补充。这是一个很好的尝试,但仍需进一步提高和深化。在当前讲求科际整合、多学科理论方法结合的动向下,人类学的田野调查方法是可以融入盐业社会研究中的。

四 资源型城镇研究

资源型城镇是指因当地的资源开发而形成、发展,并且资源型产业在当地经济结构中仍占有重要地位的城镇。资源型城镇的形成、发展对当地的资源具有特殊的依赖性,受资源储量的约束和资源可耗竭性的影响,表现出独特的发展特点和规律。[①] 前文笔者在论述"盐与地方社会"专题文献综述时,已经附带关注了盐业城镇的研究,在此不赘述。下文的文献综述,笔者将关注其他资源型城镇的研究。

20世纪80年代以前,对资源型城镇的研究,主要针对单一资源型城市发展过程研究,没有考虑资源型城市随着资源枯竭将面临的衰退和转型问题。20世纪80年代中期后,逐渐出现了应用经济结构调整、可持续发展理论等进行资源型城镇的研究。[②] 这主要因为许多地区相继出现资源枯竭和结构性衰退、资源采掘业破产和资源加工业的亏损,引发了一系列的失业、经济下滑、社会秩序混乱等问题,这一时期的研究主要解释资源型城市产业的兴起和衰退,及在这些过程中表现出来的社会经济特点。国外对此的研究有对加拿大和澳大利亚资源型城镇的实证研究,提出资源型城市发展建议。[③] 有从人口迁移角度对加拿大魁北克省拉布拉多地区资源型城镇人口特征进行研究,指出采掘业具有强烈的周期性,周期性对矿业城

---

① 焦华富、陆林:《西方资源型城镇研究的进展》,《资源学报》2000年第3期。
② 朱琳:《资源枯竭城市转型发展可持续评价——以贾汪为例》,博士学位论文,中国矿业大学,2013年,第7页。
③ J. H., Bradbury, "Towards an Alternative Theory of Resource-Based Town Development in Canada", *Economic Geography*, 1979, Vol. 55, No. 2, pp. 147–166.

镇的发展具有深刻的影响。① 马什（B. Marsh）对美国宾夕法尼亚州东北部的煤炭城镇居民的社区归属感（sense of belonging）研究后指出：煤炭城镇经历了两个不对称的阶段，即早期的工业化阶段，这一时期环境给新来的居民提供了物质财富，但此时的精神财富贫乏；进入衰退阶段，环境向人们提供了较多的精神财富，但物质财富短缺。② 社区的社会互动（social interaction）是资源型城镇研究的又一个重要方面，坎贝尔（A. P. Campbell）、昂格尔（D. G. Unger）、弗里德（M. Fried）、吉尔（A. M. Gill）、沃伦（B. Warren）、鲍尔斯（R. T. Bowels）等都对此进行过研究。③ 面对濒临衰竭的资源型城镇，国外许多学者开展了资源型城镇可持续发展等综合性的研究。首先是经济转型研究，国外资源型城市经济结构转型问题，一般称为衰退地区经济振兴或结构性问题地区的经济振兴，在这方面有不少研究成果，如德国鲁尔区的振兴、④日本九州地区的振兴等。⑤

国内对资源型城市发展的研究始于20世纪80年代，老工业基地改造问题对资源型城市的研究有很大助推作用。李文彦率先对我国资源型城镇进行研究，发表了题为《煤炭城市的工业发展与城市规划问题》的论文。⑥ 沈镭和程静⑦、许光洪⑧在分析我国资源型城市发展特征和面临困境的基础上，提出优势替代、优势再造、优势互补、优势延伸、优势挖潜五大经济战略，指出产业结构调整是矿业城市可持续发展的必由之路。我国学者对资源型城市转型的研究起步较晚，资源型城市产业转型问题在20世纪90年代才逐步引起重视，多以实证研究和比较研究为主，一般从宏观角度出发，以归纳总结的方法对矿业城市特征和存在的问题进行研究，通过分析国外的成功经验，提出我国矿业城

---

① J. Bradbury, I., St-Martin, "Winding down in a Qubic Town: A Case Study of Schefferville", *The Canadian Geographer*, 1983, Vol. 27, No. 2, pp. 128–144.
② B., Marsh, "Continuity and Decline in the Anthracite Towns of Pennsylvania", *Annals of the Association of American Geographers*, 1987, Vol. 3, pp. 337–352.
③ A. M., Gill, "Enhancing Social Interaction in New Resource Towns: Planning Perspectives", *Journal of Economic and Social Geography* (TESG), 1990, Vol. 5, pp. 348–363.
④ 汉斯·彼得·诺尔、日尔诺特·帕伦、黄剑：《鲁尔区棕地再开发》，《国际城市规划》2007年第3期；唐彦：《鲁尔工业区棕地复兴策略》，《国际城市规划》2007年第3期。
⑤ 潘惠正、王道闻、徐启敏：《日本煤炭工业结构调整与政府的支持政策》，《中国煤炭》1995年第11期。
⑥ 李文彦：《煤矿城市的工业发展与城市规划问题》，《地理学报》1978年第1期。
⑦ 沈镭、程静：《大同市煤炭矿业城市可持续发展优化研究》，《自然资源学报》1998年第1期。
⑧ 许光洪：《我国矿业城市的产业结构调整及其发展途径》，《中国人口资源与环境》1998年第1期。

市产业结构调整可供借鉴的途径。其中,资源型城市转型研究中,主要以经济转型为主,一方面是城市化发展对产业经济模式转变的客观需求;另一方面是建设资源节约型、环境友好型社会的需要。① 研究内容上,主要包括资源型城市经济结构、土地利用变化、生态环境影响、城市可持续发展等。

有研究已经注意到了资源开发与城镇兴衰的关系,我国目前有390个单一资源型城市,其中20%处于成长期,62%处于成熟期,18%处于衰退期。② 例如,云南的东川、个旧,山西的大同,辽宁的阜新,安徽的淮南、淮北等,这类城市大都依矿而建,先有矿山后有城市,矿山的开采带来人口的聚集和城市的兴起,随着矿产资源的枯竭,导致人口的弱减和城市的衰亡。

对资源型城镇的研究学术成果前期多集中在经济方面,其后才陆续出现对资源型城市社会、生态环境方面的研究。积极对国外资源城市转型案例进行借鉴,如冯春萍③、任保平④等对德国鲁尔区的经济结构转变的借鉴研究。张国兴⑤建立了一个包括经济、社会、资源和环境四大系统的矿业城市的可持续发展评价指标体系框架,分析矿业城市可持续发展评价方法。概括来讲,认可可持续发展是避免"矿竭城衰"的有效途径,加强对资源型城市的综合型研究,已经成为研究资源型城镇的共识。

社会学、人类学专业近年也有相关研究选取资源型城镇或是社区作为田野点来进行关注的。例如,《中国工人阶级的变迁——以安源矿工为例》⑥关注从安源煤矿企业社区的形成和逐渐解体过程中考察矿工的职业分化与流动,农民工加入工人队伍以及矿工由单位制下的政治、劳动、社区三重属性的高度合一演变成三者分离的变迁过程。《矿山社区分化与社区重构——云南大姚铜矿的变迁研究》⑦从社会学的学科角度,以云南大姚铜矿为个案,考察铜矿产业衰微背景下的社区重建。《锡都个旧:资源

---

① 张米尔、武春友:《资源型城市产业转型障碍与对策研究》,《经济理论与经济管理》2001年第2期;张米尔:《西部资源型城市的产业转型研究》,《中国软科学》2001年第8期。
② 何一民:《近代中国衰落城市研究》,巴蜀书社2007年版。
③ 冯春萍:《德国鲁尔工业区持续发展的成功经验》,《石油化工技术经济》2003年第2期。
④ 任保平:《欧盟一体化进程中德国鲁尔区的产业转型绩效分析及其启示》,《西安财经学院学报》2006年第6期。
⑤ 张国兴:《关于矿业城市可持续发展评价指标体系的构建》,《河南师范大学学报》2007年第5期。
⑥ 梅方权:《中国工人阶级的变迁——以安源矿工为例》,博士学位论文,中山大学,2005年。
⑦ 韩全芳:《矿山社区分化与社区重构——云南大姚铜矿的变迁研究》,博士学位论文,中山大学,2009年。

开发与族群认同》①，从锡矿开采中介入的族群，来考察资源开发背后的族群认同。《人、资源与自治：凉山矿产和雅克玛森林开发案例研究》② 关注森林资源开发下的权力场。

第四节 问题意识与核心概念

一 问题意识

第一，以石羊古镇为代表的中国传统城镇是什么样的？可以为既有城镇化提供怎样的思考？基于两点反思，一是关于城镇化的时间界定问题。根据现有研究来看，我国的学者在理解何为城镇化时受西方理论的影响较深，普遍将城镇化视作近代工业化以来特有的社会现象。现有关于中国城镇化的研究更仅限于1949年以后尤其是改革开放以后的时间段，并且深受西方城镇化概念和理论的影响，城镇化的概念亦成为西方意识形态下的概念范畴，忽略了对中国传统城镇的理解。因此，对城镇化的理解，应加入历史的维度及中国本土的维度。城镇的发展是作为过程的存在，有一个从无到有、从古至今演化的过程。城镇化还是一个相对的、动态的概念，是不断发展和深化的历史过程。近现代城镇是在古代城镇的基础上发展起来的，近代以来的城镇化是之前社会长期发展的延续，只是城镇化的广度和深度、城镇化的发展形态在新的历史条件下呈现出新的特点。笔者的城镇化不做将传统与现代完全割裂开来的处理，为了清晰理解城镇化的历史发展脉络，笔者有意将城镇化置于更长的时间段中，在长时段的时间维度中做到对城镇化尽可能多的理解与把握，以期在长时段的历史维度把握中，实现对城镇化的本土认识。二是基于城镇化定义本身的纷繁复杂性，这既源于不同学科的理解，也源于城镇化本身作为系统工程的复杂性使然。不同学科的不同理解对城镇化的理论与实践十分有益，但也可能会陷

---

① 李霞：《锡都个旧：资源开发与族群认同》，硕士学位论文，中山大学，2010年。
② 代启福：《人、资源与自治：凉山矿产和雅克玛森林开发案例研究》，博士学位论文，中央民族大学，2013年。

入学科的狭隘境地。应了城镇化的复杂性和系统性,城镇化的研究需要跨学科的视野与思维。

第二,盐业资源的开发利用与石羊古镇城镇化的深层关系是什么?笔者的研究欲以盐业资源的开发利用及盐业开发利用所形成的人的流动为主线,来研究石羊古镇的城镇化过程,分析盐业资源的开发利用与石羊古镇城镇化的深层关系。石羊古镇历史上是云南盐业生产的重地,该地的社会明显因盐业资源的开发呈现了"因盐而兴""因盐而衰""因盐复兴"的三个阶段。石羊古镇的历史发展脉络亦同许多资源型城镇一样,落入了"资源诅咒"的陷阱。

石羊古镇的城镇化是资源带来的,盐这一资源成为解释石羊古镇城镇兴衰的关键因素,盐于当地来说,既是"天使",也是"恶魔",自然资源的可利用性在相当大的程度上决定了白盐井地区历史的发展模式和特点。从资源的开发利用视角来看石羊古镇的城镇化,经历了两次转型:第一次转型发端于清末民初完成于中华人民共和国成立以后直至20世纪90年代,实现了从传统手工业为主的盐业时代转向以机器生产为主的工业化时代;第二次转型始于20世纪90年代末,逐步由以机器生产为基础的资源型城镇向旅游型城镇的转型。

石羊古镇这样的转型背后源自对"资源诅咒"所做出的努力,同时,经历的不仅是我们所见的经济转型,更是文化转型,文化转型的这个过程现在还在继续,是一个隐蔽的、持续性的、长时段的过程。

第三,城镇化的动力机制何在?明清以来石羊古镇呈现出来的不同城镇化阶段,其背后普遍式的动力因素是什么?笔者欲从石羊古镇不同时期城镇化的社会背景,来分析城镇化的动力机制。在此,以盐业资源为当地城镇化的核心要素,以及盐业资源的市场要素、人的流动要素、国家角色要素,是笔者在当地城镇化各个阶段都有着墨的要素,以此在时间的维度中对这些要素形成新的对比与考量,进而促成新的思考。

二 核心概念

(一)城镇化

鉴于笔者所选取的田野点石羊古镇仅处于城市研究的末端,为与之区别及避免歧义,更为了突出其研究特征。笔者的研究中,将石羊古镇纳入"小城镇"的概念范畴,笔者在此借用费孝通先生的小城镇概念,即"小城镇是一种比农村社区高一层次的社会实体,这种社会实体是以一批并不从事农业生产劳动的人口为主体组成的社区,无论从地域、人口、经济、环境等因素看,它们都既具有与农村相异的特点,又都与周围的农村保持着不可缺少的联系"①。小城镇既不同于农村,也不同于城市,它介于两者之间,是联系两者的纽带与桥梁。现有小城镇包括县城镇、建制镇和集镇。笔者所考察的石羊古镇属于建制镇。石羊古镇,位于城市层级的最低级,位于农村层级的最高级,因此对它的研究,也就无法摆脱它城市性与农村性的观照。

由费孝通指导的1985年江苏小城镇调查使用了"镇区人口"这一新指标。"镇区"指地域上人口相对集中、建筑物已连成片的城镇建成区,而不是镇政府的行政管辖区。"镇区人口"包括四部分:居住在镇区并持有城镇户口的"常住人口",居住在镇区持有常住户口但享受"加价粮油"供应的人,居住在镇区但持农村户口的居民,"摆动人口"。② 显然,"镇区人口"概念的提出给笔者的研究带来了方便,笔者的研究对象如无特别说明,即指石羊古镇镇区,从地理位置来看,就是白盐井时期到当下石羊古镇的南关到北关方圆近两千米的地理范围。

对于城镇化的概念和内涵呈百家争鸣之态,不同的学科和学者对城镇化的定义有他们各自独到的见解。人口学认为,城镇化是农村人口转变为城镇人口的过程,即城镇人口数量增加、乡村人口相对减少、城镇人口比重不断提高的过程。经济学认为,城镇化是经济结构从分散的第一产业向集中的第二、第三产业转化的过程。地理学认为,城镇化是农村地域转变为城镇地域、城镇景观替代乡村景观的过程。而人类学和社会学则指出,城镇化是传统的乡村社会转变为现代化的城镇社会的过程,社会阶层结构日益复杂,人们的生产和生活方式越来越多元化。因此,笔者的城镇化概念以人类学的城镇化概念为基准和参照。即从人类学的学科视角,关注的并非简单经济意义的城镇化,而是加上人的城镇化,文化的城镇化。据此,城镇发展的灵魂应该是人的流动与文化的流动,应该是文化从同质性

---

① 费孝通:《中国城镇化道路》,内蒙古人民出版社2010年版,第8页。
② 马戎:《小城镇的发展与中国的现代化》,《中国社会科学》1990年第4期。

到异质性的过程，同时能够更为直接地共享现代性的成果。城镇化不仅仅是都市规模的扩大和人口的集中，更重要的是都市中"人"的生存和发展。同时，笔者的城镇化不做将传统与现代完全割裂开来的处理，为了清晰理解城镇化的历史发展脉络，将城镇化置于更长的时间段中来考量，在长时段的时间维度中做到尽可能多的理解与把握，以期在长时段的历史维度把握中，实现对城镇化的本土认识。

（二）盐

盐作为石羊古镇的特殊资源，在理解当地城镇化中，发挥着关键性的作用，笔者从物的社会生命史研究维度，从盐作为自然资源、经济资源、文化资源的形态，关注其互为转化的过程。尤其是以盐为核心和中心连接点，衍生出市场、人的流动、国家角色这三个支撑当地城镇化的要素，当地的城镇化亦由这些要素建构出来。

（三）市场

笔者的"市场"定义不同于西方纯经济学的"市场"定义。在现代西方，经济交换是相对独立的，在制度上尽量脱离社会关系和政治权力的行为。其实，交换是人类一种普遍的行为，包含了权力交换、社会关系和物品等经济交换的"复合交换"。因此，笔者的市场概念和研究受以下研究的影响和启发：博兰尼在"嵌入性"概念基础上，认为市场是嵌入社会结构之中的，将理性选择假设下的经济行为与社会结构联系起来。[①] 施坚雅针对以往研究忽略了市场在社会结构研究中的重要性，指出，农民的社会区域边界不是村庄，而是基层市场区域，中国传统的市场区域是与社会区域边界、文化区域边界高度重合的。[②] 布罗代尔也指出，所有种类的交换既是经济的也是社会的，市场同时是社会和经济的实存。[③] 张小军在布迪厄的"资本体系理论"和其"复合产权"概念的基础上，提出了广义市场（复合市场）概念：广义市场是各种资本（经济资本、社会资本、文化资本、政治资本、象征资本）要素（物品、权力、关系、品位、认知意义

---

① ［英］博兰尼：《巨变：当代政治、经济的起源》，黄树明等译，（台北）远流出版事业股份公司1989年版，第124—130页。
② ［美］施坚雅：《中国农村的市场和社会结构》，史建云、徐秀丽译，中国社会科学出版社1998年版，第5页。
③ ［法］布罗代尔：《为市场定位》，载许宝强、渠敬东编《反市场的资本主义》，中央编译出版社2000年版，第69页。

等）和各种市场（经济市场、政治市场、社会市场、文化市场、象征市场）之间进行转换（互惠、再分配与交换）与再生产的复合时空。① 因此，笔者对石羊古镇市场的分析，努力摆脱市场作为单纯经济自由市场的考量，而是将市场看作复合的交换场域，是经济、政治、文化、社会资本的转换和交换场所。在石羊古镇市场的考量过程中会发现，政治市场、社会市场、文化市场和象征市场在很大程度上主导了盐的交换，盐业市场甚至成为政治市场、社会市场等市场的附庸。在市场的研究中，我们很容易发现，传统盐业时代盐的销售区域、食盐价格并不必然受纯市场规律控制，而是成了国家权力、地方利益等各种政治诉求相互妥协的均衡结果。甚至，国家权力的市场直接制约着盐业市场，盐业经济市场成为权力市场的服务平台，渐渐失却的盐业市场也象征着国家权力市场的崩塌。在旅游时代，当地的盐作为文化资本、象征资本又重新在市场中发挥功效。

（四）人口流动

人的流动（population mobility）可以分为地域流动（geographic mobility）和社会流动（social mobility）两种类型。本书的人的流动的研究主要关注地域性流动，其中包括长期性的人的流动（移民）和短期性的人的流动（赶集、旅游、商业贸易等）。流动人口包括因旅游、出差、探亲、过境、求学、迁移、婚姻等产生的流动人口。

第五节 研究视角与方法

研究视角与方法是研究者接近其所研究的对象的具体"路径"和"工具"，选择适当的研究视角和方法对于研究工作的开展以及研究结论的获得具有极其重要的意义。视角与方法的选择取决于研究对象以及既定的研究主题本身。

---

① 张小军、王思琦：《咸与权：历史上自贡盐业的"市场"分析》，《清华大学学报》2009年第2期。

一 研究视角

（一）历史的纵向视角

针对我国现有城镇化的研究深受西方城镇化概念和理论的影响，城镇化的概念亦成为西方意识形态下的概念范畴，忽略了对中国传统城镇的理解。有研究对国内外学术界、思想界将"乡土中国"等同于传统中国，以"乡土性"概括中国传统性的学说和观念提出了质疑，并对上述中国观的形成机制做了反思性探讨。陈映芳对此专门指出：近代中国的思想家和中西方人类学家、社会学者们借助西方现代社会科学来建构"中国社会"的过程，其实也是他们参照"现代的、城市的西方"，将既有的中国裁剪、过滤成"传统的、乡土的中国"的过程。在这个过程中，费孝通先生所描述的中国基层乡村社会的一些基本属性，被扩大为中国整体社会的本质特征，中国城镇社会、城乡关系的传统以及传统的城市性等，相应被忽略。由此，不仅中国的传统性被单一化，中国的城市性也成了纯粹的西来之物、无本之木。这既于我们的文化自觉无益，亦不利于对现实中国城乡问题的把握。[①] 笔者在此受到启发，因此对城镇化的理解，加入了历史的维度，及中国本土的维度。认为城镇的发展作为过程的存在，是一个相对的、动态的概念，是不断发展和深化的历史过程。近现代城镇是在古代城镇的基础上发展起来的，近代以来的城镇化是以前社会长期发展的延续，只是城镇化的广度和深度、城镇化的发展形态在新的历史条件下呈现出新的特点。城镇化作为一种理论概念是近现代才出现并越来越引起人们注意的，但作为一种社会发展与变革现象，在过去就早已存在。因此，笔者的石羊古镇城镇化研究将关注的时间点推进到明清时期，涉及一个长时段的历史发展过程，关注城镇化的研究不止眼前及未来的视角，更加入了对历史关怀的维度，从历史的纵向维度来把握中国本土城镇化的过程特征。诚如西敏司在糖的研究中用历史的视角来贯穿整个研究，专门指出"社会现象就其本质而言都是历史的，也就是说在某一时刻，事件之间的关系并不

---

① 陈映芳：《传统中国再认识——乡土中国、城镇中国及城乡关系》，《开放时代》2007 年第 6 期。

能从它们的过去和未来中被抽离出来"①,将糖置于现代西方国家的饮食演化历程中。蔗糖生产与蔗糖消费之间的关系随历史而发生改变,同样,蔗糖的用途以及它所引发的意义也在不断变化。我们今日称为"糖"的东西是一种古老的、复杂的艰难过程的最终成果。这一点上,盐的历史和蔗糖的历史有着天然的相近,西敏司蔗糖的历史研究给笔者以启发。

(二) 比较的视角

研究虽以石羊古镇为田野个案,但在研究过程中会将石羊古镇置于资源性城镇的城镇化类型中进行比较,同时将以石羊古镇为代表的云南小城镇研究与其他地域的城镇化研究形成对比,以期在比较中加深对城镇化普适性及特殊性的认识。

(三) 以小见大

针对现有城镇化的研究多是中观、宏观层面的统摄性研究,从云南的石羊古镇切入做扎实的微观研究,同时会将微观的研究拓展开来,寻求更大意义上的区域性观照。费孝通先生在城镇化的研究中,关注城镇的典型性研究,在典型研究的基础上总结了具有示范效应的"苏南模式""珠海模式"等。笔者的研究欲有以西南一隅的石羊古镇作为典型个案的研究,也有从典型到区域观照的愿景。城镇化是一个历史积累的过程,城镇的发生、发展和演变有其特定的历史文化背景,在不同历史文化背景之下呈现的应该是不同的城镇演变过程。但是个性是共性的外在表现,我们正是要通过对特定城镇演变因素的分析研究找到其内在的规律性,启发并指导当代城镇的发展。

二 研究方法

(一) 田野调查法

正如吉登斯所强调的城市的研究必须少关注宏大理论,而多关注当地历史、资源的差异,关注当地行动者在变迁中的选择。笔者以人类学的田野调查方法来做石羊古镇城镇化的个案研究,以期补足现有城市研究的不足。在田野调查过程中,当地丰富的口述史也成为笔者完成研究的保障。

---

① [美] 西敏司:《甜与权力——糖在近代历史上的地位》,王超、朱健刚译,商务印书馆2015年版,第14页。

（二）历史文献研究法

充分利用地方文献（地方志、地方历史档案资料、碑刻、家谱、村史、政府部门资料）等。

（三）多学科的交叉研究

城市史作为一门交叉学科，需要研究者具备多学科的知识结构与多维视角。城市史的研究往往融合了地理学、政治学、经济学、历史学、人口学、统计学、文化人类学等多学科的知识，如果知识整合不够、理论准备不充分，就无法驾驭城市史的研究。单一学科的研究只会得到一些支离破碎的零星成果，无法全面反映城市史的概貌和整体情况。因此，笔者在学科借鉴方面，以人类学的学科视角为研究的基础，同时融入历史学尤其是其中的社会史、城市史分支学科对城市历史、中国传统集镇的相关研究成果。正如城镇化研究，人类学与社会学界致力于关注城镇化过程中经济思维与社会思维的兼容性和互补性，以避免单一经济思维研究所带来的偏执性。在这方面，费孝通先生的研究做出了很好的表率。早自20世纪30年代，他就将社会学家的人文情怀与经济理性结合，希望走出一条不以牺牲农村、农业、农民为代价的平和现代化路子。① 就此，笔者在城镇化的考量中，重点抓住石羊古镇城镇化中的盐业资源、市场情况、人口流动情况（长期流动与短期流动），同时兼谈城镇化进程中的主导力量——国家。通过这四个因素来呈现石羊古镇特殊性与具有历史普适性的城镇化进程。当然，笔者在研究的过程中，需要补充的知识过多，偶有力不从心之感。

第六节 研究优势与困难

一 研究优势

首先，家乡人类学的便利。家乡人类学的研究具有理解上的优势、语言的便利、环境和人际关系的适应、心理上的舒适和生活上的适应等。②

---

① 周全德：《论新型城镇化的社会学理论建构》，《学术界》2014年第9期。
② 王明珂：《寻羌：羌乡田野杂记》，中华书局2009年版，第17页。

大姚县是笔者的家乡，笔者所做的研究是典型的家乡人类学的研究。进入田野较为容易，无猜疑，少了出入田野"你到底来做什么的？是谁派你下来的，学校老师还是上面的人，是记者吗"的诘难，以及"你一定要说我们这个地方好的"之类的难题。同时笔者在研究过程中主要偏重历史维度的研究，在熟悉的地域探索未知的历史，亦可避免家乡人类学的局限性。笔者在实地的田野调查过程中，诸多关于石羊古镇的历史文化如璀璨珍珠一样展现在笔者的面前，更增加了笔者的研究兴趣。同时，笔者也因之心切，当地的盐业社会文化流失严重，尤其是在当地1961年洪水后，可见的历史文化遗存多毁于洪水，当地人失去了大笔可触可感的历史文化资源。但笔者坚信，虽然历史的沧桑岁月，尤其是无情的洪水让当地很多历史遗迹就此隐没，但亦没法阻止当下每一个生活在当地的人们去尽力恢复历史的现场，去感触当地逝去的历史温度。

其次，文献资料相对丰富。笔者的文献研究有《明史》《明一统志》《明实录》《清一统志》《清史稿》《清实录》《云南省志》《云南文史资料丛刊》《申报》等史料。同时，有效地搜集和利用了有关白盐井的井志[①]和县志，亦参考相关的云南地区盐业史料，如清代李密的《滇南盐法图》《云南盐务当局答复地方参议会质询盐务问题史料选》等资料。田野过程当中，还佐以收集到的家谱和碑刻资料等。研究所涉及的三个时段均有丰富的文献材料支撑，尤其还有丰富的口述史资料补充进来。这些材料正好可以实现笔者对当地城镇化研究的夙愿，即城镇化的研究，不仅要了解"今生"，更应该对"前世"有所把握，三个阶段的充足资料，正好实现了笔者对城镇化议题连续而非割裂的研究。

最后，得到了多方力量的支持。接触了县志编撰人员、石羊诗词书画协会会员、石羊地方老人（居石羊、楚雄、昆明等）、石羊周边少数民族等不同类型的访谈对象，同时，笔者有幸遇到田野的关键报道人——张国信老师[②]，他20世纪40年代毕业于云南大学生物系，其成长与工作都在白盐井区，通晓古典文献与今文，是白盐井区的"活字典"，老先生常能帮笔者答疑解惑，并且还能不断启发笔者的思考。另外，也有父亲的支

---

① 盐井志独见于云南，具体有白盐井志、黑盐井志、琅盐井志，其中，白盐井志有雍正《白盐井志》、乾隆《白盐井志》、光绪《白盐井志》，是笔者难得的研究资料。
② 张国信老师生于1929年，笔者主要在2013—2015年开展对张国信老师的访谈，2017年9月23日，张老师因病与世长辞，特此缅怀。

持，当笔者需要到深山看墓碑、到周边村落访谈时，他总是欣然陪同，帮助笔者找报道人，帮助搜集资料，也很乐于读笔者写的文字，这无疑给了笔者莫大的支持与鼓励。此次调查更为难得的是得到了大姚县委县政府的支持与鼓励，笔者前往大姚县相关部门查找资料，工作人员得知笔者的来历，出于大姚县的在读博士研究生的身份及做大姚本土相关学术研究的考虑，均给了笔者莫大的支持。笔者感动，亦感激，权且化作学术的孜孜以求。

二 研究困难

首先，在石羊古镇城镇化时间段的节选方面，因笔者以长时段的历史研究为方法的突破点，能够选择更长时间段于笔者的研究就更为有意义，在长时段中把握城镇历程的特征及深层次的运行机理也就更能一目了然，但碍于石羊古镇文献的局限。明代之前的当地文献几近空白，明代的地方文献虽较少，但开始有部分上层的官方文献来呈现当地的盐业社会和地方性文化。到了清代，始有石羊古镇地方志的出现，也是自清代开始，石羊古镇的历史文献逐渐丰富。因明以前资料的缺乏，笔者对石羊古镇城镇化研究感到一筹莫展，因此，笔者以"明清以来"为时间节点来探究当地的城镇化，这是因资料所限而导致的笔者研究的缺憾。笔者对石羊古镇的城镇化过程的关注，时间跨度大，需要有较强的历史敏感性，同时还要有将历史与当下串联起来的功力，形成人类学关注当下的人文关怀，这是笔者在研究中要尽力去做的。

其次，从石羊古镇城镇化这一研究对象的区域范围来看，因笔者从事人类学学科专业的学习，人类学历来擅长做小型社区的研究，而笔者关注的石羊古镇城镇化的研究区域，主要涉及石羊古镇镇区范围的研究——方圆近两千米，现居民近5000人，于人类学对社区规模的选定来看，算得上是中型社区的研究。又因"城镇化"这一研究主题的特殊性，仅关注石羊古镇镇区的范围远远不够，在实际的研究中还会涉及石羊古镇镇域范围的研究——407平方千米，人口约为2.8万人，甚至还会涉及石羊古镇周边区域如县域的研究，意将石羊古镇的城镇化进程置于区域背景的范围之内来考量。

最后，石羊古镇的城镇化研究中，如何凸显人类学学科的特长，以弥补现有城镇化研究中多关注经济的城镇化而忽略了人的城镇化及文化的城镇化现状,这是笔者在研究中努力思考并且践行的问题。而人类学对城镇化的研究正在发展阶段,仍有很大发挥的空间,笔者将继续在现有人类学对城镇化研究的基础上,继续探索。

第二章　盐业社会的形成与发展

《华阳国志》有记载，"蜻蛉县（今大姚县）有盐官"①，从白盐井最早设有盐官的记载及《华阳国志》成书时间来看，在蜻蛉县始设盐官的时间大约在两晋，最晚不晚于公元357年，最早可上溯至东汉中期，这意味着当地的盐业开采历史必在当地设盐官之前，即两晋以前。同时，《华阳国志》中有记载三国时诸葛亮南征，"渡泸得蜻蛉，收其金银盐布，以益军储"②。在蜻蛉一带，有盐业资源的仅是白盐井一处，因此，这里所指的盐是白盐井的盐无疑。这表明当地盐业还未列入国家强有力的管理之中，国家权力并未直接参与盐的开采和销售中，国家只从地方收取盐税，或者当时在当地还没有盐税的产生，因此有无盐官亦不影响当地的财政收入。而可以言明的一点是，当地的盐业资源随着盐官的进驻得到了加强。在清代时期，有白盐井人专为白盐井开凿于汉代做过考据：蒙氏据滇于唐时，后人即此以为开井之始，而不知盐之见于汉者即白井所出。盖此地旧有盐井，特未扩充，厥后郡女牧羝，始之卤非井一处，故又凿界井，获石羊而卤泉益旺，国课渐充，人民愈众，乃有庙祀之典。且《通志》记白井于汉属益州，蜀汉为髳州，是井眼之开于汉无疑矣。③ 参照地方志书和历史文献的记载与考证，当地人（包括民众、地方精英、地方官员）将当地盐业历史追溯到汉代。

笔者的研究因碍于文献的缺乏，无意做白盐井始自汉代的考据，也无意以汉代为起始来考察白盐井经历汉、唐、宋、元、明、清、民国直至当下两千年的兴衰历史。笔者以明代作为时间节点，来关注石羊古镇的城镇

---

① （东晋）常璩：《华阳国志》卷四《南中志》，刘琳校注，巴蜀书社1984年版，第447页。
② （东晋）常璩：《华阳国志》卷四《蜀志》，刘琳校注，巴蜀书社1984年版，第324页。
③ 乾隆《白盐井志》卷二《盐赋》，载杨成彪主编《楚雄彝族自治州旧方志全书·大姚卷》，云南人民出版社2005年版，第439页。

化研究。基于以下考虑：其一，关于白盐井的历史资料在明代以前较为空缺，明代的历史文献也仅零星分布在现存的历史文献中，笔者将屈指可数的明代文献汇集，不愿意错过这些"只言片语"，这些零星之语也在研究中化为白盐井研究的线索与历史背景。其二，在当地不同姓氏的移民传说中，很多人在讲述自己的祖先从何处来的时候，将其追溯到明代洪武年间的移民，这一历史记忆与可靠的文献记载相吻合，从田野调查及文献记载两方面的资料来看，明代白盐井存有大规模的移民是毫无疑问的，而人群聚集效应是白盐井城镇化的关键因素。

基于以上两个原因，笔者城镇化的研究以明代为研究的时间起点。而清代时期白盐井的文献资料开始丰富，地方志书就有雍正《白盐井志》、乾隆《白盐井志》、光绪《续修白盐井志》，以上三部志书不仅是严格意义上的记载盐业的专业志书，而且也是记载地方风物的地方志书，还原了白盐井当时的城镇化风貌。且清代时期，白盐井的相关记载也出现在上情下达或下情上达的各类官方文件中，在《清史稿》《清实录》《清一统志》《云南省志》《云南史料丛刊》等较具影响力的历史文献中均可查到。现有网络电子资源如"中国古籍数据库""数字方志库""二十五史全文检索系统"等也为笔者查阅白盐井史料提供了诸多便利。例如，笔者在"中国古籍数据库"中检索到有关"白盐井"字样的条目有318条，成为了解历史背景不错的参考资料。此外，笔者还参考了其他零星散布于各种历史文献中的资源。这些难得的历史资料无疑为笔者把握白盐井的城镇化历程提供了诸多线索。民国时期的白盐井资料除了较为充实的文献资料，丰富的口述史资料也被补充了进来。通过笔者田野调查和分享地方各类资料等形式，也可以很好地把握白盐井的城镇化特征。就此，笔者的白盐井城镇化历程研究以明代为研究的起点，重点关注清代、民国直至当下的白盐井城镇化过程。每个阶段的研究，其研究方法各种侧重。

在具体的研究过程中，笔者遵照白盐井城镇化发展过程中表现出来的清晰脉络，将白盐井的城镇化阶段划分为"因盐而兴的城镇化""因盐而衰的城镇化""因盐复兴的城镇化"三个阶段。这三个阶段并未有清晰的时间分界点，只能将这三个阶段与一个大致的时间段对应。明代至清末是白盐井"因盐而兴的城镇化"阶段，这一过程中，盐业生产顺利，市场拓展稳健，人群聚集效应明显，地方社会文化事业繁荣发展；清末直到20世纪90年代，是"因盐而衰的城镇化"阶段，清末和民国时期，白盐井城镇化进程中的桎梏逐渐暴露,盐业生产受到种种制约,市场缩减,白盐井在各种遭遇之下"元气大伤",难以再恢复如初;自20世纪90年代至今,石羊古镇呈现"因盐复兴"的城镇化阶段,在这一过程中,文化复兴、历史文化资源的保护与开发在石羊古镇得到实践,石羊古镇出现城镇化的新风貌。

笔者在白盐井城镇化不同阶段的叙述过程中,会出现白盐井在不同阶段名称不同的情况。石羊镇为今名,石羊古镇在历史的变迁过程中,行政建制发生了多次变化,从最初的"泸南美井"到明清时期认知度较高的"白盐井""白井",到民国时期的"盐丰县"县城,到20世纪80年代至今的"石羊镇",包括自20世纪90年代石羊镇被赋予"云南省首批历史文化名镇"之一的称号进而发展旅游,而冠以"石羊古镇"之美名。石羊古镇名称的时代变迁,一方面折射白盐井在历史变迁中受时代大环境的裹挟影响,另一方面也反映白盐井各个时期的个性存在。笔者在具体的论述过程中,会依从各个时期历史文献对石羊古镇的名称引用,以期生成历史探究过程中的现实感。

表 2—1　　　　　　　　白盐井行政沿革情况①

朝代	归属地	备注
汉	越嶲郡蜻蛉县	设盐官
蜀汉	云南郡蜻蛉县	
晋	云南郡蜻蛉县	
唐	姚州都督府	
宋(段氏)	统矢巡逻姚府	
元	统矢巡逻姚府	设榷税官
明	姚安军民府	设提举

---

① 白盐井地理沿革表参见(清)刘邦瑞雍正《白盐井志》卷二《地理志·沿革》,张海平校注,楚雄州地方志办公室编印,内部资料,楚雄师范学院印刷厂印装,2014年,第6页;乾隆《白盐井志》卷一《地图·沿革》,载杨成彪主编《楚雄彝族自治州旧方志全书·大姚卷》,云南人民出版社2005年版,第408—409页;光绪《续修白盐井志》卷二《建置志·沿革》,载杨成彪主编《楚雄彝族自治州旧方志全书·大姚卷》,云南人民出版社2005年版,第606—607页;民国《盐丰县志》卷一《地理志·沿革》,载杨成彪主编《楚雄彝族自治州旧方志全书·大姚卷》,云南人民出版社2005年版,第1054—1056页。

续表

朝代	归属地	备注
清	姚州府	设提举司
	乾隆三十五年，罢姚州府，白盐井隶属楚雄府	
民国	滇西腾越道盐丰县	
1958年至今	云南省楚雄州大姚县	

白盐井的城镇化历程"皆以盐故"，而白盐井的盐业生产地位，一以盐业开发历史悠久而闻名，"在滇省盐井颇多，必以黑、白、琅三井为首，而白井肇于汉，盛于唐，尚在黑、琅二井之先"①。二以白盐井历史上的盐业产量颇高，成为中央主要财税来源之一而受重视。20%—30%的比重是白盐井食盐产量在全省食盐产量的平均值，而白盐井在食盐产量最高时，占据了云南食盐产量的40%。乾隆年间，"白井僻在万山之中，岁办课盐八百余万斤，行销二十二府州县，灶民环井而居，人烟稠密"②。因此，白盐井的城镇形成与发展和当地的盐业生产息息相关。

白盐井是典型的"以卤代耕"的盐业社会，地方志对这一典型的盐业社会有描述，"井地多以卤代耕，其余若读书若贸易，莫不沐浴圣化，习礼让而安生业"③；"白井僻居一隅，人以煎盐为业，办课甲于滇省，所食米粮，全赖运盐商贩顺便携来，籴以糊口"④；"其民多不习耕稼，而惟井盐之利是赖"⑤。而白盐井历来的城镇建设经费，"约分两种：甲种出于盐

---

① （清）刘邦瑞撰：雍正《白盐井志》《序》，张海平校注，楚雄州地方志办公室编印，内部资料，楚雄师范学院印刷厂印装，2014年，第1页。
② 乾隆《白盐井志》卷四《艺文》，载杨成彪主编《楚雄彝族自治州旧方志全书·大姚卷》，云南人民出版社2005年版，第497页。
③ 乾隆《白盐井志》卷一《风俗》，载杨成彪主编《楚雄彝族自治州旧方志全书·大姚卷》，云南人民出版社2005年版，第421—422页。
④ 乾隆《白盐井志》卷四《艺文》，载杨成彪主编《楚雄彝族自治州旧方志全书·大姚卷》，云南人民出版社2005年版，第496页。
⑤ 光绪《续修白盐井志》卷首《重修白盐井志序》，杨成彪主编《楚雄彝族自治州旧方志全书·大姚卷》，云南人民出版社2005年版，第552页。

斤，乙种出于公山、公款，其收入之多寡，每随盐务之盛衰以为衡"①，城镇建设经费来源与食盐生产收入的多寡息息相关。白盐井地民众以盐作为生存的物质资料而不事农耕，与以典型的农业社会将土地作为最重要的生存资源相比较而言有其特殊性。在农业社会，土地是父母与子女之间紧要的关联，是父母留给子女的最为重要的财产继承。而在白盐井这一特殊的地域空间内，卤水和盐井才是家庭财产继承的核心。

白盐井"以卤代耕"，盐业社会的空间分布范围，是从南关（现畜牧站）到北关（现猪市场）面积不到两平方千米的狭长区域，其中，区域的东边与西边由山被阻挡。当时的南关和西关，是盐输出的关口，分别置有盘盐厅，在盐出关之前盘清盐的数量，以杜绝私盐。其中盐总量的3/4从西关输出，盐总量的1/4从南关输出。除西关和南关这两大关卡外，还设有十余处关卡，专为杜绝私盐和防御匪患等。在明代，为便于户口管理的需要，将方圆两千米的井区范围区域编定为五坊：绿萝坊、宝泉坊、荣春坊、思善坊、训让坊。在清代，又将五坊更名为五井，分别为观音井、旧井、乔井、界井、尾井。从现在的地理位置来看，从南关到现在的红太阳宾馆一带为观音井，该井区的井皆集中于香河的西边、绿萝山脚下。从红太阳宾馆到五马桥（现农贸市场附近）为旧井，井集中分布在香河西岸。从五马桥到霁虹桥为乔井，井在香河的西岸和东岸皆有分布，其中乔井区的庙宇是较为集中的。从霁虹桥到万安桥（现新桥、一脚跨两桥）的位置为界井，井集中分布在香河的东岸。从万安桥到北关为尾井。白盐井的五坊将人口管理与盐业生产管理结合在了一起，既具有盐政的功能，亦具有行政的功能。

在当下存有的白盐井各街道的命名方面，还能看出典型的盐业社会的特点。如羊泉街：因靠近羊泉井，出卤水而得名。宝泉街：以靠近宝泉井而得名。白石谷：蕴藏盐矿，部分岩石呈现白色，故名。大西关：1949年前，为防止盐商走私，在盐丰县城西设有关卡，故名。南关外：因此处过去有盐运出关卡南关而得名。在现在的石羊古镇，还有以"白井"命名的餐馆名，这些都是过去白盐井时代的追忆表达（如图2—1）。

---

① 民国《盐丰县志》卷一《地理志》，载杨成彪主编《楚雄彝族自治州旧方志全书·大姚卷》，云南人民出版社2005年版，第1050页。

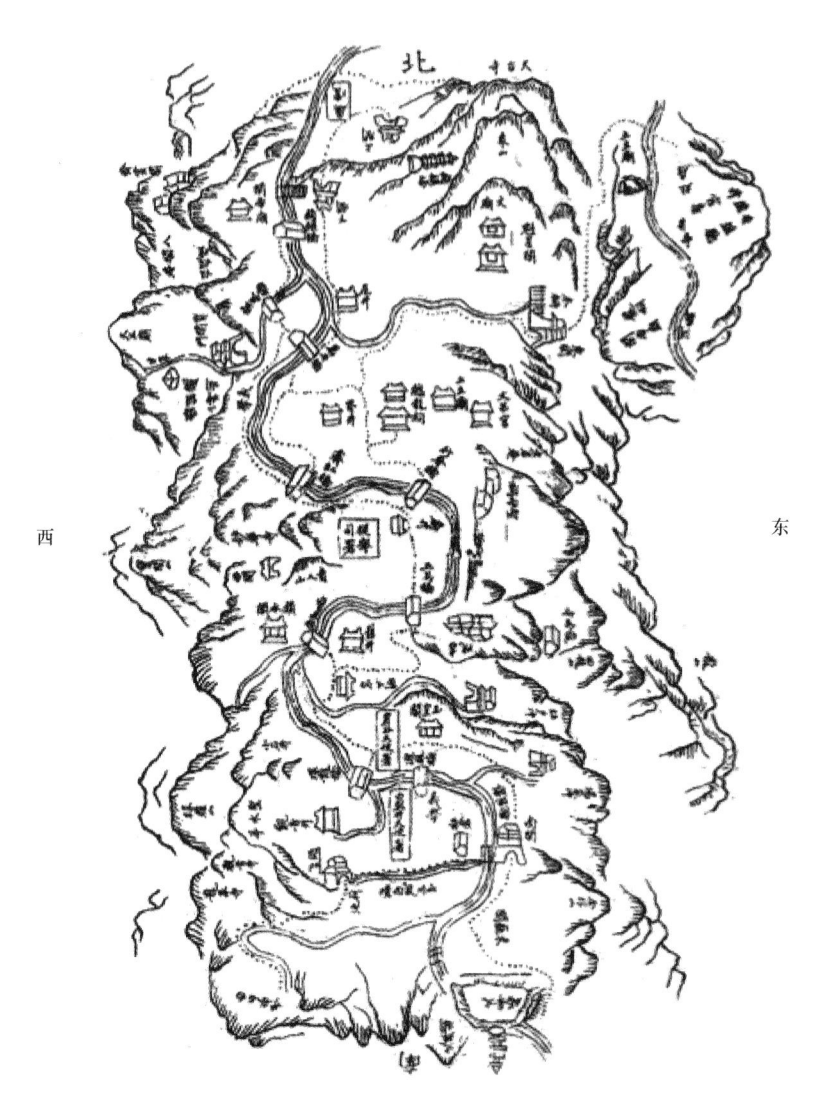

图 2—1　白盐井盐业时代井区地图①

---

① 乾隆《白盐井志》卷一《地图》，载杨成彪主编《楚雄彝族自治州旧方志全书·大姚卷》，云南人民出版社 2005 年版，第 405 页。

第一节 盐业生产的传说与信仰①

一 盐的传说及其流变

传说作为人类历史文化的一部分,在很长时间被排除在正史之外,直至 20 世纪以来,传说才作为可以发掘的重要文本变为研究对象。最成功的例子就是顾颉刚利用孟姜女传说的变迁来研究民众眼中的历史观念。② 利用传说,将传说作为民间记忆的一种重要方式具有可行性。在白盐井,流传有名目繁多的传说,老少皆知的传说中,"龙女牧羊的故事"便是一则,而这一传说不仅有口头的传承,更有早至明代的文献记载。美国保罗·康纳顿(Paul Connerton)认为文本是记忆的权力表达最有效的方式,"文字的影响取决于这样一个事实:用刻写传递的任何记述,被不可改变地固定下来"③。以文献记载的龙女牧羊传说故事是典型的国家意识形态的体现,在传说中"洞庭""蒙氏"无不代表了超越于地方性的权力威慑力。在此,文本书写有较深的嵌入功效,以文本书写的官方记忆通过当地文化精英的再次传播,成为民众记忆。同时传说作为记忆的一种形式,既可以成为强者控制弱者的手段,也可以成为弱者反抗强者的武器。因此笔者对民众记忆的认识,应该是官方记忆与民众记忆整合后的结果。口头与文献对龙女牧羊传说的双线记录,使得这一传说呈现民间记忆与文化精英构建的复合结构,亦是不同文化持有者话语权的表达。

明代,白盐井龙女牧羊的传说就多在文献中记载。《明一统志》有记载"大姚县出城北一百二十里有白盐井,相传本白羊井蒙氏时有女牧羊于

---

① "盐业生产的传说与流变"一节参见笔者前期成果。李陶红:《云南白盐井盐业社会的传说、信仰与仪式》,《民族论坛》2016 年第 2 期。
② 顾颉刚:《孟姜女故事的转变》,载苑利编《二十世纪中国民俗学经典·传说故事卷》,社会科学文献出版社 2002 年版,第 19—40 页。
③ [美]保罗·康纳顿:《社会如何记忆》,纳日碧力戈译,上海人民出版社 2000 年版,第 94 页。

此，有一羝舐土驱之不去，掘之得卤泉"①。《南诏野史》中记载"盐井滇共四十处，惟姚安白井，楚雄黑井，佳若狼井黑井（因狼与黑牛舐地知名之），白羊井（今讹为白盐井，蒙氏时洞庭龙女牧羊子，此羊忽入掘之，盐水出，故名白羊井）"②。《古今鹾略》和《滇略》同时记载"羝羊石在姚安东一里许，昔蒙氏时洞庭君爱女于此牧羊，有羝舐土驱之不去，掘地遂得卤泉，名曰白羊井，人即其地立圣母祠，及开桥头井得石羊云，即舐土之羝后归于圣母祠，其井即白盐井也"③。

当地的志书在记录当地盐业传说时也与明代文献如出一辙，"相传洞庭龙女嫁泾河龙子，遭谗被逐牧羊，羊尝舐土，掘之，得石羊，因获卤井。闻于上，遂封郡君为圣母，石羊为将军，立庙祀之"④；"蒙氏时，洞庭龙女牧羊于此，羊忽入地，掘之，盐水涌出，故名白羊井，今称白盐井"⑤。

以上传说，即当地流传甚广的龙女牧羊传说的文本书写，在这一传说故事中，是羊发现了食盐。类似由动物发现食盐的传说还有很多，如安宁井开于唐武德元年（618年），是年"有东川人牧牛舐出盐，遂开井"，又载"唐有李阿召者，牧黑牛饮于池，水皆卤，报蒙召开黑井"⑥。

除史料记载外，作为地方文化精英的张国信所记载的龙女牧羊传说是当地较为流行的版本：洞庭龙女赶着羊群来到白盐井一带放牧，一天，发现少了一只羊，四处寻找之后，发现丢失的那只羊化作了一座石头质地的羊，在石头羊的旁边，一汪泉眼冒出，龙女尝了尝，发现泉水是咸的，从此以后，人们才在这里汲卤熬盐，将此井称为"石羊井"，该地称为"石羊"。皇帝为表彰龙女的功绩，就封龙女为"郡主"，封发现卤泉的羊为"大将军"。后来，当地人专门建盖了一座郡主祠来祭祀龙女（郡主）和

---

① （明）李贤：《明一统志》卷八十七，清文渊阁四库全书本。
② （明）倪辂：《南诏野史》，明祁氏淡生堂钞本。
③ （明）汪砢玉：《古今鹾略》补卷八，清钞本；（明）谢肇淛：《滇略》卷十，清文渊阁四库全书本。
④ 乾隆《白盐井志》卷一《山川》，载杨成彪主编《楚雄彝族自治州旧方志全书·大姚卷》，云南人民出版社2005年版，第411页。
⑤ 光绪《续修白盐井志》卷二《建置志》，载杨成彪主编《楚雄彝族自治州旧方志全书·大姚卷》，云南人民出版社2005年版，第607页。
⑥ 云南省地方志编纂委员会：《云南省志·盐业志》，云南人民出版社1998年版，第57页。

石羊（大将军）①。

图2—2 当地供奉的龙女牧羊画像

由白砂石雕塑的石羊塑像，最初置于郡主祠，从记载看，郡主由唐代敕封，但具体的细节已不可考证。后将石羊塑像迁到了石羊井，1961年水淹石羊后无下落。孔庙开放、大王寺开放后又重新打制了一个红砂石的石

---

① 张国信：《龙女牧羊的地方》，内部资料，石羊诗书画协会编，2004年，第2—4页。

羊塑像置于大王寺内。有段时间,将大王寺雕塑的石羊塑像置于镇政府门前,后又安置到大王寺。

记忆是立足于现在而面对过去的一种重构。① 记忆同时也是对过去的一种累积性建构和一种穿插式建构。而传说作为记忆的一种形式,亦有此特征。龙女牧羊的传说以鲜活的生命力在历史的变迁中发生流变,积淀了过往,穿插了当下,赋予了不同时代人们对此传说的解读。在《彝族文化史》中,也以传说的形式讲述了白盐井的食盐发现过程:有人去赶羊,一只绵羊丢失了,23天后绵羊又回来了。羊群围着绵羊,往它身上舔,牧羊老人起疑心,手摸羊毛嘴里尝,绵羊身上有咸味,它一定吃了盐巴水。老人拿来铁链子,小心拴在羊脚上,跟在绵羊后面走,沿着山脚走到白盐井。②

龙女牧羊的传说还可以在今人著作《生命的盐》《中国盐文化史》《滇盐史论》《云南民族民间故事》等文本中看到。尤其是在当下的旅游时代,《云南名胜风景区辞典》《云南楚雄民族节日概览》等普及类读物中对此传说的渲染就更为丰富,在当地的《石羊人文丛书》中,对龙女做了彝族身份的形象设置与叙述。传说从最初洞庭女嫁给泾河龙子的故事,改编到洞庭龙女嫁给洱海龙子的故事,一般女子摇身为龙女,同时,龙女也多了另外的身份,即彝族的身份。以下是当下"龙女牧羊的传说"被书写得最多的文本。

> 很久以前,洞庭湖龙王有个小女儿,她温柔美丽。一天,龙女为人间奇景所吸引,悄悄带了个丫鬟,到湖岸游玩,不料滇西海龙王路过这里,看到龙女盈盈玉貌、楚楚梳妆,便心生邪念,将龙女掳去洱海,威逼成亲。
>
> 龙女是个好姑娘,宁死不从,龙王恼羞成怒,将龙女赶到山上去放羊。龙女放羊来到彝山上,由于龙王作怪,天旱地干,彝家的庄稼死了,野物也死亡了,彝家连下山换盐巴的钱也没有了,生活陷入绝境。龙女为解除彝山的旱情,决心找来山泉。龙女吃尽千辛万苦,终于找到了被龙王锁在深山的泉水,她砸开石锁,哗哗的泉水淌到彝

---

① [法]莫里斯·哈布瓦赫:《论集体记忆》,毕然、郭金华译,上海人民出版社2002年版。
② 马学良等:《彝族文化史》,上海人民出版社1989年版,第556页。

山，彝山得救了，万物复活了，彝家山寨的人们都非常喜欢这个放牧姑娘，亲切地叫她放羊嬷。但彝家人们仍然没有盐巴吃，龙女谢绝了彝家的挽留，又赶着羊去寻找盐井。

龙女过了一山又一山，她的羊有的掉下山崖摔死了，有的被猛兽叼走了，只剩下一只白绵羊，龙女带着满身伤痕，又饥又饿，终于在一个山崖下睡着了。一阵清风把龙女吹醒，但不见了白羊，她连忙四处寻找，只见那只白羊在远处坡上把头往土里拱，身子钻进土里半截了，龙女忙拉住羊尾巴往外拖，尾巴拖断了，羊还是继续拱，怎么办呢？龙女突然想到，羊不是爱吃盐巴吗？说不定这里就有盐巴。她连忙抓起一把土，塞进嘴里，果然咸滋滋的。找到盐沙了，龙女高兴得一下子扑到地上，用手刨着土，直到刨出了一个深深的盐井。

过了很久很久，彝山的人们还没有看到放羊嬷回来，就打发青年们带着弯刀、火枪去找。找到盐井边，龙女已经死了，两只手还刨在土里，身边那只白羊也化成一只石羊。从此，彝家的山寨有了盐巴吃。这个盐井，就叫石羊井，彝族人民为了纪念放羊嬷，就在石羊的旁边盖了一座龙女庙，庙里塑着龙女像。①

以上龙女牧羊的传说最显著的特点就是附会上了龙女彝族人的身份，这与传说改编时期，楚雄一带大做彝族文化文章，借民族文化来发展旅游这一背景不无关系。但据较为尊重原传说的当地人认为，这一故事的情节中，龙女为何跑到洱海边，和龙王结合，为何又被逐出龙宫，这些编造都有疑问。

因时代而变的龙女牧羊的故事，与《太平广记》的"柳毅传书"有异曲同工之妙。原本的传说加上人们的附会，如加上皇帝敕封为"郡主""将军"，增加白盐井与中原维系的因素。如果我们仅将历史传说作为一种书写的文本来看待，勿给它添加正史视角下的真实性考据的话，那么在时

---

① 此版本的"龙女牧羊的传说"在以下文本中可以看到：刘德法《生命的盐》，中国文史出版社 2006 年版，第 53—54 页；赵启林《中国盐文化史》，大象出版社 2009 年版，第 350—351 页；黄培林等《滇盐史论》，四川人民出版社 1997 年版，第 258—259 页；李俊主编《石羊故里情：献给楚雄彝族自治州建州五十周年》，云南民族出版社 2007 年版，第 205—206 页。

代中变迁的传说故事自有鲜活的生命力。

"白盐井"和"石羊"的地名由来,皆源自当地广为流传的龙女牧羊的传说故事。因龙女所放牧的羊群为白色的羊群,且在发现盐水的地方发现石质的石羊,故叫"石羊"或"白羊井",因当地方言中"羊"与"盐"发音相似,所以"白羊井"的称呼后来就流变为"白盐井"。中华人民共和国成立后在当地兴办的石羊盐厂,所生产的食盐商标为"白羊"牌,可见"白羊"历史之悠久。

当地龙女牧羊传说的生命延续不仅在于传说应不同社会背景产生流变,在穿插和累加的意义之外,更产生了基于传说的衍生物,即当地以龙女牧羊传说延展开来的文学创作。《石羊人文丛书》中,张国信以《龙女牧羊的地方》为书名对石羊历史文化进行书写,该书自2004年至今一共印刷三次。石羊诗书画协会也承担石羊历史文化古镇的宣传资料的写作任务,其中一些篇幅就是以传说故事为题材来创作的。

二 盐业神及信仰

在龙女牧羊的传说中,龙女和石羊进一步演化,成为白盐井盐业社会的行业神。龙女被封为郡主,石羊被封为将军,并建有专门的庙宇——郡主祠。"郡主祠:有正殿三间,中设洞庭郡女像,右供石羊古迹之神。每岁春秋祀事"[①]。神灵信仰的变化形式是随着社会形态而变化的,其相互间密切的关系,不但是互相反映,而且是互相依存的。[②] 龙女形象在历史的发展中,被赋予了时代的需要与民众的诉求。在当地老人的记忆中,供奉在郡主祠里的龙女像,具有典型的地方特色,其发型是典型的中原汉族发型,而身上穿的是彝族的麻布裙,这样的形象表现与当地民族聚居的居住格局有关,体现了彝汉杂居与共融的民族生态。郡主以盐业神的形式固定下来,亦反映了地方作为典型的盐业社会所形成的盐业社会崇拜形象。井地民众对郡主给予了高度的肯定,"先代始为饮食之人,况石羊所产,上以输国家军储之赋,下以资闾阎调和之需,而二十四属之车马每日往来不

---

① 光绪《续修白盐井志》卷四《祠祀志》,载杨成彪主编《楚雄彝族自治州旧方志全书·大姚卷》,云南人民出版社2005年版,第678页。
② 李亦园:《人类的视野》,上海文艺出版社1996年版,第261页。

绝，郡主之功不其钜哉"①。在当地，还专有为盐业神石羊所做的诗作《石羊》②：为饮盐池辟井疆，神人驱石走苍茫。蒙泉未出原无象，兑卤生成竟有羊。疑是金精通变化，特从鬼野著灵样。专祠应与龙祠建，位置左厢郡主旁。

  盐业神在中国的各个盐区都有供奉，但供奉的神祇也有区别，有着浓厚的地域色彩。两淮盐区供奉夙沙氏、胶鬲、管仲，长芦盐区供奉盐姥、詹打鱼，两浙盐区供奉塯头神。川盐产区供奉张道陵、十二玉女、开山姥姥、梅泽、扶嘉、杨伯起、炎帝、蚩尤等，这些地方广泛流传着廪君与盐神、李冰穿广都盐井、张道陵开陵州盐井等神话传说。池盐产区供奉宿沙氏、池神、蚩尤、条山风洞之神、关羽、张飞、葛洪等。云南则供奉李阿召、洞庭龙女、陈文秀、李云等。③ 盐业神中，笔者专门探讨以动物为盐业神的形象，如牛、羊、鹿等，尤其是云南以动物为盐业神的情况。这些神灵在发现盐泉或盐业生产中功不可没，因而被赋予神性与灵性，受到民众的供奉与祭拜。

  在楚雄一带，有"白井""黑井""狼井"等地名，据说是因为诸如白色的羊、黑色的牛、狼等动物一直舔食地面，后来人们才发现了食盐，因此，"白井""黑井""狼井"据此得名。关于黑井还有更多的传说和记录，在明代刘文征撰的《滇志》卷17《方外志》中，就有这样的记载："李阿召，大理人。居七局村，所养之黑牛饮池中，肥泽异常，因得卤泉，报，蒙诏开之，是为黑井。赐以官，不受，求为僧，赐紫袈裟。井民立祠祀之。"关于这个传说，《新纂云南通志》卷147也有这样的记载："唐有李阿召者牧黑牛，饮于池，肥泽异常。迹之池水皆卤泉，报蒙诏开黑井。"类似这种因牛而发现的盐井还有"安宁井"和"乔后盐井"。由康熙《安宁州志》卷12记载，我们可以了解到"安宁井"发现的缘由："唐高祖武德元年（618年）有东川一人阿宁牵牛过此（安宁），牛舔地不去，取土尝之，味咸，遂掘地为盐池。"乔后盐井的发现也有类似的情节，《乔后盐矿史略》也记录有这样一段传说："乔后井盐，清初发现，始于上井，初

---

① 光绪《续修白盐井志》卷九《艺文志中》，载杨成彪主编《楚雄彝族自治州旧方志全书·大姚卷》，云南人民出版社2005年版，第879页。
② 大姚县地方志办公室：《大姚县盐业志》，内部资料，楚雄日报社印刷厂印装，2002年，第138页。
③ 宋良曦：《中国盐业的行业偶像与神祇》，《盐业史研究》1998年第2期。

为大村牧人陈文秀，常见牛嗜饮一池水，尝之甚咸，取回煎煮成盐，告知村民，各备背桶，汲卤煎卖。"云南云龙的诺邓盐井也同样流传着因放牧而发现盐井的传说：相传是很久以前邓姓的人家来此落户，所以此地叫"诺邓"，其中一位姓邓的老妈妈经常在附近山上放羊，看那些羊几乎每天都要到一处地方吃水，并且这些羊都长得很肥壮。有一天这位老妈妈终于忍不住去尝了一下，便发现那水是咸的，邓老妈妈回去将这个消息跟乡亲们说了，大家才开始使用这处盐泉，以后慢慢开始煮盐，并逐渐发展到现在这样较大规模的诺邓村。

有相关研究如此解释这类传说，认为正是动物们这种对盐的本能需要，帮助人们找到了所需要的食盐，同时从另一个侧面也说明了云南的整个盐层埋藏较浅，而且地下压力较大，卤水向上的渗透力较强，有较多的自然露头，才给了动物和人类较多的发现盐的机会，并且在早期云南开采盐矿都是从发现自然盐泉开始的。[1] 而笔者认为这样的解释不足以解释传说中普遍流传的以动物为主角而非以人为主角的现象。以笔者专门细致讨论的白盐井的盐业神来看，龙女牧羊的传说故事，对于"谁发现食盐"的书写是最重要的，这关系到白盐井地盐业资源开发的合理性与合法性问题，"羊发现食盐"，及联系类似由动物发现食盐的传说，这一传说类型对当地盐拥有权做了含糊的处理，这样的书写更多的是多方力量争夺，而各方力量势均力敌的折中处理，这样的传说书写对于当时的任何一方而言都可以欣然接受，并且还可以适应于不同历史时期人们心理层面的接受度。同时，羊于当地土著而言是吉祥之物，"石羊"之名有当地土著的崇拜在里边，这也是说得通的。无独有偶，在当地流传有"牧羊跑遍赤石岩，盐丰卤泉取出来。有功无赏因何故，牛皮圣旨被狗抬"[2] 的说法，随着外来移民不断入住白盐井，原有可以证明盐井为当地土著的牛皮卷失去了效力。以中原王朝为代表的移民群体掌握了盐井的大部分使用权，当地的土著采取退守之势，到井区周边的山间居住，如现在的郭家、三岔河、赤石岩等地。卖柴薪成为他们从事农业之后的第二大谋生方式，这些都可看到历史中对白盐井盐业资源所有权表述的端倪。

当盐井的归属权固定下来之后，掌管盐的权力集团自然就对盐传说背

---

[1] 黄培林等：《滇盐史论》，四川人民出版社1997年版，第258—261页。
[2] 杨甫旺：《千年盐都——石羊》，云南民族出版社2006年版，第12页。

后所象征的归属问题有新的书写方式,传说中的动物属性渐改为了"蒙氏""洞庭龙女"这些带有具体地域特征的人物属性。"蒙氏""洞庭龙女"等传说主角可以从权力的视角来看当地盐业资源背后的权力关系,以及作为边地的白盐井对居于中原的国家权力的认同。这一思路得益于相关研究:用大理受记故事的演变来分析中原王朝对大理的统一过程及大理对中原王朝的认同过程,[①] 但论文没有特别提出"文化认同",就此,笔者欲补充的一点是论文中的"认同"其实应该确切到"文化认同",因为传说故事本身就在列文化的范畴,在文化范畴中谈认同,得出的亦应该是文化认同的层面。另外,文化认同伴随政治认同,同时晚于政治认同,文化认同是一个缓慢形成的过程。因此,地方对中原王朝的认同过程中有一个从政治认同到文化认同的过程,从政治认同走向文化认同,才标志着大理地区完全进入王朝国家的治理之中。由此,笔者从当地盐业传说的流变来看作为边地的白盐井对王朝国家的文化认同情况。

从白盐井盐业传说中的人物主角来看,"蒙氏"是南诏统治者,蒙氏于649—902年在云南建立了南诏国,始于细奴罗,在云南统治了233年。"洞庭龙女"是带有中原地域色彩的人物形象。明清之际,大量中原移民入住白盐井,"洞庭龙女"的形象是移民对固有家园在地化守望的表现形态。从"蒙氏"的本地形象到与植入"洞庭龙女"这一外来形象,表现出当地文化认同的新形式。当然,赵世瑜教授在关于一篇白盐井的研究论文中指出,洞庭龙女牧羊与本地盐的发现的故事,是一个不容易理解的民间创造。[②] 笔者在探讨的过程中也常常被这一传说背后的诸多问题困扰,以待功力长进再做进一步的探讨。其后的"彝族姑娘"形象同样可以用权力与资源的视角来理解。"彝族姑娘"的身份建构,与云南"建设民族文化大省"的背景不无关系,凸显民族文化,强调民族这一文化资源,以此来达成经济效益。

在白盐井,因盐的重要位置,制作盐的原料——卤水,被赋予了"玉露"的美名,是盐业时代兴旺发达的决定性自然资源。井地民众有卤龙王的信仰,卤龙王在当地人看来是充满灵性的,将卤龙王看作掌管卤水多寡

[①] 罗勇:《受记故事的演变与中原王朝对大理地区的统一》,《广西民族大学学报》2012年第5期。
[②] 赵世瑜:《图像如何证史:一幅石刻画所见清代西南的历史与历史记忆》,《故宫博物院院刊》2011年第2期。

的神灵。因此，井地军民在观、旧、乔、界、尾五井分别建有龙王庙，且在五井之上还建造了总龙祠，日常专门敬献香火，对庙宇细心修复。有"五井龙神庙，于雍正年间，奉旨给匾'灵源普泽'"①；"雍正二年，巡抚杨名时以盐课充溢，民食有赖，请加各井龙神封号；奉旨敕封灵源、普泽卤脉龙王春秋坟祭"②的记载。因为皇帝的敕封，让地方的神灵处于国家的统摄之内。王朝国家把地方神灵整合进更广阔的宗教信仰中，这比镇压等暴力统治来得更奏效。把地方信仰整合到王朝宗教体系等于另辟疆域，这个疆域不是靠中央王朝的军事扩张或者政权指挥而划定的。在这个疆域里，既服从皇帝的一统权威，也服从地方神灵的个别权威。③而当地民众亦将敕封等国家对地方的关照与优待作为地方的文化资本加以利用，争得地方的正统性，寻求王朝国家的庇护。这便是王朝国家何以对白盐井神灵加以敕封，而地方民众又意在强调神灵的王朝国家认同的原因。

在白盐井，盐也成为礼尚往来的主要媒介。一般的灶户人家可以生产"盐佛"，作为馈赠佳品，先做成木模，以盐为原料来做"盐佛"——将盐做成各种造型，以财神、罗汉造型为多，用来送亲戚朋友。送的时间不固定，如看望亲戚朋友，逢年过节，均可以送。大姚县靠近县华县的地方，盛产萝卜，以个大、味甜而出名。如当地的人送几个萝卜过来，当地的灶户也会将"盐佛"送给他们。"盐佛"在当地一般作为礼物相送，收到"盐佛"的人家将"盐佛"作为神像加以陈列和供奉。在白盐井，逢春节和其他庙会期间，在家家户户的祖先牌位侧面均供奉有盐佛。在乾隆《白盐井志》中的"丁祭陈设图"和光绪《续修白盐井志》中的"学宫陈设图"，均有将"形盐"④作为文庙祭典的献祭品。通常而言，文庙祭典中各种献祭品从类别到陈列的位置，均有严格的规定，在当地的祭典中出现了盐的位置，即赋予了盐的重要身份。盐佛与形盐的塑形与供奉，将盐本身仅作为物的存在形式附加了神灵的身份与权威，更增加了盐从普通物品

---

① 乾隆《白盐井志》卷二《祠祀》，载杨成彪主编《楚雄彝族自治州旧方志全书·大姚卷》，云南人民出版社 2005 年版，第 461 页。
② 民国《盐丰县志》卷五《祠祀志》，载杨成彪主编《楚雄彝族自治州旧方志全书·大姚卷》，云南人民出版社 2005 年版，第 1166 页。
③ 科大卫：《皇帝与祖宗：华南的国家与宗族》，卜永坚译，江苏人民出版社 2009 年版，第 28 页。
④ 形盐：特制成虎形的盐，专门供祭祀用。

到神圣之物的象征意义。

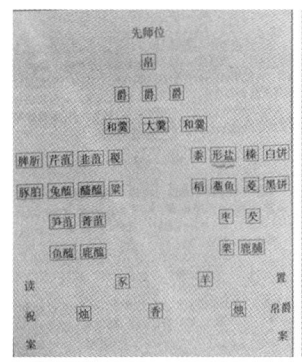

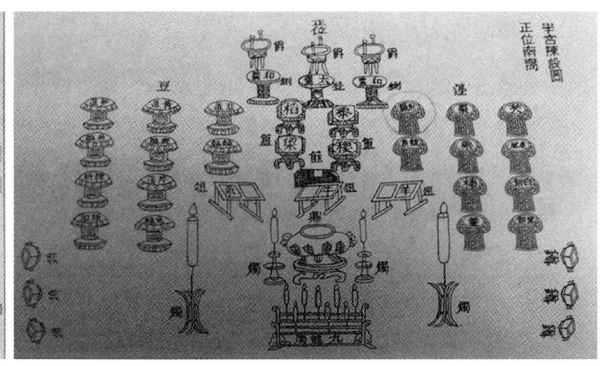

图2—3 乾隆《白盐井志》中"丁祭陈设图"和光绪
《续修白盐井志》中"学宫陈设图"陈列的形盐①

此外，当地因煮盐之故，井地到处堆满柴薪，存有大量的火灾隐患，火灾在当地时常发生。在这样一种特殊的环境中，火灾防范尤为重要，防范火灾的神灵自然在当地占有一席之地，井地民众专建火神庙，供奉火神，祈求减少火患灾害。同时，当地马帮往来不绝如缕，马帮在当地盐实现远距离运输中起到重要作用。因此，在白盐井还有较能体现当地特色的二神祠，"内奉马王、财神以利商旅"②。这些行业神的信仰，皆与白盐井作为盐业社会的特殊性相关。

三 仪式的表达

对盐神的信仰通过固定的仪式来表达和强化，盐成为仪式中的重要表达物，盐于地方的重要性表达通过仪式的形式来固化。白盐井区的庙会主要有龙王会、盐商会、火神会等，这些会期均和盐有着直接或间接的

---

① 乾隆《白盐井志》卷二《学校》，载杨成彪主编《楚雄彝族自治州旧方志全书·大姚卷》，云南人民出版社2005年版，第430页；光绪《续修白盐井志》卷首《图说》，载杨成彪主编《楚雄彝族自治州旧方志全书·大姚卷》，云南人民出版社2005年版，第575页。
② 光绪《续修白盐井志》卷四《祠祀志》，载杨成彪主编《楚雄彝族自治州旧方志全书·大姚卷》，云南人民出版社2005年版，第680页。

关系。

龙王会于每年农历的正月十三日举行，"正月十三日，作龙王会，五井五庙轮当会首，庙内修斋，庙前演戏"①。相传，洞庭龙女到此牧羊，舐舌土，挥之不去，掘地获卤泉，朝廷便封龙女为郡主，石羊为将军，立庙祀之。在掘卤之处塑立"卤水龙王"，于每年的农历正月十三日举办龙王会，对郡主和将军进行祭拜。逢龙王会会期，由五井灶商轮流主办，邀请川滇各地的官商，邀请戏班搭台唱戏，同时，跑马灯昼夜连台，活动长达半月之久。

龙王会前，会在该井的神台前面搭好戏台。节日当天，为龙王加贴一次金，由八人抬的轿子抬着龙王游街。锣鼓开道，其后有"肃静"牌、"回避"牌、旗锣伞盖。龙王神像每到一户人家门前，这家人有上前来焚香膜拜。龙王游遍五井后便供奉在总龙祠的神龛上，所有灶户依次为龙王行礼。游街仪式结束后，是唱滇戏的环节，唱戏期间，人头攒动，因又有在听戏人群中做小买卖的，就更显热闹了。龙王会同时也是当地商贸活动的最佳时机，龙王会前几天所有的空地均被商贩认领。龙王会当天，摆小摊、摆茶铺的较多。在龙王会上还会卖从相隔近一百千米外的昙华山运来的雪，由彝族人用篮子将雪背来卖，用大片的叶子盛上雪，中间放上糖，就可以出售。

据当地人的回忆，龙王会的具体内容一是祭祀龙王，意为纪念龙女牧羊发现盐卤，当地得以开井煮盐；二是耍龙灯、社火，祈求龙王多出卤水，盐丰财旺，风调雨顺；三是跑马，节日期间在民间挑选优良骡马，装配彩套在街区跑彩马，意为促进地区发展骡马饲养，推动当地的商品运输；四是开展商品交易，节日期间四方商贾云集，购销两旺，促进经济发展；五是开展各种庙会活动，祈求土地爷及各路神仙保佑地方平安；六是组织开展各种文化体育活动，节日期间耍龙灯、办社火、抬菩萨游街、赛马、赛秋千、唱大戏、唱花灯，昼夜连台，各种活动丰富多彩，预示地区繁荣。② 龙王会一直延续到1950年才停办，1986年开始又恢复，同时改名为"开井节"。白天耍龙舞狮，扮社火游街；晚上唱滇戏、燃花灯，放电

---

① 乾隆《白盐井志》卷一《风俗》，载杨成彪主编《楚雄彝族自治州旧方志全书·大姚卷》，云南人民出版社2005年版，第422页。
② 苏平：《恢复石羊开井节纪略》，载中国人民政治协商会议大姚县委员会编《大姚文史》第七辑，2010年，第81页。

影、录像、烟花,参加活动的近万人。张兆祥的《石羊古镇开井节》用诗的形式描绘了开井节的节日盛况:"彝族舞蹈通宵跳,滇戏花灯更风光。集市贸易人潮涌,物资交流汇四方。"①

盐商会于每年农历的二月初八举行,盐商会的庆祝群体是白盐井的商贩——代抄商,代抄商到盐场公署买出盐票,再卖给需要买盐的商贩,减少了前来买盐的商贩手续,代抄商与官员有频繁的联系。代抄商有十多家,在当地实行垄断,代抄商一般还兼开马店,这又方便了与盐商的联系。由此说来,代抄商是联系盐官和盐商的中介。代抄商作为利益既得者,盐商会所用资金便由代抄商筹备,代抄商也成为盐商会的主要参加者。代抄商供奉的神像为盐商太子,盐商会时,代抄商会带上盐商太子进行游街,会期一般一天到三天。

白盐井当地俗语有"捏水成团,火中求财",这里的"水"专指卤水,意指从卤水中获取食盐,通过煮盐来获取生计和财富。在当地,盐与火有必然的联系,食盐的获取必须通过柴薪的燃烧来实现转化,由此,当地也催生了对火的崇拜与信仰。当地建有火神庙(地址位于今大姚二中内),供奉阴地公,建有戏台,当地民众会于正月初一等特定的时间来进香。每年亦举办火神会,火神会由灶户主办,由五井轮流做东。火神庙有戏台,活动期间会唱戏,为期四五天。其他节日如土主会、财神会等,主要由灶户、盐商群体来操办,也成了名副其实与盐相关联的节日。

以上,笔者对此节的叙述,着重表现盐作为地方文化符号深深嵌入人们观念意识的表现形态。盐的传说、信仰、仪式,是盐作为地方文化符号深深嵌入人们观念意识的表现形态。在盐业社会中,盐成为人们表达意义的对象,通过对盐赋予意义来达成社会互动的某些诉求。而象征符号体系的开放性导致同种物品有可能因不一样的行动被不同的人赋予不同的意义。正如格尔茨所认为的一样,意义并不是符号所能呈现的客观存在的东西,而是人们对符号本身的解读与建构。也正如西敏司所认为的"食物对人们而言所具有的意义和内涵,以及人们通过消费食物所传递的信息"②。在此节中,我们可以看到,盐已经不是简单自然形态的盐,而是附着了各

---

① 大姚县石羊诗书画协会编:《石羊诗文书画专辑》第十一辑,内部资料,第30—31页。
② [美]西敏司:《甜与权力——糖在近代历史上的地位》,王超、朱健刚译,商务印书馆2015年版,第152页。

种因素对盐意义的建构，乃至于盐作为地方文化符号已经深深嵌入地方社会中，在传说、仪式与信仰中延续着对盐这一地方文化符号的固化。盐作为地方文化符号的生成是多重力量推动的结果，是不同人对盐意义的添加。符号即是意义凝聚与生成的过程，从盐与地方文化符号来看，对盐赋予意义本身就是对作为自然物的盐的超越。在盐的文化符号生成过程中，盐不仅成为王朝国家有力掌控地方的政治资源，也成为地方民众以盐为礼的生活互动。而笔者在第七章第一节"从石羊镇到石羊古镇"、第二节"旅游与文化的资本化"中，与此节的研究相衔接，但重点突出旅游时代的石羊古镇，如何在延续历史形成的盐文化符号基础上实现再生产的过程。

第二节　盐业生产与分工

　　白盐井食盐生产过程中有两个重要环节——汲卤和煮盐，食盐的产量较受制于自然。一是，滇盐各个井场的制盐原料，一为卤，二为矿，白盐井仅有卤，且卤水多沿香河分布，即有卤水处同时也有河水，在卤水与河水的分离上更增加了难度，也在卤水的提纯上增加了柴薪的消耗，这就意味着盐业生产成本增加。二是，白盐井地处滇西，多山地，且处于云南地理的相对边缘位置，匪患较为频繁，增加了食盐产量的不稳定性。三是，当地天气状况关乎卤水的浓淡。春、秋、冬时节，天气较为晴朗，食盐产量也相对较高，制盐成本也降低。而在夏季，当地雨水较多，易冲淡卤水，食盐产量相对较低，同时制盐成本增加。

　　特殊的卤水位置与地理形态，使当地形成一套独特的汲卤技术。当地采用打井的方式来获取卤水，井深大致有三四丈。井的形态与汲卤的技术流程大致如下：井内架以木箱，外复甃以条石。自井底上至井口高凭地齐。其采法，于井上架木如井形，高约七尺，中横一栗木于架上，木之两端，各穿一孔，嵌柄如纶，而系皮绳于左方，绳下系皮袋。袋必用黄牛革，绳则用水牛革。将绳掷入井内摆之，卤即注满袋中。龙工用力拉挽而上泄于卤槽，每一袋可盛四担。槽满时集卤丁挑至灶房。近为运卤便宜计，在各井安置木枧槽直达灶房内。卤由井拉上时，即便倾入木槽内，转瞬即流入灶房之卤池，较之人挑便易多矣。又各井咸卤之旁必有淡水，灶户采卤必将淡水拉出，分别注之淡水所在之处，曰撤潭。撤淡水之法，采用竹龙，圆径三寸余，长一丈四五尺，放龙潭底。另以四尺长之小竹竿，系皮兜于竿梢，横其柄如丁字形，将皮兜插入龙腹，是时龙中之水，都已注满，只用拉提，以水引水，淡水则应手而出。潭之深者，必用三台，浅者则两台，视淡水之多寡以为衡。其分台之法，第一台直达潭底，拉至半中，则以石池蓄水，作之字形，为第二台，复排龙而拉之上至第三台，则有沟路，使泻流入于河，各井皆然。倘淡水不撤，掺入咸卤，则盐之成分必减。①

每一盐灶房，都建有数个卤池，每一卤池可盛水四百余挑。"起煎时，灶工燃柴于锅下，注卤水于锅中。俟锅内之卤渐次煮沸，渐沸渐添，浓则并之，干则注之，均有一定，均须五六小时，即成盐沙。俟汁稍干，乃铲入盐箩滤之。稍冷，则用男女工团成椭圆筒数，以盐灰洒地，置盐于上，仍用灶火烘干，削去盐底之灰炭，再入土仓，用栗炭燃烧一夜，盐质始坚。至次早挑送盐仓秤收之。"②

交入盐仓的食盐，由各地商人前来运往销地销售。"先由商人向场署缴纳薪本、饷捐后，即付与运照一联，该商人持至税局完纳正税，税局按照场署所填盐斤数目收款，并填给放盐执照一联，商人复持向盐仓取盐，事毕仍将此照缴回，再由场署送交备核，一联按旬呈报支所备案"③。

盐业生产较为兴盛时，有四百零九户灶户④投入盐业生产，据当地的口述史呈现的盐业生产的社会分工，一个灶户至少需要雇盐工五人，投入盐业生产的关键环节。在白盐井，盐灶房均通宵煮盐，即有上白班和上夜班的盐工。因此，五个人中，两个人负责白天的煮盐工作，另外两个人负责晚上的煮盐工作，剩余一个为小杂，主要起协助和后勤作用。

鸡窝灶煮盐时期，鸡窝灶一般宽5米、高2米，鸡窝灶灶面，看似置于其上的所有锅都有支撑物，但实际而言，仅有十口锅的底部有土箕支

---

① 云南省志编纂委员会：《续云南通志长编（中）》卷五十六，盐务，内部资料，云南省科学技术情报研究所印刷厂印装，1985年，第1089页。
② 同上。
③ 同上书，第1213—1214页。
④ 乾隆《白盐井志》卷一《户口》，载杨成彪主编《楚雄彝族自治州旧方志全书·大姚卷》，云南人民出版社2005年版，第421页。

图2—4 李泽润先生画作中的白盐井汲卤井

撑，其余的20多口锅都是悬置存在的。每口锅的倾斜度及其所置的位置因关乎盐的质量与制盐成本也都有讲究。鸡窝灶所生产的盐从颜色可以分辨其好坏，最好的盐为青白色，其次为寡白色，最次为乌黑色。青白色优于寡白色，是因为同一体积的青白色盐其重量要重于寡白色的食盐。生产出青白色的食盐，能有效减轻灶户成本，如生产出乌黑色的盐，拿去交仓，还会惹官家不高兴，甚至会出现官家拒收的情况。所以在五位盐工中必须有一位为“老板”，除负责统领其他四个人之外，“老板”还需要掌握煮盐的关键技术。“老板”最具有技术性的工作就是调整灶面上锅的具体位置，当地方言称这一工作为“嘎锅”。在盐工为灶户煮盐的前三天，盐工五人便会提前来到灶户的盐灶房调整锅具，这三天，灶户会提供给盐工饭食，比较丰富，有烟、茶、酒、肉食，午餐还有蒸糕和团子。吃食之外，灶户还会给五个盐工茶钱和糕点钱，并且灶户也会给老板“支锅费”。如此较有规格的招待与报酬，是因为支盐灶环节于整个煮盐过程具有关键意义，盐工的煮盐技术关乎产盐的多寡和灶户收入的多少。因此，盐灶工一直被灶户看作“座上宾”。

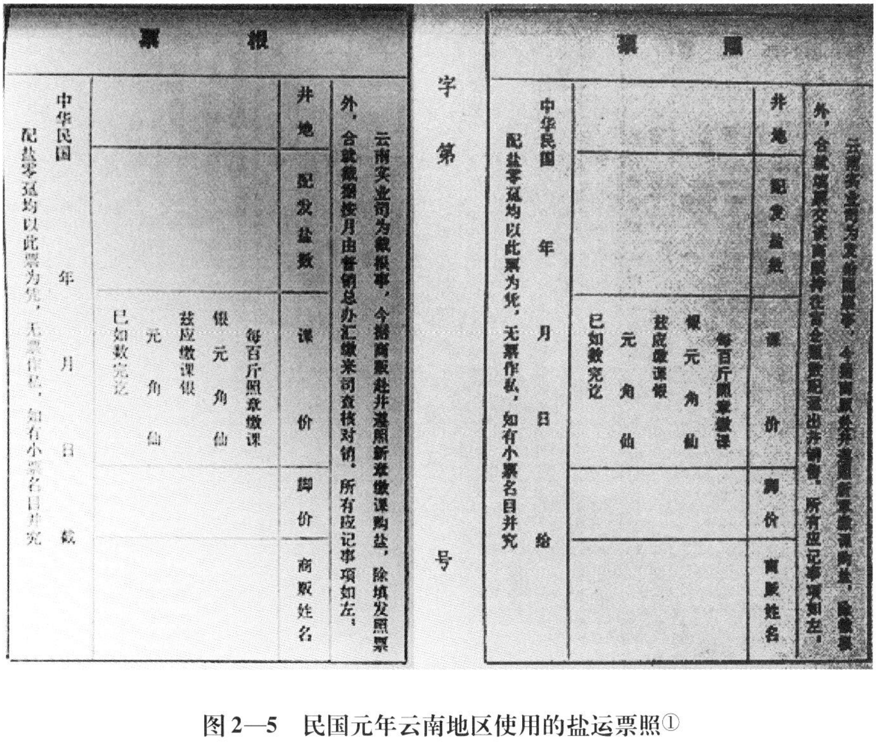
票根
云南实业司为截根事，今据商贩赴井遵照新章缴课购盐，除填发照票外，合就截根按月由督销总办汇缴来司查核对销。所有应记事项如左：
井地
配发盐数
课价
每百斤照章缴课银　元　角　仙
兹应缴课银　元　角　仙
已如数完讫
脚价
商贩姓名
中华民国　年　月　日　截
配盐零猛均以此票为凭，无票作私，如有小票名目并究
字　第　号
照票
井地
配发盐数
课价
每百斤照章缴课银　元　角　仙
兹应缴课银　元　角　仙
已如数完讫
脚价
商贩姓名
中华民国　年　月　日　给
配盐零猛均以此票为凭，无票作私，如有小票名目并究

图2—5　民国元年云南地区使用的盐运票照①

① 乾隆《白盐井志》卷一《户口》，载杨成彪主编《楚雄彝族自治州旧方志全书·大姚卷》，云南人民出版社2005年版，第1172页。

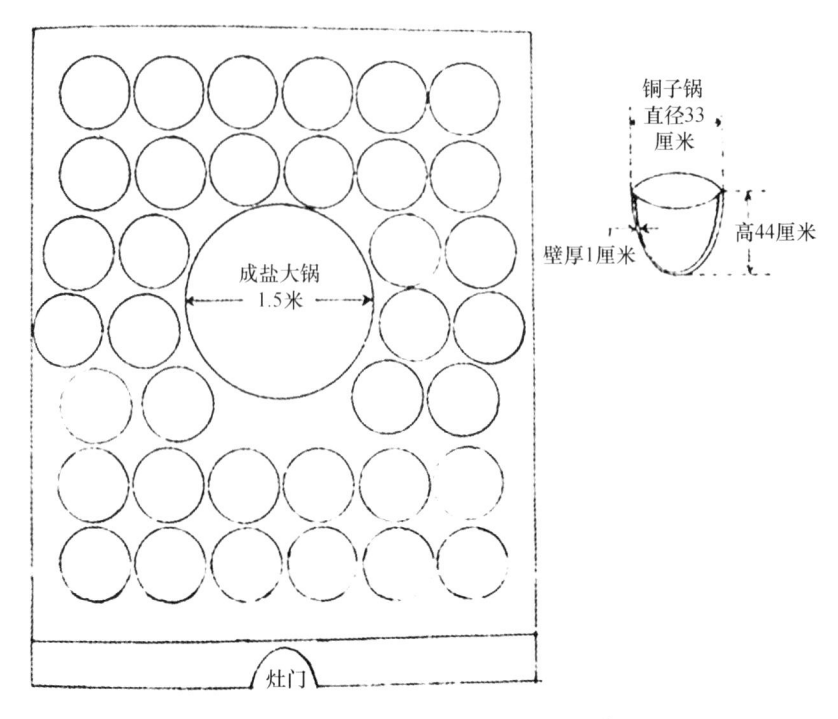

图 2—6　鸡窝灶筒子锅煮盐示意图①

在正式的煮盐环节，天亮之时主人家就准备好饭食供盐工食用，另外，主人家会全天向盐工提供热菜热饭，供他们随时食用。鸡窝灶从灶肚来看，分为前膛、中膛、后膛。正式煮盐过程中，先将盐水置于中膛位置的锅内，待温热后放置到前膛与后膛的锅内，稍许过后，便顺次将前膛的盐水打到中膛，中膛盐水打到后膛，后膛盐水再打到中膛，这样来回 5 个小时左右后，就能熬出盐沙。如若不按这一标准方法煮盐，如刚熬出盐沙之时，添加了一瓢未受热的盐水，则盐沙就会立马消失，就会出现成盐时间长、产量低、耗费大等问题。盐工中的"小杂"主要负责在煮盐的过程中增添柴火、扇火扇，保证灶边盐槽里盐水的供应。同时，在团好盐后，要去除盐表皮的火炭，将还没烤干的盐重新加工烤干，最后还需要取走地面上集盐较多的灰渣，将灰渣重新过滤以制新盐。盐工的工资收入，以民

---

① 大姚县地方志办公室：《大姚县盐业志》，内部资料，楚雄日报社印刷厂印装，2002 年，第 21 页。

国时期的一仓盐计（向官仓交一次盐的数量，因五个井区含卤量的不同而有所差异，一般在 1700—2100 斤①），交一仓盐，盐工 5 人的工资可得 25—30 半开②。此外，盐工还能获得生产私盐的工资，但一般而言，盐工从用于交仓的盐所获得的工资要高于从生产私盐所获得的工资，同时，超额完成的盐按私盐的工资来计算。

图 2—7 鸡窝灶筒子锅制盐实物图

在汲卤、煮盐及包装运输盐过程中所需要的器物有 20 余种。按材质可以分为金属类、木类、竹类、皮类。金属类有盐锅、鹰嘴啄、鸳鸯斧、条锄、板锄、平头斧、敲锅锤、铁火扇、铁锹、铁铲、铁叉、铁绳、刀、

---

① "斤"引用旧时计量单位，一斤约等于现在的六两。
② "半开"是民国时期白盐井主要流通的货币类型。2 个半开等于一个银圆，在民国时期，云南省的货币主要为半开，不属于中央制造的银圆，在白盐井其他货币因货币贬值也未流通。民国政府成立后，各个省均有造币厂，云南造币厂从清代延续至民国，所造币种有半开、中毫、小毫，此外还造有辅助功能的铜板，面值分别为 100 文、50 文、20 文、10 文。一个银圆的重量为七钱二分，含银成分不低于 90%，半开的重量为三钱六分，含银量也不低于 90%。在白盐井，据张国信回忆，自己每天有 20 文铜板的零花钱，当时 10 文铜板就可以买一个椒盐饼和一碗黄粉汤。

锯等。盐锅分为大小锅，大锅直径一尺七寸，深一尺四寸，厚三分；小锅直径一尺二寸，深一尺，厚三分。每一盐灶需要大锅一口，小锅二十五口。盐锅为铁铸，因昼夜煮盐，对铁锅使用强度大，通常而言，盐锅使用不到一个月就必须更换，因此对盐锅的需求量较大。而白盐井当地不产铁，所需盐锅均来自相距65千米的定远县（今牟定县），而其他铁制品也必须通过定远及其他外地市场来供应。木类有木桶、木瓢、木榔等。竹类有盐箩、簸箩、畚箕、挑盐篮、簸索、竹夹等。皮类有牛皮、羊皮等。木类、竹类、皮类也是盐业生产过程中需要的大宗物品，由白盐井周边区域供应。还会用到一些特殊的物品，如团盐做好之后，要用当地的摆倒栗叶抹上猪油擦拭团盐表面，使团盐光泽而滑润。用于食盐包装的蓝草、用于补锅的明烟、用于防止盐沸腾的摆锅油等，都是盐业生产过程中的必需品。

图 2—8　部分盐业生产工具

白盐井生产的食盐，呈现出不同的产品系列。最多的是团盐，团盐是用于流通的主要类型。在乾隆十九年（1754年），盐道刘定将团盐的重量定为每团8斤，十五团折秤[①]为100斤。在当地，食盐还有艺术品、药品等的特殊功能。盐有呈红、青色，具有果香味的香盐；有味道微苦，但质地坚硬的锅边盐；有由渗到炉火内的盐汁形成的盐锭；有盐沙较粗，体形

---

① 因食盐在运输过程中会有一定程度的损耗，因此，运输之前的食盐会比运到目的地的食盐要略多，也就有了"折秤"一说。但乾隆十九年，盐道刘定将团盐的重量定为每团8斤，十五团"折秤"为100斤（实际重量为120斤），就远远多于食盐的本来损耗，多出来的20斤食盐除去实际的损耗，也就成了官员在食盐流通环节的隐形收益。

笨重的筒子盐;有由热的卤水形成,可消瘿的盐管;有专用于腌制肉食,制作酱料的盐卤;有漏于盐锅外,日积月累形成如太湖石一样,可用作盆景的盐山;有将当地的黄梅与卤水煮数日,用以解暑的盐梅。

"壁锅"和"盐灰"是底层民众的消费品,"壁锅"是由卤水渗到灶底常年累积而成的,灶户通常一两年挖一次"壁锅",壁锅含盐量很高,可用于熬盐,也可用于买卖。用于熬盐需要将"壁锅"烧红,置于水中泡48个小时,盐成分就会渐渐析出,形成含盐量很高的卤水。用于直接卖的壁锅,一般由白盐井周边村落的普通人家购买,买回去的"壁锅"通过熬盐的工序,就又可以熬出食盐。再贫困一些的人家连"壁锅"也无力购买,就拿着铲子和口袋,到白盐井区经常制作盐和运输盐的道路上铲盐灰,盐灰拿回家中,进行过滤熬制,再制成食盐。因前往铲盐灰的人多为妇女,便有"盐灰婆"的戏称。

"不咸不淡,九斤半",这是白盐井年人均食盐食用量,但不同群体所食用食盐的品质是不一样的。盐作为必备的调味品和生活必需品,还没有真正"飞入寻常百姓家"。团盐是作为大众消费品而存在的,除了团盐之外,亦有为少数人所享用的作为艺术品形态的盐,同时还有贫穷人家的特殊用盐形态。不同的盐呈现出一定的等级性,盐的重要性不仅在于对人生理的缺一不可性,还在于盐已经嵌入社会结构中,盐成了社会层级的标准物,盐的等级背后是不同的人群分层,不同层级的盐为相对应的人群所分享。

还因为文化的建构过程,盐被赋予了更多的文化生成意义。正如不同的环境与"嗜甜癖"所表现的强烈程度之间有着高度密切的联系,在这些环境中,人的天然嗜好被文化性的实践所强化。文化必须被理解为"不仅仅是一种产物,还是一种产生过程;不仅是被社会所构建的结果,也是社会建构的过程"[①]。在当地,盐不仅以食物的形式出现,还以药品、工艺品等形式出现。

汲卤、煮盐及包装运输过程包括了较为细致的职业分工。以当地清末民初时期口述史中的煮盐情况来看,当地平均每天有 20 个盐灶房煮盐,一个盐灶房需要 5 个盐工,那么每天在煮盐的关键环节就需要 $20 \times 5 = 100$

---

① [美]西敏司:《甜与权力:糖在近代历史上的地位》,王超、朱健刚译,商务印书馆2015年版,第20页。

图 2—9　白盐井传统盐业时代生产的筒子盐

个盐工。除正式煮盐的盐工外,盐业生产环节还需要搬柴工、挑卤工、运柴工等人员的参与,才能保证盐的正常生产,具体如下:(1)搬柴工(从柴房搬到盐灶房):一个盐灶房需要 2 名搬柴工,20×2=40 个搬柴工。(2)挑卤工:每个盐灶房需要大约 20 个[①]挑卤工,20×20=400 个挑卤工。(3)运柴工(从买主收购处运送到柴仓库),买柴为灶户每天必做的事情,不管有无煮盐的灶户,均需要每天收购柴火,每个灶户需要 2 个运柴工,整个井区共有 70 家灶户,则 70×2=140 人。(4)师爷(帮灶户卖柴的人):柴因树的种类、干湿等因素具有不同的品质,师爷有较高鉴定柴品质的能力,师爷依据树种、干湿度、品质等指标开出柴单,交由灶户,灶户根据柴单付钱给卖柴人。每个灶户买柴时需要 1 个师爷,整个井区共有 70 家灶户,则 70×1=70 人。(5)看水工:负责管理井槽运水中卤水的量是否够,井槽是否有漏水情况等,请的看水工一般为灶户的亲信。一个盐灶房需要一个看水工,20×1=20 个看水工。(6)收盐工:负责将要交仓的盐运到仓库,每个盐灶房需要 2 个收盐工,20×2=40 个收盐工。(7)仓工:五大井区对应五个盐仓,每个盐仓需要 10 名左右仓工,

---

① 一直到清代末年,盐灶房取卤水均需要到盐井处用人力挑。而在民国初年,挑卤工的数量随着提取卤水技术的提高而减少,采用竹笕打卤水、井槽运输卤水之后,每个盐灶房只需要 3 名左右的卤水工即可。

负责堆放与管理盐，5×10＝50人。那么，以上围绕盐的生产人员就有：100＋40＋400＋140＋70＋20＋40＋50＝860人。

以上盐业生产的直接参与人员人数是依据清末民初这一时期的口述史资料来复原的，而在盐业鼎盛时期的清朝年间，直接参与盐业生产的人员应该在860人的基础上有所增加。笔者根据民国年间白盐井食盐产量、民国年间生产人员数量、清朝年间白盐井食盐产量，来大致估算清朝年间白盐井直接参与盐业生产中的生产人员。

表2—2　　　　　　　　清代白盐井食盐产量择年表[①]

时间	产量（单位：斤）
康熙元年（1662年）	2373216
康熙二十一年（1682年）	2983216
雍正二年（1724年）	6979316
雍正十年（1732年）	6619316
乾隆元年（1736年）	6569316
乾隆十六年（1751年）	9351451
嘉庆四年（1799年）	11760000
道光十九年（1839年）	11900000
道光二十三年（1843年）	12642151
同治十年（1871年）	4800000
光绪五年（1879年）	3600000
光绪十二年（1886年）	4100000
光绪十七年（1891年）	5064840
光绪二十一年（1895年）	4250000
光绪三十年（1904年）	4982016

① 资料来源：大姚县地方志办公室：《大姚县盐业志》，内部资料，楚雄日报社印刷厂印装，2002年，第35页。相关数据同时对照乾隆《白盐井志》、光绪《续修白盐井志》。

表2—3　　　　　　　　民国时期白盐井食盐产量①

时间	产量（单位：斤）
民国二年（1913年）	3100000
民国四年（1915年）	3200000
民国六年（1917年）	6000000
民国八年（1919年）	8500000
民国十五年（1926年）	3100000
民国二十年（1931年）	7830000
民国二十五年（1936年）	8770000
民国三十年（1941年）	16090000
民国三十四年（1945年）	4070000

从以上清代和民国时期白盐井食盐的生产情况来统计，清代白盐井食盐产量的年平均值为7167756斤，民国时期白盐井食盐产量的年平均值为6740000斤，那么清代白盐井直接从事盐业的生产者就有915人。例如，抽取白盐井盐业高峰时期的道光二十三年（1843年）的12642151斤来作为比较的依据，那么清代道光二十三年直接从事盐业生产的人员就有1613人，这于方圆不过2千米的弹丸之地而言，盐业生产对人群的聚集效应表现较为明显。

此外，围绕盐业也出现了一些附带的行业。一是脚夫，在当地多指专贩卖私盐的人员，同时还产生了每天在茶馆联系私盐买家的"私盐头头"，脚夫和私盐头头在井区约有70人。脚夫的工资（脚价）视盐所运送的距离而定，一般而言，脚夫只要背一次私盐，就可以很富足地吃喝上三天。二是挑水工，其中又分为挑清水即饮用水的和挑马水的。在民国十年（1921年）以前，白盐井区有饮用水的地方：大西关、北关（清香井）、南关（小石井），挑水工到四井挑水然后挑到街上叫卖，整个井区共有50人左右的挑水工。民国十年，井区有了自来水，一户姓甘的人家从观音箐引水到灶户冲，有过滤池、水池等设施，将筒瓦用油灰（桐油和石灰的混合物，有黏合及防水功能）抹过。水遇桥就往桥下过，遇路就往路下过，

---

① 资料来源：大姚县地方志办公室：《大姚县盐业志》，内部资料，楚雄日报社印刷厂印装，2002年，第36页。相关数据同时对照乾隆《白盐井志》、光绪《续修白盐井志》。

于是甘家直接将水引到灶户冲的自己家中，修建水池，置了开关，以一挑水一个小铜板的价格售卖。挑水工以一个小铜板买一挑水，可以卖一个大铜板，挑十挑水就可以卖五个大铜板，五个大铜板也足够挑水人一天的饭食。当时，一碗米（大概六七公两）一个大铜板就能买到。甘家的自来水一直经营到抗日战争胜利。在抗日战争晚期，从加尔各答直接引了石油到昆明，当时，铺设管道的资金由滇西区域负责，抗战胜利后，石油管道拆除，亦由滇西负责，当时的盐丰县分到了一定数量产自美国的无缝钢管，这批钢管便用作引用自来水的水管，自来水渐渐入户，当地的挑水画面渐成历史。在过去，来往有较多的马帮，整个井区有近50家马店，一家马店要请2名左右挑马水的人，挑马水的这一群体约有100人，这一群体表面来看是由马店主人养活，其实是由来往马帮养活。

当地的盐业生产构成独特的人文景观。首先是"九曲香河"的存在。香河在历史上蜿蜒穿过白盐井区，有"九曲十八弯"的说法。一是因为白盐井常年煮盐，火灾较为频繁，因此也属火。因此便利用河流的弯道来储水，降低火灾的发生率及损失率。井区内的建房"顺山顺水"，房屋在东西的山脚、沿河两岸序列排开。柴薪皆沿香河沿岸堆放，河流便起到了消防的作用。二是河流弯道多，自然利于储水，这样就可以抬高井中卤水的水位，减少提取卤水的劳动力。三是基于河道与盐井位置的考量。盐井沿河分布，且分布于河流弯曲处的凹面，河流凹面比河流凸面不容易受河水侵蚀，"九曲"之缘由自在其中。

其次是当地"十步一桥"的说法。在白盐井当地桥梁众多，起到了有效疏导交通的作用，满足了白盐井人员频繁流动的需要。白盐井的桥有吊桥、拱桥、梁桥三种类型，白盐井一水中分，在南北不到1.5千米的河流上，建造了30余座桥，从南至北依次为：通济桥、文殊桥、演武桥、彩虹桥、迎峰桥（义学桥）、环龙桥、风水桥、太平桥（盐水桥）、宝泉桥（慈润桥）、文峰桥（三步两座桥）、五马桥、龙吟桥（瘴气桥）、佛惠桥、行春桥（荣春桥）、霓虹桥（李良桥）、圣泉桥（清水桥）、聚宝桥（木头桥）、万安桥（新桥）、文焕桥、锁镇桥（关帝祠桥）、采春桥等，可谓十步一桥。这些桥在民国年间尚存十五座，其后，随着白盐井数次的水灾与火灾，桥也未能幸免于难。

第三节　盐业生产组织

一　官方组织：白盐井盐课提举司

在长时段的历史时期，盐作为特殊的商品，较早进入了国家权力的控制范围。国家权力触及盐业生产的各个环节，在盐产地设立盐业生产监督管理机构，涉足盐的生产、运输、销售环节，将盐作为税收的主要来源。历史文献可将王朝国家权力在白盐井设立盐务管理机构的组织确定为汉代，在《华阳国志》中有记载"蜻蛉县有盐官"[①]。"蜻蛉县"即为现在的大姚县，据分析，大姚县境内仅有白盐井一处产盐地，在蜻蛉县设立的盐官即在白盐井无疑。元代，"设大理路白盐城榷税官，秩正七品"[②]，当时的白盐井为"白盐城"，属大理路管辖。在明代，从全国范围来看，中央王朝设都转运盐使司管理沿海地区的大盐场，另设官职品位较低的盐课提举司管理其他地区的盐场和盐井，全国见于记载的盐课提举司共有七处。其中，在云南设有的盐课提举司就有四处，分别为黑盐井、白盐井、安宁盐井、五井。白盐井于明代洪武年间设立盐课提举司，具体置盐课提举一员，同提举一员，副提举一员，吏目一员，巡检一员，大使一员，下辖白盐井盐课司，岁办盐二十一万七百二十斤（洪武年间云南岁办盐一百八十二万七千八百七十七斤）。[③] 弘治年间，白盐井盐课司岁办盐三十三万四千三百一十四斤。[④] 盐务管理人员——盐课提举的设立和盐务管理机构——盐课提举司的建立，使白盐井盐业生产过程中，国家权力的介入成为正统。

清初，云南盐政由云贵总督总理，又以巡按御史监理盐政，设盐法道于省会昆明，在省内的黑井、白井、石膏井三个井各设盐提举一员，负责各盐井的卤煎、销售、征税、解款等事。于提举之下分设七大使，分别驻

[①]（东晋）常璩：《华阳国志》卷四《南中志》，刘琳校注，巴蜀书社1984年版，第447页。
[②]（明）宋濂等：《元史》卷二十八《英宗本纪》，中华书局1976年版，第630页。
[③]（明）申时行：《大明会典》卷三十三户部二十，明万历内府刻本。
[④] 同上。

黑井、阿陋、乔后、云龙、丽江、磨黑、按板七井，专管稽煎、查灶、缉私、催课等事。① 乾隆三十五年（1770 年），白盐井盐政直属云南巡抚，而土地、民众和田赋由楚雄府姚州管辖。光绪十五年（1889 年），乔后井并归白盐井提举司兼办，同时，乔后井隶属白盐井子井，并移大使驻扎。光绪十四年（1888 年），丽江老姆井、喇鸡井并归白盐井提举司兼办。光绪十七年（1891 年），云龙井并归白盐井提举司兼办。清代，白盐井盐课提举多由八旗人员担任，为正五品，除专管盐政之外，还兼管教育和一般民事纠纷，下设吏员 24 名，井兵 50 人，皂快 20 名，杂役 11 名，共 105 名。② 提举司将白盐井划为五井区进行管理，分别是观音井、旧井、乔井、界井、尾井，五井区下又设有多个子井。

白盐井盐课提举司衙署始建于明代洪武十六年（1383 年），正堂各三间，二堂五间。楼前有两厢，楼的东面为正房三间，旁厦三间，中房三间，前为厨房二间；楼的西北面为房三间；楼的南面为房三间，旁厦一间，书房两间。大堂的东西面为六房，班房一间；前为仪门，仪门前有大门；左为土地祠；右为常平仓。二堂的左边为门房；右边为香柏堂、船房；后边为厨房；西北角建有西书房花亭。

提举司进行过多次的修复与扩建，提举郭存庄于乾隆丁丑年间（1757 年）花费数百金进行过大的整修，并进行了扩建；乾隆四十三年（1778 年），提举郎嘉卿重修；同治十年（1871 年），提举金铣重建大堂，加高二尺，工程未完，后由提举吕之朴在此基础上续修；光绪五年（1879 年），提举李应棠重建二堂；光绪十三年（1887 年），提举郑永龄重建东花厅；光绪二十七年（1901 年），提举文源重修；光绪二十八年（1902 年），改建香柏堂，因增种柏树，后命名为补柏堂。在历次的整修后，提举司维持着一直以来所拥有的地方盐业生产管理的核心地位。

---

① 云南省地方志编纂委员会：《云南省志·盐业志》，云南人民出版社 1998 年版，第 22 页。
② 大姚县地方志办公室：《大姚县盐业志》，内部资料，楚雄日报社印刷厂印装，2002 年，第 59 页。

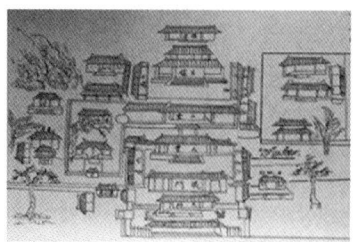

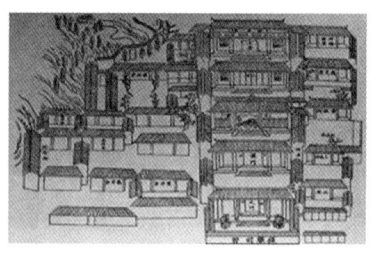

图 2—10 雍正、乾隆、光绪年间白盐井盐课提举司①

从图2—10雍正、乾隆、光绪年间白盐井提举司的规模一直处于扩建的状态来看，提举司的位置在当地及王朝国家视野中备受重视。同时，提举司位于白盐井地理的中心位置，本身就具有权力的象征意义。中国历史上关于城市乃至村落的建设，尤其是重要标志性建筑的建设选址，都会选择吉地。通过吉地的选择对居所与建筑赋予意义，是一种古老而烦琐的象征性存在，甚至在历史的沧桑变化中一直延续至今。有研究专门探讨过中国城市宇宙论传统之所以历久不变的理由，"第一个理由是中国的城市象征主义已经成为帝国思想的一部分——即使是很小的部分，它强调了中国中心论，天子在文明中有至高无上的地位。第二个理由是城市象征主义的宇宙论是中国人历久不变的世界观的一部分。第三个理由是不论太平盛世还是多灾多事之秋，匠人们总是保留一套极其保守的建筑传统，因而每逢进行建筑的时候，他们就采用老式样和老技术"②。白盐井盐课提举司驻地，位于白盐井的中心位置，不管是地理位置的呈现，还是政治、文化的呈现，都表现了官方势力在当地的利益诉求。白盐井盐课提举司驻地位于五马桥附近，五马桥为当地经济较为繁荣的地段，而盐课提举司则象征地方政治权力的中心，在经济交往、政治互动而形成的人的流动基础上，这一带成为政治、经济、文化中心三者交汇叠加的地带，也愈加凸显了官方力量在地方的利益诉求。

---

① 图左为雍正年间白盐井盐课提举司，图中为乾隆年间白盐井盐课提举司，图右为光绪年间白盐井盐课提举司。资料来源：雍正《白盐井志》，（台北）成文出版社1967年；乾隆《白盐井志》卷一《地图》，载杨成彪主编《楚雄彝族自治州旧方志全书·大姚卷》，云南人民出版社2005年版，第406页；光绪《续修白盐井志》卷首《各图》，载杨成彪主编《楚雄彝族自治州旧方志全书·大姚卷》，云南人民出版社2005年版，第580页。

② ［美］施坚雅编：《中华帝国晚期的城市》，叶光庭等译，中华书局2008年版，第75页。

除盐课提举司驻地外，白盐井还另设有盐课提举司的派出机构：盐课司大使署、白石谷大使署。盐课司大使署建于观音井桥东，建有内厅三间、外堂三间、主房三间、大门一间。白石谷大使署建于观音井桥西，建有大堂三间、上房三间、客厅三间、厢房两间、班房两间、大门一间。同时还在安丰井建有官房两层、盐厅三间。

雍正《白盐井志》有提举司官役俸薪工食的情况，其中可看到提举司成员的构成与待遇水平，详列如下。

> 提举奉银岁该八十两。
> 六房工食银二百五十三两二钱。
> 练总、什长、井兵工食银六百两。
> 三班衙役工食银一百七十二两八钱。
> 打印人役工食银十四两四钱。
> 掌称人役工食银十四两四钱。
> 挂号人役工食银十四两四钱。
> 厨子工食银二十四两。
> 门子二名工食银二十四两。
> 水火夫工食银二十八两八钱。
> 禁卒工食银九两六钱。
> 铺司工食银二十四两。
> 盐课司奉银岁该三十一两五钱二分。
> 书办一名工食银六两。
> 门子一名工食银六两。
> 皂隶二名工食银四两八钱。
> 马夫一名工食银六两。
> 儒学奉银岁该三十一两五钱二分（两官同一俸）。
> 门斗一名工食银六两。
> 膳夫一名工食银四两八钱。
> 马夫一名工食银六两。①

---

① （清）刘邦瑞：雍正《白盐井志》，张海平校注，楚雄州地方志办公室编印，内部资料，2014年，第27页。

以盐课提举为核心的领导层，兼有国家利益诉求与地方利益诉求的双重身份。一是监督盐业的生产、销售，征收盐税，规范盐业市场；二是作为国家与地方沟通的桥梁，有上情下达和下情上达的中介作用。在掌管当地盐业的过程中，盐课提举深入调查，找出盐业生产的阻碍因素，充当地方灶户的代言人。例如，白盐井盐课提举刘邦瑞注意到白盐井柴薪运距远，造成薪本增加的情况，就积极向上级上报情况，为灶户争取到"每盐百斤加薪一钱，共加添薪本银六千五百六十九两三钱一分六厘"①，减轻了灶户群体的生产负担。盐课提举文源为缓解当地薪远钱荒、灶情拮据的困境，先后两次禀准"每百斤加价银一钱添发薪工"②。

盐课提举司于民国更名为"盐场公署"，盐场公署下设课长一员，文牍、会计各一员，起草核算、售卖零盐、管理总仓各一员，查灶一员，管仓一员，盘验南、北、西三关盐斤各一员，稽卤一员，征收成本一员，收发监印一员，管卷一员，缮写一员，填发运照一员，填零盐票一员，局丁六名，杂役四名。以上共有职员十六名，警察丁役数为十名。③

作为国家委派到地方掌管盐务的最大权力人，在白盐井盐场公署任职的场长待遇从优，民国时期的白盐井同黑井、乔后井、按板井作为二等场的层级，场长收入均为220元。④ 同时，因上关国课、下系民食，场长职责尤重，因此，对盐场场长有较高的要求，盐场场长必须遵守八条官规：一曰力行勤俭，恪尽职务。一曰提旧开新，增进产制。一曰疏通运道，推广销额。一曰严厉缉私，杜塞偷漏。一曰革除积弊，不准营私。一曰注重造林，预储柴薪。一曰敦品厉行，勿染谥号。一曰恪遵功令，力图治理。⑤

---

① 乾隆《白盐井志》卷二《盐赋》，载杨成彪主编《楚雄彝族自治州旧方志全书·大姚卷》，云南人民出版社2005年版，第443页。
② 光绪《续修白盐井志》卷三《食货志》，载杨成彪主编《楚雄彝族自治州旧方志全书·大姚卷》，云南人民出版社2005年版，第642页。
③ 民国《盐丰县志》卷二《政治志》，载杨成彪主编《楚雄彝族自治州旧方志全书·大姚卷》，云南人民出版社2005年版，第1086页。
④ 同上书，第1248页。
⑤ 同上书，第1228页。

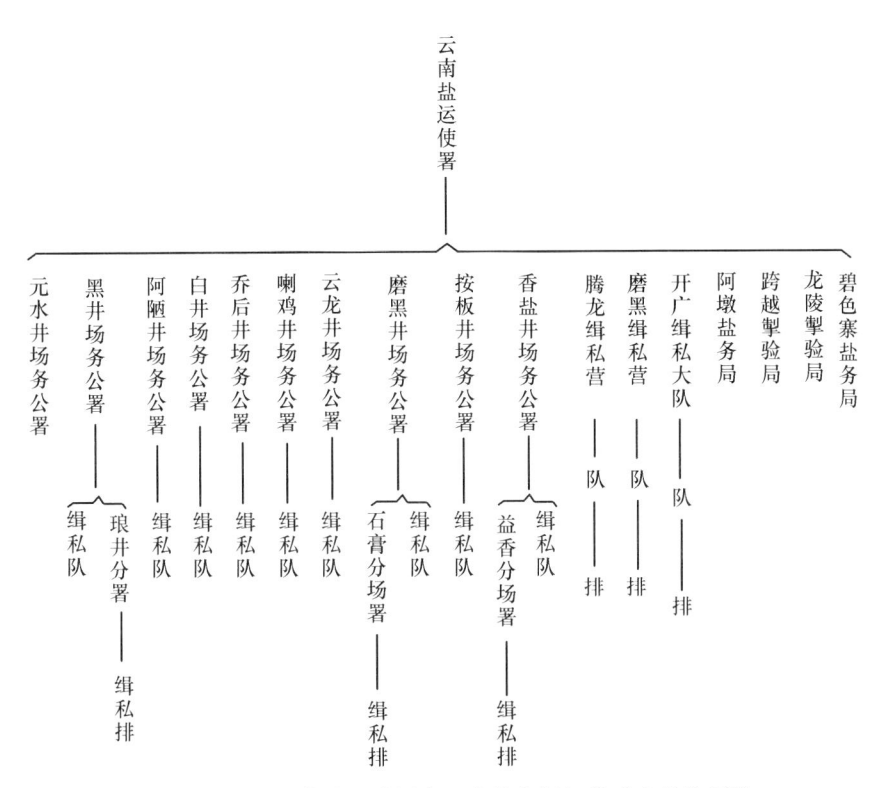

图 2—11 白盐井盐场公署在云南盐务组织体系中的位置①

二 民间组织：灶户生产组织

"白井实业，以盐务为大宗。五井有五小团体，合五小团体为一大团体。其中如顶卤、交盐、分薪等事，小团体有特殊之规约，大团体有共通之规约。"② 具体而言，"五井首用五户作灶长，轮流当月，总管盐账；次

---

① 云南省志编纂委员会：《续云南通志长编（中）》卷五十六，盐务，内部资料，云南省科学技术情报研究所印刷厂印装，1985年，第1232页。
② 民国《盐丰县志》卷一《地理志》，载杨成彪主编《楚雄彝族自治州旧方志全书·大姚卷》，云南人民出版社2005年版，第1051页。

用十户为十灶头,稽卤查煎;再用十户为十课长,分催盐课,应办公事"①。同时,盐业生产组织与当地的户籍制度相互吻合,"街坊分五牌,首用二户为乡约,次用十户为保甲,每夜分拨火塘,常川巡守,以杜私贩并鼠窃狗偷"②。五井的划分从表层来看,简单作为盐业生产管理的地域划分,但在地方盐政权力于提举一人统领的前提下,官方积极向地方灶户生产组织赋权,自然将民间的灶户生产组织纳入提举的盐业管理之辖。官方组织与地方组织形成互动,盐业生产的直接参加者——灶户群体也在与官方的互动中获得权益。

井灶公所是以地方灶户为利益诉求的生产组织,成为灶户群体与地方官员直接沟通的代言组织。井灶公所在民国初年(1912 年)改为"制盐同业工会",也是盐区生产与管理中形成规范力量的核心。井灶公所位于白盐井的五马桥附近,即白盐井的中心位置。建有屋舍三间,大院、议场、办公室、住室皆具备。井灶公所的人员设有正、副董二员,董事十员,文牍一员,总管事二员,管事五员,仓书七员。井灶公所的存在,是因白盐井"以盐为业,因井灶过繁,虑其涣散,故设其机关以维系之。溯今日一切机关,此为最早,而发达亦最先"③。

井灶公所的正副董、董事,皆由灶户群体推选,为灶户代言。五个井区中每个井区均会推选两位德高望重,可以高度信任的灶长,各井区的灶长负责管理各个井区的盐业事务。五井区推选出来的十个灶长会形成联盟,从中选取一个总领灶长。在《新纂云南通志》中对白盐井有代表性的灶长及他们在位时的作为进行了记载,"布文星,字聚五,白井人。乾隆间国学生。才识宏通,晓畅醝务,与张裕远同充灶长,以兴利除弊为己任。时白井售盐领薪,皆灶户各自为谋,其间弱肉强食,苦乐不均。文星与裕远采大同主义,倡立公局,日产额盐统归局中售卖,按卯分薪,灶利民便";"张裕远,字绰然,白井人。乾隆间增生。性敏达,谙醝务,充灶长。临事有识,见义必为。时白井盐为安丰井盐充斥,课堕薪悬。裕远纠同志布文星赴省投诉,认煎安丰年定额课,奉准永闭,拟定白井公局章

---

① 光绪《续修白盐井志》卷三《食货志》,载杨成彪主编《楚雄彝族自治州旧方志全书·大姚卷》,云南人民出版社 2005 年版,第 644 页。
② 同上。
③ 民国《盐丰县志》卷二《政治志》,载杨成彪主编《楚雄彝族自治州旧方志全书·大姚卷》,云南人民出版社 2005 年版,第 1089 页。

程,呈准立案。而灶煎、灶卖之案,亦由裕远改革。自后销数日畅,积困顿苏。并节存公款,欲以辟垦公田,预防井灶赔累。有妒其能而欲染指者,力持异议,事遂寝。然公论未泯,后人思其功德,设位局楼以祀之。其所订章程,至为妥善,迄今尚奉行云";"张凤翔,字凌仪,白井人。诸生。见义勇为。道光中,充盐务总理。适剑川开乔后井,盐行充斥,白井销情壅滞,灶户变产赔课。凤翔与庠生甘煊赴省投诉,填封乔后,自此销情日增,月征课额一百余万,家给人足,灶艰顿舒。捐资倡建羊蹄江桥,以利行旅。其他做助亲族婚丧义举,不遗余力"[①]。从以上三则对当地灶长的具体评价内容来看,灶长首先谙熟盐业管理事务,他们在当地盐业事务上享有较大的话语权与操作能力;其次,他们是地方社会利益的代言人,代表的是地方社会的声音,操持的是怎样解决地方盐业社会中出现的问题;再次,他们还是当地道德体系中的代表性人物,是当地备受尊崇的人物,受到民众的拥戴。

在盐业生产具体事务中,灶长起到了总领性作用。如各个灶户领薪本一事,就得通过灶长来上下沟通,作为中介作用以实现领薪本的效率化。通常情况下,灶户将成型的盐送入盐仓之时,还不能直接领到薪本,薪本均需要灶户预先垫付,且场署拨给灶户薪本的时间也无定时,灶户就面临运行困难的局面。但有了井灶公所,灶长就起到沟通灶户和盐场公署的桥梁作用。甚至盐场公署可以将薪本直接拨给井灶公所,再由井灶公所拨给灶户,这样,灶户就可以很高效地领到急需的薪本。

三 家族组织让位盐业生产组织

白盐井为典型的移民社会,因此,在白盐井,有十余处家庙。甘家家庙一处(现香河酒店)、罗家家庙一处(现老年协会)、樊家家庙一处、白家家庙一处(现信用社)、王家家庙一处(现北关外)。张家家庙五处——现香河民居一处(人称"罗家巷张",为30多户人所共有)、现红太阳宾馆附近一处(这一族人口较多,人称"卖菜街张",200多户)、白莲寺一处(家族扩展到骡子箐,人称"白莲寺张")、现地税局附近一处

---

① 张秀芬、王珏、李春龙等点校:《新纂云南通志》九,云南人民出版社2007年版,第228—229页。

（人称"子羊县张")、现蚂蟥箐一处（人称"蚂蟥箐张"）。这五个张姓的命名以家庙的位置来区分，大概共有 400 户人家。笔者的关键报道人张国信老师属"卖菜街张"，他的祖先张仁和张义随沐英镇守云南，他们均有"世袭千户长"的称号，张氏后代不愿意继承徒有空名的世袭名号，就弃之从商，来到姚州，其后又来到白盐井煮盐并就此定居了下来。总体而言，白盐井的移民多来自江苏、四川、安徽、浙江、江西，其中，罗家、甘家主要来自江西。

　　白盐井的家族注重血缘维系，家族有家庙、公产、公房、公租、公山。家庙的活动于春分秋分祭家庙，于当日置办酒席，不论贫富，只要是本族成员，均要到场参加祭祀。在当天，也会解决族内事宜，如关注贫困人家，发给公租；关注老弱病残，给予救助。平时遇子女到外地读书无学费，家族会提供资助。家族内的成员去世，凡是家族人员都要参加，死者长子需要挨家挨户磕头，按辈分来遵守祭祀的规则。婚礼自有请客之道，在家族观念下，凡是与主人家有血缘关系的人家必须请到。

　　白盐井家族氛围浓厚，但当地的盐业生产与家族并无必然关系。因卤权随着家族的分裂而分裂，当地盐业生产多以小家庭的形式来生产，而非家族成员之间的联合。20 世纪 40 年代，当地叔叔将侄儿子媳妇打死这一命案持续了好多年，原因是因为叔叔和这一侄儿争夺卤盐，这一特殊事件表明，在白盐井非家族之间的盐业生产更好商量。当地有"富不过三代"的说法，三四代同堂的情况也不是很普遍，家庭结构以小家庭为主，分家就面临着财产的分离。从乾隆年间 300 多家灶户到解放时期的 70 多户，就是一个例证，灶户群体常会因为煮盐的风险等更换无常。在白盐井，有"甘罗无二姓"之称的甘姓、罗姓算大户人家，此外还有张姓等大的家族，但他们多在家庙祭祀时集聚起来，平时联系不多。除甘姓、罗姓、张姓外，还有其他杂姓，人们通常随不同时间、不同地域、不同职业来到白盐井，因此，白盐井的大家族现象不是很普遍。当地盐业生产组织的社会整合作用盖过家族的社会整合作用，缜密的盐业生产组织已经深深嵌入社会运作过程中。

　　就此，白盐井的家族组织让位于盐业生产组织。盐业生产长期以来均是官方与民间共同参与，以官民为盐业生产的主体，形成缜密的盐业生产组织：官方组织、民间组织。盐业生产过程中的生产环节、运销环节，多是通过官民互动来共同完成的。在官民互动的盐业生产组织下，盐业生产有条不紊地进行,"灶户、灶工、背夫、汲卤小工并井兵、衙役人等,居住井界内外,原有分别,督煎课盐,督征钱粮,各有责成"①;"各灶煎成之盐,商人雇脚,每日挑赴官衙,对单完,交候打皮印掌,秤吏人秤准,交于各商收存店内,仍俟发盐引②、其脚单,陆续运归彼地行销"③。

第四节 官民互动的城镇建设

当地的城镇建设,有三种主要力量的参与:以提举为代表的地方官员、以井灶公所为代表的灶户生产组织、以家族为代表的个人地方社会参与。

首先,以盐课提举为代表的地方官员,他们的主要职责是管理盐务,但身为当地最高长官,他们亦肩负了地方城镇管理和建设的责任。白盐井提举司在管理盐务之外,同时发展社会事业:建桥梁、迁学宫、修寺庙、立社学、修养济院、建义仓等。在白盐井,以郑山、刘邦瑞、郭存庄等为代表的盐课提举,所进行的地方城镇建设尤其凸显。郑山,清康熙四十四年(1705年)任白盐井提举,在任的十余年间,除以盐业为本职外,还积极捐俸或垫支盐课迁修学宫。捐俸银百余两,修建五马桥。重修土主庙、武侯祠,立社学,修养济院,率民捐输谷石贮存义仓,按时发给孤贫百姓,以济民生。主持重修孔庙的大成殿,铸造孔子铜像。刘邦瑞,雍正元年(1723年)至乾隆十一年(1746年)任白盐井提举,主政期间,创修《白盐井志》四卷。发银一千两,兴修白盐井至孔仙桥盐道及白盐井至新街夏家坝盐道,使西面、南面盐道成坦途。他除了重视对盐道的整修外,还重视对集市街道的建设,于雍正丙午年(1728年)借库银一千余两,捐奉银百金分给工匠,"伐石陶砖,将关内街道自西至东,自南至北,下筑沙土,上砌条石,旁开沟道以疏积水,逐一亲临监视,务期坚固垂

---

① 光绪《续修白盐井志》卷八《艺文志上》,载杨成彪主编《楚雄彝族自治州旧方志全书·大姚卷》,云南人民出版社2005年版,第793页。
② 盐引:官府给予商人用于运销食盐的专门凭证。
③ 乾隆《白盐井志》卷二《盐赋》,载杨成彪主编《楚雄彝族自治州旧方志全书·大姚卷》,云南人民出版社2005年版,第442页。

久,不用地方一夫,不费灶户一钱,顿将从前官路之崎岖险厄,街道之坑洼倾圮者,尽皆荡荡平平";"力董是役,不惮劳瘁,不避艰险,昼夜在工者3月有余,而告厥";工程完工后,"行旅歌于途,脚人讴于路,商贾欢于市廛"①。任职期间,他还重视当地文化、教育的发展,捐俸购置祭器、乐器,重修玉皇阁。捐俸银四百两,重修学宫,新建义学三馆,以文兴盐。郭存庄,乾隆十九年(1814年)任职白盐井提举,为了加强缉私,兴建白盐井关隘17处,亲自主持新建白盐井社仓,建养济院,主持修撰乾隆《白盐井志》。

其次,井灶公所"凡地方民政与兴学各种经费,皆由此中所出。故虽有盐政一部,而实具有自治基础;核其名实,不啻为盐丰总机关"②。由此,井灶公所以盐业生产中灶户的利益诉求为核心,在运行过程中,也融进了地方民众的整体诉求,地方的城镇建设,多由此组织向提举争取建设资金。同时,此组织也在身体力行,一方面投身盐业生产,另一方面也投身社会建设尤其是慈善事业中。成立掩骨会,以解决当地流动人口中人突然死去却无亲人料理后事的问题。同时,成立施棺会,凡遇贫寒死亡者,施棺会就会捐送材木,且出力安葬。还成立施水会,出资在运送食盐和运送柴薪的道路旁设置石缸,平时聘请专人挑水将石缸注满,供来往的商人与运卖柴火的民众饮用。

最后,以家族为代表的个人也积极参与地方社会的建设。功名和公益成为白盐井当地显示和成就家庭声望的有效途径。功名主要表现在求学科举、为官上任上,公益主要在对地方社会的投入上。在当地,对一个家族的认可通常通过家族对地方社会的贡献来衡量。

一 官民共建:城镇公共空间

白盐井的公共空间主要包括教育类空间,如文庙、书院、学堂、义学馆等;宗教类公共空间,如"七寺八阁九胜庵"等;其他公共空间,如道路、桥梁等。以上公共空间的建设皆融入了提举、灶户群体、家族群体的

---

① 大姚县地方志办公室:《大姚县盐业志》,内部资料,楚雄日报社印刷厂印装,2002年,第109页。
② 民国《盐丰县志》卷二《政治志》,载杨成彪主编《楚雄彝族自治州旧方志全书·大姚卷》,云南人民出版社2005年版,第1089页。

力量。在《白盐井志》中,有大量以白盐井公共空间建设为主题的记、序、赋等,对公共空间建设的参与群体、建设过程、建设意义等都有翔实的记载。

笔者依据地方志书,整理出了教育类公共空间的建设篇章:陶珽(进士)《新建文庙记》;王文琼(提举)《重修石羊儒学记》;郑山(白井提举)《重修学宫记》;滑士麟、娄东(大使)《提举刘公重修学宫碑记》;郭存庄(提举)《捐建白井龙吟书院记》《龙吟书院造士培材赋》郭存庄《和赵广文应聘主龙吟书院见贻原韵》《遵札查明卷金提办学堂等事》《请修复灵源书院以备启办中学堂等事节录》(雍正十三年)《捐置学田碑记》;高锦(提举)《文昌宫义田记》;佚名《南关楼武帝香火碑记》;甘岳(进士)《文庙田地房产碑记》;李钟瑞(贡生)《先师圣诞碑记》;佚名《桂香义馆碑记》;罗庆崧(举人)《设桂香阁祭需脩金记》;甘岳(进士)《捐金赎铺永续香火碑记》;王子音(提举)《灵源书院记》《详准童生免府试记》《捐增祭需卷金程费记》;佚名《土主香火房始末附记》;罗其玮(举人)《重修龙吟书院记》;甘韶(拔贡)《重修南馆义学记》;李应棠(署提举)《棚费卷金捐款原委碑记》;郑永龄(提举)《龙吟书院详定膏火章程碑记》;吕调阳(提举)《详添膏火章程碑记》;李训鋐(署提举)《详准按盐拨留膏火记》《新建中学堂落成记》;郭燮熙(知事)《盐丰县新筹学校基金序》《龙山吟社小引》《龙山吟社述怀三十韵》。

宗教类公共空间的篇章有:刘邦瑞(提举)《募修玉皇阁暨雷祖殿引》《重建关圣庙记》《来苏阁序》;杨燝(进士)《重修魁阁明伦堂记》《新建尊经阁记》;管抡(姚州刺史)《近思阁记》;傁应东《鼎建石羊关帝祠记》;严一诏(白井提举)《心造庵碑记》;杨燝《重建白莲寺序》;夏宗尧(白井提举)《一滴庵序》;郭存庄(白井提举)《捐建社稷山川诸坛记》《改建二神祠记》《重建安丰井关圣庙记》《修建妙华寺序》《建塔碑记》《郡主祠碑记》;王子音(提举)《社稷坛记》;王发越(迤西道)《关帝灵验记》;张如翼(举人)《关外文昌宫碑记》;景某(训导)《题石羊土地祠》;张鉴圣(举人)《白井大王庙功德碑记》;甘岳(进士)《寿佛寺碑记》;郭燮熙(知事)《改修龙山贤良祠记》《募修夏赏亭引》。

道路、桥梁、义仓等其他公共空间类的篇章有:刘邦瑞(提举)《盐宪刘公修理白井路道德政碑》《重修孔仙桥序》;樊仲琇《提举刘公捐修白井街道德政碑》；沈鸿儒《建白石谷大使廨署碑》；郭存庄（提举）《捐建白井社仓记》《捐建白井关隘记》《修理各处隘口遵批查议事》《常平仓》；王基成（廪生）《提举郭公新建白井社仓记》；周煌《重修白石谷大使廨署记》；金铣（提举）《辛未岁重修廨署序》；（举人）《新修镇岭桥碑记》；江海清（提举）《详准补修庙宇桥梁道路公款碑记》；郭燮熙（知事）《重修永定桥记》。

以上以当地的公共空间建设的记、序、赋等占了白盐井志书的较大篇幅。当地的公共空间重点着墨的有教育空间、宗教空间、道路、桥梁、义仓类。这些公共空间的始建、复建与重修，都有较为清晰的记载。每次的建设过程，建设的原因、参与建设的群体、建设经费来源情况等都有详细的记载。一般而言，当地的公共空间来自官民共建，由官方和民间共同出力来完成。

二　官民共娱：城镇节日文化

白盐井的节日较多，张国信曾向笔者提到在他小时候，几乎天天都有节日过。据乾隆《白盐井志》记载，白盐井较有影响力的节日如下。

> 正月元旦：各贴桃符、门丞。挂五色彩楮，交相贺岁。
> 正月立春日：执事者先期备春花、春贴，邀通学，于是日采杖迎春堂，佐儒学斋廪，诸生咸集，随诣盐司大堂春酒宴乐。
> 正月十三：作龙王会。五井五庙轮当会首。庙内修斋，庙前演戏。
> 元夕：庆赏花灯，星桥火树，厥风从古。儿童扮采茶，击花鼓，放爆竹。俟月到天心，各执香条诣环龙桥栏杆处遍插，谓之"走百病"。
> 二月初三：作文昌会。立有会规，音乐备具，观者起敬。
> 三月清明：插柳、扫墓、划生盘，为寒食会。
> 三月二十六：作土主会。迎神于外台，迎花四日，走马三日，演戏十日。寿期，官民同祝。
> 四月初八：作浴佛会。
> 立夏日：以灶灰围墙避蛇。

五月端阳：悬艾虎，系续命缕，饮菖蒲酒，以角黍相馈。午后多游灶户冲，采叶折枝，戏斗百草。

五月十三：作关帝会。轮流演戏。

六月二十四星回节：向午，作腥盘，会饮，夜则燃火炬以占丰年，火焰烛天。

七月七夕：妇女穿针乞巧。

七月十五中元节：祭先于家，焚冥衣、楮锭。夜放河灯。

八月中秋：瓜饼庆月。

九月重九：登高，饮黄花酒。

十月朔：祭墓。

十一月长至：相贺，各以糍饵相馈。

十二月初八：为腊八节，作五味粥。

十二月二十四：祀灶。

除夕：饮分岁酒，围炉守岁，门首束炭二执，除旧更新。①

白盐井的节日文化有以下几个特征：第一，节日文化呈现典型的移民文化特质。一方面，白盐井因多汉族移民之故，汉族的传统节日在这里仍以传统的方式延续，西南一隅的白盐井也共享全国性的节日，如元旦、元宵、端午、七夕、中秋、重阳、除夕等。另一方面，以当地居民文化为代表的星回节、土主会，也非常隆重。第二，因当地为典型的盐业社会，节日也呈现出了典型的盐业社会特征，如龙王会、盐商会、火神会等是白盐井的典型节日。第三，不同的节日，其组织者、参与者会有所不同。全国性的节日是全民共同组织、共同参与、共同娱乐的节日。龙王会的主要组织者是灶户群体，同时由全民参与。盐商会的主要组织者与参加者是白盐井盐商。浴佛会的组织者与参加者是佛教信徒。

当地举办节日是一笔重要的开销，经费也有多种来源，一是来自盐业生产所得，盐税中包含的地方建设经费，其中的一大部分用于举办节日。二是来自民间筹款，尤其是当地的家族将在经济资本转换为社会资本的驱动下，纷纷以捐献田租等方式，参与节日的筹办。

---

① 乾隆《白盐井志》卷一《风俗》，载杨成彪主编《楚雄彝族自治州旧方志全书·大姚卷》，云南人民出版社2005年版，第422—423页。

个案：太平会的记忆

太平会，祈求太平之意，列数道教的节日范畴。每年旧历三月第一个庚申日起会，甲子日送会，会期五天。每天有不一样的活动内容，主要的活动地点在玉皇阁，活动前扎大佛（一丈开外的高度）、瘟神和龙船。五瘟神为红色的公鸡、绿色的鸭子、白色的白兔、黄色的老虎、黑色的毛驴，人身动物头，放到龙船上。第一天迎佛请水，道士持宝剑，后有两人抬瓦罐，走到白盐井的每一口井边都打上一点卤水，到玉皇阁，将瓦罐倒置，瓦罐的卤水不出来预示当地来年平安。第二天抬上扎好的诸神到南关口子，人们纷纷来磕头还愿。第三天搜街办社火，意在将五井所在的妖魔鬼怪收走，社火有桃园结义、唐僧取经、小和尚、观音菩萨等，少则七八台社火，多则二十多台社火。游行的队伍中首先是脚走人员，其次是骑马人员，其后是社火人员，最后是用八抬大轿抬的灵官。队伍在街道上游行一圈后返回玉皇阁。在出发前有开光仪式，仪式后，游行队伍不可以说话、笑、喝水等，直至游行结束。第四天为问社官，社官是管理当地的神灵。有人装扮社官、土地神，众人就向社官、土地神讨吉利的话语。第五天送佛，借助瘟天君的手送瘟神，意当地居民可以过上幸福太平的日子。人们装扮五瘟神，从玉皇阁起身，一直到北关的祭祀坛，还愿的人到此聚集，纷纷用纸向瘟神印脸谱，贴到家中辟邪。五瘟神送出北关外，再将第二天停放到南关的诸神抬放到北关外烧掉。道士砍烂瓦罐，鸽子从道士的手袖飞出，从鸽子飞的方向看来年白盐井的平安预兆。

三 官民共举：城镇慈善事业

有学者在论及江南地区清代的社会救济时指出，市镇的繁荣，会吸引大量的游民和外来人口入驻，其中有一些贫困潦倒、生活无着的贫民，这在客观上要求市镇开展社会性的救助活动。正是在这样的背景下，慈善活动逐渐在江南市镇展开，并一发而不可收，出现了市镇慈善事业的发展高潮。① 白盐井慈善事业的形成也有同样的社会背景。白盐井当地的慈善事业在清代的乾隆年间业已完备：乾隆十五年（1750年），提举葛庆捐修普济堂；乾隆十九年（1754年），提举郭存庄主持建造社仓；乾隆二十一年（1756年），提举郭存庄扩建养济院，并由当地贡生罗铨捐田租来作为养济院的日常运行经费；乾隆年间，还有当地官员与地方人士一起合力来建设义冢的记载。咸同年间，白盐井遭遇兵燹后，慈善空间虽遭受重创，但部分仍顽强地存活了下来，在光绪年间，施棺会、寒衣会、掩骨会、施水会等均有存在。"兵燹后，施棺所尽圮，施棺仍循未废"；"庠生甘从源之子甘恒亦于冬月市麻布为衣，私济寒苦，今未废"；"五井各设一掩骨会，均由公处及各户捐赀，募挑卤之人，于朔望捡取各关外山野骸骼及无主之棺"；"观井甘恒每岁元旦至初二三日于土主庙前，以饭菜款贫乏食者，又于岁终以钱米暗给贫不能举火者"；"庠生罗万理捐置田租，募人于井西三岔营岔路负水贮存石缸，以济行人之渴。甘恒亦于一滴庵、甘露庵、山神庙等处捐租运水以济渴"②。

据涉及清代江南地区社会救济的相关研究指出，根据救济主体的不同，大致分为政府救济（重在救灾备荒）、宗族救济（重在济贫助教）和民间慈善救济（以鳏寡孤独贫病者为救助对象）三大类。③ 政府救济层面，主要以建社仓、常平仓、义仓的途径来实现。仓储是常设机构，积谷备荒，着眼于防灾。社仓重于借，义仓重在赈。但社仓、义仓就其功能而言，都是为民间备荒而设。④ 宗族救济方面，宗族除了设有祠堂、家谱、族规以外，也拥有一定的经济基础，即以义田为主要形式的族

---

① 王卫平：《清代江南市镇慈善事业》，《史林》1999 年第 1 期。
② 光绪《续修白盐井志》卷一《地理志》，载杨成彪主编《楚雄彝族自治州旧方志全书·大姚卷》，云南人民出版社 2005 年版，第 601 页。
③ 王卫平、黄鸿山：《清代江南地区的乡村社会救济——以市镇为中心的考察》，《中国农史》2003 年第 4 期。注：研究者研究的是乡村社会的社会救济，但这些救济机构大多集中于市镇，从而使得江南地区乡村社会救济事业的开展呈现出以市镇为中心的态势，这是由市镇在社会和经济生活中的地位决定的。因此，虽然考察的是市镇的社会救济，但于笔者具有参考意义。
④ 王卫平、黄鸿山：《清代江南地区的乡村社会救济——以市镇为中心的考察》，《中国农史》2003 年第 4 期。

产。族产所带来的收益除了祭祖、修谱等之外，主要用于救济贫困族人。① 民间慈善救济方面，笔者先从当地慈善空间和组织入手来对其进行了解。白盐井的社仓、常平仓、义仓、普济堂、养济院、义冢、施棺会、掩骨会、施水会等慈善类的组织与建设，全面反映了官民互动的白盐井慈善事业特征。

一是社仓。白盐井原无仓廪，井地绅士群体捐送的社谷，只能分别寄存在各灶户家和五井龙祠内。"乾隆甲戌年（1754年），提举郭存庄倡金百余近详置，在南关河西，为屋二层，置廒五间（以观、旧、乔、界、尾五井之名名之），以贮五井之谷。旁为两厦，以居仓役。置立社长、副，以司出纳，每岁借收，以为常有"②。社仓以"灶方借谷者原照二谷一米之例，秋成以米准抵还仓"和"始出于输纳，民有缺乏，辄借给之，薄取其息，历久，积谷日多，而民日有济，立法之善，垂至于今，信乎仁人之利溥也"③ 的原则来运作。建专门社仓后的第五个年头，社谷的数量从一千六百二十余石增至二千余石。

二是常平仓、义仓。常平仓、义仓也是白盐井的谷物救济之所。常平仓，在道光二十三年（1843年），存谷三百二十三石。常平仓的运作是在丰年买入粮食储备，而在粮食欠收紧缺之年卖出，这样就可以达到平衡白盐井粮食供给的作用。义仓，光绪三十三年（1907年），提举文源提取银两四千两，用于建设义仓。

三是普济堂。建于观音井南关外，"乾隆庚午年（1750年），署提举葛庆曾倡捐修，建前后平房十间，左右厢房六间，匾曰'保赤锡类'"④。

四是养济院。建于旧井灶户冲关内，最初于崇祯壬午（1642年）由提举王文琼创建，"赡给孤贫，历至于今，活人无数，厥功伟焉"⑤。其

---

① 王卫平、黄鸿山：《清代江南地区的乡村社会救济——以市镇为中心的考察》，《中国农史》2003年第4期。
② 乾隆《白盐井志》卷一《建置》，载杨成彪主编《楚雄彝族自治州旧方志全书·大姚卷》，云南人民出版社2005年版，第416页。
③ 乾隆《白盐井志》卷四《艺文》，载杨成彪主编《楚雄彝族自治州旧方志全书·大姚卷》，云南人民出版社2005年版，第510页。
④ 乾隆《白盐井志》卷一《建置》，载杨成彪主编《楚雄彝族自治州旧方志全书·大姚卷》，云南人民出版社2005年版，第416页。
⑤ （清）刘邦瑞：雍正《白盐井志》，张海平校注，楚雄州地方志办公室编印，内部资料，2014年，第19页。

后在乾隆丙子年（1756年），提举郭存庄建了三间平房作为养济院。"详请额设孤贫十名，照例日给口粮，以贡生罗铨所捐金旦庄义田租内给散，岁终造报，著为常例"①。从养济院的建立与运作来看，提举组织建盖了养济院，而养济院的正常运行所需要的经费则以民间人士罗铨捐钱向养济院购置义田的形式来实现。"铨（罗铨）父罗台垣在日，曾有庭训，命铨置立义田，济彼穷乏。铨经营竭力，积累多年，用价银捌百四十两置买近井云南县属杨土司金旦庄田一区，每年收市斗租谷九十一石六斗，计获京斗租谷二百石余，请愿将此田捐作白井义产，以济穷民"②。养济院后于光绪三十年（1904年）进行过大的修整，当时的提举文源委托白井绅士王乃钦踏勘修复养济院，建起六间平房，其中四间为男院，两间为女院，四周筑造了围墙，修复过程中花费银两百两，在白盐井盐务开支中支出。院内居住的均是贫民，责令两街街长按月轮流经管。

五是义冢。白盐井的义冢有三处：第一处在南关外的白塔下，为生员张夔捐置；第二处在文殊阁旁，第三处在白盐井东面的安丰井，后两处为提举郭存庄建立。

六是施棺会。嘉庆六年（1801年），白盐井五井中的乔井灶绅王心浚、罗万理等捐集银两一百八十六两六钱四分，置办田产后，以每年所得的田产租金买木材做棺材，捐给井区贫困的去世者，他们后来在准提阁的南面建立了施棺所。因兵燹后，原有款项已经入不敷出，就由乔井的公款来弥补。光绪二十六年（1900年），提举文源首先捐银二十两，井绅张之霖、王乃钦、罗群桂共同捐银四十两，乔后井捐公款银一百两，来维持施棺会的运行。宣统三年（1911年），拿出公款银二百五十余两，对施棺所进行了全面的整修，同时捐公租三十石，用作施棺会日常运作的经费开支。民国六年（1917年），施棺会将共有的经费310元用来建盖铺面，然后出租，每年可收租金二十七元；民国八年（1919年），民间人士赵锡华向施棺会捐功德银100元，而后将此100元加上施棺会存积的100元，共200元，"一并放灶生息，合计息银、租谷两

---

① 乾隆《白盐井志》卷一《建置》，载杨成彪主编《楚雄彝族自治州旧方志全书·大姚卷》，云南人民出版社2005年版，第416页。
② 同上书，第417页。

柱项下，年可收入银一百六七十元之谱"①。据此，施棺会的经费已经绰绰有余，甚至还可以用于其他慈善的开支。

七是掩骨会。当地除有施棺会外，还成立了掩骨会。遇有受贫寒饥饿等原因死亡而无力购买棺材掩埋者，施棺会会捐送棺材，掩骨会则会组织会内成员埋葬这类死者。掩骨会于每月的初二、十六两日，"由会员中轮流分往郊外，掩暴露之棺，瘗臭秽之骨。掩棺一口，开支茶点银三角；出郊一日，支用伙食银五角，均由施棺会拨用"②。

施棺代葬慈善的存在，其原因极为复杂，既有社会的因素，也有意识形态的因素。梁其姿先生认为："清代中后期施棺善会的普及，在意识形态上，反映了儒生阶层的价值观。施棺代葬的善会善堂并非单纯的济贫，更重要的是要推广符合儒家思想的丧葬礼制与方式。因此，施棺代葬善会善堂的目的明显是协助政府推动教化政策。"③ 但意识形态的教化与当时具体的社会问题相比，社会问题的存在才是施棺会存在的最主要原因。当时的白盐井成为众多流民的汇聚地，为维护当地社会安定与卫生，地方统治者和当地有经济能力者有责任为此做出回应。

八是施水会。因每天有大量商贾来到白盐井运输食盐，加之各种柴火等商品的运送，使得白盐井每天的人口络绎不绝。因流动人群途经的白盐井周围区域饮水较为困难，尤其是在炎炎夏日，就更加饥渴难耐了。白盐井地的民众发现这一不便之处，于是纷纷在沿途设立石缸，召集人员往石缸内注水，以供行人饮用。具体的设缸地点和设缸人如下："绅甘恒于东界之黄石硖丫口，南界之山神庙、一滴庵坡，西界之梅树湾各处施济；绅罗万理于西界之官王庙施济；绅张如锡于西界之蒿子地、大湾子施济；绅张源于西界之三岔营施济；绅封在德于南塔山麓施济。"④ 以上施水处，每年有固定的经费拨给挑水工人，得以使以上几处施水处历经多年，甚至几代人仍然能够毫无间断地维持下去。

---

① 民国《盐丰县志》卷三《地方志》，载杨成彪主编《楚雄彝族自治州旧方志全书·大姚卷》，云南人民出版社2005年版，第1131页。
② 同上书，第1134页。
③ 梁其姿：《施善与教化——明清的慈善组织》，北京师范大学出版社2013年版，第218—224页。
④ 民国《盐丰县志》卷三《地方志》，载杨成彪主编《楚雄彝族自治州旧方志全书·大姚卷》，云南人民出版社2005年版，第1134—1135页。

白盐井历史上出现的慈善组织还有育婴堂（相当于现在的孤儿院）、寒衣会等，这些公益性的社团与组织，其经费来源一部分来自提举衙门，另一部分来自民间筹集的资金。因此，在白盐井，不止官方在做慈善，民间也在做慈善。

在白盐井提举文源的《加给孤贫口粮示》中显示旧有救济孤贫的额度已经难以满足实际需要。白盐井原设救济名额31人，纳入救济范围的人员每月会按期发给口粮。但文源通过自己的实地走访，发现"每出街衢，见有残疾男妇，呼天吃食者比比而是，查问不在孤贫之列"[1]。文源见此情形，加增了20名救济孤贫的名额，针对患有残疾、重病、孤身一人等生活无着的人。

在白盐井，有民间自发组织筹集资金，将资金用于帮助筹办一些人家无力以一己之力操办的重大活动如婚丧嫁娶等。例如，在白盐井五井之一的乔井"旧有红白，分金八两，以助亲党婚丧，久而滋弊。乾隆丙子年（1756年），乡士段鹏、张绍濂、王琮、罗道明、赵一翀、杨于朝、季开元等八十三户，于长盐银两外又捐银十二两，交老成人轮流收放，除红分各户自送外，遇有丧事，即动此银。借济而有差等，如父母本身全分，同居伯叔半分，分居伯叔兄弟二两为止。无论戥头、利息之弊，亦不得有借贷扣勒之私。如遇分金多者，在收放之人预借，充出亦不加利，洵法良而意美也。其观旧界尾，皆效仿之"[2]。

将各方所捐之银用于购买田地，从田地中所收取的租金或是粮食等收益是慈善事业的重要资金来源，这样特殊的田地称为义田。在白盐井，义田一方面来自当地官府捐助，另一方面来自民众捐助。义田的捐助方式，使捐助的资金变活，能够利生利，这也是慈善事业能够一直不断延续下去的重要原因。白盐井地区的主要义田有五处：一是在提举郑山任内，买田九十六丘，年可收谷四十四石，将这些粮食置于社仓用以备赈，后在提举孔尚琨任内，将谷物改由五井灶户轮流来收，得到的收益用作土主会的举办公费。二是提举白兑捐银两一百二十两，用于购买田地，每年所得收益用于义学的经费开支。三是贡生罗铨捐银八百五十四两五钱用于购买田

---

[1] 光绪《续修白盐井志》卷八《艺文志上》，载杨成彪主编《楚雄彝族自治州旧方志全书·大姚卷》，云南人民出版社2005年版，第805页。
[2] 乾隆《白盐井志》卷一《风俗》，载杨成彪主编《楚雄彝族自治州旧方志全书·大姚卷》，云南人民出版社2005年版，第423页。

地，每年可收租一百零六两二钱，将这笔租金收益用于资助义学和资助孤贫。四是生员陈斗光捐田租十石。五是已故生员白万正之妻王氏及她的儿子白汇分别于乾隆十五年（1750年）、乾隆二十三年（1758年）捐田租十石，用来资助书院膏火。

个案：甘氏家族与白盐井公益

甘姓为白盐井的四大家族之一，笔者在田野调查中搜集到的《甘氏族谱》中，对历代甘氏族人进行了世系梳理，对考取功名和为白盐井地方社会事业发展做出贡献的人和事，有大篇幅介绍。从中可以看出当地民众惯于投身社会发展事业，倾心为地方社会尽己之力。

甘氏第五代中的甘二酉，为"康熙己亥贡生，毕生以整饬地方振兴教育为急务，捐资建圆觉庵，父母官敬重，乡里信服"。

甘氏第五代中的甘二南，为"雍正丙午年贡生，例封文林郎，重修玉皇阁、关圣殿、明伦堂、环龙桥及各寺院，俱竭力不息"。

甘氏第五代中的甘二玮，为"姚州学廪生，率本族置义田周恤贫□及告安客民，创雷祖阁，捐五马桥铺面□文庙"。

甘氏第六代中的甘旨，"乐善好施，建观井文昌阁"。

甘氏第七代中的甘从源，置田产，济贫民，于一滴庵、硝厂冲等处置水缸以解行人烦渴，每年除夕施寒衣，元旦备酒食拯贫困。

甘氏第六代中的甘节，"白井学增生，捐资开设井学，刊刻各种善书捐乔井龙祠"。

甘氏第八代中的甘岳，为乾隆甲寅科举人，嘉庆龙辰科进士，原任山西太原府太谷县知县，后告疾回乡，掌教灵源书院成就后学。捐资修葺寺院，建本姓宗祠，两举乡饮大赛。[①]

除了《甘氏族谱》，在其他姓氏的族谱和地方志书中，对家族的书写亦多是从功名和公益两方面来切入的，足见功名和公益对一个家族及家族中的个体发展的重要性。有学者关注到中国的传统社会，因富民阶层在经

---

① 资料来源：甘自良提供的《甘氏族谱》，甘自良、甘自重、甘镜、甘镒重修撰于1998年，内部资料。

济、文化等方面所享有的优越性，自然被一般民众赋予了救济相邻、助力社会建设的厚望。① 尤其是当地处于经济、文化上层的阶层，更是由背负着社会建设的责任。背后所蕴含的深层机制陈春声有解释，他在做清代市场的分析时指出，清代的中国社会与同时期的西欧社会以追求经济增长为最终目的的价值取向相比，呈现出明显的非经济导向。② 社会评价个人行为的价值尺度，不以其经济活动的成功与否为标志。经济活动生产所得除投入生产之外，相当一部分是作为象征资本实现社会地位的获取，商人们的整体市场活动缺乏经济导向性，它们最终追求的是社会地位，通过市场活动摄取经济利益只是为达到这一社会目的的手段。③ 资本不仅是一种经济关系，它同时也是一种权力体系、社会结构和文化价值形态。④ 将陈春声的研究置于笔者研究的白盐井，于理解地方社会何以注重功名和地方公益事业就有了重要帮助。循着这样的思路，可以理解地方的经济其实是嵌入地方社会结构中的，赤裸的经济资本一则通过科举体制认可下的功名获取以获得文化资本，二则通过积极投入地方社会的社会事业建设来转化为社会资本。经济资本、文化资本、社会资本三者之间，经济资本的获取是手段，文化资本和社会资本的获取是目的。

第五节 文学创作中的盐业社会

笔者在此节中主要运用白盐井当地志书中的文学创作来呈现地方的盐业社会，在呈现具体的作品之前，我们需要了解各个时期志书的成书背景。白盐井历次修志书，一来受国家修志工程的号召，二来也有当地修志的特殊历史背景。雍正八年（1730年）最早编修志书《白盐井志》；乾隆二十三年（1758年）修《白盐井志》，正值白盐井盐业最为兴盛、城镇建设最为繁荣、当地教育文化事业较为繁盛、慈善事业较为完备的时间，是

---

① 张文：《宋人灾害记忆的历史人类学考察》，《西南民族大学学报》2014年第10期。
② 陈春声：《市场机制与社会变迁——18世纪广东米价分析》，中国人民大学出版社2010年版，第203页。
③ 同上书，第204页。
④ 同上书，第205页。

"盛世修志"的典型表现；光绪三十年（1904年）编修《续修白盐井志》，此志书的修订有一个大的社会背景，即此时的滇盐处于内忧外患的时期，于内有沉重的盐税负担，于外有不稳定的社会因素，尤其是缅私充斥云南，致使滇盐滞销，滇盐被困的境地。因此为了充分摸清滇盐的境况，就有了此次志书的修订。在光绪《续修白盐井志》序中，言明了志书的修订与当地缅私这一大的忧患之间的关系，"而英挟缅私，法擅交引，恒欲投间抵隙，吸取膏脂。非未雨绸缪，洞中肯綮，一旦阑入边境，必将滞我销路，侵我利权。盱衡大局，井志宜亟修也"[①]。此次的志书编订上升到了战略的高度，有多位白盐井提举及以上的官员为志书作序，可见志书编订的受重视程度。志书共八篇序文，其中一篇为白盐井提举所作，另外七篇为更高一层的盐官或行政官员所作。志书的编订也经过了他们的认定，可见上层对白盐井的重视程度。到了民国时期，白盐井也因产盐之故，与周边区域一起被划分为盐丰县，"盐丰县"的命名对当地盐业兴旺有美好寄托。盐丰因盐设县，在行政划界上首先考虑到的是当地盐务。从当地的财政收支情况来看，全年行政经费支出为四千二百元，盐政支出为七千三百三十元，[②]盐政支出远远大于行政支出。在民国九年（1920年）编修了《盐丰县志》，志书的内容囊括了整个盐丰县县域，但这一时期的白盐井地域成为最主要的着墨之处。

在白盐井地方志中，收录了大量的诗辞歌赋，这些诗辞歌赋均以白盐井风土人情为创作素材，其中，展现盐业生产的诗辞歌赋更是占了较大篇幅。雍正《白盐井志》、乾隆《白盐井志》、光绪《续修白盐井志》、民国《盐丰县志》中收录的诗辞歌赋共有340多篇（重复不计），而与盐业生产相关的就有50余篇，占了较大篇幅。如此数量围绕白盐井盐业生产的创作引起了笔者的注意，秉着文学创作来源于生活的原则，借助产自特定时代的文学作品来了解当地的盐业社会特征将会大有裨益。

---

① 光绪《续修白盐井志》卷首《序》，载杨成彪主编《楚雄彝族自治州旧方志全书·大姚卷》，云南人民出版社2005年版，第554页。
② 民国《盐丰县志》卷之二《政治志》，载杨成彪主编《楚雄彝族自治州旧方志全书·大姚卷》，云南人民出版社2005年版，第1085—1086页。

一 文学创作的主体

展现盐业社会风貌的白盐井文学创作,创作主体有二:一为当地官员,以盐课提举为最多;二为地方文化精英,二者是白盐井地方文化的主导者。虽然,文学的创作主体略显单一,当时社会的话语权掌握在官员和地方文化精英的手中,但他们身为白盐井的一员,深知当地盐业社会的特征与问题,他们的发声其实是在为当地社会代言;而从另一层面,他们处于维系国家与地方关系的媒介位置,其对事实呈现所持有的立场算得上是较为客观的。

二 盐业社会的文学表述

文学创作中反映出来的盐业社会有两个不同的表现维度:一在于表现盐业生产的艰辛,背后暴露出来的是整个盐业社会存在的问题;二在于表现盐业社会的繁荣景象。值得注意的一点是,对前者的表现要比后者的表现更多,这表明白盐井深处各种权力的高压之下,多艰难与不易。对其的研究,也有助于我们对其后白盐井"因盐而衰"的城镇化阶段的理解。

(一) 柴薪之苦

白盐井的盐业生产对柴薪有刚性需求。"因众灶起煎,有一带轻烟飘缈斜横,俨若长虹不断"[1],"烟火连天庀百材"[2],道出了白盐井盐业生产过程中用柴薪作燃料,致使白盐井一地被浓烟裹挟的特有景象。清代胡蔚有一首《团盐谣》[3]:

> 屋瓦鱼鳞翠烟起,居民穴火熬井水。湿淫热炙不敢辞,辛苦终年

---

[1] 光绪《续修白盐井志》卷十一《杂志》,载杨成彪主编《楚雄彝族自治州旧方志全书·大姚卷》,云南人民出版社2005年版,第1011页。

[2] 大姚县地方志办公室:《大姚县盐业志》,内部资料,楚雄日报社印刷厂印装,2002年,第145页。

[3] 乾隆《白盐井志》卷四《艺文》,载杨成彪主编《楚雄彝族自治州旧方志全书·大姚卷》,云南人民出版社2005年版,第528页。

事于此。团盐拷成圆月样,赋额毕输禁私藏。穷民鬻私贪直多,官家捕得加笞掠。斧斤旦旦纷樵人,预章伐尽锄荆榛。正余征盐八百万,不关井卤惟关薪。尽道团盐白于雪,那知团盐红若血。长官焦劳灶丁恐,但奉章程莫他说。吁嗟乎,凤沙之利诚古今,牢盆钛趾谁搜寻。安得夸父千百之逐日杖,掷去四野遍地成薪林。

此《团盐谣》道出了柴薪难寻的忧虑,及对四野成薪林的期望。清代刘荣黼的《盐井》①中有"莹莹素积三春雪,冉冉熬波几灶盐?惆怅居人多淡茹,囊中羞涩阮郎钱"。道出了普通灶户长年累月辛苦熬盐,但日子仍是清贫的状况,其中最主要的原因就是薪本过高。《购薪》②中有"近山伐木已无声,樵采艰辛度百程。增价购来真拟桂,灶中何以足煎烹",指明对柴薪的批量需求,致使柴薪的采伐圈日益外延,运距拉长,成为盐业生产的桎梏。清代提举文源的《借柴本》③,"官长由来恤灶贫,三千柴本借来频。五百余息年年缴,交旧方完又领薪",和他的《购柴枝》④,"侵云樵路苦蚕丛,起火先期灶储丰。秋夏大柴生计绌,冬春枝叶利偏隆"。这两首诗,指出了盐业生产与柴薪供应之间的矛盾已经进入白盐井区官员的视野。

《购薪》四章里分别从四个层面揭示柴薪之苦,具有代表性,特摘录于此。

樵来樵往路西东,鸟道蚕丛处处通。
四足灰黄劳物力,一肩汗赤瘁人工。
防他两迤军民淡,搜得千岩树木空。
不见牛山因煮海,斧斤伐尽减雄风。

值百评量到值千,游街转巷故回旋。

---

① 大姚县地方志办公室:《大姚县盐业志》,内部资料,楚雄日报社印刷厂印装,2002年,第136页。
② 光绪《续修白盐井志》卷十《艺文志下》,载杨成彪主编《楚雄彝族自治州旧方志全书·大姚卷》,云南人民出版社2005年版,第978页。
③ 同上书,第993页。
④ 同上书,第993—994页。

讲成斤两公平称，买尽蒿茅雨雪天。
十倍昂于交趾桂，一文让得阮郎钱。
明知取与伤廉惠，爨玉炊珠要顾煎。

众灶绸缪未雨前，楼台塞满又河边。
欲存柴脚先平地，会打码头不占天。
碍手荆榛时有刺，惊心火烛夜无眠。
层层堆积如山岳，果否能供数月煎。

重课必先要重薪，古规一两三钱银。
百凡费用难赊欠，八口晨昏共苦辛。
血汗酬余沾点滴，头人发出望均匀。
寻常莫议减盐价，拨尽本根官灶贫。

一气呵成的四首诗歌，为灶户代言，道尽灶户在盐业生产过程中的购薪之苦。一有满目童山导致柴薪的运距拉长之苦；二有柴薪难买且价格居高不下之苦；三有为了完成官府核定的产额而需要囤积大量柴薪之苦；四有实际产盐过程中薪本逐渐增高，而官府给的薪本银过低，致使难以维持盐业生产之苦。白盐井盐业生产的"苦于柴、苦于运、苦于税"，成为白盐井盐业生产的瓶颈。

（二）煮盐之苦

如罗群书的《团盐二章》[①]："王道重农亦重桑，省耕业已课丁男。惟余妇女无公事，自任团盐作养蚕。有谁盐务不躬亲，昼夜煎熬共苦辛。为甚鸡鸣先警旦，妇工赶早去团盐。"佚名的《和督学吴应枚〈咏锅盐〉诗》[②]："井卤煎熬抵种田，几家破灶欲无烟。近来蓝政清如水，无奈惊心不赚钱。"明代诗作《烧盐》[③]："不经历炼不生香，莫任沙堆白玉盘。柴炭熏蒸盐脚黑，火云围绕地皮宽。手摇大扇风多力，目睹湿团水渐干。倍

---

① 光绪《续修白盐井志》卷十《艺文志下》，载杨成彪主编《楚雄彝族自治州旧方志全书·大姚卷》，云南人民出版社 2005 年版，第 978 页。
② 大姚县地方志办公室：《大姚县盐业志》，内部资料，楚雄日报社印刷厂印装，2002 年，第 148 页。
③ 同上书，第 139 页。

费薪工谁似此,红炉九转始成丹。"清代白盐井提举文源的《煎煮》①:"火方焰焰卤融融,卤沸薪添火倍红;激浊扬清精鉴别,谁人为表灶丁功。"这些诗文无不道出了灶户群体煮盐的艰辛。

在具体的食盐生产过程中,拉卤水的拉水工如果取卤不慎,就会有掉进卤井的危险。制盐工在烟熏火燎、雾气弥漫的盐灶房身穿裤衩,赤着上身忙上忙下,既要添卤、烧火,又要泡碛、除渣、起盐、抬盐,一不小心,还有失足跌进盐锅被烫伤、烫死的风险。拉水工的工资由官府发,收入微薄,只有应要求加班,为灶户拉私水,才能增加一点收入,养家糊口。搬运工运盐,常为官府白干,只有替盐商搬运,才能得到不错的搬运费。受雇于灶户的制盐工人常年在烟熏火燎的高温条件下作业,十分艰苦。

据1948年的资料显示,白盐井有煎盐灶户300余人,多为家庭联合煎盐,有煎盐厂房20余处,雇用煎盐工人115人,汲卤工215人,合计盐业劳工330人。盐业工人为来自三台、铁锁、昙华等地的贫寒彝民及盐丰、新街、仓街的贫寒汉民。②煮盐的盐工平时穿的衣服都是补丁衣服,要做客时才换像样的衣服,所以当地形容人的贫困就会说:"连件会客衫衫都没有"。灶户饮食三天一个牙祭(三天吃一次肉),灶户与请来的灶工吃同样的食物,没有"饮食两样"的情况。因煮盐的薪本一旦规定下来就很长时期都不更改,因此给灶户的薪本是固定的,但灶户实际煮盐过程中,所耗费的成本是变化不定的。当地有形容灶户实际生活的顺口溜:"看着我好看,我是拉衣裳补屁股";"看着我煮盐,其实我是借账";"身披麻片,口含'亮子'(油菜灯)";"上班像花子,吃饭像猴子",这些顺口溜道出了灶户和盐工群体的实际生活状态。

(三)异地思乡之苦

在白盐井,移民聚居于此,或做官员从事盐业管理,或做灶户从事盐业生产,初到此地者对故乡的思念不免存在,当地黄孝子(黄向坚)的故事就说明了这一点。黄向坚(1611—1678年),字端木,号存庵、苍云、万里归人等,苏州人。其父黄孔昭,崇祯十六年(1643年)谒选云南大

---

① 大姚县地方志办公室:《大姚县盐业志》,内部资料,楚雄日报社印刷厂印装,2002年,第140页。
② 同上书,第6页。

姚县令，次年明亡，潜避还山，留寓大姚县白盐井。战乱岁月，家书不通，黄孔昭无复归梦。此时远在苏州家乡的黄向坚，西望滇境，思念双亲吉凶莫测，痛感置父母于绝域而不之省，犹得为人后耶？遂于顺治八年（1651年）十二月一日拜墓辞家，孤身赴滇，万里寻亲，途中备极艰辛，终于于顺治九年（1652年）五月十五日到达白盐井，与阔别十年的父母相见。同年十一月四日，黄向坚携父母踏上回归故里的路程，历时八个月多，于顺治十年（1653年）六月十八日回到苏州。黄向坚万里寻亲，往返超过三年，行程25000余里，路途跋涉，备尝风雨冰雪之苦，悬崖绝壑之险，豺狼虎豹之惊，兵荒马乱之扰，千辛万苦，九死一生，终于奉迎双亲返里奉养，一时传为美谈。归庄、沈德潜等，先后撰写了黄向坚的传记，称其完孝，民间广泛流传着黄向坚的故事并加以传颂。① 黄孝子的故事在《苏州府志》②《国朝书别》③《国朝先正事略》④ 和《国朝文录续编》⑤ 等文本中都有一定篇幅的记载。黄孝子也成了当地志书及其他历史文献纷纷记载与书写的对象。

清代的白盐井提举长洲、尤侗的《黄孝子歌》中有"孝子何为至于此？父兮母兮天一方"，"吴下争传黄孝子，吾观孝子行程五百三十日，往来二万五千里。虽云二万五千里，孝子视之咫尺耳！吁嗟乎，黄孝子"。《滇南路为孝子黄端木作》的也完整呈现了黄孝子的形象：滇南路八千里外，有严关十二重，内有防秋百万士，前有食人之虎狼，旁有深谷荒箐恶溪绝涧，苗獠之杂处，其危也，如此谁其行者，黄孝子，孝子行此。何为尔。父名孔昭字含美远宦大姚，兵戈阻决，不得通音闻，孝子念之泪如雨，一朝徒步向天涯，别去妻儿，犹敝履艰难辛苦得达白盐井。父母见之惊且喜，秉烛相看如梦里，孝声动滇南，涕泣或拜跪，奉双亲返故里，往来之期五百三十日而已，嗟乎孝子亦人耳，乃知天下何事不可为，但少至诚如孝子。⑥ 黄孝子的文本故事一方面展现了白盐井的边地形象。故事发生的时间为清初，当时于位居繁华江南地域的苏州人士黄向坚而言，白盐

---

① 王朝闻主编：《中国美术史：清代卷》（上册），齐鲁书社2000年版，第165—166页。
② （清）冯桂芬：《（同治）苏州府志》卷八十二，清光绪九年刊本。
③ （清）冯金伯：《国朝书识》卷四，清道光刻本。
④ （清）李元度：《国朝先正事略》卷五十五，清同治刻本。
⑤ （清）李祖陶：《国朝文录续编》归愚文录，清同治刻本。
⑥ （清）陈瑚：《碻庵文稿》卷二《诗歌》，清康熙毛氏汲古古阁刻本。

井路途遥远，距苏州25000余里，从苏州到白盐井寻亲，往返历时五百三十日，时间之久足以显示白盐井的边地形象，与《蜀道难》的蜀地形象有异曲同工之妙。另一方面，从教化功能来看，黄孝子故事呈现的是"孝"的主题，此主题成为当时道德教化的范本，在全国性的历史文献和当地的地方志中被重复提及与再创造。结合黄孝子故事的这两个层面的展示，我们更易理解虽然白盐井为国家行政边地，但是并不妨碍国家意识在白盐井的推行与传播。

（四）再现盐业社会之盛

白盐井因盐业生产，"日中为市，无限期，盖售盐买薪，不可一日间，非如他处城乡有街期也"①，地方呈现勃勃生机，《薪市云衢》② 中有"采山资煮海，仆仆走薪车。笑指风尘里，云蒸满县花"，展现了卖薪的繁忙之景。五马桥一带是白盐井盐业时代最为繁荣的地段，在这里，酒肆林立，在明代的诗作《五马夜市》③ 中，有"十里长衢一路通，画桥飞跨碧流中。四周山色沉云黑，一派灯光赛日红。交易不须营龙断，低昂何必貌儿童。人生若有相如志，五马翩翩过彩虹"。可见，五马桥不仅是集市中心，还是上层人士展现功名的展演场。此外，每年农历七月初七会在五马桥设坛举办地官会，于夜晚放河灯。陈廷佐的《石羊赋》④ 中，有"雪团万灶，烟笼千家"，以及"人文渐炽，孔庙尊严，春秋祭祀，桃李争妍"字样，一展白盐井盐业兴盛、文风渐炽的经济文化并举风貌。很有意思的一点是，当地除了以文学形式对当地的"八景"（龙山耸翠、象岭蒸云、宝岫朝烟、文殊夕照、天台高眺、石谷春游、水亭观瀑、香河月夜）进行创作之外，还有与当地盐业社会息息关联的"十景"创作：五井盘龙（因有观、旧、乔、界、尾五井，五井分设有龙王庙）；万马归槽（因白盐井周边环山围绕，犹如万马奔来之势）；洞庭神牧（当地有洞庭龙女来此牧羊，进而发现食盐的传说）；阿拜银沙（阿

---

① 光绪《续修白盐井志》卷之一《地理》，载杨成彪主编《楚雄彝族自治州旧方志全书·大姚卷》，云南人民出版社2005年版，第605页。
② 光绪《续修白盐井志》卷十《艺文志下》，载杨成彪主编《楚雄彝族自治州旧方志全书·大姚卷》，云南人民出版社2005年版，第971页。
③ 同上书，第953页。
④ 大姚县地方志办公室：《大姚县盐业志》，内部资料，楚雄日报社印刷厂印装，2002年，第155页。

拜井为其中一井,因年久封闭,卤水外渗到地表结晶,洁白如银子);卤滴仙音(卤水从石缝中滴出,夜晚听来犹如仙乐迭奏);烟凝春霭(白盐井日夜用柴火煮盐,烟雾缭绕犹如春天的雾霭笼罩);炉蒸雪汁(专指盐灶熬盐过程中卤水变浓,渐渐结晶变出食盐的过程);地滚晶毯(盐出锅团好盐后,置于炭火上烘干,烘干将盐团滚动出盐灶房,滚动起来的盐团犹如雪球一样);平溪雪案(平溪井为盐沙地形,洁白的盐沙与河边浮动的卤气,远看就像雪铺成的案头);薪市云衢(形容当地盐和柴火频繁运输的繁忙之景)。

第三章　市场的形成与发展

施坚雅不仅将"市场"赋予空间和经济的内涵，同时也赋予社会和文化的内涵。① 笔者的"市场"定义及理解，即与施坚雅的市场定义等同。施坚雅研究发现，"在清代中国，如同在大多数传统的农耕社会中一样，农村市场通常是定期而不是连续的，它们每隔几天才集会一次"②。隔日集市的情况也较少见，仅仅出现在人口稠密、都市化和商业化较高的小面积区域。白盐井集市与周边区域的不同，一般集市属于定期市，而白盐井则日日为市。"各处府州县地方定期为市，有一四七街，有二五八街，有三六九街，有逢五逢十街，惟白井不间期而常市，自朝至暮，俱听交易者之自便"③。白盐井的集市，以盐业贸易为大宗，运输盐的来往马帮络绎不绝。此外，柴薪作为白盐井唯一的煮盐燃料，也成为集市的主要商品。再者，因白盐井"以卤代耕"不事农业，除盐外的生活必需品唯有由周边区域来供给，形成"县（盐丰县）属居民，城区多数以卤代耕，或从事商业；四乡汉、夷人等，勿论男女，皆恃农业为生活"④ 的特殊生计方式。盐商一般运进粮食等物资，售后又购买食盐运往别地。白盐井还在盐业贸易的基础之上发展成为物资的集散地与中转站，周边区域物资在白盐井出售，行商们收购物资后又转运到别的市场贩卖。即使是在白盐井盐业出现衰微之势的民国时期，白盐井周边

---

① ［美］施坚雅:《中国农村的市场和社会结构》，史建云、徐秀丽译，中国社会科学出版社1998年版，第3页。
② 同上书，第11页。
③ （清）刘邦瑞：雍正《白盐井志》，张海平校注，楚雄州地方志办公室编印，内部资料，2014年，第34页。
④ 民国《盐丰县志》卷四《物产志》，载杨成彪主编《楚雄彝族自治州旧方志全书·大姚卷》，云南人民出版社2005年版，第1149页。

区域能供应给井区食用的大米仅为需要总量的三分之一，其余三分之二，需要通过其他邻县来供给。在当时，井场仍受政府重视，在战事频仍的年代，甚至有"宁失十州县，不能失一井场"① 的言论。

第一节 盐业贸易与盐销售圈

从1840年到1890年全国食盐产量的比重来看，内陆产盐量占了全国产盐量的15.8%，主要集中在四川、云南等地，其中云南的产盐比重为1.4%。② 云南的食盐在全国食盐产量中所占的比重虽然不高，但在内陆的产盐比重中有一定地位，尤其是在现代交通工具未出现之前，而云南盐运又无法依靠廉价的水运方式，③ 这样，食盐运输仅能依靠人背马驮极度消耗人力与物力的方式，这样的方式注定其销售网络受限，即一方面滇盐无法扩张自己的销售网络而多限于省内销售，另一方面外盐（川盐、粤盐）因昂贵的成本原因也较少开发云南地区的销售网络。这样看来，滇盐在云南区域范围内，占据重要位置。盐作为生活必需品，是定期集市中少数重要的商品之一，有食盐销售的地方依托的就是市场，有市场的地方就有食盐的出现，可见盐在定期集市中的位置。就此，白盐井的盐总是出现在大范围区域的各级市场中。

滇盐偶有外销的情况。"贵州向食川盐，自川省起义不能转运以致贵州盐价陡涨，黔民甚有淡食者，滇黔系唇齿之邦，乃由滇都督会商黔都督拟由滇运盐销黔课厘等项，由滇征收每百斤分二两与黔，黔不另行抽收联票，由黔引发，曾经两都督协议妥协作为定案议定，多日联票未曾印到又商定统由滇备办，实业司乃会同财政司拟定章程招商运销云。"④ 但在价格、品质上难以与外盐相匹敌，因此多销省内。"滇盐只行本省向皆民运民销，印给照票

---

① 《改进盐丰教育的若干问题》，《滇黔月刊》第三卷第一期。
② 姜道章：《清代的盐业历史地理》，《中国文化大学地理学系地理研究报告》第12期，1999年，第3页。
③ 盐的运输方法各地不同，水运价格最便宜，最受欢迎，19世纪70年代德国学者李希（Ferdinand von Richthofen）发现陆运运费比水运运费高20—40倍。
④ 1912年7月1日（民国元年七月一日），《申报》第一万四千一百三十七号（上海版）。

每票不过百斤,售价均有定数,专恃马运,获利甚微,固无上中下三则之殊,亦无巨商殷实之号,按年捐输票本,实难遵行,应俟查看溢课,如能加增再行酌提报发以恤边商,滇民生计全赖土药畅销而运至各省,脚费甚巨"①。滇盐所处的地理位置,也成为其后市场受限的主要因素。

一 与食盐生产并生的平行线：盐道

正如施坚雅所认为的那样,"市场对于传统中国的社会一体化具有重大意义,它既与行政体系平行,又超出于后者之上,既加强了后者又使后者得到补足"②。白盐井作为一个有限地理单元的存在,白盐井提举作为地方官员所管辖的范围仅方圆不到两千米,但若从市场的角度考察,将白盐井作为盐业市场的存在单元,它的辐射范围就绝不限于区区地理单元的制约,盐业市场以网状形式形成地域性的辐射。盐业市场的辐射力度跟随食盐产量、国家盐务等情况不断收缩抑或拓展。白盐井因盐成市,因盐而促成其他商品的交换,进而形成不断扩大和繁荣的市场。有文字专门表现了白盐井的繁华气象,"盖井地出卤,为二十四属百味之主,故商贩往来,车马辐辏,视附近州县,颇觉熙攘,诚西迤之重地,实财赋之奥区也"③。

白盐井以盐业贸易为基础形成了集市,也促成了盐业销售道路网络的形成。秦昭襄王二十二年（前285年）即在白盐井开掘古驿道,通向白盐井的一段俗称白井驿道,从白盐井向南至大姚35千米,东北至永仁65千米。白井驿道主要用来转运食盐及其他货物,商品及商贸往来都通过驿道运输来完成。唐宋时期,驿道上的经贸往来已十分频繁,到元明两代有了进一步的发展,清代康熙以后逐步发展达到鼎盛时期。这一时期,连接白盐井的古驿道主要有两条：东路由白盐井至永仁,过金沙江进入四川成都,这一段是食盐运输的主干道。另一段称博南道,由白盐井至叶榆（今大理）,并在叶榆形成一个重要的中转站和聚散地,西山（蜀山或岷山）道由叶榆通往鹤庆、遂久（丽江）、平川,后到达邛都（今西昌）与西夷

---

① 1900年4月4日（清光绪二十六年三月初五日）,《申报》第九千六百八十四号（上海版）。
② [美] 施坚雅：《中国农村的市场和社会结构》,史建云、徐秀丽译,中国社会科学出版社1998年版,第40页。
③ 乾隆《白盐井志》卷一《地图》,载杨成彪主编《楚雄彝族自治州旧方志全书·大姚卷》,云南人民出版社2005年版,第408页。

路相连；主道经叶榆至霁虹桥、功果桥两个运输关口，然后经过永昌（保山）至腾越（腾冲）。白盐井的食盐经这两条古道，远销至二十四府、厅、县和西藏等地。①

因成为盐的集散地，白盐井在宋代就已经是西南丝绸古道上的重要驿站。西南丝绸古道在中国境内由五尺道、灵关道和永昌道组成，首起今天四川的成都，途经四川、贵州、云南等多个地区，最后从云南的腾冲或德宏出缅甸，抵达印度，因此，此道也被称为"蜀身毒道"。灵关道由成都向西南出发，经过邛崃、雅安、凉山，进入楚雄，到达大理后与五尺道会合。灵关道过金沙江后所到的驿站之一就是白盐井，白盐井因盐而商贾云集，为重要的商品集散地。从《大姚盐业志》的清代盐井分布图来看，其中标注的庙宇、桥梁也是不全面的，实际而言，从南关到北关共有16座风雨桥，但地图仅标注了局部。

据《大姚县志》记载，江底河的铁索桥为汉唐时期的西南古道，是由四川经云南入缅甸至印度的一条必经之路，亦成为白盐井运输食盐的主要通道。现存江底河一段从渡口的拉乍，经永仁的方山望江岭—宜就—老槐哨—江底河江头—和尚坟—赵家店—北新街—苏海冲，再通往滇西。江底河驿道位于大姚往永仁方向40千米处江底河桥上的悬崖上，现存铁索桥的方孔有两个，江头村口从江岸沿悬崖旋转而上约4千米的古道上还有一半存在，道路路面用石板砌成，宽约150厘米。其中有一段悬岩路，道路曲折。铁索桥方孔解放初期尚存，现已毁。② 元代的马可·波罗曾在西南丝绸古道的灵关道游历，在其游记中写到他在灵关道发现了一种独特的货币——盐币，盐币在实际的交换中既充当交换媒介，也充当着实实在在的商品，可见盐于灵关道的重要性。在《徐霞客游记》中，有道路可从白盐井直达鸡足山一带的记载，"十三日与妙乐同寓，候骑不至，薄暮乃来，遂与妙乐各定一骑，带行囊，期明日行。驮骑者，俱从白盐井驮盐而至，可竟达鸡足，甚便。时余欲从蒙化往天姥岩，恐不能待，止雇，至蒙化城止"③。在民国时期，每日进入白盐井区的马匹亦有400多匹，马帮驮了盐

---

① 大姚县地方志办公室：《大姚县盐业志》，内部资料，楚雄日报社印刷厂印装，2002年，第106—107页。
② 大姚县地方志编纂委员办公室：《大姚县志（1978—2005）》，云南人民出版社2010年版，第529页。
③ （明）徐弘祖：《徐霞客游记》第十册上，清嘉庆十三年叶廷甲增校本。

进入灵关道,通过西南丝绸古道将盐运到四面八方,形成一条盐马古道。白盐井因商贾云集而不可一日无市,井区民众天天都在赶街,在熙熙攘攘的街上,南来北往的货物在此汇聚或中转。

具体来讲,白盐井的盐运驿道,通行的路线有五条:

第一条:白盐井自西北方向经米甸、祥云,过云南驿汇入姚寯道,再经弥渡、大理、蒙化、漾濞、腾越、永昌、龙陵,到潞西入缅甸。

第二条:由白盐井西北行经宾川、华坪、永北、鹤庆,到丽江,经中甸、德钦,进西藏。

第三条:由白盐井东北方向行经苴却、会理,到邛都,到达成都。

第四条:由白盐井自东南方向行经大姚、元谋、武定、禄丰,到昆明,达临安府、建水州。

第五条:由白盐井南行经姚安、定远、镇南、楚雄、禄丰,到达昆明。①

在现石羊镇与祥云县的交界处,有孔仙桥的遗址,此桥是大理、宾川、祥云进入白盐井的必经之桥。从白盐井食盐销售范围而言,销西边的盐要更多,约占食盐销售的2/3,而运往西部方向的食盐均需过大西关,经过孔仙桥到达大理等地区。在历史上,马帮途经的三岔河水量较大,因此,建造桥梁成为必然。据孔仙桥的传说,在天乙山的庙宇住有孔道人,最初孔道人修建了此桥,孔道人对造桥工程不监工,请来的工匠自觉干活。桥建造完成后的开桥仪式,请了当地的官员来踩桥,孔道人事先化装成一个叫花子走上桥,被人阻拦。于是当年桥就倒了,仅孔道人走过的桥面还完好。民众感知到了孔道人的神性,遂命名为"孔仙桥"。孔仙桥做工牢靠,在石头衔接处都浇灌有锡,石头缝隙用米浆、豆浆等捏合。在孔仙桥的附近也有数家马店,规模相当,还有几间简易的房子,一便于来往马帮避雨,二便于清点、盘查食盐。在志书中,有地方官员投注孔仙桥建设的记载,白盐井提举刘邦瑞的《重修孔仙桥序》②中指明了孔仙桥于白盐井盐业运输的重要性,"孔仙桥离井治六十里,左界姚州,右达云南县,为西迤四郡十数邑运盐之通衢,而商贩出入之孔道也","桥属西迤运盐要路,凡自井来者,或背负肩挑,或牛车马载,必暂停桥上,以俟盘验放

---

① 张国信:《千年古镇石羊》,载中国人民政治协商会议大姚县委员会编《大姚文史》第六辑,第56—60页。
② (清)刘邦瑞:雍正《白盐井志》,张海平校注,楚雄州地方志办公室编印,内部资料,2014年,第75页。

行"。因孔仙桥为白盐井盐运向西通道的必经之地而经历了历次修复，刘邦瑞时期的重修，"于桥头构屋三楹，以为停盐之所，庶几风雨无患。更设栅栏一座，晨开暮闭，俾私盐无从飞越，即以关栏为扼要焉"。孔仙桥的修复，也为白盐井食盐运销过程中杜绝私盐起到了很好的作用。

白盐井众多的关卡也多为杜绝私盐而设置。白盐井一地关隘众多，地方志记载的关卡有十七个：小口子、龙王庙、小石井、三转湾、大梨树、锁水阁、西关、樊良箐、宝关门、八阁庵、汤家冲、灶户冲、大界冲上关、东关、魁阁后、清香树、河尾上关下关。这些关隘有效促进了白盐井的社会安全，同时使私盐无处藏匿。

明清时期，地方官吏加强了对驿道的维修，使运输道路较为通畅，特别是东、西、南、北四关周围道路及通往大姚、姚安、宾川、永北及周边的昙华、三台、苴却（今永仁）的驿道，为白盐井远销大理、西藏、四川等地打下了运输通畅的基础。保障食盐运销通道的畅通，成为地方盐政官员的操心要务。地方盐官不仅仅通过一己之力来保障食盐运输通道的畅通，还会形成与周边区域的合作，共同力促运盐通道的畅通。可以说，跨越白盐井地的更大区域均在为食盐顺利运销提供保障。在各个行政区划的区隔之下，地方官员对维护与改善本区域的交通枢纽负有责任，因此，交通网络多以城镇为中心扩散出去，最终止于行政的边缘地带。而白盐井的盐倒反成了消弭行政区隔的调剂物，白盐井因盐而延伸出去的交通网络，并不受制于行政区划的制约，而是开通了盐的运输通道。同时，根据笔者收集到的历史档案资料，也有地方官员与周边官员合作，并将合作以文件的形式来形成强制的行政命令，来保障食盐的正常运销。也有地方官员与周边区域官员为力保盐运输与销售的通畅形成良好合作机制所做的努力。

同时，运销驿道也成为传达朝廷旨意、地方政府公文和各地往来信函的传递渠道。元代以后，王朝国家及地方政府政令的实施，课银的按时上解的减免，井区公文的上呈，灾情的传达都通过运销驿道来传递。白盐井的盐运通道不止运盐，更运其他物资，是物资大通道，更是文化交流大通道。历任提举司的迎来送往，科举考试中人的空间移动，上情下达和下情上达的通途，皆与盐道重合。虽无从考证白盐井交通的起始阶段，但显而易见的是，交通的发展与盐业的发展是同步的。

二 跨越行政区隔的网络：食盐销售区域

雍正年间以前，白盐井食盐的行盐地方为二十府、厅、州、县：姚安府、姚州、大姚县、楚雄府楚雄县、镇南州、定远县、广通县、鄂嘉县、南安州、大理府太和县、赵州、云南县、宾川州、蒙化府、景东府、北胜州、顺宁府、云州、新兴州、鹤庆府。以上州、县共行销盐二百三十七万三千二百一十六斤。①

雍正年间，白盐井的行盐地方为二十二府、厅、州、县：姚安府、姚州、大姚县、楚雄府楚雄县、定远县、广通县、南安州、镇南州、大理府太和县、赵州、云南县、宾川州、蒙化府、永北府、鹤庆府、武定府和曲州、禄劝州、元谋县、禄丰县、罗次县、富民县、易门县。以上共行销食盐七百零三万九千九百四十八斤（其中正卤盐二百三十七万三千二百一十六斤，加增盐二十五万斤，公费盐三十六万斤，沙卤余盐四百零五万六千七百三十二斤）。②

乾隆十六年（1751年），白盐井行盐地方为二十五府、厅、州、县：太和、赵州、宾川、蒙化、禄劝、楚雄、鹤庆、永北、南安、镇南、邓川、云南、姚州、大姚、定远、广通、易门、禄丰、罗次、富民、武定、禄劝、元谋、浪穹、昆明。以上共行销盐九百三十五万一千四百五十一斤（官盐）。③

道光十四年（1834年），白盐井行盐地方为十六府厅州县：太和县、赵州、保山县、永平县、龙陵厅、腾越厅、鹤庆州、永北厅、蒙化厅、云南县、宾川州、弥渡、姚州、大姚县、镇南州、楚雄县。以上共销盐一千二百八十五万斤。④

同治十二年（1873年），白盐井行盐地方为十一府厅州县：太和县、赵州、永北厅、蒙化厅、云南县、宾川州、弥渡、姚州、大姚县、镇南

---

① （清）刘邦瑞：雍正《白盐井志》，张海平校注，楚雄州地方志办公室编印，内部资料，2014年，第26页。
② 同上。
③ 光绪《续修白盐井志》卷三《食货志》，载杨成彪主编《楚雄彝族自治州旧方志全书·大姚卷》，云南人民出版社2005年版，第652—653页。
④ 同上书，第653页。

州、楚雄西门外。以上共销盐三百八十万斤。①

白井区所产之盐，因质味较佳，民众喜食，其销售范围还跨越了云南省境。四川境内的会理、攀枝花一带就有前来购盐的商人，会理、攀枝花一带亦多销售白盐井盐。于清代道光二年（1822年）出生在云南永北府高衙管辖地庄上（今四川攀枝花市西区格里坪镇庄上村）的胡显发，作为当地著名盐商，就是通过上江的白盐井买卖食盐发家的。从最初以半个月时间于白盐井背六块盐（约60斤）来赚钱，到清咸丰至光绪年间（1851—1880年），生意壮大，开创了用船利用金沙江之便来运盐，通过减少运输成本来获取更大收益的创举，他的这一行为也使攀枝花一带的盐价从嘉庆年间的"斗米斤盐"降至清朝末年的"升米斤盐"。② 白盐井盐还销往腾龙边岸。腾龙一些土司统治的地方，与缅甸接壤，缅甸盐贩私销现象也很突出，故将白井缉私营驻扎于腾（冲）、龙（陵）两地区，以查缉缅私。③ 根据志书记载，腾龙地区与缅甸接壤，白盐井盐通常通过腾龙地区，进而转运到缅越地区销售，转运到缅越一带的食盐占据一定份额。尤其在道光十四年（1834年）白盐井食盐销地的记载中，共销盐一千二百八十五万斤，其中，龙陵厅约销盐一百二十万斤，腾越厅约销盐二百四十万斤，④ 龙陵、腾越两区域的食盐销售量就占了白盐井食盐总销量的36%。在民国时期，因有廉价缅甸盐充销到腾龙边岸，抢占了原白盐井盐的销售范围，于是就有白盐井区派缉私营驻扎腾龙两属，查缉缅私的历史。

据张国信回忆，民国时期，还有西藏的人（古宗人）来白盐井运盐，他们一般不住店，拴好马后在马匹附近垫上垫子就睡去了。面对每天庞大的人流量而当地地理空间狭小的矛盾，也有一套管理措施，主要是对马帮出关时间的限制，盐出关必须在下午六点以前，所以南关外直到黎武一带就有很多马店，方便出关人住宿。晚上八点到第二天五点为闭关时间。

---

① 光绪《续修白盐井志》卷三《食货志》，载杨成彪主编《楚雄彝族自治州旧方志全书·大姚卷》，云南人民出版社2005年版，第653—654页。
② 赵孝云：《盐商胡显发》，载政协攀枝花市委员会学习文史委员会编《攀枝花文史资料》第14辑《攀枝花历史人物》，内部资料，2008年，第194页。
③ 云南省地方志编纂委员会：《云南省志·盐业志》，云南人民出版社1998年版，第54页。
④ 光绪《续修白盐井志》卷三《食货志》，载杨成彪主编《楚雄彝族自治州旧方志全书·大姚卷》，云南人民出版社2005年版，第653页。

第二节　盐业生产资料市场

除卤水之外，白盐井最重要的生产资料是柴薪，此外还有铁锅及其他铁器、皮革、木器、竹器等生产资料。盐业市场的发展带动了盐业生产资料市场的兴起与发展。除卤水外的生产资料，都需要依托周边区域来供给，柴薪是白盐井需求量较大的刚性商品。白盐井是柴薪供给的汇聚中心，因白盐井的柴薪供给形成柴薪的供给圈；白盐井是盐业贸易的发散地，因白盐井的盐业贸易形成销售圈。

白盐井在明清盐业兴盛之时，每天熬盐需要消耗柴薪数万斤，且不算作燃料的枝叶。在白盐井，柴薪消耗与产出食盐的比例为"四柴一盐"，即四斤柴可以煮出一斤食盐。按当地的这一比例，若以清代康熙四十五年（1706年）的盐产量870万斤来计算，平均每天产量2.4万斤，则需要消耗柴薪9.6万斤。如果每天每人砍柴300斤，每天需要雇300多人上山砍柴。加之运输的工人，需要的人工量可想而知。根据柴山远近的不同，平均300斤柴需要2名运柴工运送到白盐井，那么砍柴、运柴就需要1000多人参与进来。由此，卖柴薪成为周边少数民族经济收入的主要来源。

柴薪的来源有一个超越井区本身的区域范围，大约可辐射方圆20千米①的面积。南边可至新街、大桥、大小锣鼓一带；西边可至岔河、核桃树、坟箐、花白箐、密林庄一带；北边可至三岔河、格谷、大小龙潭、拉乍么一带；东边至潘家、赤石岩一带。因运薪距离比较远，贩卖柴火的村民出门与归家常常"两头不见亮"——需要在天亮前离开家，卖完柴火到家也已经天黑了。

因盐业生产需要大量劳动力，自明代开始，白盐井就吸引了大量移民入住，其中的一部分移民也会迁移到白盐井井区周围的少数民族聚居地，同少数民族一样靠打柴火卖给井区维持生计，卖柴薪虽然是辛苦活，但却是一笔有保障的经济来源。据20世纪三四十年代的口述史资料，卖一担

---

① 20千米这一数值是在20世纪三四十年代的数值，具体而言，柴薪供给的范围会随盐业产量的多少而变化。

柴的钱，可供卖柴人在街上吃顿饭、喝壶酒、买点米、买斤给孩子的糖果。通常而言，柴的价格，通常由卖柴的人说了算，没有现在所谓的"垄断"之说。灶户最为繁忙的事务一是煮盐，二就是买薪，灶户无论轮到煎盐与否，都需要备足够的柴火，因此卖柴人绝无柴薪卖不出去的情况。每个灶户每天都得到街边购买柴火，前来卖柴的人便可选择给价高的灶户，可谓"张家不买李家买"。

除对柴薪的刚性需求外，白盐井在煮盐过程中，对铁锅的需求量也较大。因为食盐的生产有定额，必须要昼夜不停地生产食盐才能实现额定量。而除了额定量，多生产出来的食盐一部分成为私盐，是灶户获利最多的部分，因此铁锅时刻都在煮盐状态。一般而言，铁锅用到一个月就很容易开裂，因此需要经常更换。而当地不产铁，必须通过外地来供应，供应地主要是现在的永仁县一带。铁锅的供给直接影响盐业的正常供给，因此，铁锅供应成为多方力量共同来合作完成的事项，在《钦命冶铁告示碑》[①]中有记载：

> 钦命云南全省巡抚部院唐、云南布政史司布政使李、云南通省盐法道达勇巴图鲁钟为、云南楚雄府正堂加五级纪录十三次陈、云南特授白盐井提举司正堂郑、云南特授黑盐井提举司正堂萧出示严禁事。照得前据白井郑提举详称，白井煎盐征课，责任重大，各灶户所需熬盐铁锅，向系定远县，属东北界，地方由炉户自备公本鼓铸，运并贩卖，视质之重轻，酌给价之多寡，听从民便，公平交易，历有年所。陡于本年四月间，有大贾万帮庆等串通一、二炉户，私设锅行，希图垄断，压逼各炉户，按每炉一盘估发工本银肆拾两，每日抽课银壹两贰钱，将炉户铸盐锅概行收局，不准自卖，由伊等运销，高抬市价竟至每锅一口高昂价银肆钱之多。窃思白井灶户每月所需锅器不下数百口，似此任意抬价，势恐灶力难支，必致停煎误课，关系匪浅。恳请札示严禁，仍饬各炉户遵照旧规，自铸自卖，实为公便，等情到道。据此，当经札饬该县查明，严禁该商民等嗣后不准私设锅行，任意抬

---

① 牟定县志编纂委员会编纂：《牟定县志》，云南人民出版社1993年版，第665页。

价。至该炉户等所铸盐锅，仍照旧章办理，该县如有应解司库铁课若干，即由本道代解。饬令据实禀覆核办在案，迄今日久，并未据查禁禀覆，仍任该商等设行垄断，恣意肆行，以致铸户纷纷逃避歇业。该井乏锅熬盐，势妥停煎，殊与课款，民生大有关碍，除再札定远县提讯严禁，并札白井提举外，合行示谕，为此示。仰该县东、北两界地方商民炉户人等，一体遵照，示到赶将锅行撤去。倘敢仍行私设，定即严提究办，所有原铸锅户人等，照旧各归业自铸自卖，照例纳税，亦不得籍滋抗违，并查究，各宜禀遵勿违。

特　示
光绪玖年玖月拾伍日示

于光绪九年（1883年）在定远县（今牟定县）设立的《钦命冶铁告示碑》，由云南巡抚部、云南布政使司、云南通省盐法道、云南楚雄府、白盐井提举司、黑盐井提举司联合告示，从碑文内容我们就很容易解读出来为什么在一县之内需要有这么多的权力机构来订立此碑。白盐井生产食盐所需要的铁锅几乎全由定远县来供应，原来定远县的炉户各自生产铁锅走向市场，向来是依循市场进行自由经营。但后来出现有商户蓄意施行垄断，让小炉户没法生存，运到白盐井的铁锅价格居高不下，致使白盐井灶户生产食盐的薪本增加，一方面是面对奇高的铁锅价格却又没有办法选购别处的铁锅，另一方面是面对额定的食盐产量不得不买铁锅从事盐业生产，致使当地的盐业生产到了"乏锅熬盐，势妥停煎，殊与课款，民生大有关碍"的不堪重负之境地。在这样危急到食盐正常生产、盐税的正常征收、区域人群用盐安全的情况下，才有了以国家与地方合力来解决此困境的《钦命冶铁告示碑》的出现。

煮盐过程中，除对柴薪、铁锅的需求外，还有一些对马鞍、木器、竹器等的需求。井区运柴、驮盐主要靠骡马牲口，因此对马鞍的需求量也较大，白盐井的马鞍业长盛不衰。白盐井区制作的马鞍，多用高山栗木、鸡嗉子树、千层皮树、冬瓜木，这些木材由周边的彝族人背到白盐井销售，而马鞍制作的工匠是牟定师傅。白盐井的马店业也成为重要的服务行业，马店主要集中在场署两侧的祠堂箐和牛场附近，有30余家，每家平均可住30—50匹骡马牲口。马店的店主为马帮提供草、水、烧柴、马灯、床位等。而"鞋底线、细麻线、麻绳、山草绳,皆夷人为之"①。白盐井对专用于挑盐的竹篮需求也很旺盛,"每运盐百斤,需篮二支。商人于缴纳税薪外,自行向商会购备,计每年共需盐篮七万余对"②。

第三节　其他市场

除了盐业生产资料市场外,其他商品的交换也较活跃,"南北通衢,总为一市,诸货骈集,惟易米在司衙大门外,柴系各井随到听卖,其余货物,旧井居多"③。在交通仍以人背马驮为主要方式的历史时期,白盐井的蔬菜主要由白盐井周边区域来供给,灶户冲等一带的民众专事蔬菜种植。"宾川州洱海各处脚人多卖米于此……其姚安、大姚一路米、豆、荞、麦,俱归旧井上下店……惟市肆鳞次,街道狭隘,人马杂沓,有肩摩毂击之象焉。"④"白井仅一大街,自南向北为通衢,其余属后街,多小巷,每届秋夏,淤滑不堪着足。雍正六年(1728年),提举刘邦瑞捐俸采石,街巷全修,士灶镌珉为记,载于五马桥头,司衙门首为米街,每清晨,宾川、洱海各处脚人多卖米于此,每大升增价十文,系满量。其姚安、大姚一路米豆荞麦俱归旧井上下店,每大升较米街减价十文,系平量,其实一也。惟江右杂货铺暨大理永昌布不离旧井上下及萧公祠左右,余则随地可买,大抵五井以柴街为拥挤。"⑤白盐井的布主要来自大理、永昌一带,在志书中还有"妇女不事纺绩,布自蜀来"⑥的记载。直到民国,五马桥一带还最

---

① 光绪《续修白盐井志》卷三《食货志》,载杨成彪主编《楚雄彝族自治州旧方志全书·大姚卷》,云南人民出版社2005年版,第659页。
② 民国《盐丰县志》卷四《物产志》,载杨成彪主编《楚雄彝族自治州旧方志全书·大姚卷》,云南人民出版社2005年版,第1148页。
③ 乾隆《白盐井志》卷一《建置》,载杨成彪主编《楚雄彝族自治州旧方志全书·大姚卷》,云南人民出版社2005年版,第416页:
④ 光绪《续修白盐井志》卷一《地理志》,载杨成彪主编《楚雄彝族自治州旧方志全书·大姚卷》,云南人民出版社2005年版,第604页。
⑤ (清)刘邦瑞:雍正《白盐井志》,张海平校注,楚雄州地方志办公室编印,内部资料,2014年,第31页。
⑥ 光绪《白盐井志》卷一《天文志》,载杨成彪主编《楚雄彝族自治州旧方志全书·大姚卷》,云南人民出版社2005年版,第599页。

为繁盛，"县之闹市，以五马桥附近为最繁盛"①。"盐丰为产盐井地，凡外商之来井买盐者，恒多挟其地之所有到井销售贸易，以故百货麇集，多自外来。其入口大宗为布匹、烟酒、茶叶、砂糖、棉花、斗笠、铜铁等器皿；出口之货以盐为最盛，此外如牛羊皮、麻布、胡桃、蜂蜜、香油、茯苓等项，每年所产亦不逊于他属；过境之货有洋纱一项，由下关运出会理，必由盐丰经过。余货亦多运往会川销售"②；"常有运盐者出关，驮柴者入关，至为热闹。若米、若酒、若茶，多由盐商自他县输入。近以盐斤缺乏，侯盐之骡马千百成群，随处露宿。然而灶情困难，反有难以支持之现状矣"③；"惟近年以来，生计虽极艰难，而宴会嘉宾必用海参、鱼翅。工人劳动，嗜饮者多，故邻封之运酒入境者亦复不少"④。白盐井市场，也成为周边民族谋求生计的场所之一，如"白盐井猓猓，每获取山禽野兽及松明、苦片等物，即入市货卖，购买生活用品"⑤。

白盐井催生了大量以盐为生而不事农耕的群体，如专门从事煮盐行业的灶户群体，以背柴、背盐为生的脚夫，这些人群都不种粮食，所需粮食均通过集市购买。加之需要缴纳粮赋（田赋），粮食成为集市贸易的主要商品之一。与白盐井同样以卤代耕的黑盐井，曾"壮夫几满万，俱不事锄犁"，在当地还有句俗话"罗锅支在两肩上"，罗锅是指煮饭的炊具，此话意在指用肩去背柴和盐，挣钱来买米吃。这一对黑盐井生计方式的形象说明也可用于白盐井。以白盐井有记载的人口高峰时期约1.6万人的人口来看，以每人每天食用大米1斤来计，每天就要1.6万斤的大米。这仅是大米的数量，还不包括其他粮食及水果、蔬菜的供给量。白盐井有数家专门从事粮食贩卖的米店，米成为继盐、柴薪之外的第三大大宗销售物资。自1953年国家对粮食实行统购统销后，当地活跃的米市才消失。

当地的粮食和其他各种土特产由马帮运来，马帮运粮一来可以通过卖

---

① 民国《盐丰县志》卷之三《地方志》，载杨成彪主编《楚雄彝族自治州旧方志全书·大姚卷》，云南人民出版社2005年版，第1120页。
② 民国《盐丰县志》卷之四《物产志》，载杨成彪主编《楚雄彝族自治州旧方志全书·大姚卷》，云南人民出版社2005年版，第1155页。
③ 同上书，第1138页。
④ 同上书，第1145页。
⑤ 乾隆《白盐井志》卷一《户口》，载杨成彪主编《楚雄彝族自治州旧方志全书·大姚卷》，云南人民出版社2005年版，第421页。

粮增加收入，二来可以在来买盐的路途中防盗。其他各地的土特产也多由马帮运来，马帮运来的粮食一般交由中间人去买卖。进入盐区的商人，带来了大姚、姚安等地的大米、蚕豆、麦子等，元谋的红糖、花生，姚安的黄豆，永仁、湾碧的松明子①，永仁、湾碧的明烟②，宾川和永仁的橘子、甘蔗，宾川的砂糖，祥云的海东梨③，永仁和宾川的松子和花生④，姚安、仓街的酒，昙华一带的皮革⑤。此外，还有祥云的辣子、土布、土锅，弥渡的饵块、腌梨，宾川的橘子、粉丝，永胜的瓷碗、铜锅，华坪的篾帽、暴腌肉，四川会理的冰糖、石膏、骡马等，这些货物都源源不断进入井区，促进了白盐井消费市场的繁荣。

白盐井是众多商品的集散地，皮革、麻子、麻线、荞子、玉米、麻布等商品，经由收皮革的商人收购后贩运到昆明等地，如当地一位有名的收购皮革的商人，当地人称他"陈麂皮"。白盐井是商品的销售区，也是中转区。在盐井区除了卖柴火的不需要上税，除此以外运进来的商品几乎都需要缴税。一般根据所卖的商品、经营的规模来收税。收税的部门在民国时期为"稽征所"（除白盐井之外的一些地方称"立监总办"），收税人员为稽查，税收一部分上交省，其余部分用于地方的公益事业。白盐井的粮食、酒、油、炭火的销售比较特殊，因为此类商品在当地销量较大，为了便于收税，就将此类商品集中起来由"牙子"销售，以方便统一收税。例如，白盐井的南关口处专门有一个酒坊，需要卖酒的人家就先挑到此处，由酒坊的"酒牙子"来贩卖，也由"酒牙子"承担酒税。当地盐业生产中需要的摆锅油，也由专门的人经营，把麻子油和盐掺和在一起，盐锅里的盐水沸腾时候会溢出锅边，添加上摆锅油就可以防止溢出锅外。一个盐灶房熬一整天盐需要三斤摆锅油，据此，摆锅油也是很大的消耗品。

白盐井的商人分为坐商、行商。行商主要收购聚集在白盐井的商品如麻布、皮革等，再销往别地。明末清初时，白盐井周边集市有昙华、三

---

① 松明子用于沿街摆夜市的照明及夜间行人在街区行走的照明。
② 明烟呈黑色粉末，用于补锅，每天每个盐灶房均有补锅的需要。明烟也可用于印刷，主要用来做农历七月半祭祀用的纸包。
③ 海东梨一般在每年的冬腊月间运进盐井区。
④ 松子和花生在白盐井用于婚礼、过节亲戚间的走访礼物，白盐井的礼物"三件宝"：松子、花生、橘子。"三件宝"既用于民间的礼物走访，也用于官方的礼物走访。
⑤ 昙华一带以畜牧业为主，同时多森林野兽较多，因此盛产皮革。

台、铁锁、湾碧等,行商也会将货物运到以上市场贩卖。20世纪30年代,湾碧开始形成集市,是一个名副其实由行商带动起来的集市。湾碧当时是行政的边缘地带(接近盐丰、大姚、永仁),成"三不管"的地带,因此,集市主要卖大烟、盐、枪弹。在民国时期的盐丰县,除了白盐井之外,还有三处基础市场——三台、铁锁、大脖子河,白盐井当地的商人携带食盐到这三个市场进行食盐交易,同时收购这三个市场的牛皮、羊皮、麻布等地方特产,收购的牛皮、羊皮汇聚到白盐井后转运到省城销售,麻布则在大姚、姚安、楚雄一带销售。白盐井的周边民众也卷入了更大的市场圈,所养的山羊,取山羊的革用以贩卖到省城;所养的绵羊,取绵羊的毛制成的毡也一样贩卖到省城。

坐商有经营百货的(当地称洋货),整个井区有十来家,从省里批发百货(俗称打省货)。有卖洋布、肥皂、牙膏、牙刷、电池、毛线,其中只有洋布销量最好,其他商品销量不佳。有卖土杂的,如火石、火磷、茶罐、抽大烟的器具等,此类物品消耗大,销路比较好。土杂中有专门经营盐、酒、糖、茶的,也有专门经营酸菜、酱料的。有卖小票盐的,因为盐场公署卖的盐是以担来卖,需要一次性大笔开支。

在白盐井,还有专门装裱字画、修理钟表、刻板印刷和泥塑的职业出现。在民国时期,白盐井除了有民间的草医外,还开设有几家私人诊所,如民国三十年(1941年)除建有正规的盐丰县丙级县卫生院之外,还有怀德堂、保安堂、太和堂等中医私人诊所,一些医生还著有医学著作,如张治亮、赵同文所著的《伤寒论略》《临诊诸言》等。[1]

白盐井的市场以盐业为大宗,形成以盐为中心的专业市场,不管是在怎样变化的生产运销体制之下,白盐井作为滇盐的生产地中心和运销地中心之一的地位一直得到保持,盐业市场的产生与发展又附带了其他次生市场的形成与成长。就施坚雅市场研究的相关理论来看,施坚雅将市场分为三类:基层市场、中心市场、中间市场。基层市场是农产品和手工业品向上流动进入市场体系中较高范围的起点,也是供农民消费的输入品向下流动的终点;中心市场通常在流通网络中处于战略性地位,有重要的批发

---

[1] 杨甫旺:《千年盐都——石羊》,云南民族出版社2006年版,第81页。

职能；中间市场在商品和劳务向上、下两方的垂直流动中处于中间地位。① 从白盐井的这一个案来看，不同的商品所具有的市场位置是有所区别的。据施坚雅对市场的划分，白盐井的市场从盐这一商品而言，是典型的中心市场，其中，因盐业市场的生成，白盐井又催生了其他中间市场的功能，而于一些商品而言，又属于基层市场，而非施坚雅所描述的市场所有的单一特性。总体而言，白盐井兼具中心市场、中间市场、基层市场的功能。

清末民初，每天进出白盐井的马匹有四五百匹，商贩二三百人，当地有"乡间铃响马帮来"的说法。直到解放前，白盐井有10多个公厕，为每天穿梭于井区的马帮提供方便，足见当时流动人口之多。当时，白盐井的常住人口有3000多人，流动人口也甚多，已经超过了常住人口，常住人口加流动人口过万人无疑。白盐井地人流量较大，因此建有较多的桥来疏导交通，桥也成为来往商贩歇脚休闲的场所。白盐井的桥有吊桥、拱桥、梁桥三种类型，大多通过桥旁边的标志物来命名，还有在桥的命名中冠以如"安"等吉祥如意的字眼。密度较高的桥起到了有效疏导交通的作用，又应白盐井民众居住密集与流动频繁之需要。

市场形成了人的流动，人的流动进而形成地方活力。在白盐井，长期流动型的移民实现着文化的交融与共享，短期流动的商贩与平民实现着物资的交换、信息的交流。市场成为人群社会交往的空间，市场里的人群，亦可以实现亲属关系、同乡关系等的沟通与叠加。

扩大的集市促进了商品经济的发展，越来越多的人参与白盐井的商品经济往来中，形成一定数量的非农业人口。非农人口的聚集是城镇化的一个重要指标之一，在白盐井一地，几乎为非农业人口，这些非农业人口中，一是从事盐业生产的灶户和灶工；二是从事盐业管理的官员；三是从事文化教育及宗教人员；四是从事服务行业的经营户；五是无业游民。

在此需要指明的一点是，非农业人口是作为城镇化的重要指标，但这种标准主要是针对近代以来的城乡人口区分，对于古代以城镇为主体的农村城镇化并不适合。事实上，古代社会的农村城镇化，不仅表现为人口向

---

① ［美］施坚雅：《中国农村的市场和社会结构》，史建云、徐秀丽译，中国社会科学出版社1998年版，第6—8页。

城镇的集中和非农业人口的增长，更重要的是以城镇为中心的农村经济商品化和城市社会特征通过城镇向农村渗透。因此，判断农村城镇化人口也应以城镇为单元，即包括中心街区居民和周边乡村居民在内的城镇人口在农村总人口中所占的比重。① 白盐井作为经济中心，其盐业经济的繁荣带动了其他商品经济的繁荣，形成活跃的商品市场，带动了周边农村区域的商品经济发展。

市场成为分析白盐井城乡关系的有效要素，盐交易市场、柴薪市场、其他商品市场，使当地的市场成为区域性的共享市场，市场的互通有无背后是区域内人群的经济共生②和更深层次的文化共生，因此市场体现出来的是当地城乡统一连续体的存在形态。根据侯外庐先生的观点，中国古代的城市与农村之间是统一的连续体，而非分离。③ 张光直先生亦将此作为中国文明与西方文明不同的比较要素之一。与中国延续性文明背景下的城乡结合不同，西方断裂式的文明中，城乡是分离的。④ 从市场可以看到白盐井城乡连续体的表达，还可以看到白盐井农业商品化的过程。对自然经济和商品经济的区别，马克思做出了很好的解释，但马克思的许多追随者却误解了马克思的理论见解，几乎把所有前资本主义社会形态的经济描述为一种自然经济。将自然经济之于封建主义，商品经济之于资本主义，做了简单的对应。⑤ 如有学者指出，一般农民，直到19世纪初期，还在自给自足，农产商品化普遍发展，显然是帝国主义入侵后的事情。这样的研究，显然是低估了中国卷入资本主义体系以前的农业商品化的程度。在白盐井，盐业生产显然带动了当地的农业商品化进程，这一点从当地商品的供给与运销网络就可以清楚表达出来。

当然，盐业催生出了白盐井区域经济中心的位置，但白盐井的盐业时代，并未出现城镇经济功能凸显而政治、文化功能缺乏这样的"极化"现象。相反，白盐井的政治中心、文化中心位置也相伴生成。接下来，将对白

---

① 陈国灿：《江南农村城市化历史研究》，中国社会科学出版社2004年版，第257页。
② 关于"经济共生"的相关研究，可参见笔者相关研究成果。见李陶红、罗朝旺《滇盐古道周边区域经济共生与族际互动——以白盐井为例》，《大理大学学报》2020年第5期。
③ 侯外庐：《中国古代社会史论》，香港三联书店有限公司1979年版，第30页。
④ 张光直：《考古学专题六讲》，文物出版社1986年版，第14—15页。
⑤ [美]苏耀昌：《华南丝区：地方历史的变迁与世界体系理论》，陈春声译，中州古籍出版社1987年版，第117页。

盐井的政治中心、文化中心位置进行着墨，以期形成对广义市场的理解。

第四节　从经济中心到政治中心、文化中心

在白盐井作为经济中心形成的过程中，作为政治中心、文化中心的白盐井也相继形成。笔者对市场的定位是将其作为广义的市场，即秉持博兰尼、施坚雅、张小军等学者对市场的理解。此章中的第一节、第二节、第三节是对白盐井作为经济对象的狭义市场的描述，而在这一节中，笔者将呈现伴随经济中心发展而来的白盐井政治中心、文化中心的生成，展现一定维度的政治市场和文化市场的理解。

"前明时，姚州为姚安府，白井设卫指挥使，管理刑名盐课。满清乾隆初年，改姚安府为姚州，故白井诉讼、钱粮归之姚州，独学额独立。厥后光绪中年，提举江海清以白井诉讼事情多生于课薪问题，奉准笞杖以下之刑统归白井发落，由是诉讼之一部分独立。及变科举为学堂，而白井学务独立。改团为警，而白井之警察独立。白井区域内之钱粮，向设一粮头征收；白井之粮虽不独立，而实独立。然则白井所未脱姚州关系者，特命盗案而已，特名义上之羁縻而已。"① 白盐井因盐，故设提举司，长期由姚安军民府管辖，后当地申请直隶，于康熙四十五年（1706 年）获得直隶权力，但这次直隶权力的获得并非完全，诉讼、钱粮、学额等诸多事务仍由姚安军民府管辖。其后到乾隆初年，白盐井学额独立；光绪中年，白盐井拥有部分诉讼权力的独立，但除盐之外的诉讼仍归姚州府管理。到民国时期重新划分行政区域，也正出于白盐井诸多权力可以独立但仍受牵绊的考量，才以白盐井为中心重新划定纵长一百六十里、横长一百八十里，面积共四千六百八十方里②的区域作为盐丰县。在权力的争取过程中，可以看到白盐井在文化和政治层面的成长，但本身这样一种不完全的权力实也阻碍了当地可能的发展。

---

① 民国《盐丰县志》卷之一《地理志》，载杨成彪主编《楚雄彝族自治州旧方志全书·大姚卷》，云南人民出版社 2005 年版，第 1052 页。
② 同上书，第 1059 页。

一 作为政治中心的白盐井

白盐井的建制变迁,大致经历了以下阶段:汉代,白盐井为汉蜻蛉县地,属越巂郡。三国时属云南郡。晋初,因之。后分属于宁郡。唐为西濮州地,又名髳州,后没于蛮,宋段氏时,属姚安大姚堡地。元为大姚县地,属姚州,始设官提举。明置提举司,属姚安军民府。清因之,康熙四十五年(1706年)改直隶。① "明洪武十七年(1384年),设姚安军民府,领一州(姚州)一县(大姚县)一提举(白盐井提举司)"②。明朝时期,白盐井提举司、白盐井巡检司隶属姚安军民府,白盐井提举专务盐政而不监管行政,形成"旧属蜻蛉、姚安,自定课设官,始就附近地面划为疆域,隶于提举。然四关内外,所辖不过六七里之遥,其余尽归州治,而其所得志者亦仅矣"③,形成"界内井官管辖,界外属之州县,由来久矣"④的格局。白盐井虽"以卤代耕",但仍需要征收粮税,粮税等的征收则由姚安府来负责,在任的白盐井提举刘邦瑞就指出了白盐井不产粮但还要征收粮税给井地民众的负担,"卑职(白盐井提举刘邦瑞)查白井灶户惟以煎盐为业,并无寸田尺土如州县之民可以随粮派差,而护府仍蹈漏例,扳帮协修藩署。穷灶万难挖肉补疮"⑤。白盐井地由提举司来管辖,区区井地之外由姚安府及后来的楚雄府管辖,这样地域的分而治之不利于白盐井城镇规模的发展。正受制于行政与盐政的分制,白盐井在盐业时代,其城镇在物态的空间扩展上表现不明显,城镇化仅建立在白盐井井区内区区土地面积之上。

面对白盐井政治地位与经济地位的不对等,康熙四十三年(1704年)白盐井提举郑山联名黑盐井提举共同奏文云南府宪,指出将提举改为直隶,康熙四十五年(1706年)得到了上一级的批准,就此,白盐井盐课

---

① (清)鄂尔泰:雍正《云南通志》卷四,清文渊阁四库全书本。
② 大姚县地方志办公室:《大姚县盐业志》,内部资料,楚雄日报社印刷厂印装,2002年,第3页。
③ 光绪《续修白盐井志》卷一《地理志》,载杨成彪主编《楚雄彝族自治州旧方志全书·大姚卷》,云南人民出版社2005年版,第586—587页。
④ 光绪《续修白盐井志》卷八《艺文志上》,载杨成彪主编《楚雄彝族自治州旧方志全书·大姚卷》,云南人民出版社2005年版,第792页。
⑤ 同上书,第797页。

提举司改为由云南巡抚直隶，与府、州平级，府、州不得干涉白盐井盐政。盐课提举负责食盐的督煎、督销、缉私，征解盐课银，而白盐井的土地、人民、赋税仍属姚安府管辖。就此，白盐井在城镇建设方面获得了更多资金与政策机会，这一时期，在井地建桥梁、迁学宫、重修土主庙、修武侯祠、立社学、建义仓等的情况较为普遍。

以白盐井直隶地位的取得为标志，白盐井提举在之前的盐政权力之上，又增加了行政权力的维度，也标志着白盐井行政权力的争取与获得。白盐井提举郑山在《请复直隶盐井等事》中提到了白盐井提举因缺少行政权力所引发的地方治理弊端，"井司专管盐务，凡有案件，径奉径申本道，并不干涉二府，惟有捐输谷石及缉捕逃道等事，出具册结，由府转申，以致每多迟滞，叠蒙严饬在案"①。在白盐井地方最高官员只享有盐政权而无行政权的困境下，白盐井提举郑山找到症结，并与黑盐井提举一道联合奏文云南府宪。后经议定，"井界内外各分管辖，关内属井，关外属府。提举原无地方田粮之责，自无命盗仓库可任，无庸受府管辖，其一切钦部宪件，许提举径奉径申"②，据此施行后，官灶相安。

清初，白盐井隶属楚雄府，下有姚州辖盐司。继而白盐井改属云南省，由盐政巡抚领盐司。康熙年间产量激增，年产873万斤，上缴年课8万两，划定行销二十四州、县，这与白盐井"直隶"地位的获得有不可避免的联系。到了乾隆年间，白盐井区由原来的不到一平方千米，扩大到两平方千米，同时，白盐井盐务管辖区域有渐为扩展之势。白盐井提举司兼办安丰井（今石羊镇官庄办事处）、乔后井（今洱源县乔后盐井）、丽江老姆井、喇鸡井煎盐事务，以上盐井由白盐井提举司分派大使驻扎，监督煎盐。光绪十七年（1891年），奉省令，云龙井并归白盐井提举兼办，腾越厅所属七土司所辖区域改食白盐井盐③。

在民国元年（1912年），设置盐丰县，白盐井在行政、盐政上分而治

---

① （清）刘邦瑞：雍正《白盐井志》，张海平校注，楚雄州地方志办公室编印，内部资料，2014年，第41页。
② 同上书，第48页。
③ 大姚县地方志办公室：《大姚县盐业志》，内部资料，楚雄日报社印刷厂印装，2002年，第15页。

之，白盐井场改隶属云南省实业公司，在民国三年（1914 年）设立白盐井场务公署，民国四年（1915 年）设场务公署缉私队。场长负责盐务，盐丰县县长负责行政。场署有自己的缉私队，县政府有自卫队，均为武装组织，这样的分制造成场署与县政府之间的武装争斗，事后增加了自卫队在盐业方面的经费，事情才得到平复。但县长和场长一起心平气和来管理白盐井事务的时候较少，而是互相挖苦。解放后撤销盐公署，建立全民所有制。解放初期，白井盐场保留，由地方专门派行政专员——特派员来管理，后来成立公灶，则由省里派专人——场长来管理，在场长时期改为公私合营制，灶户的煮盐资料，全部折价入股，形成私股，后"三反"运动，私股不再，盐厂为公有。1958 年 7 月，盐丰县区域并入大姚县，盐丰县建置撤销。

从行政与盐政的分合情况，可以一窥盐业资源在多大程度上隶属于地方，即白盐井作为与国家相对照的地方权力话语的诉诸情况。白盐井直隶地位的取得，标志着白盐井地方社会行政权力的获得，地方行政的赋权，使地方社会有了更多自由发展的空间，但是，白盐井直隶的取得，是一次不彻底的行政权力的赋予过程。白盐井地与白盐井地之外有井内与井外之别，白盐井提举的行政权力仅仅限于方圆不过两千米的白盐井内施行，致使白盐井的城镇化规模无法实现地域的拓展而被限于方圆不过两千米的狭小区域。在白盐井设立盐业官员，于白盐井的长远发展而言，白盐井的资源优势权力是被剥夺的，地方资源转化为大量的盐税流出井地，用于白盐井地方社会发展的经费相对有限，其发展也更多局限在白盐井一地的发展，难以有效地借助白盐井带动周边区域的发展，因此算得上是白盐井城镇化进程中的遗憾。

二　作为文化中心的白盐井

此部分，笔者主要通过教育情况来呈现当地作为文化中心的地位。具体而言，通过当地的科举情况，孔庙的营建与扩建情况，书院、学院、义学、私塾等教育机构的设置情况来展现当地的教育情况。同时，笔者还有意增加了宗教的理解维度，因为在地方社会中，宗教与文化往往是嵌合在一起的，宗教是地方进行道德教化的有效方式。就此，笔者专门比较了同时期的白盐井和当时白盐井在行政上所隶属的姚安府的宗教空间拥有情况,来反映白盐井作为文化中心的地位。

白盐井受儒家文化影响深厚,自古较为重视教育。不论贫富,均争取接受教育,并且历史上白盐井民众读书不受年龄的限制,如无钱攻读可暂时选择休学,待有积蓄则可以继续接受教育。教育除了正规的学校教育之外,还有渗透民间生活的德化教育。井区民众经济条件相对较好,但白盐井历史上素来没有"秦楼楚馆",在志书中有记载的白盐井节妇烈女就有三百多人,从南关到北关的九十多座牌坊中,有三十多座为节妇烈女牌坊,尤见井区文化受王朝国家中心文化的影响之深。五井各个井区还设有"圣谕堂",主要对民众进行道德教育,宣传"圣谕十六条",其中的第一条就是"敦孝、敬长、重人伦"。

清代白盐井提举王子音提出了白盐井区学子考试免府试的申请,在其《详准童生免府试记》中记载:"至是,白井不属姚安府,黑、琅井不属楚雄府,与直隶厅、州等矣。……设直隶,复三井试,例当与直隶州同矣。……然由今计之,三井复直隶已阅九十年,设学额亦阅六十又九年矣。白井距楚雄,视黑、琅井倍远,往返需时,舆马、馆舍、刍粮所费不赀,贫士尤难,白井童生先二井以请,不得已也。"①

清雍正三年(1725 年)六月,经黑、白、琅三井联名请报,允许分别在三井专设三等学,各定文生 8 名。清乾隆三十五年(1770 年),白盐井文生增至 12 名、武生 4 名,送楚雄府试。据统计,白盐井历史上从明代天顺壬子起到清末最后一科②的岁贡陈锦新止,科甲中试者便达 285 人。包括翰林 2 人、进士 7 人、举人 59 人,其他入贡者若干人,被选官授职者达 176 人。③

孔庙的设置,也是当地文风渐炽的表现。在明清时期,特别是随着明代万历年间孔庙的兴建,儒家思想逐步成为当地文化领域的主体。"白羊为姚郡附近,专理蓰政,故不置学而独有先师庙,主权者率博士弟子春秋讲学行礼于中,仿古家塾党庠之制,用敷文教云。"④ 孔庙在历史上一般在县一级及以上行政级别才有权设立,但白盐井与州府同等位置,因此得以

---

① 《楚雄州盐业志》编纂委员会编:《楚雄州盐业志》,云南民族出版社 2001 年版,第 390 页。
② 时间为光绪二十九年,即 1903 年。
③ 大姚县石羊诗书画协会编:《诗词书画选集》,内部编印,2012 年,第 28 页。
④ 光绪《续修白盐井志》卷九《艺文志中》,载杨成彪主编《楚雄彝族自治州旧方志全书·大姚卷》,云南人民出版社 2005 年版,第 853 页。

设置孔庙。当地的孔庙修建、祭孔仪式，按照国家的规范规章、礼仪来执行，明代洪武十五年（1382年），始诏天下儒学通祭孔子，颁释奠仪。洪武三十六年（1403年），颁大成乐于天下府学，令州县如式制造。当地的孔庙就是在这样的背景下建造的。孔庙于明代洪武年间始建，在明代万历三十七年（1609年）重修扩建，建成大成殿、两庑及棂星门、戟门、泮池、金声玉振坊，其后亦有过数次大规模的修建与扩建。清代康熙四十七年（1708年）由提举郑山主持建造孔子铜像。孔庙大成殿门楣及殿内高悬由康熙至光绪八个清朝皇帝御赐的金匾八块，即万世师表，康熙二十五年（1686年）五月颁；生民未有，雍正三年（1725年）颁；与天地参，乾隆元年（1736年）颁；圣集大成，嘉庆元年（1796年）颁；圣协时中，道光元年（1821年）颁；德齐帱载，咸丰元年（1851年）颁；圣神天纵，同治元年（1862年）颁；斯文在兹，光绪元年（1875年）颁。从孔庙功能来看，自明代后期，孔庙从单纯"春秋脩祀，朔望庆谒"的祭祀职能，扩展到兴办儒学、发展教育的教育职能。

每年春秋的两次祭孔活动，成为盐区官民互动的主要祭祀活动。① 文庙的祭祀仪式为：春秋仲月上丁日祭牲用太牢，祭前两日，儒学点验礼乐、歌舞、导引生，并点检礼器乐器，蠲洁祭器。祭之前一日，诣县署迎祝版及香帛祭品至庙演习礼乐歌舞，诸生毕省牲礼，全都要归斋。正祭日，五鼓齐聚，祭后殿完，主祭官、分祭官及陪祭文武百官都要穿上朝服至大成殿下，分班行礼。主祭官正献孔圣，分祭分献四配。十哲两庑祭毕，分别委托各官祭名宦、乡贤、忠孝、节义各祠。待魁星阁祭完，集中于明伦堂颁胙。② 白盐井还有迎学之礼，"文武新进生有迎学之例。查科岁考，取充附者几名，同新取补者几名，井司先着工房造匾，礼房备花红，以在前例者某人催公宴结采，明伦堂治酒席，于三日前往衙投迎学请启、届期投宿启。候升堂行童生礼毕，分班簪花红饮酒后行生员礼，由仪门出，亲友备盒酒花红举贺毕，鼓吹张盖，各生乘马，井司送入文庙，行礼毕，虽诣明伦堂分班序立，井司与儒学行交拜礼，诸生复行再拜礼，于是首廪率诸生安坐，行酒礼毕，诸生鱼贯而出，游泮池三匝，鼓吹送至家，

---

① 杨甫旺：《石羊盐区多元宗教的形成、融合及变迁》，载中国人民政治协商会议大姚县委员会编《大姚文史》第七辑，内部资料，2010年，第71页。
② 张可生：《大姚石羊孔庙土地纠纷纪实》，载中国人民政治协商会议大姚县委员会编《大姚文史》第六辑，内部资料，2006年，第182页。

井司与属员首禀宴毕归署"①；"每岁孟春之望、仲冬之期，举行乡饮，提举先出示令，通学采访乡绅中齿德俱尊者为大宾，青衿中才品素著者为介宾，耆老忠信诚实身家无过犯者充耆宾"②；"凡科举之年，学宪取准科举及遗才愿赴科者，井司择吉期用启，邀集大堂，排宴安席，各论先后序坐，跳大魁，演戏三出，撤席，簪花挂红，分班对揖毕，送出仪门，随各生亲友交相举贺，然后鼓吹伞盖，由大街送至南关楼，候井司至，复以盒酒作饯，劝饮者三，诸生辞别，出南关登程。如科举生员系住居观音井者，即在观音井，灶长送公礼一两。五井同"③。

到明永乐十一年（1413 年），白盐井始有官绅灶户办的社学。其后，白盐井区陆续有书院、学馆、义学、私塾的出现，私塾直到抗日战争期间还有保留。书院、学馆、义学、私塾创办的主体力量各有不同。明清时期白盐井的教育机构是书院，学子在书院学习后参加朝廷举行的科举考试，取得功名，这一时期在白盐井的书院明显多于同时期的大姚。康熙二年（1663 年）至康熙五十八年（1719 年），白盐井区就先后建成了绿萝书院、张公书院、龙吟书院、灵源书院，书院聘请学识渊博、德高望重的学者执掌书院。书院主要以公办形式出现，并且一般由外地人掌院，由当地的提举司直接管理，书院的经费也由提举司直接拨付。其中的张公书院为私人所创办和运行，所有运行资金均来自民间的集资，可以看出在白盐井，民间力量就颇为重视教育的发展。学馆一般也以公办的形式出现，但规模较书院小，人员编制少，一般仅有一个教员，教学与管理集于教员一人，教授 10—20 个学生，学馆的情况需要定时向提举司汇报。义学一般是以筹集地方民间资金的形式来办学的。在清雍正三年（1725 年），白盐井区始创义学，义学兴起后，盐区读书识字的人逐渐增多。义学的教育一般分为两个阶段：第一阶段针对 8—15 岁的孩子，主要进行启蒙教育，学习传统识字课《三字经》《百家姓》《千家诗》，以取代私塾。第二阶段是为 15 岁后的学生设立的经馆阶段，主要读"四书""五经"，学成后，以

---

① （清）刘邦瑞：《雍正·白盐井志》，张海平校注，楚雄州地方志办公室编印，内部资料，2014 年，第 3 页。
② 同上书，第 20 页。
③ 同上书，第 28 页。

童生资格通过州、府考试成为正式生或生员（秀才）。[1] 义学在白盐井的鼎盛时期有以下几所：文昌宫义学、桂香馆义学、南关义学、西北关义学、乔井义学。到了清代的康熙年间，学馆、义学的数量有所增加，在石羊古镇现有粮所大桥的位置，过去叫义学桥，因为当时在义学桥的周边就有四五所义学，此桥因义学之多而得名义学桥。而当地的私塾，主要是煎盐的大灶户所办，有代表性的是甘、罗、布、张四姓私塾。

到了光绪末年，有国家废科举办学堂的背景，白盐井区的最南端到最北端即南关到北关的五片井区，每个井区均设有一所小学堂，主要进行初小教育。在簧学馆的旧址基础上创办了白井学堂，在龙吟书院旧址上创办了算学馆，白井学堂和算学馆主要进行高小教育。到了民国元年（1912年），国民政府令改清朝小学堂为小学校。当年，盐区有初等小学校4所，高等小学校1所，学生98人。民国四年（1915年），建立盐丰县立女子高等小学，第一任校长为一个老贡生，第二任校长为张国信的父亲。女子高等小学开创了周边县份女子教育之先列，为当地培养了多名知识女性。据《云南盐丰县学校调查表》[2]记载，在民国八年（1919年），白盐井女子民国学校有生徒80人，已毕业生徒83人。学生在五个井区读完初等小学，即四年级后，就需要到石羊高等小学堂就读。石羊高等小学堂的教师几乎都由云南省师范学堂毕业的教师任教，这些老师大多也是举人或赐举人出身，是白盐井教育发展的有利资源。因白盐井教育的兴盛，还出现了外地人前来求学的情况，有最远远至从昆明地区慕名前来学习的学生。

民国十八年（1929年），国民政府要求普通教育实施"国民教育"。当年，石羊盐区实施云南省教育厅制订的义务教育规划，对足龄儿童实行强制入学，通知家长限期送子女入学，逾期警告，甚至罚款。由于国民政府采取硬性措施，石羊盐区的义务教育取得了实绩，盐区文盲有所减少。[3] 1930年，在白盐井的文昌宫成立了"通俗图书馆"。1933年，在原五马桥成立了"民众教育馆"。1942年9月，张景等创办了盐丰县立初级中学，

---

[1] 大姚县地方志办公室：《大姚县盐业志》，内部资料，楚雄日报社印刷厂印装，2002年，第99页。

[2] 民国九年《盐丰县地志》，载杨成彪主编《楚雄彝族自治州旧方志全书·大姚卷》，云南人民出版社2005年版，第1590页。

[3] 大姚县地方志办公室：《大姚县盐业志》，内部资料，楚雄日报社印刷厂印装，2002年，第99页。

盐丰开始了中学教育。民国二十七年（1938年），教育部颁布《小学组织法》，规定小学校附近设幼稚园，白盐井区始设立蒙养学堂进行启蒙教育。抗日战争胜利后，由于内战，社会处于动荡时期，国家通货膨胀，盐丰中学经费拮据，但在艰难的处境中仍然坚持办学。1945年11月，为解决办学经费，盐区的官员和开明人士多方奔走进行筹措、捐赠，学校邀集地方官绅和各界知名人士，组织了募集中学基金委员会，分头进行募捐。① 1950年9月，中央教育部颁布《幼儿园暂行规程（草案）》，盐区1952年在石羊镇龙泉街风水桥头王记公房开办盐丰幼儿园，第二年，幼儿园发展到大、中、小3个班，入园幼儿130人，有卫生员、保育员5人。②

白盐井教育经费的来源有五个方面：一是朝廷从灶户收取的课银，从中提出一部分作为学校的费用；二是石羊当地乡绅，送学校临街铺面，收取租金充作学校费用；三是筹款生息；四是官府筹措银两，贷给商家，收取商家利息作为学校的教育开支；五是官绅灶户，直接捐田产给学校，学校直接收取田租。③

个案：张国信的教育人生与地方历史

张国信（1929—2017年），是集旧式教育与新式教育于一身而成长起来的文化人。其父亲是当地的文化人，在父亲考举人（会试）期间，恰逢祖父去世，父亲便没能参加考试。报"三年丁忧"，即三年间不能出门，不能参加考试，吃粗饭，穿粗衣。三年守孝期满，又逢科举制度取消，便直接进入云南省师范学堂学习，毕业后回乡从事教育。

因父亲教育有方，张国信在九姊妹中又深得父母的偏爱，在会说话之时，就由父亲教授背诵唐诗，四岁学习描红，六岁进学校。进学校的第三天，老师发现他已经超出了同龄孩子的学习能力，便跳过一二年级直接进入三年级学习。在学期间，每天早晨必须完成父亲规定的一篇大楷练习才可以到学校学习。他白天在学校学习新式教育，夜晚回到家，在父亲督促下学习《史卷摘要》《幼学琼林》等传统读物，这样的学习历程一直持续

---

① 大姚县地方志办公室：《大姚县盐业志》，内部资料，楚雄日报社印刷厂印装，2002年，第99页。
② 同上书，第100页。
③ 王学武：《石羊古代教育与文化》，未刊稿，第11—15页。资料由王学武先生提供。

到他十岁高小毕业。当时的盐丰县还没有中学，在楚雄境内唯有姚安、楚雄、武定有中学。张国信直接到昆明念书，在昆明读完初中、高中、大学（云南大学的生物系）。二十岁大学毕业，毕业返家途中因逢车祸弄伤手臂，便在家中疗养，在盐丰中学师资缺乏及父母望其留于家中的情况下，张国信从1947年开始到盐丰中学任教。1952年后因故丧失公职，做临时工以维持生计，那时，他需要养活家里七八口人，生活之艰难可想而知。

1956年逢盐丰县的移民垦荒，张国信因家庭成分不好被列入移民垦荒的行列，口粮证被没收，他带着家人下乡，仅老母因年事已高而幸免下乡。下乡的地点在原三岔河区达么乡幸福村，事后他因传授村民种植烤烟与蚕桑的技术，创造了"当年栽桑，当年养蚕，当年收益"的神话，便被逐年指派到达么乡的其他村传授相关经验，一家老小也随他来往奔波，生活甚苦。直到1979年之后，张国信才得以继续之前中断的教书生涯，直至1993年退休。

当时张国信家是当时白盐井少有的大家庭，整个家庭没有分家的现象，一大家子人常年有三四十口人。他的伯父是庚子辛丑科举人，伯父考举人的年代正逢西学东渐，中央设有咨政院，省设有咨议局。伯父在咨议局做议员，后被推荐为中央咨政院议员，到北京任职。其后，伯父先后担任临安府府尹、永元井场长，为一平浪"移卤就煤"做出了贡献。后创办实业——东川实业公司，属省办企业，还随即创立了"矿业盐号""矿业银行"。1939年因躲避昆明日本敌机的空袭，伯父回到白盐井，在白盐井期间开创了"矿业银行盐丰办事处"。

对张国信老师的"教育人生与地方历史"的个案呈现，笔者欲强调几点。首先是白盐井在民国时期的新旧教育情况。张国信老师出生于1929年，是在新旧时代交替下成长起来的，他所受的教育，既延续了以父亲为代表的白盐井传统教育方式，也有民国时兴的新式教育的附加，因此，他集新旧教育于一身。其次是张国信老师及其家族所代表的地方文化精英的地位与遭遇。张国信老师一系张氏是白盐井所谓的"四大家族"之一，在当地位列文化精英的行列。在家族文化精英位置变化之前，以父亲、伯父为代表，家族遵守当地沿袭下来的文化规范，积极谋求地方事业的发展，他们重现的是白盐井地方精英的构图。而以张国信老师为代表，这样一种地方文化精英的地位因特殊的历史原因出现了破坏，个人被大社会、大历史裹挟,个人经历与遭遇的背后,呈现的是特定年代的地方历史。

对文化地位的诉求,如前所述的教育中心的争取,是当地文化中心地位表达的核心要素。当地人王振华在《盐丰旧教育简述》[①]一文中有记载:"我于民国初年开始读书,那时的教育体制还沿袭着清朝旧制以《三字经》开篇,再读'四书''五经'。方法是:老师读教,儿童背诵。我最记得当时读的两首诗是:白马紫金豪,骑出万人看,借问谁家子,读书人做官。天子重英豪,文章教儿童,万般皆下品,唯有读书高。这就给我种下了读书的目的在于升官发财和光宗耀祖。"在富足的盐业收入基础上,白盐井在历史进程中,并非"暴发户"形象,在取得经济地位的同时,也在力图文化地位的凸显。

同时,笔者在此亦增加一个宗教信仰的维度来理解,将当地宗教庙宇的分布情况与同时期姚安府的宗教庙宇分布情况做比较,来观照白盐井力争文化中心的诉求。

雍正年间姚安府的寺院情况统计如下:

> 先农坛在府城东门外
> 社稷坛在府城西门外
> 风云雷雨山川坛在府城南门外
> 龙王庙一在府城西大康郎;一在府城南大石溯,东西有两庙;一在白盐井土主庙右,为五井得道咸泉之神;一在白盐井司治东南白石井
> 关帝庙在府城南门内
> 城隍庙在府城北门内
> 郡厉坛在府城北门外
> 梓潼庙在府城南门内
> 八蜡祠在府城东门内
> 武侯祠在府城北门外
> 名宦祠在府学宫内
> 乡贤祠在府学宫内

---

① 王振华:《盐丰旧教育简述》,载云南省大姚县政协委员会文史资料委员会编《大姚文史资料》第一辑,内部资料,1992年,第128页。

忠义孝弟祠在府学宫内

节孝祠在府学宫外

东岳庙一在府城东；一在大姚县

三皇庙在府城北

土主庙一在府城内；一在大姚县；一在白盐井司

圣母庙在东岳庙左

白马庙在府城东

小卜灵岳祠在府城西北楚庄硚将小卜平滇战殁于此，蒙氏时立祠祀之

大王庙在白盐井司治西北庙旁，上下有二甘泉，乡人争取饮之

神女祠在白盐井司治北，即蒙诏时牧羊女，今易名圣母庙①

据雍正时期《云南通志》的统计，姚安府寺庙共27处，其中在姚安府府城内的有20处；在现大姚县县城的有2处，分别为东岳庙、土主庙；在白盐井的有5处，分别为龙王庙2处、土主庙、大王庙、神女祠。但笔者查阅白盐井同时期的地方志，显示白盐井寺庙共有26处，这一数据可与姚安府的寺院数量相匹敌。

雍正时期的《白盐井志》记载的26处寺庙具体如下：

风雨雷电山川坛在小南关外

社稷坛在司治西北

文昌宫在乔井行宫右土主庙左

关帝庙在尾井北关外

史皇祠在大成殿右

崇圣祠在明伦堂右大成殿左

神龙祠在司治河东土主庙右

土主庙在文昌宫右总龙祠左

武侯祠在关圣宫后殿左侧，旧为近思阁

郡主祠在司治河东圣母祠后

圣母祠在郡主祠前，老君庵左

---

① （清）鄂尔泰：雍正《云南通志》卷十五，清文渊阁四库全书本。

文殊阁在南郊二里

观音寺在司治西南

龙泉寺在观音井龙寺后

福寿寺在旧井

万寿宫旧名萧公祠

明真宫在旧井宝泉坊

锁水阁在宝泉桥西

龙吟寺在五马桥东龙吟山下，原名般若寺

准提庵在圣母祠左

妙华庵旧名白莲寺，在司治右旁

老君庵在司治河东乔井行宫后

真武观在象山巅

圣泉寺一名大王寺，在宝关门外

一滴庵在井南三十里黎武山巅

甘露庵在井西二十里山脊，又名大关王庙①

从白盐井宗教空间与同时期的姚安府宗教空间数量的对比来看，白盐井为26处，姚安府为27处，两地的宗教空间旗鼓相当。但白盐井仅仅方圆不过两平方千米的弹丸之地，从一定程度反映了白盐井作为区域文化信仰中心的地位。

除了以上白盐井作为政治中心、文化中心的表现之外，笔者从一些零星的材料中，找到了可以用来支撑白盐井影响力较大的例证，可以看作白盐井作为区域中心的延伸，从侧面看出白盐井的影响力是区域型的，甚至还出现了跨区域的影响，从而可以从区域空间来看白盐井的"中心"位置。例如，在清代光绪年间，位于上海陈家木桥的金州矿务局，其内的山东赈捐公所，经收六七月代解赈款清单中有"白盐井赖罗舞捐银五十两，又众灶户五十两，白盐井提举司陈捐银一百两"②的字样。在《怒江州交通志》中，清光绪二十年（1895年）的《龙凤桥功德碑记》③有"奏署

---

① （清）刘邦瑞：雍正《白盐井志》，张海平校注，楚雄州地方志办公室编印，内部资料，2014年，第11—13页。
② 1884年9月21日（清光绪十年八月初三日），《申报》第四千一百一十号（上海版）。
③ 王玉球主编：《怒江州交通志》，云南人民出版社2000年版，第430页。

白盐井提举司兼办乔、喇、云、丽等井百盐务李,捐银柒拾两;钦加四晶衔特授白盐井提举司兼办乔、喇、云、丽等井盐务文,捐银四两"的记载。白盐井地区作为内外联系的存在,已经将地方建设的触角伸向了更远的区域,为更大区域的建设发挥着力量。另有一例。由德国柏林林惠尔登大药房出品的一种名叫"德国拜补丸"的药丸,"凡有志戒烟戒红丸海洛英及吗啡诸君,或曾服别种药品无效者,请速服此丸,保证七天断瘾,戒时安全可靠,毫无痛苦"。当时,这种药在全国的销售地为:云南盐丰县同丰源药房,长沙南洋药房,南昌中华药房,南通中西药房,蚌浦华美药房,松江济华堂,湖州大陆、中法药房。[1] 全国仅有七处销售地,其中白盐井即为一处,且是当时中国西部地区的唯一一家。可见,白盐井这样一个小地方,并不缺乏与大世界的联系。

---

[1] 1936年3月6日(民国二十五年三月六日),《申报》第二万二千五百七十四号(上海版)。

第四章 移民社会与城镇文化

本书的白盐井城镇化以盐业资源开发伴随的对移民的吸引为标志，这一划分受历史学家科大卫研究的启发。科大卫将城镇形态与乡村形态做了区分，其区分的依据就是以城镇开始容许外人的入住为标志，并直接指出"一个社区会发展为市镇还是乡村，取决于外来者是否被轻易接纳，轻易给予入住权，及轻易获取成家立室，凡是对于外来人口采取开放策略的社区，就会发展为市镇；凡是把入住权局限于本地人的社区，则始终是乡村"[①]；"外地人与本地人之区分，前提为入住权之有无"[②]。科大卫将一个地方对移民的吸纳作为城镇形成的关键要素，在他看来，移民因素也就成为城镇兴起的标志。科大卫将乡村与城镇的区分标准列为是否有移民的要素，即一个地方从乡村到城镇的转型，在于对外来人口的吸纳。科大卫的研究凸显了移民要素在城镇形成过程中的重要地位。有研究对科大卫的"入住权"概念所产生的方法论意义给予了力赞：历史人类学不应该只是体现在田野调查、参与观察等技术性层面，还应该体现在坚持历史学本位的同时回应人类学问题与理论的宽阔视野上，在这个方面，"入住权"的提出堪称典范。[③] 笔者欲对科大卫的"入住权"概念做一些延伸的运用，

[①] "入住权"是科大卫宗族研究中的核心概念，包括建房子的权利，也包括开垦荒地的权利，是村民最重要的权利，即是说，一个乡民能够在某村生存，首先他必须具有入住权。在乡村中，不是任何人都可以随便盖房定居并与原来居民和平共处的，乡村就是有入住权的人的群体，村民是在乡村有入住权的人。参见科大卫《告别华南研究》，载华南研究会编《学步与超越：华南研究会论文集》，香港文化创造出版社2004年版，第9—30页；科大卫《皇帝与祖宗：华南的国家与宗族》，卜永坚译，江苏人民出版社2009年版，第5页。

[②] 科大卫：《皇帝与祖宗：华南的国家与宗族》，卜永坚译，江苏人民出版社2009年版，第5—6页。

[③] 乔素玲、黄国信：《中国宗族研究：从社会人类学到社会历史学的转向》，《社会学研究》2009年第4期。

即不仅强调移民要素于城镇生成的重要意义，更强调移民因素对于一个城镇长时段的发展与活力也必然起到决定性的作用。从城镇的形成到城镇的发展，移民要素一直在城镇化的进程中发挥着重要作用。观察中国当下的城镇，尤其是具有活力的城镇，移民要素较为凸显，移民在城镇驻扎的同时，也将不同的文化形态带到城镇，各个文化得以在城镇碰撞与共享。移民于城镇发展的重要意义，也是笔者在后续的论述中会重点关注的。

笔者将白盐井的移民置于明清以来的西南移民、云南移民、大姚县县域移民的观照与比较中，白盐井的移民是在历史大背景中生成的，西南移民、云南移民、县域移民的梳理为研究白盐井的移民形态提供了线索。同时，白盐井因其社会形态的特殊性，也形成自己独具特色的移民形态。笔者即在大环境移民共性与小环境移民特殊性的关注之中，来把握白盐井真实的移民形态。

元明两代由中原迁入西南的移民远远超出50万人，加之多数士兵带有家属，故而总移民数可能超过100万人。① 云南大规模的移民主要分为两个阶段：第一个阶段发生在元明两代，第二个阶段发生在清代。清代移民往往被学者所忽视，其主要原因是它不像元代与明代的移民那样有计划、有组织，便于统计。清代移民以自发性为主，因而在官方的大量资料中难以发现。明清时期外地到云南的商人，就其数量而言，则以江西商人和湖广商人为最多，浙江、山西、陕西、四川商人次之，闽粤、贵州商人又次之，安徽商人最少。②

大姚县县域内的移民亦主要来自元明时期，特别是明朝洪武十四年（1381年）。明代，是白盐井移民人口不断增加的主要时期，从明代整个大姚县的移民情况可以判断出。在明代，朱元璋派军在大姚县域安营扎寨，实施"盐商中纳、戍兵屯田"政策。在县域置军屯64处，在县置民屯60处。军屯、民屯计124屯，屯军515人，军余2127人，舍丁350人（每丁约5人）。屯田人数约7500人，占全县人口22300人的1/3。③ 这些人，大部分来自江苏、江西、浙江、湖南、湖北和四川，而以江苏南京为

---

① ［美］李中清：《明清时期中国西南的经济发展与人口增长》，《清史论丛》第五辑，中华书局1984年版，第54页。
② 林文勋：《明清时期内地商人在云南的经济活动》，《云南社会科学》1991年第1期。
③ 大姚县志编纂委员会：《大姚县志（送审稿）》卷四《人口》，内部资料，1996年，第4—5页。

最。其中，大姚县县内的《张氏族谱》载，张氏祖先系明洪武年间入滇，至民国初年已繁衍20余代。① 在大姚一带的汉族移民后代中，均流传着"南京应天府，大坝柳树湾，为争米汤池，充军到云南"的移民溯源传说。南京应天府仅是傅友德、沐英、蓝玉带领30万大军征滇的出发地，而这些出征云南、贵州的士兵征集于北方和江南各地。"充军"二字却显然并非是犯了罪发配到云南的犯人，而是作为军人征战边关的群体。而"为争米汤池"之说至今为止未发现有史书记载，有地方学者指出这仅是编顺口溜者的一种谐趣。② 明初入滇士兵，绝大多数是从长江中下游各省调集，在南京的柳树湾一带进行训练，然后分批从此地进入云南的。据《云南大姚七街仓东王氏族谱》记载的王氏族源，即是居住在南京大坝柳树湾高石坎的军营里。王氏也有与白盐井相同的移民传说，即"为争米汤池，充军到云南"③。大姚毛氏家族祖籍江南常州府无锡县鄂家村，汉族。明初征战入滇，属官籍流寓。④

自明朝末年，尤其是清代、民国时期，四川、贵州地区，因多次发生兵事和灾害，避难、经商的汉族人口不少，他们同时带来内地先进的生产技术和生产理念，在县域生产条件较优越的坝区劳作，使县域坝区经济文化得到较快发展。以大姚县金家地的所有姓氏为例，在此地定居最晚的是几个人数较少的姓氏，如牟、向、高、邢、徐等，他们多数从四川、贵州等地过来，被当地人统称为"老川川"。以牟姓为例，牟氏祖先来自贵州黔东南仡佬族地区，清朝中叶，因生活逼迫逃荒到四川会理山区。光绪年间，因债台高筑，为了躲债，先祖牟高贵用四股绳的挑篮挑着儿子牟发清逃过金沙江来到了金家地的龙潭村，在一个叫杨家箐的地方，租种了赵姓的几亩地，后搭起了茅棚定居。向氏、高氏、徐氏则是逃到了金家地紫丘山的一些偏僻山箐租种大姓人家的土地，才得以生存下来。他们多数人直到20世纪60年代仍然保持着原居住地的衣着习俗，男子仍穿大面衿长短

---

① 大姚县地方志编纂委员办公室：《大姚县志（1978—2005）》，云南人民出版社2010年版，第286页。
② 姜泽文：《金家地古话》，载中国人民政治协商会议大姚县委员会编《大姚文史》第七辑，内部资料，2010年，第46页。
③ 《云南大姚七街仓东王氏族谱》，内部资料，第23页。
④ 云南省大姚县毛氏家族史编委会：《云南大姚毛氏家族史》，内部资料，第42页。

衫,说话多带川音,仍然以挑柴卖炭度日。①

从大姚县各民族的居住格局来看,自明代,大量汉人迁入县域屯田,汉族人口逐渐占绝对优势。清代以后,境内民族分布格局渐趋定型,汉族多居城镇、坝区、半山区,少数民族多居山区、河谷,但汉族与少数民族之间又交错杂居。大姚县境内现有的地名仍能反映当时移民的大背景。如"仓街"在明洪武二十一年(1388年)时,为定远(今牟定县)守御千户所积贮粮点,因征收屯粮贮于此仓而得名。从"黄海屯"这一地名也可看出明代洪武年间屯军的痕迹。

地域空间拉回到白盐井,在白盐井的志书有记载,"羊城开井之始,灶丁俱属土著。自前明以迄本朝,生聚日众,或各方流寓,或商贾寄籍,林林总总"②。当地人在移民溯源的时候,较为普遍的历史记忆也是"南京应天府,大坝柳树湾,为争米汤池,充军到云南",这与明代尤其是洪武年间的大姚县移民传说一致。这在笔者的田野调查中也得到了确证,这证明相同移民传说背后,应该是相同背景的人群,他们不仅在白盐井,还在整个大姚县县域范围内分布。就此,白盐井的历史移民与上述西南移民、云南移民、县域移民的移民形态有诸多共同之处。

当然,笔者在实地的田野调查中也发现,因白盐井盐业资源优势,能提供丰富的行业类型,白盐井因之形成强大的行业集聚效应。白盐井的移民类型除拥有和大的区域环境一样的移民形态外,也有自身特殊的移民类型,即从盐业资源的视角出发,盐业资源优势促发了移民现象。云南的移民,在明代随着屯田和自然资源的开采就出现了。江应樑先生就指出,"此举不仅聚集了来自各地的采矿人,而且还有家属,并招引了大批的商贩及各业人员"③。其中,李中清做过估算,到18世纪早期,云南盐矿工人中的三分之一是移民。④ 云南移民一方面促进了云南人口总量的增长,人口增长的同时,需求增加,对食盐的供给就有刚性需求,因此批量移民

---

① 姜泽文:《金家地古话》,载中国人民政治协商会议大姚县委员会编《大姚文史》第七辑,内部资料,2010年,第46—47页。
② 乾隆《白盐井志》卷一《户口》,载杨成彪主编《楚雄彝族自治州旧方志全书·大姚卷》,云南人民出版社2005年版,第421页。
③ 江应樑:《傣族史》,四川民族出版社1983年版,第322页。
④ [美]李中清:《明清时期中国西南的经济发展与人口增长》,载《清史论丛》第五辑,中华书局1984年版,第86页。

之间引发了盐业产量的提高，从而活跃了盐业市场，间接形成城镇的系统变化。就此，移民与盐业资源之间有互为促发的关系存在。

第一节　白盐井人口与移民

雍正《白盐井志》言："唐天宝年间，灶丁俱属土著，历宋、元时立户口，顶煎者尽各省汉人矣。"① 明代至清代白盐井"生聚日众，或各方流寓，或商贾寄籍，林林总总，实繁有徙"②。就此，白盐井的原人口构成发生了变化，受政策性移民、军事性移民及当地自身资源禀赋吸引力的影响，各类政策移民、军事移民、自由移民等类型移民不断涌入，促发城镇人口规模增长。

从各个时期的《白盐井志》记载来看，清代白盐井的住户主要有从事盐业生产的群体和一般性住户，盐业生产群体主要包括灶户、灶工、盐商、盐业官员等。一般性住户又可分为寄住户、客籍户、土著居民、屯户等。居住总人口由清初的1011户发展至道光年间的3125户，每户的人口少则三四人，多则四五十人。以平均每户5.1人来计算，在道光年间人口高峰时达15938人。并且需要注意的是，进入《白盐井志》记载的人口多呈现的是编列在盐业生产的灶户群体的人口，其他群体如寄住户群体的信息是不够完全的，更缺少其他流动型人口的统计数据。据当地人的考证，在清代，排除大的天灾人祸的影响因素，白盐井区人口过万人是无疑的。亦据当地老人回忆，解放初期，白盐井的人口也是过万人的。现将清代雍正、乾隆、道光、同治、光绪年间，分别记载于《白盐井志》的人口信息呈现于下，这几个时间段有书面记载的人口总数的平均值为6310人，③ 而白盐井实际的人口数应高于这一数值。

---

① （清）刘邦瑞：雍正《白盐井志》卷之五《赋役志·户口》，张海平校注，楚雄州地方志办公室编印，内部资料，2014年，第21页。
② 乾隆《白盐井志》卷一《户口》，载杨成彪主编《楚雄彝族自治旧方志全书·大姚卷》，云南人民出版社2005年版，第420页。
③ 雍正八年（5156人）+乾隆二十三年（5916人）+道光二十七年（15938人）+同治十二年（2963人）+光绪五年（3557人）+光绪三十三年（4330人）=37860（人）。37860÷6=6310（人）。

表4—1　　　　　　根据白盐井志书整理的当地人口信息

时间	人口	出处
雍正八年（1730年）	观音井七十一户，旧井六十四户，乔井六十一户，界井五十七户，尾井五十八户，共计灶户三百一十一家，寄住户共七百余家。（共计五千一百五十六人）	雍正《白盐井志·赋役志》
乾隆二十三年（1758年）	五井灶丁共计四百零九户，街牌寄住户共计一千一百六十家，①一家数口，可谓庶民矣。（共计五千九百一十六人）	乾隆《白盐井志·户口》
道光二十七年（1847年）	编联保甲烟户，实计屯户、客籍共三千一百二十五户（共计一万五千九百三十八人②）	光绪《续修白盐井志·食货志之三·户口》
同治十二年（1873年）	编联保甲，实计屯户五百八十户，客籍二十户；男一千五百九十二丁，女一千三百七十一口。（共计二千九百六十三人）	光绪《续修白盐井志·食货志之三·户口》
光绪五年（1879年）	烟户门牌实计屯户六百二十五户，客籍三十一户；男一千八百三十二丁，女一千七百二十五口。（共计三千五百五十七人）	光绪《续修白盐井志·食货志之三·户口》
光绪三十三年（1907年）	实计屯户六百八十四户，客籍一百六十五户；男二千二百二十丁，女二千一百一十口。（共计四千三百三十人）	光绪《续修白盐井志·食货志之三·户口》

① 乾隆二十二年，白盐井提举郭存庄编立保甲，分给门牌，注明丁口，俾匪类游荡之徒，均不得匿迹。可见，乾隆二十三年的这次人口统计，是在规范严密的户籍管理之下统计出来的，比雍正八年的人口信息更为完整和准确，在这次人口信息的统计中，完整的寄住户信息统计了进来，寄住户约是灶丁人数的三倍，可以透视白盐井当地于外来人口的吸引力。

② 注：在《白盐井志》中，雍正八年、乾隆二十三年、道光二十七年的具体人口数目并未呈现出来，为了呈现白盐井的人口数目，笔者根据推算补充了人口数目。主要推论依据：同治十二年，人口总数为2963人，平均每户为4.9人；光绪五年，人口总数为3557人，平均每户为5.4人；光绪三十三年，人口总数为4330人，平均每户为5.1人。笔者取这三个具体可考的每户人数的平均值5.1人，作为雍正八年、乾隆二十三年、道光二十七年的每户人口平均数，以此来推算当时的白盐井总人口。

施坚雅等概括了城市化过程中的影响因素：一是人口密度，迁居是一个会使每个地区接近其人口潜力的过程；二是劳动分工；三是技术的运用；四是商业化和地区内部的贸易；五是地区的对外贸易；六是行政。①在此，笔者重点关注施坚雅等"人口密度"的因素。施坚雅等主张将2000人作为晚清"城市中心地"定义的一个关键标准。②由以上白盐井的人口信息，在道光二十七年（1847年），白盐井有3125户，总人口为15938人，此时期成为有史料记载可以确证的白盐井人口高峰时期。直到咸同兵燹，虽经历较长时间的战争摧残，同治十二年（1873年）的白盐井人口仍有2963人。

　　施坚雅等在对中国19世纪（准确来讲是1843—1893年的50年间）地区的城市化研究过程中，曾对中国八大农业大区的面积、人口及人口密度做出估算，考虑到白盐井在云贵的大地域之下，特选取施坚雅等对云贵城市化的研究来进行对照，以便将白盐井置于区域的大环境下进行考量。云贵地区区域面积为470570平方千米，1843年的人口密度为每平方千米11—23人；1893年的人口密度为每平方千米16—34人。③以白盐井各个时期的人口数值来看，白盐井地的人口密度均在千人以上，大大超过了同一时期的云贵人口密度。在施坚雅等看来，19世纪的中国，各个地区城市化的一体化体系是微不足道的，甚至在云贵地区，其城市化体系才刚刚形成。"在一个机械化运输没有得到发展的农业社会里，要完成这样一个规模的统一的城市体系简直是不可能的"④。在此，施坚雅等的研究忽略了如白盐井一样的典型城镇的存在，可以说，白盐井的城镇化的确是云贵地区城镇化的一个特例。在此，白盐井的城镇化是云南历史上城镇化进程中靓丽的一笔。笔者也深感到，云南从地理区位来看，在较长的历史时期是在国家统治的边缘地带，但因为云南的食盐、铜矿、锡矿等一些特色矿藏资源的存在，使得这些拥有特殊自然资源的地方可以较早地成为国家统治阶层重点观照的对象，国家对云南的统治即是通过对诸上拥有重点自然资源的地方的管理来延伸开来的。由此，对资源型城镇的探讨可以作为全面理

---

① ［美］施坚雅编：《中华帝国晚期的城市》，叶光庭等译，中华书局2008年版，第267—271页。
② 同上书，第258—260页。
③ 同上书，第247页。
④ 同上书，第288页。

解云南城镇发展脉络体系的重要构成部分。

施坚雅等认为城市化的发生是经济的推动,"对一个经济比较发达的地区我们可以下这样一个定义:在这个地区内,生产按地区进行专业分工,一个不同职业结构,以及一个信用层级系统,这些支持一个协调一致的地区内部贸易网;在这个地区内,主要技术水平,通过大量的累加投资转换成整个地区的社会公用建设(道路、桥梁、运河、堤坝以及灌溉工程)。在地区上升周期过程中,这些成就是同以下的发展密不可分地交织在一起的:人口的增长和城市的发展"[1]。关于什么才是城市的标准,施坚雅等开列了5个定位城市的标准,满足其一即可,其中有"在清皇朝最后二十年人口达4000以上;截至1915年开办有邮局"[2] 的标准,这些标准条件白盐井均符合。可见,白盐井符合施坚雅的城市标准。在其统计数据中,到1843年为止,农业中国八个地区合计有292座城市,每个城市的人口在10000以上[3]。与1843年接近的道光二十七年(1847年)白盐井有记录的人口资料来看,此时期是白盐井有史料可查的人口高峰,人口达到3125户共计15938人,那么将白盐井这一人口情况置于同一时期的城镇参照中,已呈现相当的人口规模和城镇规模。

当地的过街楼和吊脚楼建筑样式,最能反映当地人口密度较高的实况。过街楼和吊脚楼是白盐井当地在有限的空间范围内增加居住面积的建筑形式,以缓解人口居住过密的问题。街道两边均为同一家人的建筑,此家人将上层的房子连接起来,街道就从楼下经过,有效利用了街道上方的闲置空间。沿香河一带的房屋建筑多为吊脚楼的建筑风格,将建筑物的一定空间悬空置于河流之上,以便创造更多空间。过街楼和吊脚楼在白盐井当下的建筑形式中还有保留。

在与同时期的城镇空间面积的比较中,也很容易得出白盐井城镇空间本身地狭人稠的形态。有相关研究所统计的19世纪90年代中国都城和省会的城内面积中,北京城作为都城,城内面积最大,为24.4平方里,其次为南京,城内面积为15.66平方里。除北京和南京外,其他省会的城内面积均在10平方里以下,甚至一些省会城市的城内面积仅接近1平方里

---

[1] [美]施坚雅编:《中华帝国晚期的城市》,叶光庭等译,中华书局2008年版,第252页。
[2] 同上书,第254页。
[3] 同上书,第287页。

左右。例如，昆明城内面积为1.24平千米、兰州城内面积为1.04平千米、桂林城内面积为0.91平千米、贵阳城内面积为0.87平千米。① 而同时期的白盐井，根据志书记载，其城镇面积为1平千米，与同时期的其他城镇规模相比，其差异性不大。由此，笔者得出一种猜测性的论断，即在中国传统的城镇中，城镇空间大体表现为紧凑型，其城市与城市间发展程度的差异性较小。不过，这一论断有待以后的研究进一步推进或是修正。就白盐井而言，当地的城镇发展并非在城镇规模上作文章，与当下城镇化进程中若干年来倡导的城镇规模的扩张相比形成对比性反差。白盐井的城镇空间发展是在对有限空间的有效利用基础上进行的。

一 移民分类

第一类移民为官员，包括移入和移出的。在笔者查阅白盐井文献资料时，时常可以看到类似这样的记载：明代洪武年间，广昌县贡生黄初任白盐井提举。② 明代弘治十年（1497年），石埭县杨镛任云南白盐井提举。③ 乾隆三十五年（1770年）云南白盐井举人张志超任紫阳县知县。④ 类似的记载还有很多。为五品官员的白盐井提举直接由中央任命，提举前来白盐井任职，会带上家眷、随从甚至厨师，少则几人，多则数十人。这些官吏因为官之故居住在此地，为官时期短则几年，长则十多年。官吏们来自五湖四海，将籍贯地的饮食也带来当地，形成颇有风味的饮食文化，同时也创造了当地独具特色的混融性文化。提举任期满离任后，他们的一些随行者会选择继续留在白盐井，将他们带来的文化继续演绎。从史料记载来看，出任白盐井的提举均来自全国各地，他们同时也把各地的文化、思想等带入了白盐井。

---

① ［美］施坚雅编：《中华帝国晚期的城市》，叶光庭等译，中华书局2008年版，第99页。
② （清）曾毓璋纂修：同治《广昌县志》卷四《选举志》，清同治六年，第60页。
③ （清）姚子庄修，（清）周体元纂：康熙《石埭县志》卷六《选举》，第11页。
④ 杨家驹修，陈振纪、陈如埔纂：《重修紫阳县志》卷二《职官志》，广化石印局，民国十四年，第12页。

表 4—2　　明代白盐井盐课提举司提举名录（按时间先后顺序）①

姓　名	籍　贯	姓　名	籍　贯
熊以正	江西南昌	吴　浩	南直昆山
萧　恭	湖广归州	萧　颂	江西安福
吴　绘	四　川	罗　昭	四川眉州
庞　昂	四川岳池	许　晋	直隶（北京）宣城
陆　志	浙　江	张　辅	南直嘉定
彭　直	江西吉水	张敏德	北直（河北）保定
陈元宪	福建福宁	郑　选	南直太仓
王仲民	四川阆中	唐　淮	南直丹徒
徐　玑	贵州都匀	梅　鸾	南直旌德
龙　虎	山　东	王　朴	贵州清平
吴崇德	江南虹县	刘元泰	广东曲江
郑克会	福　建	万宏谟	江西南昌
杜　渐	湖广长沙	熊梦祥	广　西
汪良举	南直休宁	熊大南	福　建
朱一耀	江西建昌	杨廷策	浙江杭州
章肖峰	无　考	黄应熙	福　建
邵国正	江　西	汪承默	江南歙县
杨之琳	湖广麻城	冯汝振	湖　广
戴廷仕	广西南陵	解　训	无　考
吴思温	湖广江夏	衷时辅	江西南昌
于四宾	湖广长沙	阚嘉琏	无　考
沈昌祐	浙江钱塘	王文琼	宣州泾邑
杨灿辉	无　考		

① 资料来源：根据地方志书整理。同时参见大姚县地方志办公室《大姚县盐业志》，内部资料，楚雄日报社印刷厂印装，2002 年，第 124—130 页。

第四章 移民社会与城镇文化

表4—3　　　　　　　　清代白盐井盐课提举司提举名录①

年　代	姓　名	籍　贯	姓　名	籍　贯
顺治（1644—1661年）	胡世英	江西金溪县	李之贵	浙　江
	赵大生	河南项城		
康熙（1662—1722年）	严一诏	江西分宜	杨光远	浙　江
	王玉成	直隶瀛海	萧继煌	江南徽州府歙县
	夏宗尧	奉天广宁	张官纪	浙江杭州钱塘
	张乃文	江南丹徒	卫　淇	山西曲沃
	郑　山	浙江上虞	白　兑	奉　天
	孔尚焜	山东曲阜		
雍正（1723—1735年）	刘邦瑞	奉天襄平镶黄旗		
乾隆（1736—1795年）	何　恺	广东香山	高　锦	奉天襄平
	康　勤	广　西	葛庆曾	浙　江
	郭存庄	山东汶上	李　晖	山东邹平
	金之昂	安徽桐城	朱　璋	长　洲
	王子音	江西武宁	郑维祉	杨　阳
嘉庆（1796—1820年）	蓝　桂	福建闽县	李　霨	山东高密
道光（1821—1850年）	李成基	贵州清溪	吴嘉思	江西南丰
咸丰（1851—1861年）	达洪阿	满　洲	罗树勋	广东南海
	吴荣禧	河南光州		
同治（1862—1874年）	金　铣	安　徽	邓发声	贵州毕节
	吕之朴	江苏丹徒	刘赐龄	顺天大兴
光绪（1875—1908年）	玉　璋	满　洲	李应棠	江西庐陵
	爱新觉罗·明图	满　洲	郑永龄	四川广安
	刘毓文	顺天大兴县	方士铭	湖北江陵
	吕调阳	贵州义兴县	江海清	广西贺县
	李训錝	江西临川	文　源	满　洲
	灵　琨	满　洲	杨尚懿	四川遂宁
	黄启凤	浙江会稽		

① 资料来源：根据地方志书整理。同时参见大姚县地方志办公室《大姚县盐业志》，内部资料，楚雄日报社印刷厂印装，2002年，第124—130页。清代历任提举中有记载的共有90人，其中籍贯无考者有41人，故笔者的《清代白盐井盐课提举司提举名录》未将这41人录入。

有研究指出移民的素质与年龄优势于迁徙地社会发展的意义所在。何一民用甄别人口类型的方法，对抗战时期人口迁移与西南城市发展之间的关系进行了研究，指出移民对西南城市的社会经济发展的影响不仅在于人口的数量，更在于人口的质量。前往西南的人口，从知识结构来看，多是具有一定科技文化知识、专门技能和管理经验的人员，尤其是一些社会精英；从年龄结构来看，移民多为青壮年。移民的高素质和年龄优势对西南城市的发展产生了重要影响。[①] 盐课提举均由国家任命，自明代以来为五品官员，前来任命的白盐井盐课提举是白盐井最大的官员。他们的学识颇高，均是通过科举制度选拔出来的。笔者在档案材料中查阅的一则信息，很能说明当地对提举选拔的谨慎与重视。原白盐井提举王璋在光绪五年（1879年）三月初六因突发疾病去世，面对这一突发情况，若按照既定章程来选拔提举，需要费时日，而提举要职一日不可缺；且提举要职需要有对蓌政、稽引、缉私、督销、征课有专攻的专业人员，这更增加了寻找新提举的难度。虽然在日常的事务中，会通过遴选考试的方式来储备提举的替补人员，但现有的实际情况是替补人员还不具备熟练的盐业相关业务能力，不敢轻易委以重任。面对这一紧要事宜，云南巡抚臣杜瑞立刻上呈《奏为选缺提举遴补乏员遵照变通章程谏员调补》[②] 的奏折，祈望通过最快捷有效的方式确立白盐井提举的最佳人选。

　　盐课提举在管理白盐井的盐务、社会管理方面影响甚大，在当地有恤灶惠商、安上全下的桥梁作用。从历次来白盐井上任的提举来看，他们拥有符合官员要求的学识素养，且他们在为官之年，正是年轻力壮之时，对白盐井地方社会与文化的发展多有贡献。其中的郑山、刘邦瑞、郭存庄、郭夒熙几位提举，是在当地志书中多有着墨的，同时也是白盐井当下盐文化博物馆中重点展示的历史人物。他们之所以被列为当地的"名人"系列，一在于他们凸显的盐业管理才能，二在于他们对当地社会文化事业所做出的积极贡献。

　　郑山是浙江人，他在任白盐井提举期间，捐俸或垫支盐课迁修学宫，同时，重修土主庙、武侯祠，立社学，修养济院，率民捐输谷石贮存义仓，按时发给孤贫百姓。更于康熙四十七年（1708年），孔庙大成殿建成

---

① 何一民：《抗战时期人口"西进运动"与西南城市的发展》，《社会科学研究》1996年第3期。
② 1878年8月7日（清光绪五年六月二十日），《申报》第二千二百五十一号（上海版）。

一百周年之际，主持重修了大成殿，并在白盐井人王显像的支持下，请昆明铸士杨维伦主持铸造，井人广福、广禄等人捐资，历经九年，终于铸造成高2.3米、重约2.5吨的孔子铜像坐像。

刘邦瑞为奉天襄平（今辽宁辽阳）人，任白盐井提举期间，为解决灶户煎盐薪本困难的问题，采取由官府"借垫薪本"的举措，将众灶户编为120户，按户领薪本银，照大建月小建月扣算。每井大建月共领薪本银1450两，小建月领薪本银1401两。为解决井区交通问题，奏本省府称，"白井辟居一隅，人以煎盐为业，办课甲于滇省，所食米粮全赖运盐商顺携籴以糊口，其如近井西南两路崎岖险阻，春、冬二季人畜犹可鱼贯徐行，至若夏、秋两季霪雨滞浸，万壑奔流，道崩桥圮，人畜往来不通，井地罹绝粮之忧；迤西黎民有淡食之苦，所关国计民生匪浅，故应修白井西、南两路，以利盐运二十余府、州、县之需"①。查明原因后，发银1000两，调动民夫兴修白盐井西路60里（今石羊古镇至杨家箐孔仙桥路段）；兴修白盐井南路90里（今石羊古镇至新街夏家坝路段），从而西、南共成坦途。

郭存庄为山东汶上人，在任白盐井提举期间，为发展白盐井区盐业生产，加强缉私，兴建白盐井关隘17处，设井兵50名，周其巡逻，岁征盐课740余万两。为减粮于民，亲自主持新建白盐井社仓5间。为接济鳏寡孤独、无依无靠者，他捐建了养济院，养孤10名。②

郭燮熙，镇南（现楚雄南华）人，在任白盐井提举期间，他在白盐井区筹集3000两银作为教育基金，规定"纯取子金，禁用母金"，实行各类措施以保护白盐井生态环境，并为缓解盐业生产中的柴薪不足做了很多努力。他还集当地文人雅士15人成立名为"龙山吟社"的诗社，促进当地文化发展。

可见，以上从外地来到白盐井任提举的官员们，不仅有条不紊地管理当地盐政，还为当地社会与文化建设做出较大贡献。他们作为移民的身份，也促进了地方社会的活跃。具体来讲，一是他们因为身份与地位的缘故，曾一度引领了当地的社会文化新潮。二是他们积极从事地方社会建

---

① 大姚县地方志办公室：《大姚县盐业志》，内部资料，楚雄日报社印刷厂印装，2002年，第115页。
② 同上。

设,参与慈善事业,心系当地民众,使民众对他们有较好的认可度。

第二类移民为明代时期移民实边政策推动下进驻云南的移民。这类移民又可细分为三类:民屯、商屯、军屯。民屯类别的移民来到白盐井大多发展了当地的马鞍业、皮革业等。商屯类移民是应"开中法"之需,来云南地区种植粮食,以粮来换取盐票,再买白盐井地区的食盐。军屯类移民多来自苏、皖、浙、赣等,其中当地汉族移民追溯族源时,最广为流传的记忆是"南京应天府,大坝柳树湾,为争米汤池,充军到云南",南京应天府是白盐井民众追忆祖籍最普遍性的认同地点。

第三类移民笔者统称为自由移民,即为生存和发展而自愿来到此地生活的移民。白盐井的自然人文环境对移民具有天然吸引力,"白井为西迤重地,肩摩毂击,宾至如归。故名人高士,往往来游。或以谪宦寄迹,或以游学侨居,或以适情卜筑"①。在当地族谱中很容易找到以"游滇""游宦"之由构成的移民群体,及为了躲避灾荒来到白盐井谋生的难民等群体。

二 族谱与移民

英国弗里德曼(Maurice Freedman)在分析中国东南宗族现象时指出:边疆移民及开垦是形成宗族的重要因素,白盐井的移民因政策性因素和资源效应被吸引过来,宗族形式也成了移民的生存样态。科大卫认为宗族的普及得力于"白纸黑字的族谱和被称为家庙的复合官方规制的祠堂"②,他进一步指出宗族特别是族谱作为一种资源,被其成员用于声称自己拥有当地的入住权,族谱常被人们与移民传说结合起来,确立自己的入住权。③族谱中书写的移民传说、移民溯源、移民世系,将白盐井的移民溯源及脉络清晰化,成为移民获取入住权的正当性表达方式。

---

① 光绪《续修白盐井志》卷之七《人物志》,载杨成彪主编《楚雄彝族自治州旧方志全书·大姚卷》,云南人民出版社2005年版,第766页。
② 科大卫:《皇帝与祖宗:华南的国家与宗族》,卜永坚译,江苏人民出版社2009年版,第11页。
③ 科大卫:《告别华南研究》,载华南研究会编《学步与超越:华南研究会论文集》,香港文化创造出版社2004年版,第9—30页。

个案：白盐井罗氏家族

在田野调查中，笔者有幸收集到白盐井罗家的家族资料，罗家始祖罗宗圣的墓志铭及罗氏后人于清道光二十年（1840年）整修始祖罗宗圣时敬立的碑文，这些资料在历史的动乱中幸存下来。罗家后人在20世纪80年代开始重新整理家谱，将几近模糊不清的文字重新抄录、油印，成为笔者研究当地移民的珍贵资料。

罗家是白盐井的四大家族之一，从现存的家族文献中可以看出罗氏家族的来源及其在白盐井地的不断发展壮大过程。下文呈现的是罗家始祖罗宗圣的墓志铭，及罗氏后人于清道光二十年（1840年）整修始祖罗宗圣时敬立的碑文。

《始祖讳宗圣公墓志（晁唐二孺人附）》①

于戏！我先人入籍白井以来，盖二百有余年矣！厥后德行文章有好义而入井志者，出仕而著贤声者，继之承之以迄于今，溯厥流宗，实肇自始祖宗圣公始。前明，吾祖庆十公于万历时出仕云南迤西兵备道。宗圣公亦于是时游滇，后遂入籍白井。庆十公殁，公之伯叔而公其犹子欤？适鼎革经谱系散失无从考证。宪常憾焉！公后，则世事皆有实徵。自公至宪化入世，而族中有呼宪为曾祖者，盖公所传十一世矣，而其初则公一人之身也。由公一人而至十一世，由十一世推之以至几并百世，支派愈分渊源益远，犹有寻源而动率祖之思也乎！此老家族谱，引之所以叹也。呜呼！观于此者，孝悌之心可叹油然生矣！宪不获徵公实行，然考祖宗来，德行文章，事事克肖，知公必仁厚忠恕，则身终行，故天佑之，使之继长增高，绵之延之至于今未坠，必大异乎世俗，一切苟且之为也。宪勉之，愿吾族共勉之。公娶晁氏，继娶汤氏，生子文焕、文炽，文炽后无可考，皆文焕后无可考，今居白井者，皆文焕公后，或文焕公系为晁公出，属公犹子？然犹子亦子也。且旧碑刊奉祀名，其为公嗣无疑，因并志之。

八氏裔孙宪章谨记

原碑立于明朝永历六年，系裔族始祖，坟墓头有大椿树一株，与墓并古，后人不敢伐，不意此树将胀倒，七世孙媳杨氏，适乾隆己酉拔贡德模

---

① 《罗氏本音历代昭穆考妣支派世系表》，1988年7月13日油印，个人收藏资料，罗用衮提供。

公之女，八世孙尧章之孀母也。时训尧弟兄曰：尔父在日，赏言万物本乎天，人本乎祖，始祖之墓，历年已久，于倒塌处立意重修，不幸中道早逝，其事遂阻，今幸残碑尤存，历历可认，若不及时修之，其后岂能无湮没之患乎，尔为子孙当继其志，述其意者也。但修之务要坚固，并将历代支派世系述明于碑，使后人之子孙一览而知，如是方为妥当，尧弟兄思孀母之训：所见甚大，所识甚远，上可以告祖宗，下可以谥后人，故志之而不敢忘也。其旧碑所著仍勒于后，不敢湮没前人之志云，八世裔孙尧章谨述。公讳宗圣，号应桥，行欢六，妣晁氏汤氏，原籍江西吉安府，卢陵县延福乡六十一都广溪人氏，与童第为冕相率游滇，入籍白井。

  婿（彭琼　李世光）女（林生　庆禄）侄（文焰　文熹）叶氏邓氏

  考其后裔　住居岔河七世光兴八世天培

  男（文炽　文焕）王氏　欧阳氏　奉祀

  七世孙媳例封七品孺人杨氏率男乙未恩科经魁宪章重修敬建　增广生尧章

  大清道光二十年岁次庚子季春月二十二日申刻　吉旦

  从罗氏碑刻资料可以看到罗氏的族源，罗氏原籍江西吉安府，卢陵县延福乡六十一都广溪人氏，于明朝万历年间游滇，便入籍白盐井。罗氏家族的家族世系呈现较为完整，罗氏家族的人丁兴衰也是白盐井地人丁兴衰的写照。罗氏从第一代到第九代的人数为：第一代3人，第二代4人，第三代7人，第四代11人，第五代37人，第六代59人，第七代68人，第八代104人，第九代38人，在第八代人丁最为兴旺之时，举行了罗氏的立碑仪式。罗氏在第七至九代时家族规模最大，这一时期大约在道光年间，有两三百人的规模。道光二十年（1840年）整修始祖坟墓也即罗氏家族人丁最兴旺之际。由此看来，罗氏人丁兴旺的时期与志书中记载的白盐井人口最盛的时期是一致的。此后，罗氏人丁渐为减少，财产也渐为分散。在罗氏的第十一代，产生了罗家"一门四黄埔"[①]的情况，为笔者提供资料的罗用衮先生为罗氏第十二代。从罗氏族谱来看，每户人所生的孩子少则1个，多则9个。例如，第七代的罗万理，是当时有名的灶户，主

[①]　"一门四黄埔"，即白盐井的罗氏家族中一连产生了四位黄埔军校毕业的家族成员。

持开挖了大中井,但罗万理本人连续娶了三个妻子都未有生育,因此罗万钟所生的罗宪章就过继给了罗万理,罗宪章就此可以继承罗万理和罗万钟的财产。直到现在,罗家从移民到白盐井至今已经有15代人,将近400年的历史。

笔者梳理了白盐井罗氏第一代至第九代配偶的姓氏:晁、汤、欧阳、段、高、李、沈、刘、王、黄、季、郭、张、唐、夏、何、陶、赵、杨、胡、白、卜、陈、樊、甘、孙、天、俞、华、周、唐、彭、叶、布、洪、吴,共计36个姓氏,可从一个侧面看出,白盐井当地人有不同姓氏之间的婚姻,同时,也可以看出白盐井民众因移民之故,在此地会聚了不同姓氏的人口。

在罗氏宗派世系表中,考中功名的人用特别的标记来注明,其中,从第一代到第九代,考取功名的人数为69人,均在世系表中一一标明。例如,第五代罗溥赠文林郎、第六代罗道位赠文林郎、第五代罗氏泌赠文林郎,还有庠生27人,同时还有贡生、增生、举人、武庠等功名类别。同时,如罗万钟重修祖墓,罗万宝孝廉方正等事迹也在世系表中专门注明。白盐井当地家族注重功名,看重道德修养等,这些均在罗氏宗派世系表中显现了出来。

个案:白盐井张氏家族

在白盐井有"甘罗无二姓,几张张不拢"的说法,张姓因为同姓不同宗,在井区就有张家的五处家庙。笔者特以张国信老师一系张作为调查对象。张国信老师一系张姓,到解放前已繁衍至近百户人家。据现存祖茔(日斗公墓)碑文所载及《盐丰县志》有关资料记载,张氏原籍南京应天府上元县,始祖公讳仁与义,于明代洪武年间随沐国公平滇。建军功而受封爵,仁被封为"威远大将军",义被封为"太和侯",后裔世袭"千户长",这是关于张氏入滇的最早记载。

沐国公名沐英,张仁、张义均为其麾下骁将,明王朝建立前,即随沐驰骋征战,累建军功。明王朝建立后,于洪武辛酉年(明洪武十四年,公元1381年)明太祖朱元璋任命颍侯傅友德为征南将军,统军征讨云南,同时沐英亦奉命率部与傅共同出兵,张仁、张义相随进军云南。明洪武癸亥年(1383年)傅友德奉旨班师回朝,命沐英留守云南。对随军将士论功封赏，仁被封为"威远大将军"，义被封为"太和侯"，后裔世袭千户长。仁、义受封后，仍居省垣（昆明）供职，传数世，乃弃官从商，经营于罗茨、武定等地，后又迁至姚州（今姚安县）。传至驰，仍经营商业，往来于姚州与白盐井之间。当时白盐井已是商业兴盛、经济繁荣、文教昌明。于明正德高靖年间（约公元1500年），驰乃迁入白盐井定居，此为张姓落籍白盐井的最早记录，张氏繁衍至今，已有六百余年，30余代人。

张氏家族在白盐井家族中属于较大家族之一，可谓世代书香，孝友传家，科名举贡，荣封敕赠，青紫之绶者。代有其人，关系地方公益，致力于桑梓文化教育，德高望重，众所敬仰者，其人其事多流传于乡里口间。

张姓始祖之墓——斗公墓，位于现石羊镇南郊，飞凤山之麓老龙洼一带。有幸保存至今，因为有玉米秆覆盖在坟墓上，在"文革"期间免遭一劫。但20世纪八九十年代，盗墓之风盛行，遭到了一些破坏。斗公墓始建于明代天启年间，经清代乾隆、嘉庆年间先后两次合族重修，原为五碑，现存三碑，位于中间的碑文如下："始祖讳仁与义，南京应天府上元县籍，爵封太和侯世袭千户长，传至驰赠文林郎，寄迹羊城，讳栋已至数世矣。栋生兴文敕赠文林郎，兴治、兴化、兴邦局庠生。兴文生庠生星，贡生旻，任江西俞都县教谕，后升上犹县知县。星生庠生于朝，朝生庠生官，官生曰宿、曰壁，曾祖庠生曰斗，其仲子也，是为记。"①

宗族是在明清社会历史演变的大势之下的一种文化创造，商业繁荣将乡民置于更广阔的社会空间，在这个更广阔的社会空间里，国家以及士大夫的意识形态向民间社会渗透，民间社会也在不断地拉近自己与国家意识形态的关系。②要组成一个宗族，需要一个能被正统的文化传统所认同的历史，这是一个社会成员具有某种社会身份和社会权力的证明和价值来源。③白盐井的族谱都有一个明显的特征，即都对祖先来源有明确的记载，这一明确的族源历史记载即是对宗族正统性的表达形式。对祖先明确的溯源，还可以理解为现存群体对祖先权力获得和庇护的需要，刘志伟提出的"祖先权力"，即是对为何有明确祖先溯源这一现象的有力解释。"祖先权

---

① 张国信、张公民：《泽厚堂家谱》，个人资料，由张国信提供。
② 乔素玲、黄国信：《中国宗族研究：从社会人类学到社会历史学的转向》，《社会学研究》2009年第4期。
③ 同上。

力"作为现存群体的文化资源，是在特定社会中文化权力运用的方式，通过这样的运用方式，以建构社会身份标志。① 白盐井地家家设有祖坛，处处设有神堂。笔者在揭陶义老人家就发现专供祖先灵位的房间，祖先灵位列有迁居来白盐井的一世祖一直到六世祖的名字。揭陶义老人自小就被家人要求背诵揭氏祖先的名字。

以上的白盐井罗氏家族和张氏家族两个个案显示的罗家祖籍为江西，张家祖籍为南京，除罗家、张家外，当地的"四大家族"中的甘家祖籍为江西，布家则为当地的原住民。罗家、张家大致是在明代的万历、嘉靖年间落籍白盐井的。除四大家族外，白盐井境内的大姓还有季、陈、樊、彭、李、白、高、杨、刘、赵、夏、段、孟、何、唐、郭等二十余姓。希姓则有久、谷、奚、飞等数姓。而高、洪、布、白、杞、李、马、夭等姓，是当地的原住民姓氏。

族谱、宗祠、祭祀，成为宗族通过祖先权力形成对文化资源转换的普遍形式。直到民国时期，整个盐丰县共有宗祠54所，"其巨族宗祠规制，多属前任，置有祠产。每年春、秋分之日，由族长统率合族到宗祠内致祭祖先，以重血统主义。祠产多者并就祠内设学，以教同族子弟，遇有家计贫乏，无力办理婚丧事件者，得由族长动议，酌量周恤。若同族间稍有争议，亦可请求族长召集族众，就宗祠调处。盖宗法遗意，尚稍有存焉者也"②。一般人家均有归属的家庙，张家就有五座家庙（同姓不同宗），王家两座，甘、罗各一座（甘、罗无二姓），白家一座，以上家庙很具规模，一般为三重堂、四合院。每一族均有自己的族产，包括土地、山场，用于家族的公益事业。家族内部发生纠纷，就由族长来解决，一般而言，族内纠纷由族长出面就可以解决。祭家庙的仪式较为隆重，春祭（春分节）、秋祭（秋分节）均举行家祭，女子不包括在家祭的队伍行列，祭祀时在家庙供给早晚两餐饭食。有家庙的存在，祭祀仪式就不会中断。一些大的家族举行祭祀活动，还会邀请地方人士参加。大姓的宗祠会在宗祠里边设学校，以教授同族子弟。

白盐井有移民建立的会馆。会馆是成员来自同一地方的地缘性社会组

---

① 刘志伟：《祖先谱系的重构及其意义：珠江三角洲一个宗族的分析》，《中国社会经济史研究》1992年第4期。
② 民国《民国二十一年盐丰县地志》，载杨成彪主编《楚雄彝族自治州旧方志全书·大姚卷》，云南人民出版社2005年版，1658页。

织，这一社会组织成员在白盐井实际的生存策略中，也会实现行业的聚合。具体来讲，会馆在加强同乡从业者之间的联系，维护同乡利益，协调与当地社会关系，参与地方社会活动，形成同乡之间的救助与慈善方面发挥作用。初来到白盐井居住的移民觉得此地适合发展，会邀约他们在故乡的其他家眷过来。这样长期下来，来自同一地方的移民便多了起来，为了同一地域移民的地域认同和群体利益，会馆形式也就应运而生了。会馆因为会祭祀特定的神祇或乡贤，因此也以宫、庙、殿、庵来称呼。在白盐井有过的会馆为安福祠、萧公祠、福寿寺、川主庙等。

安福祠，江西移民来此建盖，做江西会馆，在此举行各类仪式。萧公祠，是湖南人来此建盖的，做湖南会馆。原名万寿宫，在现石羊古镇食品站位置。福寿寺，在旧井四川街，湖广客民创建，经战乱倒塌而废，民国中后期殿柱尚存。川主庙，在现石羊古镇的医院位置，作为四川会馆。四川会馆的成员有两类：较多的一类是盐工、挑水工，较少的一类是经商的，家境较富裕。比较典型的一个例子就是，萧家从四川移民到白盐井从事商业，家境富裕，为激励孩子读书，孩子只要写一个字就给孩子奖励一个镍币。

前来白盐井经商的，除了四川的，还有来自广东[①]、福建等地的，但人数较少，未建会馆。白盐井的一些小巷子或地名，如罗家巷、白家巷、汤家冲、陶园队、灶（赵）户冲等，皆以姓氏来命名，亦体现了同一姓氏群体的聚居情况。此外，四川街这一地名反映的是来自四川这同一地域的人群聚居样态。

三 移民的外扩与文化的交融

白盐井移民社会的生成，呈现两个阶段。第一个阶段是如族谱所呈现的，移民进驻白盐井，在当地安身立命的过程。这一时期，白盐井因人口聚集，人口结构发生改变：外来移民增多，人口数量呈现机械增长，移民同姓而居或同地域而居，同时以家族的形式实现代际的传承。第二阶段是白盐井当地地狭人稠的空间格局逐渐显现，移民群体进而向井地周边扩散开来，较大移民社会的空间生成。随着移民人口的大量增长，白盐井区人

---

① 例如，对来自广东的陈姓人家，当地人称"陈广马"。

口极度膨胀，形成地狭人稠的局面。当地出现的过街楼和吊脚楼就是缓解人地矛盾紧张的产物，吊脚楼沿河而建，增加了建筑面积，缓解了当地居住面积紧张的情况。面对地狭人稠的情况，就出现白盐井当地原有移民人口迁移到少数民族聚居地的现象，形成"井界之外，山多田少，地僻山稀，行不数里，即汉夷杂处之地矣"[①] 的居住格局。

个案：甘氏族谱与白盐井甘氏家族的流动

在《甘氏族谱》中，清晰记录了甘氏族源，"吾族世居江西省吉安府安福县龙田南部四十三都红桥里，自明嘉靖间，始祖绍唐公宦游来滇，因爱滇中山明水秀，气候温和，民风醇厚，土质肥美，乃聚居于楚雄府姚州之白盐井，累世相传，均以耕读为业，孝友传家"[②]。在《续修甘氏族谱序》中有"我石羊甘氏一族，自明代嘉靖年间，始祖甘公（讳）绍唐公落籍石羊至今已四百余年矣，子孙繁衍十六、七代，实为盐丰之望族"[③] 的记载。

迁居白盐井的甘氏二世祖甘霖，因"得高氏之山名曰甘家山，合族子孙俱得安厝"[④]，其中"高氏"是明清时候姚安土司。"甘家山"是高氏赠予甘霖，甘霖将此山改为"甘家山"，以供甘氏族人埋葬之便，现在的甘家山，仍能看到甘氏先辈的坟茔。甘氏六世甘茂，"中乾隆戊午科举人，历任师宗州晋宁州学正署，广西府教授"[⑤]，他去世后葬于昙华山的板房，距离白盐井六十公里地。据《甘氏族谱》记载，甘氏族人除了葬于甘家山、板房外，还有葬于金家地、飞凤山、松子地、裴家山、阿腻喇、大肚子山、飞凤山、排口拉、大丫口、余家山、黎武沙冲箐、大莜地、白石谷、碧幺等地方。这些埋葬祖先的坟茔近则在白盐井区内，远则离白盐井区百余公里路程。甘家坟茔的分布之广，可从侧面看出甘家的势力范围，

---

① 乾隆《白盐井志》卷一《地图》，载杨成彪主编《楚雄彝族自治州旧方志全书·大姚卷》，云南人民出版社2005年版，第408页。
② 材料来自甘自良提供的《甘氏族谱》甘氏族谱重修序言，甘芳撰于1948年，内部资料。
③ 材料来自甘自良提供的《甘氏族谱》，甘芳撰于1948年，甘自良、甘自重、甘镜、甘镒重修撰于1998年，内部资料。
④ 同上。
⑤ 同上。

生前的荫泽，也惠及生后的福地。以上地名中的金家地、裴家山、余家山等地名，都是以姓氏命名，最初是埋葬该姓氏逝者的主要地方。在石羊古镇当下仍在使用的地名中，也有类似以姓氏命名的山场（主要用作墓地）、村庄等，如罗家坟。

甘氏八世甘岳，"中乾隆甲寅科进士，原任山西太原府太谷县知县"。十一世甘耀祖"云南讲武堂十四期毕业，历任少校营长，定居昆明"。从以上记录条目来看，甘氏为了为官任职，外出做官者亦有之，太原太谷、昆明二地，于当时交通制约之故，算得长距离的迁移。

甘氏九世甘时康移居朵喇新田，他的长子甘漠亦居朵喇新田。十世甘辉居他的么。"朵喇新田""他的么"两个地名，现是与石羊古镇相毗邻的三岔河乡管辖地，距离石羊古镇三十公里左右。甘氏九世记载了甘氏的分支与迁徙，从甘氏九世开始，在白盐井聚居的甘氏出现分支，一脉迁居现三岔河乡的朵喇新田。

以《甘氏族谱》为中心来看甘氏的流动，其人的流动是多样的：甘氏始祖明代嘉靖年间落籍白盐井的长距离跨地域移民；甘氏去世者的坟墓形成较大地域的网状散布；甘氏为官者的为官迁移；甘氏族人的分支与迁移。甘氏迁移带来的是更大的生存与发展机会。坟茔的扩展是在世甘氏族人可支配势力范围的扩张，成为甘氏权力与地位的隐喻。甘氏为官者的迁移比之一般的百姓仅限于小地域内的流动（一般以市场为中心的移动），甘氏的为官者在移动空间上得到了延伸，同时带动了甘氏文化资本的流动与运用。甘氏的分支迁移，是甘氏支脉的新生与勃发，亦使甘氏在居住空间上得到延伸。

在田野调查过程中，白盐井及周边地名进入了笔者的视野。地名是人们对熟悉的地方所约定俗成的代名词，是空间与记忆的交汇所，不仅在日常生活上提供空间定位的功能，更可见证先民开垦的足迹，或宗族聚落、乡土情怀等历史发展的轨迹。[①] 透过地名这一相对稳固、延续性的文化要素，可以窥见白盐井的地方历史、地方移民、地方民族形态等。与白盐井相距二十千米的昙华乡赤石岩村委会，有叫"罗家坟"的地名，因白盐井罗氏后代移居赤石岩村，罗氏死者就集中埋葬在这里而得名。不断外扩的

---

① 弘敏麟等撰述：《台湾地名研究成果学术研讨会论文集》，2008年，"序"部分第1页。

移民聚居区将白盐井作为行政、文化的中心,"六十里"这一地名就可看出,六十里因村距离白盐井有六十里,故名。因此周边村落以白盐井为中心,每个村落均有一个想象的中心——生活生产的中心、政治的中心、族源的中心等。

在白盐井的地名命名中,主要分为汉语地名和彝语地名,并且汉语地名和彝语地名在空间分布上呈现交错分布,大体可以对应汉族和彝族交错杂居的聚居形态。现在石羊古镇镇域范围内的村落,以汉族为主聚居的村落,或是以彝汉杂居的村落,其使用的地名仍是最初始的彝语地名。由此,通过当地地名,可以大体呈现出民族分布的动态历史图像。根据《大姚县地名志》的记载,现石羊古镇镇域内的有部分彝语地名。拉乍么:如彝语地名,拉乍意为河、箐,么意为大,含义为居住在大河边。拉务底:彝语地名,拉务为箐,务底为上头,含义为村居箐上方。么西的么:彝语地名,么西意为竹子,的么意为地方,含义为居住在长有竹子的地方。小碧么:彝语地名,碧意为铺子,么意为地方,含义为开过小铺子的地方。俫么箐:彝语地名,俫意为石头,么意为大,含义是村居有大石头的箐边。利丕么:彝语地名,利丕意为荨麻,么意为地方,含义为村居有荨麻的地方。罗巴乍:彝语地名,罗意为虎,另意为石头,巴意为打,乍意为箐,含义为居打虎箐边,猎人常在箐内打虎,故名。八腊:彝语地名,八意为搬,腊意为来,含义为由外地搬来居住的村子。嘎的簸:彝语地名,嘎意为田房,簸意为坡,含义为村居盖有田房的地方。学俫簸:彝语地名,学俫意为放羊,簸意为坡,含义为村居放羊的山坡。阿基苴:彝语地名,阿基意为芭蕉,苴意为地方,含义为居生长芭蕉的箐边。①据笔者统计,石羊古镇镇域共计123个地名,其中少数民族地名(主要是彝语地名)有23个,具体包括:七十碑、阿迷西么、拉乍么、么拉么、俄刀么、拉务底、极格白、么西的么、大基簸、阿腻纳么、拉咩、小碧么、凹拉么、俫么箐、利丕么、罗巴乍、八腊、阿巴乍、嘎的簸、黑卡拉乍、学俫簸、阿基苴、利诗埂。占了所有地名数量的19%,汉族地名占了81%。彝语地名占的比重相当,是历史中彝族人在地域范围内广泛居住的例证。

从地名的命名来看,也能看出移民迁居到周边地区的居住模式。移民

---

① 大姚县人民政府编:《云南省大姚县地名志》,内部资料,1993年,云南省地质矿产局测绘队印刷厂,第176—198页。

大多是以同姓聚居的形式来居住，在地名中，存在大量以姓氏命名的村落就是例证。如王三庄：因有三片田属王姓所有，故名。叶家坡：以村居山坡及叶姓得名。李家山：以村居山腰及李姓得名。邱家地：耕地原属邱姓，故名。郭家：因郭姓多而得名。老苏田：有部分农田原属苏姓所有，故名。纳家庄：原是纳姓田庄，故名。潘家：以潘姓得名。杞李冲：以居山冲及杞、李两姓而得名。李家庄：此地有李姓田庄，故名。杨家箐：以居箐边及杨姓得名。陶家庄：原有陶姓田庄，杨家湾：居山腰及杨姓得名。① 以姓氏命名的多为汉族人居住地，以姓氏命名的方式形成居住区域边界的默许与划分。

于道光二十六年（1846年）立下的《叭腊么村同族购买鲁姓山场土地契约》中有当地民族关系的写照："自高曾以来，七姓同居，原无汉民。乾隆初年间，云县边民常来贸易，如李、刘、陆三姓祖父与我等祖深相契好，请于田主，因而家焉，虽无田亩，亦有园圃坟茔庐舍悉建于此。适兹上也，或三四代，或一二代，子复生子，孙复生孙，世及相沿，已成土著矣。彝汉同居，霭然相亲，深为和睦，虽为八姓，宛如一家。过斯地者咸啧啧称道，以为人心风俗朴实醇厚，实有高于西乡者。"②

迁移到井地之外的移民也同当地人一样，多靠打柴火卖于井区维持生计，卖薪于他们来说虽然是辛苦活，但确实是一笔非常有保障的经济来源。张国信老师向笔者专门提到了从白盐井区迁移到拉乍么村的季汉白，他利用拉乍么广阔的土地资源种植枸树，用枸树所造的"小白纸"质地优良，成为供应白盐井区毛笔书写的纸张来源，张国信老师自小就有用"小白纸"书写的记忆。季汉白的"小白纸"因较为畅销，他又扩大了生产规模，并将制造"小白纸"的技艺推广到其他相邻的彝族村，以自己的实业带动了彝族村落的发展，在当地传为美谈。

在白盐井当地移民不断外扩的过程中，移民群体亦将白盐井的文化扩散到了周边居住的民族文化中，如在少数民族的村落，逝者的碑刻亦仿照白盐井地碑刻资料展示功名与社会作为。今天白盐井业已消失的葬礼习俗，仍可以在距离白盐井20千米开外的赤石岩村等村落看到。在白盐井

---

① 大姚县人民政府编：《云南省大姚县地名志》，内部资料，1993年，云南省地质矿产局测绘队印刷厂，第176—198页。
② 苏平：《一份彝族人民争取自由民主的历史见证》，载中国人民政治协商会议大姚县委员会编《大姚文史》第七辑，内部资料，2010年，第324页。

过去的葬礼习俗中,遇家人去世,必须由家中长子披麻戴孝挨家挨户告知死者去世的消息,告知过程中需向对方磕头。而自1949年以后对葬礼习俗的改造以来,这一习俗用"讣告"的形式代替,即有人去世,仅需要写份讣告粘贴于人流量大的地方即可。而现在的赤石岩村等一些周边地区,仍保留着需要挨家挨户磕头告知死者信息的习俗。

第二节 城镇文化的移民性

一些研究将移民社会定义为外来人口占社会总人口的比重超过50%,而且外来人口在社会生活的各个方面占主导地位的国家和地区。而移民文化就是这些国家或地区社会成员中占主导地位的生活方式和价值观念。[①]而笔者所理解的和欲要强调的移民社会,并非简单从外来人口及移民文化凸显的维度来考量,笔者更愿意将移民社会看作移民群体与当地人交流共生、移民文化与当地文化交融共存的社会形态。在移民社会里,文化事项总是杂糅了移民要素和地方要素,其结果和表现就很难区分彼此,在当地的日常生活中,亦无区分的必要。

当地的城镇文化呈现典型的移民特性,具体有以下几个维度的表达:作为文化主要传播媒介的移民,将各个迁移地的文化带到白盐井,对已有文化做出了继承与保留;移民在当地的适应性过程中,与地方文化积极互动,互相融合,形成移民在地化的过程;在地化的移民不断向井地周边外扩,形成因移民外扩而形成的"城乡连续体"形态,具体表现为经济的互补互通,文化的一致性与连续性,更大地域范围内的人得以共享城镇化的成果。在移民的文化传播、文化适应、文化在地化过程中形成的移民社会,已经难以区分什么是外来的、什么是当地的。笔者选取"流动的饮食""多元的信仰""杂糅的风俗观念"来形成当地城镇文化移民性的直观画面。

---

① 赵建国:《人的迁移与传播》,中国社会科学出版社2012年版,第102—103页。

一 流动的饮食

日常的白盐井,官员、灶户、灶工、盐商、脚夫、逃荒者等群体在此汇聚。人的流动促进了当地饮食业的发展,就连白盐井的边缘地带也有十多家食馆,主要供给从南关前来背柴卖的脚夫饮食。井区的食馆主要集中在从观音井直到界井的区域范围,可谓食馆林立,食馆有专门的门面,也有街上摆小摊的。街上摆的小摊主要供应卖柴人,所以一早不开店,中午十点以后才开店。食馆饮食种类丰富,有卤肉、汤锅、米线、面条、饵块等,卖柴人通常在食馆里切块猪头肉、打壶酒,并请店主加热自己带来的饭团,店主再给碗肉汤,就是一顿不错的美味。一些卖柴人仅是吃自己从家里带来的饭食,只请店家热饭,店家也不拒绝,还会免费给碗肉汤。这样,食馆在无形中提高了自身的口碑和声誉。整个白盐井做饮食行业粗具规模的不下 100 家,其中不包括临时摆摊的。临时摆摊的在当地俗称摆"露水摊摊",如设有煎粑粑、蒸糕、肉饼、卤肉等的"露水摊摊",其中卖卤肉的"露水摊摊"就有十多家,卤猪肉、卤猪脚等,品种也丰富。

五马桥附近,是白盐井的高档食馆,以肉食品种居多,如凉鸡、宫爆鸡、油淋鸡等,每家均有特色,如某某家的凉鸡,就变成了当地的招牌。这一地段的饮食业很火,主要服务于当地的中等经济情况以上的人家及外来的马锅头。五马桥附近的饮食业特色源于这些饮食业多由外地人来经营,有来自四川会理及其他地方的厨师,也有提举带来的厨师留在当地开店的情况。

还有一类饮食业,是专门承包筵席的。在白盐井,很多有钱人家到了夏天,会到山间的清凉地避暑,其中龙泉寺是人们的首选。承办宴会的人家应主人之邀,便挑上担子,带上配菜,到龙泉寺为大户人家掌灶,这样承办宴会的人家在白盐井有五六家。还有会友、游玩的情况,多在农历二月到八月,也多由这些承办筵席的人来包办。这个群体在婚丧嫁娶的时候,也会到主人家掌厨。白盐井的灶户和有钱人家,每逢春节和龙王会期间,均有喜客的习俗,少则三五桌,多则几十桌。一般以家宴的形式出现,来的都是至亲好友,席面比较讲究,一般是四个冷盘、八个炒菜、两个汤。最为讲究的席面叫"官席",又叫"海参席",是在接待重要贵宾时才办的,其中必须有海参、鱿鱼、乌贼和八宝饭,很是讲究。海参席的食材多选自海产品，当地筵席选用海参席成为一种可以炫耀的资本，亦从另一侧面看出地理位置封闭、偏居一隅的白盐井，亦有物资流动的通道，伴随盐的运输，这些各地的奇珍异宝也跟随而来。

饮食业中有卖早点和夜宵的，较为活跃，成为当地饮食业的特色景观。早点卖得很早，专卖给一早出关的马帮和清早干活的盐工们，卖早点的从南关到北关有50多家。一些早点铺有自己独特的经营方式，如新桥的一家早点铺，店铺的米线味道很好，生意也就很好，但此家店只营业到一早的九点钟就打烊了。在白盐井，早点的种类也多，有包子、馒头、米线、油炸果、香春果①、糍粑、烧饵块等。

夜间仍有马帮熙熙攘攘，煮盐的工作也都一直热火朝天进行着，人的活动还一直在持续，形成很热闹的夜市。夜市集中在五马桥附近，因为此处紧挨马店（马店多在祠堂等），盐商、灶户、马帮、背私盐的脚夫成为夜市的主要消费群体，夜宵有面食、米线、蔬菜（卤菜、凉菜）、酒等，夜宵从晚上九点一直营业到凌晨的三四点。晚间卖甜食的也很多，因为吹大烟的人抽完烟嘴苦，就吃点甜食，如汤圆、荷包蛋等。

在清代光绪末年，西康（今西昌）会理人岳华廷、唐子舟、蔡甫廷三位师傅定居白盐井，他们自己研制了油炸果、香卷果、索子糖、白糖饺子、小油层、结珠粑、白糖饼、沙糕、豌豆糕、芋头糖、锅贴、抓饼、豆浆米线、鸡丝米线、米粉、米虾、凉黄粉、煎黄粉等30余种小吃。他们选料精细、制作认真、技术超群、公平交易，很快获得信誉，生意越做越红火。同时，他们还在白盐井带出了刘和清、苏怀清、马金芳、毛老四等一班徒弟。民国二十八年（1939年），从保山又来了一位名叫刘文兴的师傅，他又在白盐井小吃的品种、花样、色香味等方面增添了新内容。他春季经营米沙蛋糕、玉带糕、泡料蛋糕，夏季经营破酥包子、荞包子，秋季经营有重阳糕、蒸鸡蛋糕、梅花饼、燕窝酥，冬季经营烧麦、龙凤奇饼等，还带出了罗四、常济、胡珍、杨林四个徒弟。白盐井的风味小吃，有名气的有高家的卤肠子、苏家的宫爆鸡、宫爆肉，常家的破酥包子，宋家和范家的宫爆肚、炒小肠，张家的炒板栗，孙家的夜醪糟。胡珍制作的香春果、荞酥包子、皮糖、菜盒子、泡料蛋糕、破酥包子、杨梅糖、鸡骨糖

---

① 香春果：呈30厘米的长形，从腾冲一带传入的饮食，发面很讲究，发面后将面摊开，放到油锅里炸，薄处似纸，入口即化，口感有酥、脆的特点。

等 20 余种小吃，也很受欢迎。

在售卖的食物中，有一些做得非常出众，形成了较好的口碑，可以看出当地饮食方面的追求。如王之朝家的酱汤米线、林为善家的豆浆米线，每天天刚亮就挤满了就食的人。此外，高星斋家的卤猪肠子，香、嫩、鲜兼备；苏怀清家的宫爆鸡，鲜嫩可口；常守信家的破酥包子，皮破千层，油而不腻，是居民桌上的常食；宋金祥、范荣华家的宫爆肚、炒小肠，脆嫩可口，常吃不厌；张桂林家的炒板栗，珠红光亮，不破不裂不沾沙，皮薄肉鲜，香、甜、酥兼备，每年从板栗上市到春节前后，生意一直红火，从不间断；孙正友家的夜醪糟，辅之以饵丝、鸡蛋、汤团等加糖煮热后食用，其味独特可口，堪称一绝；还有工艺特殊、风味别具的盐焖鸡，更是享誉乡里。①

在白盐井因为人的流动，因此在当地有句俗话说"生活好淘"，即只要手脚勤快，无处不是赚钱的机会。白盐井饮食种类多、质量好，是白盐井经济生活富足的一个反映，白盐井区的人们生活富裕，生活来源多样，所以社会秩序也比较良好。在当下的石羊古镇，仍能吃到当地独有的特色小吃：酱米线、小土饼、菜盒子、椒盐饼、油炸果等，诉说着当地悠悠的移民往事。

二　多元的信仰

宗教是文化融合的重要阻力，甚至是异质文化融合的最后障碍，② 同时，宗教也是文化融合的重要衡量指标。在白盐井所表现的多元信仰也是移民文化与地方文化交融的结晶，佛教、道教、伊斯兰教、天主教、地方土主信仰在当地广为流传，在井区有建庙、建宫、建清真寺，当地志书里有七寺八阁九座庵的记载，据当地老人说宗教场所还不止这些。区区弹丸之地，居然有寺、观、庙、庵、宫、祠、楼、台、堂、坊、亭、阁百余所，总建筑面积达到五万余平方米。③ 信仰空间总是三三两两地聚在一地，

---

① 李忠吉、黄幼昆、陈九彬主编：《滇中文化论》旅游篇，云南人民出版社 2009 年版，第 190—193 页。
② 赵建国：《人的迁移与传播》，中国社会科学出版社 2012 年版，第 172 页。
③ 肖国用：《石羊历史文化建筑略考》，载大姚县政协教文卫体文史资料委员会编《大姚文史资料》第三辑，内部资料，2004 年，第 225 页。

甚至共用一屋。如土主庙左边为文昌宫，右边为总龙祠，郡主祠亦紧挨着圣母祠。据当地老人讲述，有时参拜者甚至可以毫无顾忌地轮流参拜不同的神祇。白盐井当地多种宗教信仰形式并存，多种神祇在此安身，在查阅大姚县历史资料时，能看到"大姚宗教无专一信仰者，凡一切神圣均崇奉之"①的记载，放眼观之，这也应该是中国传统社会中宗教信仰的常态。

白盐井佛教信仰空间有"观音寺、龙泉寺、龙吟寺、天台寺、妙华寺、白灵寺、宝莲寺"等。其活动有"佛诞日""成佛会""煌馨会"等。佛教信徒逢会期会到寺、殿、庙、阁赴会诵经外，平时居家信持，亦设小佛堂供奉。每天早晚一炷香，晨昏三叩首，有的信教者选择初一、十五吃花斋；有的选择在初三、十九吃；有的在正月、五月、九月吃花斋，有的在三月、六月、九月吃；有的选择常年戒口，忌荤吃长斋。

当地的道教分"火居""清修"两派，它们于不同时期传入白盐井区。清修的道观派，在白盐井区建盖了文昌宫、三元宫、玉皇阁等道观。清代，置道正司，社道会1个，管理道观清修者，组织道徒活动，其活动有神仙诞辰、禳祓、接驾、祭星等。②

伊斯兰教于元代传入白盐井的安丰井、土地祠等地，元代在白盐井就建有清真寺。明代的伊斯兰教颇为流行，在清代遭遇兵燹。1990年，当地恢复重建了土地祠的清真寺。

天主教于清代末期传入白盐井，首先进入井区传教的是两个法国人，一个叫田神甫，另一叫宰神甫。两人进入井区后先向尾井布乐堂家租房子做教堂传教。他们还到白盐井山区的阿利的、泥姑地、铁锁箐一带传教，并建了教堂。1949年前，已经在白盐井及周边的大村、烂泥箐、铁锁等地设有教堂，共发展了教徒1967人。③

土主庙于明代建造。原为魏忠贤的生祠，魏忠贤生前就称九千岁，在全国上下建造自己的祠堂，魏忠贤倒台后，他的生祠就改建为土主庙。土主庙为四重堂，供土主菩萨，在大门左右两边供有两个泥马。庙内有伤生碑，凡杀生均需将血淋到碑上。土主庙的东边为节井亭，旁边有牌楼，列有四块砂石碑，1.5米高，1.2米宽，记载从封氏开始一直到咸同年间贞

---

① 《大姚县坤舆说明书》，1919年抄本，藏于云南省图书馆。
② 大姚县地方志办公室：《大姚县盐业志》，内部资料，楚雄日报社印刷厂印装，2002年，第91页。
③ 同上书，第92页。

洁烈妇的姓名。

寻常人家多到土主庙许愿、还愿，如遇一些邻里纠纷也会在土主庙调解。在土主庙的中厅挂有两米多长的大算盘，有说"人有小九九，人算不如天算"，人们便将土主菩萨看作当地的公正形象来加以祭拜，也有百姓前来土主庙讨名的。土主庙后院塑有红衣财神、白衣财神，也俗称红老爹、白老爹，财神批披风，一手拿收着的伞，一手拿写有"善有善报"的牌匾。在财神旁塑有四个形态不一的小鬼，用铁链拴着，还列有钟和鼓。最里层的正殿列有三个判官，一手持笔，一手持书，正中间供奉土主菩萨，菩萨为木雕，工艺比较讲究，土主菩萨的坐骑有银鞍、银镫、银铃。平时供奉土主菩萨时候的坐像与游街时的坐像都可以灵活调整。每年在给土主菩萨祝寿的时候，都会给土主菩萨换上新的衣服，换下的衣服由白盐井的滇剧团继续使用。

在土主菩萨塑像的背后，有于清代道光年间刻立的封氏节井浮雕，在真实的历史故事基础上，加入了土主菩萨显灵的神迹，除了记载历史事实外，更意在说明土主菩萨在当地的威灵。

彝族信奉土主，目前普遍认为土主是彝族的原始崇拜，而白盐井的土主庙最初也是由白盐井的土著修建而成的。而在外来汉族移民大量进入前，即唐宋元明初期，白盐井是以土主为主要崇拜神的，这一时期，其他庙宇相对较少，土主庙规模最大，建筑也比较早，不过在清朝康熙年间被水淹没，其后多次重修。土主庙至少在清代，已不仅仅是彝族的土主崇拜了，而更多的发展为一种白盐井的地方神，这一点或许可从镌刻于清道光二十一年（1841年）的封氏节井浮雕中窥见一斑，土主显灵吓退张虎便是土主菩萨作为地方保护神保护地方的一种明证。

今天石羊古镇的石羊小学一带有过去白盐井较为有规模的宗教建筑群。郡主祠较能代表当地的盐业社会特色，于明洪武七年（1374年）建成，初建有正殿三间，中设洞庭神女像，右供石羊古迹之神。这位相传发现盐的洞庭龙女在明清乃至民国时期都受到了地方社会的隆重祭拜。据张国信老师回忆，他小时候见过的郡主祠，有四层楼高，集会的时候各地来拜的群众可谓络绎不绝、人山人海。如此富丽堂皇的郡主祠却于1961年被白盐井的一场大水淹没了，而今想要祭拜龙女郡主的人们只能在盐文化博物馆中挂着的一幅龙女牧羊图前面供奉香火。

这一带的宗教建筑群还有总龙祠，为三重堂，无耳房，坐北向南，供奉卤泉龙王。总龙祠一墙之隔为土主庙，土主庙一墙之隔为文昌宫，兼道兼儒，儒教活动与道教活动均在此举行。附近还有老君庵，为道教建筑。乔井行宫也在此，五个井都有各自的行宫，当地老百姓也叫神台。龙王会时期要迎请龙王，从观音井开始，将龙王塑像抬到观音井的行宫，停留一个多小时，然后再依次抬到其他四个井区的行宫。圣母祠，又叫娘娘庙，正殿供奉送子娘娘，偏殿供奉有痘儿哥哥，过去人家有小孩患水痘、天花的，均会来此祭拜，解放后作为公安大队办公场所。准提阁，为道教场所，专供道教徒使用。清末，准提阁用做保卫团的办公场所，20世纪20年代，准提阁另作财政局，解放后作为公安大队办公场所。

据张国信老师回忆，他小的时候随时都有节过，很是热闹。白盐井比较典型的节庆活动多以会期的形式开展。农历的正月初一为元旦，家家户户均会贴春联，还有栽青松的习俗，号称年松，以示吉祥，在屋内则会铺满松毛，男女老幼着新衣。这一天，家家户户会前往寺庙拜香祈福，族中的亲友会互相拜访，晚上闹花灯、舞龙和舞狮，也有外地艺人来此踩高跷、舞龙舞狮的。农历二月初八有踏春的习俗，少男少女盛装出行到文殊阁与小七笼一带，带上饭食到此就餐。农历三月清明节均在门头上插柳，到坟前扫墓。五月初五的端午节，在门前挂菖蒲，吃粽子，也吃包子和饺子。农历六月二十四是火把节（星回节），入夜点火把，以示丰年，还有点大火把的娱乐形式。井区全然不事农业，井区的火把节亦不为了农事的丰收，而更多的是对传统节日的自觉维系。农历七月十五是鬼节，届时放河灯，抛撒生好的麦芽，以祭魂灵。农历八月十五是中秋节。农历十月扫墓，供斋烧钱祭祖先。十一月冬至节吃糍粑。农历十二月二十四，祭灶神。在多样的节庆活动中，融入的是当地民众多元的信仰观念。

三 杂糅的风俗观念

白盐井城镇文化一方面呈现外来移民特色，另一方面却又呈现与当地文化的汇融性。例如，在地方志书中有当地食槟榔的习俗，且将敬献槟榔作为礼俗的一种方式，但凡喜事，主人家会向客人敬献槟榔。喜事前主人家到糕点店定制蛋糕、槟榔、蜜饯等。据当地人说，这一喜食槟榔的习俗可能是由越南传入的，也可能是因为当地有湖南移民，井地风俗受其影响的原因。又如当地的服饰与大姚一带的服饰不同，白盐井的妇女都包黑色包头，三四指头厚，四十厘米宽，所以外地人就戏称白盐井的妇女是"手拿酸腌菜，头顶大锅盖"，而大姚一带却没有包黑色大包头的习俗。直到民国时期，包大的包头布的习俗有所变化，改为用小一点的黑色纱布包头。白盐井周边彝族的风俗观念也受白盐井民众风俗观念的影响，彝族的葬礼融合了汉族的葬礼礼俗和本民族的葬礼礼俗。彝族历史上多采用火葬，自明代中叶以后，渐受汉族的影响，逐渐通行棺木土葬。但仪式中仍有毕摩主持仪式，葬礼较为复杂。

"滇南多楚俗，而大姚俗近江右，则入籍者吴人为尤多也。自城郭以致乡村，凡冠、婚、丧、祭，多遵用朱子'四礼'"①；"婚姻遵'六礼'，先求庚帖，次通媒妁，继请亲长之尊贵者，向女家致意既诺，择期行媒下定，将娶，请期纳聘，而后具启迎亲。其仪物丰俭各因其力，独彩轿争华、古盒繁拙为此地乡俗。至若婚娶论财，彝房之道，乘丧嫁娶，即属逆礼，今白井概无焉"②。明末清初，军屯废弛，房屋以瓦房为多，也有小平房和茅草房，富裕人家多住瓦房，自成"三坊一照壁、二重堂心形式"，也有住"四合五天井，走马转阁楼的"③。据清乾隆《白盐井志》记载，"男无狡猾，女无粉饰"。旧时白盐井地区民众的服饰并不夸耀锦缎布帛，男子多穿粗布衣，妇女多将长发盘在头顶梳成"云髻"，穿"袄衣"，上罩长褂，领缘饰以花绣，分肩成幅，贴褂前襟。行路则以纱布蔽面，持伞遮身，此外别无艳妆华饰。④民国时期，汉族富者多着袍褂，一般多着中山服、大裤脚，戴瓜皮帽或遮阳帽，穿尖口鞋，女子也穿旗袍。穷者，穿自制的麻布褂、草鞋。农村汉族男子，头戴大包头，身穿大襟衣、大裤脚，女子着花围腰、姊妹装，头戴盖布，发挂别针，显得朴素、简洁。

在白盐井，因深受中原移民文化的影响，白盐井内所建立的牌坊数量较多，具有代表性的有：金声玉振坊、文明坊、文治昌明坊、智仁勇坊、

---

① 道光《大姚县志》，卷二《地理志下》，载杨成彪主编《楚雄彝族自治州旧方志全书·大姚卷》，云南人民出版社2005年版，第110页。
② （清）刘邦瑞：雍正《白盐井志》，张海平校注，楚雄州地方志办公室编印，内部资料，2014年，第2页。
③ 大姚县地方志编纂委员办公室：《大姚县志（1978—2005）》，云南人民出版社2010年版，第286页。
④ 大姚县地方志办公室：《大姚县盐业志》，内部资料，楚雄日报社印刷厂印装，2002年，第94页。

灵源普泽坊、精华重地坊、干旋文治坊、迎思坊、绿萝坊、宝象坊、荣春坊、思善坊、训让坊、宝关坊、节孝坊等。

综上所述，在中国长期以血缘、地缘为基础的传统农业社会中，人的流动无疑是社会交往和文化接触最直接、最有效的方式。对白盐井人的流动的观照无疑以流动的元素重新审视了乡土中国相对静止的元素。我们可以看到在"安土重迁"的观念背景下，仍有频繁而形式多样的人口流动形式存在。

白盐井的城镇文化中，移民性文化成为内核。追溯白盐井城镇化的历史渊源，必是以当地人口述的移民历史及族谱溯源连接起来。与其说白盐井是以盐业资源为基础形成的城镇，倒不如更进一步说，白盐井是以盐为资源禀赋，以移民为推动力而形成的城镇。在移民因素为推动力的城镇发展中，来自不同地区、不同姓氏，带有不同文化习俗的群体汇聚于此，各司其职，各安其位。伴随时间的推移，地狭人稠的白盐井的移民容量逐渐达到了峰值的时候，移民的外扩也随之形成，形成由点到面的"摊大饼"形态，使移民文化形成区域性的文化形态。

在白盐井，因移民及人的流动形成的丰富饮食形态，移民与当地人互为影响而生成的多元信仰与杂糅的风俗习惯等，这些当地的移民性表达成为当地城镇文化的内核，是城镇文化发展与延续中充满生命能量的表现形式。如今的石羊古镇，以经济价值而存在的盐业资源不复存在，反倒是历史岁月中积淀下来的城镇移民性特质，成为石羊古镇发展的动力资源。城镇的移民特性仍成为当下城镇化的延续性因素，移民社会中遗留下来的多元宗教空间、多元信仰、多样饮食形态、杂糅风俗习惯，成为当下石羊古镇城镇化进程中旅游产业的活态元素，一直影响着石羊古镇。

白盐井的城镇化进程，正好体现了移民的正当性表达。其一，白盐井历史上的城镇化进程中，以移民正当性的道德观念实践了对移民的接纳，而非生硬设置障碍给予力斥。从白盐井个案来看，移民并未成为当地城镇化进程中的风险因素，哪怕是不远来到白盐井的"流民""逃难者"，在当地也能分到得以生存发展的一杯羹。城镇化进程中，对移民以"正当性"的观念看待，决定了城镇是以"堵"还是"疏"来对待移民。其二，各个移民文化间的文化排他性是偶然的、暂时的，相反，包容、吸纳、融合才是移民社会的常态，移民社会因之成为当地城镇化进程的典型。从白盐井城镇化进程中移民正当性表达的个案来看，移民在白盐井立足定居，

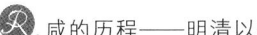

从移民成为当地人的过程，并未有重大移民问题出现，因移民引发的冲突等社会问题在志书及口述史记载中仅为偶发形态。白盐井不分你我、互为融合、凸显活力的移民性文化成为当地城镇文化的核心内涵。①

---

① 关于"移民与城镇化"的相关研究，可参见笔者相关研究成果。见李陶红、刘晓艳《移民城镇化——以云南白盐井为例》，《民族论坛》2020年第4期。

第五章　因盐而衰的城镇化

自清朝末年，白盐井走向了"因盐而衰的城镇化"阶段。盐业市场逐渐隐退，食盐产量递减，销售圈缩减，集市渐失风华。在盐业社会的转型过程中，白盐井经历了盐厂时代的转型历程，但未完成蜕变而终告结束。1961年的水淹石羊，更是将石羊推到了灾难性的风口浪尖。随着盐业社会的衰落，当地从"以卤代耕"的生计方式中走出，渐发展出多元的生计模式。在当地盐业社会的衰落时期，当地的人口情况也发生了显著变化。

第一节　盐业市场的隐退

一　食盐销售圈的缩减

自清末，白盐井的食盐销售出现危机，"自交藩失而滇与法邻，缅藩失而与英邻，交私、缅私遂充斥于西南。疆吏虽持条约断断辩论，而愚民贪食贱，井运几滞。欲筹抵制之方，戛戛乎难哉"①。白盐井在食盐产量最高时，年产食盐约1200万斤。自清末，白盐井食盐产量开始递减。咸丰同治年间的战乱以来，白盐井虽在恢复生产，但其产量最多也不过白盐井盐业高峰时期的一半左右。②

民国时期，滇盐的生产和销售大致处于稳定且产量相当的状况，但我

---

① 光绪《续修白盐井志》卷首《重修白盐井志序》，载杨成彪主编《楚雄彝族自治州旧方志全书·大姚卷》，云南人民出版社2005年版，第550页。
② 白盐井盐业生产峰值在清代道光二十三年（1843年），为12642151斤。而自咸丰同治兵燹后，恢复生产的盐产量峰值在清代光绪二十一年（1895年），为5064840斤。

们仍不能断定滇盐就处于兴盛时期，认真分析这个阶段滇盐的情况，就可以看出民国时期滇盐生产与销售的良好状况仅仅是短暂的，昙花一现式的。《续云南通志长编》也指出了民国时期滇盐的实际情况，"综观云南盐务，在全国仅占总产量百分之一而强，本不为繁重，乃以井场散漫，情状纷歧，致产不供销，运艰价贵。民国以还，几经改革，抗战而后变更尤大，究不足以挽衰颓、济民食，其利弊何在，览其往继可为借鉴"①。

滇盐在民国时期昙花一现式的短暂风华背后，靠的是以下因素的支撑。一是，在民国时期，云南盐的产量和销售量靠行政力量强制收回原被外盐占得的市场，并强化食盐销售专区。云南革除清代盐务弊端，将"向销川、粤盐之黔西、东、昭、开、广等属，俱为滇产扩充收回"②，同时以区划的形式重新确定了食盐的运销范围。民国初年沿袭旧制，以食盐的主要生产地为划分的依据，将全省划为黑井、白井、磨黑三区。民国三十五年（1946年）盐务开放以后，由于各个地区盐的质量有所不同，运输距离的远近不同，薪本的高低也有差异，这导致盐价的差异性较大，时常有低价盐冲击高价盐造成井场滞销的情况。为平衡产销，遂将全省划分为滇中、迤西、迤南三区，均按井场的行销范围配销盐斤。在盐斤统制和实行专卖期间，销区划分比较严格，但基本上仍按历史上自然形成的行销范围调配。二是，随着抗日战争战事的日渐扩展，云南作为战略后方，成为众多难民、学校、机关集中的地方，无形中推动了盐的销售数量。尤其是在民国二十六年（1937年），"省府以滇为后方重镇，食盐产销关系至要，经令运署统筹全局计划，抗战期间增加本省井盐产量，以备需要"③。在全省增加盐产量的计划背景下，白盐井核定的食盐产量为"现额正额九百五十万斤，活加额八十万斤，共一千零三十万斤，拟增产二百万斤"④。随着核定产量的增加，相应的税收负担也增加，白盐井同云南其他盐井一样，除有正税、军饷外，还要附加中央赋税、建设专款、整理仓坨费及本省盐股捐、禁烟抵补费、工程费、公路费以及医院经费等。这与其说是白盐井盐业产量增加形成地方活力的契机，倒不如说是因盐业产量增加，白盐井

---

① 云南省志编纂委员会：《续云南通志长编（中）》卷五十六，盐务，内部资料，云南省科学技术情报研究所印刷厂印装，1985年，第1073页。
② 同上书，第1072页。
③ 同上书，第1088页。
④ 同上。

第五章 因盐而衰的城镇化

背上了更为沉重的负担。

民国时期，白盐井的食盐产量情况具体如下：民国十四年 2600000 担，民国十五年 3100000 担，民国十六年 2700000 担，民国十七年 3921330 担，民国十八年 3800000 担，民国十九年 6379040 担，民国二十年 7831020 担，民国二十二年 99322 担，民国二十三年 96862 担，民国二十四年 107412 担，民国二十五年 87772 担，民国二十六年 96210 担，民国二十七年 82206 担，民国二十八年 67612 担，民国二十九年 84982 担，民国三十年 78354 担，民国三十一年 99985 担，民国三十二年 82737 担，民国三十三年 72405 担，民国三十四年 31730 担。[①]

1949 年以后，白盐井的食盐产量情况具体如下：1950 年 3299 吨，1951 年 4499 吨，1952 年 4672 吨，1953 年 5375 吨，1954 年 4394 吨，1955 年 3584 吨，1956 年 2070 吨，1957 年 752 吨，1958 年 1590 吨，1959 年 1680 吨，1960 年 700 吨，1961 年 390 吨，1962 年 600 吨，1963—1969 年无数据，1970 年 1170 吨，1971 年 1531 吨，1972 年 1477 吨，1973 年 1729 吨，1974 年 1814 吨，1975 年 1983 吨，1976 年 2008 吨，1977 年 2247 吨，1978 年 1785 吨，1979 年 1915 吨，1980 年 2162 吨，1981 年 2402 吨，1982 年 2456 吨，1983 年 2379 吨，1984 年 2444 吨，1985 年 2500 吨，1986 年 2895 吨，1987 年 3006 吨，1988 年 3002 吨，1989 年 2974 吨。[②]

随着盐业的没落，白盐井自清朝末年起关停一定数量的井硐，到了民国时期，白盐井关闭的井硐已经达 30 个。民国时期，安丰井的关停即是重要一例。据历史文献记载，云南区呈报封闭白井场安丰井之备案载："案查昨据白井场灶务委员甘师尧等呈报，自朱前运使任内核准开办安丰井，□归正场管理，先因正井供过于求，安丰产量，实妨碍正井煎晓，请予封闭等情到署。当经饬白井场长查复去后，兹据该管场长李苍呈复称'案奉钧署第一六一四号训令略开，据该场灶委甘师尧等呈，为开煎安丰妨害正井，请停煎封闭等情一案后开合行抄发原呈，令仰该场长即便遵照查明，议□呈复核办等因奉此，自应遵照办理。查安丰井在目前白井供过

---

① 云南省志编纂委员会：《续云南通志长编（中）》卷五十六，盐务，内部资料，云南省科学技术情报研究所印刷厂印装，1985 年，第 1115—1118 页。
② 云南省地方志编纂委员会：《云南省志·盐业志》，云南人民出版社 1998 年版，第 93 页。

求之际，固无开煎之必要，但在过去为仰□钧署力图增加产销之功令起见，亦未便泥于白井灶户之成见，而率请封闭，□来税捐增高，易生流弊，该灶委等原呈所谓管理困难，妨害正井，尚属实情，且仓存尚多，已不虞煎不济销，实有将该安丰井暂行封闭之必要。查该井系位于河边之露天井硐，封闭极易，昨六月底因□雨季停煎之时，即已用沙土将井眼填平，并将河流改由井面通过，此后只须俟雨季过后河流水小时，再用乱石填平筑坚，并随时查察以防私掘，即为已足。现场长已奉令移交，拟请令饬新任赵场长，俟雨水过后即实行封闭，查照办理。奉令前因，理合将议拟封闭安丰井办法，具文呈□，请祈钧使俯赐鉴核施行'等情到署，查该安丰井既经该管场查复，确系妨碍正场煎销，影响征收，自应准予封闭，以维正场销征。"①

白盐井内子井安丰井关闭，暴露了白盐井食盐产销的困境。白盐井盐业一方面来自产量定额的压力，盐作为国家维持国计民生的政治商品，它的生产与销售早已经纳入国家的计划部署中，白盐井食盐也被列入国家管理的一部分。当地的盐官、灶户等群体围绕的就是怎样力避各种因素，顺利完成规定的额定量。同时，食盐的生产也面临着市场的风险因素，面对可变的市场，作为盐业生产的小作坊很难预计市场的风云，而最终，生产与销售之间的矛盾与风险就都转嫁到了地方，灶户深感灶力难支，面临产不够食盐也愁、产多了食盐也愁的两难境地。关闭井硐也就成了规避种种矛盾、风险、困境的无奈之举。

表5—1 　　　　民国年间白盐井五井区井硐关停数量统计②

井区	废弃井硐
观音井	五福井、天生井、盘井、余川井、同寿井、双宝井、五家井、大新井、石谷井、永盛井、古井、公子井（计十二井）
旧井	贵人井、新井、仙德井、花园井、新剜井、大石井、小新井、羊羔井（计八井）
乔井	大新井、小新井、弥勒井、莲池井（计四井）

---

① 《云南区呈报封闭白井场安丰井之备案》，《盐务汇刊》1936年第104期，第63—64页。
② 资料来源：民国《盐丰县志》卷一《地理志》，载杨成彪主编《楚雄彝族自治州旧方志全书·大姚卷》，云南人民出版社2005年版，第1096—1100页。

续表

井区	废弃井硐
界井	三盘井、张家井、同福井（计三井）
尾井	洞井、来福井、下井（计三井）

伴随井硐的陆续关停，到了民国时期，白盐井灶户仅有六十六家，共有八百三十六石的卤水份额。其中观音井二百一十六石、旧井一百八十二石、乔井一百六十八石、界井一百五十石、尾井一百二十石。[①] 在民国时期，白盐井还出现了因灶户资金运转困难无法继续生产食盐的情况，但为继续维持食盐的生产，不得不于民国二十四年（1935年），开始筹办白盐井薪本借贷金。白盐井灶户以借贷名义获得盐业生产的薪本，待食盐销售之后再陆续偿还。但这一举措未能从根本上解决食盐生产的资金问题，灶户陷入旧账未了，新账又来的困境中。

白盐井的食盐销售圈逐渐缩减，伴随收缩的食盐销售圈，最后的市场已经收缩到仅依靠盐丰县县域人口。从盐丰县人口情况来看，食盐所供食的人口亦相当有限。

表5—2　　　　　　　　1919—1948年盐丰户口及人口统计[②]

年份（年）	户数（户）	人口（人）	资料来源
1919	5200	26094	楚雄州档案馆
1932	5995	33371	云南户口调查表
1936	5645	29465	云南户口调查表
1938	6334	37244	云南户口调查表
1939	5643	29465	乡镇保甲户口统计表
1940	5855	33372	云南户口统计表
1943	5784	33278	云南人口统计表
1944	5749	32248	云南人口统计表

① 云南省志编纂委员会：《续云南通志长编（中）》卷五十六，盐务，内部资料，云南省科学技术情报研究所印刷厂印装，1985年，第1086页。
② 资料来源：大姚县志编纂委员会《大姚县志（送审稿）》卷四《人口》，1996年，第7—8页。
注：中间所缺年份人口数据调查无果。

续表

年份（年）	户数（户）	人口（人）	资料来源
1945	5735	31216	云南人口统计表
1946	5707	31129	云南人口统计表
1947	4749	29470	乡镇保甲统计表
1948	5647	31448	乡镇保甲统计表

同是井盐，但滇盐在交通运输方面就输于川盐，四川水运交通发达，凡盐产地都有便利的水运交通，利于大批量盐的外销。而滇盐唯有路运交通，所有食盐要靠人背马驮，增加了运输成本。"惟滇省山多路窄，不通舟楫，小民运销井盐，肩背马驮"①，"滇省不通舟楫，动需马脚托运"②，"滇盐由商认票办运，而地无舟车，全恃人力，煎无煤草，全恃木柴，故运费工本皆重，而盐课率以一分，又重于他省"③。同时，滇盐的燃料使用，也是其成本增加的主要原因。因生产成本较高，加之盐课较重，"查滇省课税，较诸川盐课相去二十余倍"④，导致滇盐的价格也较贵。这点，清代乾隆皇帝也有所忧，"朕闻滇省盐价昂贵，每百斤自二两四五钱起，竟有卖至四两以上者。边地百姓，物力艰难，僻壤夷民更为穷苦，每盐价太贵，有终年茹淡之事"⑤。如此一来，滇盐与川盐、淮盐、粤盐等相比就失却了竞争力，仅仅限于云南省内行销。而在云南省的东北方向、东南方向、西南部和南部，经常受到川盐、粤盐乃至缅交外盐的不断冲击。

民国时期，白盐井盐的销售受制于交通的问题已经暴露无遗。"民国二十四年（1935年）七月实行统制盐务，销固重要，运尤关系非轻。盖本省近年素以患煎不患销之黑井区，亦时感觉推销困难而惟输销是务，何况磨黑区僻处思普，白井区远在迤西，山川修阻，运道艰难，尤宜改进运输，以广销路。……其白井盐亦利用车运，移而东销，让出西路马脚驮

---

① 道光《云南通志》，卷71。
② 《新纂云南通志》，卷148。
③ 《清史稿》，卷一二三志第九八《食货志四·盐法条》，第3609页。
④ 《新纂云南通志》，卷147。
⑤ 道光《云南通志》，卷71。

运"①。民国二十年（1931年），白盐井每运盐一百斤，每站需要滇币五元，② 高昂的运费使白盐井食盐价格上升，在同类盐中价格偏高，失去了市场的优势。

白盐井传统的运盐方式是人背马驮。骡马驮运一般是将盐平锯为四块，作三角形，每块约重50斤，用皮条系在马鞍架两侧，筒盐也是用皮条拴系，每驮四至五筒，乔后井所产小型筒盐则多以篾筐装运。马帮在露宿时将鞍架卸下并排成拱形，赶马人即睡在盐驮下。除骡马驮运的方式外，还有人力背挑的方式。在山间小路多用人力背挑，将盐平锯为两块，每块约重一百斤，缚于木架上，用绳结三个环，背盐人以背向架，双臂套入环中，背负而行，平坝则多以肩挑运。③

直到民国时期的白盐井，还是以人背马驮的形式来运输食盐，而同时期的元永井盐场、一平浪盐场，则已经通公路，改用汽车运输，白盐井的盐业已经在交通上落后。同时期，用人背马驮的形式来运盐，运输成本也较高。运盐一百斤，每站六十里需滇币五元，则白盐井盐运往姚安一百二十里、大姚九十里、祥云二百里、宾川二百六十里、永北六百里、华坪四百里、会川六百里，单运费少则五元，多则五十元。昂贵的运费也进一步限制了盐的市场，白盐井盐渐失去了市场外扩的空间，仅在邻近区域形成有限的食盐消费圈。而直到当地盐厂时代的到来，盐运输工具改为东风车，现代交通工具才得以取代旧有的人背马驮。

不可否认，交通不便成为白盐井食盐销售的最大阻碍因素，成为地方发展的瓶颈。即使早在1958年，石羊至大姚的公路已经修通，可供货车等大型车辆运输，但石羊镇域范围内的交通一直都是地方市场扩展的瓶颈。截至1995年，石羊镇镇域下辖16个办事处，其中仍有6个办事处未通公路：石羊至大坪6千米，三股水至郭家28千米，郭家至永丰39千米，永丰至拉乍么30千米，坟箐至杨家阱17千米，杨家阱至八腊么54千米。村民每年买农药化肥和生活物资，卖各种土特产，都靠人背马驮。

在燃料方面，白盐井食盐生产在燃料方面几乎缺少变革，明显制约了食盐的生产与销售的持续拓展。直到1949年以后，石羊盐厂仍然还在沿

---

① 《续修云南通志》，云南盐销售地，第1152页。
② 同上。
③ 云南省地方志编纂委员会：《云南省志·盐业志》，云南人民出版社1998年版，第168页。

用筒子锅煮盐、柴薪煎盐的生产技术,曾在南边的小黑箐、东边的安丰井、北边的三岔河等处设过柴薪收购点。1954年,姚盐公路正式通车,盐场开始掺杂煤炭制盐,但由于运输车辆有限,制盐用煤也极为有限,所以仍以柴为主。这一时期,植树造林,恢复荒山仍是当时盐业生产的要务。在1965年的《各区乡夏季造林分配表》①中可看出,当时盐丰县涉及植树造林任务的区乡包括第一区、第二区、第三区、第四区、柳树塘、黎武、古衙、岔河、白石谷、官庄、潘家、陶金冲、土枧槽、坟箐、杨家箐、石羊镇、盐丰中学。所分派种植的树种为松树类,主要是飞松、果松。所种的树籽从100市斤到350市斤不等。在《大姚县石羊公社林业发展规划(1959—1962年)》②中指出了三年间的全面园林化规划:造林11万亩,栽种26万株果树、28500亩用材林、30000亩经济林。计划拥有林业队13个,共计200人。1971年,石羊盐厂改灶烧煤,结束了用柴煎盐的历史。1994年7月后,省盐务管理局对食盐生产进行了调整,限定石羊盐厂所生产的食盐只能在大姚销售,同时,限定石羊盐厂食盐产量年不超过2500吨。③石羊盐的生产与销售及作为经济商品价值出现的盐早已优势全无。

二　渐失风华的市场

随着白盐井盐业社会的衰落,盐业行业集聚效应渐失。加之1949年以后随着政策原因而形成的封闭市场,成为当地集市活跃的枷锁。私营经济是市场活跃的一面镜子,可以作为市场参考的因素。1952年,大姚县的私营商业有252户,盐丰县就有324户。④ 1953年,盐丰县有工商业者545户,从业人员1950人。⑤ 盐丰县的工商业者几乎都集中在白盐井,在当时盐丰县的私营商业户与大姚县的私营商业户的横向比较中,盐丰县的私营商业户占绝对优势。但这是白盐井盐业社会繁荣兴盛景象延续至此的

---

① 《各区乡夏季造林分配表》,1965年,大姚县档案局资料。
② 《大姚县石羊公社林业发展规划》(1959—1962年),大姚县档案局资料。
③ 大姚县地方志办公室:《大姚县盐业志》,内部资料,楚雄日报社印刷厂印装,2002年,第49页。
④ 大姚县地方志编纂委员办公室:《大姚县志(1978—2005)》,云南人民出版社2010年版,第705页。
⑤ 同上书,第579页。

回光返照,与其纵向的历史比较来看,白盐井此时的私营经济已经是在走下坡路。1958年,盐丰县、大姚县合并为大姚县,原盐丰县改名为石羊镇,至此,在行政关系上,石羊镇隶属于大姚县。在此地域范围内,石羊镇的经济地位仍是不可动摇,但与长时段的历史相比,石羊镇已经呈现衰落之势。

自1953年国家对粮食实行"统购统销"后,当地活跃的市场渐失,当地商品均列入"统购统销"的范围之内。1958年《大姚县石羊中心商店四季度采购计划表》中,石羊镇当地计划采购的商品有:核桃、草席、木炭、布料、蓖麻籽、魔芋片、辣子、白酒、粉丝、铁农具、竹木农具、药材、干菜、葵花籽、猪、牛、羊、鸡、鸡蛋、大麻、棉花、烤烟、野生麻、野生油科、硝、稻草、石灰。

在国家"统购统销"大背景下,国家力量深深嵌入当地,国家各种形式的机构纷纷在此设置。1969年,石羊镇的机构设置包括:盐丰革命委员会、供销社、食品站、贸易站、邮电支局、旅社、财政所、缝纫社、修建队、百货站、粮所、盐厂、防疫站、卫生所、兽医站、烟站、马帮运输队、木器社、食品厂、贸易站、联合诊所。国家机构纷纷在此设立的过程也即公取代私的过程,就此,市场从自由活跃走向了相对封闭。供销合作社成为农民入股集资办起来的集体经济组织,供销合作社在向农民收购大米、蛋禽、麻布、药材等的同时,也向民众销售食盐、红糖、白糖、香烟、土布、针线等商品。

供销社于1951年在石羊镇成立,就一直在计划经济体制下运行与经营。一切都是从计划供应出发,你买我卖还要有分配数,有指标才卖,否则堆积如山也不卖,坐店等客上门。除供销社外,没有其他商业,没有其他机构、个人和供销社争市场、争收购、争销售,正是"独此一家,别无分店",要买商品就得找供销社。据曾在供销社工作的刘荣华回忆:"在供销社时期,人们凭酒票打酒,凭茶票买茶,凭烟票买烟,凭肉票买肉,凭布票买布和针织品,票上有多少就买多少,有钱无票也只得望望,如果你悄悄地多卖了一点给谁,谁总是千恩万谢的,有好的菜蔬总忘不了要先送来给你尝,所以说供销社、食品组、粮管所的人那时是最吃香的。"[①] 当时

---

① 刘荣华:《回忆在计划经济体制下的供销社经营》,载大姚县政协教文卫体文史资料委员会编《大姚文史资料》第二辑,内部资料,2000年,第121—123页。

的市场由国家计划和包办，消费行为成为可以计划和安排的对象，在此基础上的生产活动也即依计划而为，作为生产要素的劳动力围绕生产需要而安排。

传统盐业时代，白盐井"日日为市"，伴随盐业社会的衰落，"日日为市"的繁荣渐失去了气象。1990年，大姚县政府以文件的形式重新安排了县域乡镇内的赶集日期——将大姚县14个乡镇的赶集日均安排在星期天这同一天。这样，石羊镇逢星期天赶集，而周日这天，也成为大姚县域各个乡镇的赶集日。2002年7月，大姚县政府又重新调整县域内各个集市的交易时间，自2003年1月1日起实行轮流集市，各乡镇的赶集日见表5—3。

表5—3　　　　　　　现大姚县各个乡镇赶集时间周期

乡镇名称	赶集日
仓街乡	周一
七街乡	周二
石羊镇、金碧镇、六苴镇	周三
昙华乡、三岔河乡、龙街乡	周四
赵家店乡、桂花乡、铁锁乡	周五
湾碧乡、三台乡	周六
金碧镇	周日

而轮流的集市就是改善渐以萎缩的乡镇集市的一种形式。各乡镇将赶集日交互进行，这样商贩们便可以依照各个乡镇定期的集市参与市场活动中，可以活跃市场，形成"流动"的市场。这样的商贩流动形式正如之前在市场中出现的行商群体，他们是将商品从一个市场运到下一个市场的流动的商人。商人的流动激活了当地的市场，尤其在当一个市场所涵盖的区域难以维持商人的生存与利润时，通过流动开辟的市场使商人有效利用几个区域的市场来增加收入，同时也较好地刺激了当地的消费市场。

需要注意的是，随着交通、物流的发展，乡镇一级的市场渐有缩小之势。公路未通和即使通了公路但交通工具还未普及的时候，从石羊镇到现在的大姚县城需要半天的时间，而现在仅需要1个小时的车程。在当地集市商品供给难以满足当地民众需求的时候，他们更愿意驱车前往大姚县城采购。加之农村人口因打工等原因不断外流,将他们大部分的消费市场转移到了他们的打工地,致使乡镇一级的市场需求量缩减。

第二节 "移卤就煤"的未完成与盐厂时代的挣扎

当传统盐业遇到了工业化,注定上演一场剧烈的变革,如果说以农业文明为背景色积淀起来的白盐井城镇化是相对静止的、渐变的、自然成长的,那么在工业化背景下的白盐井城镇则会呈现出剧烈的震颤。这一表现与既有研究中所总结的中国城市与欧洲城市的巨大差异是由于工业革命的论断是相符合的。在农业时代的欧洲,1500年时,10000人以上的城市中居住的人口是欧洲总人口的5.6%,5000人以上的城市中居住的人口为总人口的9.6%。到1800年时,10000人以上的城市中占10%的欧洲人口,5000人及其以上的城市中占有13%的欧洲人口。① 从纵向来看,1500—1800年三个世纪间,欧洲的城市人口处于恒定的慢增长状态;从横向来看,在1800年这同一时期的中国城市化比例在10%左右,欧洲城市化率和中国城市化率比例大致吻合。中国与欧洲城市化进程的急剧反差来自工业革命所带来的工业化进程。

"移卤就煤"是云南盐业史上的重大改革,是盐业生产走向工业化的标志。张冲于1932年实行了灶户改革方案,方案的原则在于矿卤国有、官督商销、就井专卖。在过渡措施中采取取消丁份制等措施,开创"移卤就煤"的创举,在方案实施过程中,因各灶户的利益受损,各灶户纷纷联名向各级机关告状,反对"移卤就煤",反对无效后,还在工程建设中进行捣乱和阻挠。但"移卤就煤"仍在重重阻力之下完成,工程的项目主要包括修筑元永井至一平浪全长20.5千米的输卤线路,在元永井新建深100米的安平井和建卤池一座,在一平浪建盐灶房360间。

石羊古镇虽盐业资源非常丰富,但如果一味坚持长时段历史时期的柴薪煮盐,则成本太高。但是,白盐井如若改用煤这一新型燃料也面临困

---

① [美] 弗里斯:《欧洲的城市化:1500—1800年》,朱明译,商务印书馆2014年版,第71页。

难，石羊离煤矿产区较远，不管是"移卤"还是"运煤"，都意味着得付出高昂的成本。"移卤就煤"的先天条件不足，致使石羊失去了如一平浪一样"移卤就煤"的契机，石羊没实现自身发展的转型，而仅成为一平浪"移卤就煤"改造工程的资助者。

白盐井为一平浪"移卤就煤"工程提供了部分工程费，即一平浪制盐场工程费。民国二十年（1931年）盐运使署为"移卤就煤"，改用煤煎，以期改革原有之产煎方法，计划于一平浪设立制盐场，先行成立工程筹备处，所有关系该项经费，统就黑井区各井场（元永井、黑井、阿陋井、琅井）及白盐井附加一种工程费。截至民国二十七年（1938年），虽筹备处已改组为正式制盐场，但因工程陆续扩充或改造，尚未全部完成，故此项工程费亦继续附征未止，征率一律为每担六角。①

民国二十二年（1933年）云南盐运使公署开始筹建"移卤就煤"工程，继因一平浪制盐场工程处费用不敷，民国二十四年（1935年）省政府决定黑井区各井场（元永、黑井、阿陋、琅井）及白盐井每担盐附征工程费新滇币1.2元。②于当年9月1日起征收，以1年为限。后因工程陆续扩充，仍继续征收，按月汇解省财政厅。民国三十年（1941年）6月并为地方附加税。③

在滇盐生产技术革新中，晒盐篷也成为可以大大节省燃料的生产设备。晒盐篷模式在20世纪50年代的元永井就有，白盐井也试图引进这一可以大大提高生产效率的技术模式。但受制于灶户这一个体作坊式的煮盐方式，单个小作坊式的灶户群体对需要一次性投入较大成本的晒盐篷技术无能为力，因此，他们对此望而却步，或是不感兴趣。时隔20年，直到20世纪70年代，当时的石羊盐厂才引进晒盐篷这一盐业生产技术，搭建晒盐篷。白盐井的晒盐篷比元永井滞后了20年，足以暴露白盐井个体式作坊煮盐的弊端及对技术变革的迟钝反应。

因为小作坊式的盐业生产弊端，这一生产形势势必被取代。自20世纪50年代初，白盐井步入全省盐业改革浪潮中。云南盐废除了既有的

---

① 云南省志编纂委员会：《续云南通志长编（中）》卷五十六，盐务，内部资料，云南省科学技术情报研究所印刷厂印装，1985年，第1207页。
② 新滇币1.2元，相当于国币0.6元。
③ 云南省地方志编纂委员会总纂，《云南省志·盐业志》编纂委员会编纂：《云南省志》卷十九《盐业志》，云南人民出版社1993年版，第229页。

"丁份制",改变了制盐生产关系。白盐井盐业生产由私转公。《云南盐务管理局白井直属场务所通告》① 是这一过程的见证:

白普〈52〉字第55

事由:为通告我场代管制盐公司日期由

主送机关:各乡人民政府、农协会

我场原公私合营白井制盐公司,经"五反""三反"运动以后,由于若干私股股东拨股补税及与"三反"中若干贪污分子自由借贷拨交赃款,现私人股本大部拨出,截至目前,私股数目尚不足全部股本百分之三经奉。

云南盐务管理局产107号电及盐丰县人民政府费县长指示同意,由我场代管,兹于六月十六日起,该司一切业务由我场负责,六月十六日以前一切债权债务关系仍由该公司负责……

副主任:桂福华

1955年,黑井、白井两盐场改为盐厂,由省局领导。弥沙、云龙、拉鸡三场为分厂,由乔后领导。按板、凤岗、香盐、勐野三场改为分厂,由磨黑领导。阿陋、益香、石膏三场裁销。② 至此,云南的许多盐井也如白盐井一样,纷纷走向了衰败。盐井,赢在资源,亦输在资源。解放初期,白盐井盐场保留,由地方专门派行政专员——特派员来管理,后来成立公灶,则由省里派专人——场长来管理。在场长时期改为公私合营机制,灶户的煮盐资料,全部折价入股,形成私股,后因"三反"运动,私股不再,盐厂为公有。1956年,由省政府批复:停止砍伐柴薪煎盐,为保证乔后盐场用盐,由大理州负责乔(后)洱(源)公路修筑。同时将已裁废的弥沙、拉鸡、云龙、香盐、按板、白井等多余的柴山职工由地方政府安排转业。③

"私转公"的过程,还是致使当地盐业组织退场的过程,意味着当地社会管理机能的抽离。井硐的开凿,常常不是一家一户的财力、物力所能及的,一般以私人集资或地方出资的方式来进行,待井硐开凿成功后,按

---

① 《云南盐务管理局白井直属场务所通告》,1955年,大姚县档案局提供。
② 云南省地方志编纂委员会:《云南省志·盐业志》,云南人民出版社1998年版,第13页。
③ 同上书,第14页。

各户出资的额度来分配卤水的额度，再根据额度的多少来生产食盐。卤水的额度分配又称为丁份，持有丁份，才有领取盐卤制盐的资格，享有丁份的户主成为灶户，由地方出资开硐的灶户为"公灶"。因此，持有丁份的灶户就成为盐业生产的组织者、经营者和具体的操作者。丁份是子孙相继的世业，可以转卖、赠予、典当或出租，随着灶户子孙的繁衍，丁份也就随着分解，灶户越多所领的丁份越少，当丁份不足以经营时，持有该丁份的人就会将丁份出售或出租。白盐井在1931年有灶户66户，丁份数836份。[①]

除了盐业组织退场之外，用以支撑盐业生产的强大、完整的社会组织也濒临退场。在土地改革过程中，家庭与家族之间的关系遭遇割裂。当地固有盐业社会失却了家族参与这一支撑维度。

1964—1968年，受一平浪盐厂建成的影响，加之石羊盐厂煮盐过程中柴薪供应的困难，盐厂停办。后于1969年为解决大姚县地区民众用盐的需求，又组建了石羊盐厂，石羊盐厂的此次重建主要是为了解决大姚县县域民众用盐的需求，同时，盐厂所生产的食盐还附带销售到周边县份的永仁、姚安、祥云、宾川及四川境内的攀枝花。石羊盐厂在1970年改筒子锅煎盐为平板锅煎盐，并于1982年和1989年分别引进年产3000吨的真空制盐设备，直至1999年，石羊盐厂有股东78人，改制前退休的工人已有40人。2000年以后，为地方发展旅游的需要，石羊盐厂彻底关停，标志石羊古镇从工业向旅游业的转型。

第三节 "水淌石羊"：石羊的苦难记忆

在一个有较多剩余的经济中，短期的灾祸不致形成致命的苦难。[②] 自然灾害无力恢复的地方，其实暴露的是更深层次的社会结构问题，放在石羊镇而言，就是当地盐业社会的衰落所致。1961年石羊镇的特大洪水，带来的不仅是当地物质资源的严重流失，更成为当地民众的创伤。水淌石

---

① 《楚雄州盐业志》编纂委员会编：《楚雄州盐业志》，云南民族出版社2001年版，第63页。
② 黄宗智：《华北的小农经济与社会变迁》，法律出版社2013年版，第253页。

羊，往日的繁华在这次洪水中被淹没，因盐业社会的风烛残年，致使石羊镇已不能像历史上那样快速恢复重建。灾后的石羊城镇重建，多出于民众的一己之力，耗费了较长时间，但收效甚微。

一 1961年的洪水记忆

石羊镇镇区地势南北长、东西窄，香河穿城而过。1961年的洪水自南向北倾泻而来，从南关外演武厅起，南关桥、黄龙桥、义学桥、盐水桥、五马桥，直到北关外的彩桑桥等16座桥均被大水冲走，2000多间房屋被冲毁，50万斤粮食被冲走，陷入泽国的石羊镇除仅能看到石羊盐厂的烟囱还露于洪水之外，其他几乎被淹没在泽国中。全城浸泡在洪水中，大水过后，一片废墟，河堤被冲垮，河道淤塞堵满了泥沙，水电系统全部瘫痪，千年古镇，毁于瞬间，惨不忍睹。许多居民号啕大哭，已到了无家可归的境地。①

李国彦用诗作的形式——《水淌石羊》，②呈现1961年石羊洪水的前后过程："（一）连日来滂沱大雨山洪涨，里长园水库塘水满。州水电局指令大开闸门，腾空库容把洪防，以免县城石羊遭祸殃。当时的县委领导瞎指挥，不听州局建议还责令堵死底涵，不准把水放，百姓骇得闷声不讲。8月12日涵洞被堵死，8月18日大雨滂沱水猛涨，8月19日凌晨，水离坝顶三公尺，猛雨仍在降，区委李书记紧急报情况。州水利指挥部下达三条令：第一保人，快撤百姓上山，第二炸开底涵排水免漫坝，第三撬开溢洪道。早上十点，全城人撤完，未死一人免祸殃，县里不执行二、三条，贻误时机水漫坝。十点半，八百秒方洪峰冲巨浪。（二）洪峰一浪高一浪，柳树塘成了汪洋，千顷良田变作沙荒，洪浪滚过了猪头山坎，疯狂地冲进县城石羊。幸亏百姓刚撤完，城内无人免伤亡。浪涌似野马脱缰，哪管它屋倒人伤。鳞次栉比的民房被冲垮冲光，十六座桥梁及龙女牧羊石像，冲进了金沙江进入海洋。县城石羊变成了泥场，文明千古的石羊，遭了祸殃，全城毁灭，一派凄凉。（三）无家的百姓实可叹，眼望洪水泪汪汪。

---

① 张映海：《里长园水库垮坝的深刻教训》，载大姚县政协教文卫体文史资料委员会编《大姚文史资料》第二辑，内部资料，2000年，第139—140页。
② 大姚县石羊诗书画协会编：《石羊诗书画选集》第六期，内部资料，1998年，第144—149页。

老汉扶杖把苍天喊,小儿饥饿翻揪打滚,抱着阿妈的脚杆如哭丧。无吃无住无衣裳,冷饥挨饿,只得蹲进了山洞,住进了庙堂,母哭儿来儿哭娘,受尽了凄凉。(四)消息传到州省上,当道的慌了手脚,向州向省报灾荒,州省对灾情重视,派楚雄州长普贵忠了解情况。安抚了百姓,发放了救济粮款,百姓有了一线希望,渡过了灾荒祸患。百姓艰苦,老百姓奔忙。石羊贫民下放农乡,所谓幸福村里把身去安,其实是荒坡坡不会长粮,真是雪上再加霜。有几家只得把女儿嫁去平川,换口粮渡灾荒。灾后二十年间作了些救济,恢复重建未得改善。街道破烂,河堤倒光,河底街面一样,小雨河水沿街淌。河上无桥,两岸受阻挡,买米买菜无办法,石羊面貌全破烂。(五)邓小平拨乱反正改革开放,石羊百姓正义得到了伸张,1981年楚雄州委政府派张映海率石羊组到石羊,调查了解情况,作出了恢复重建十大措施。拨款二百多万元彻底整修里长园水库,安上机械闸,强化管理,根除水患。整修五里河堤,筑马路,建桥梁五座,改造盐厂,真空制盐,保护环境,提高质量。有盐才丰,石羊才有希望。扩建中学,整修孔庙,恢复孔像,下乡灾民回城安置,措施落实,三年见效,石羊皆大欢喜。(六)改革开放到石羊镇上,乡镇企业有提倡,工农业再次得发展。盐业改革,高耸烟囱,新建了盐场。核桃板栗,满坡遍山,工农贸易渐发展,绿化了山岗,诗社也兴旺,自古后浪推前浪。(尾声)此篇水淌石羊,曾到家乡看望,前后见闻无夸张,昆乡游子有口难讲,三十年来把心伤感。天下事,了犹未了,了了何妨。"

《水淌石羊》以纪实的方式,对1961年水淌石羊灾害的来龙去脉做了真实呈现。当地人也都认为,此篇文章讲清楚了水淌石羊事件的原委。1961年的石羊水灾,正是石羊走向没落的真实写照。过去的石羊建设全靠当地的盐业收入支撑,而1961年的石羊水灾,石羊再无力来进行当地的重建。

当地的历史档案中,有比较直观地反映此次水灾的受灾情况的数据说明。当时的石羊,街道长1438米,街区总面积1.1平方千米,街道依次分为龙泉、绿萝、宝泉、羊泉、霓虹、象岭6段街区。1949年,盐区有房屋建筑36767平方米,另有庙、坛、祠、坊多处。盐区内的香水河流经街区地段架有小石桥16座。[①] 而洪水以后,石羊遭受重大损失,1961年8月

---

① 大姚县地方志办公室:《大姚县盐业志》,内部资料,楚雄日报社印刷厂印装,2002年,第109页。

25 日做出了《石羊公社城镇水灾损失情况》①的统计：石羊镇 2000 户 6000 余人，有住房 6800 间。这次受灾的户数为 622 户，受灾人口为 2480 人，其中农村受灾人口 190 户 950 人，城镇受灾人口 532 户 1530 人。彻底冲毁民房 2100 间，2800 间有不同程度的损毁。农具厂、盐厂、敬老院、财政所、批发站等均有不同程度损失。

1961 年 8 月 28 日由石羊小学校长上报的《大姚县石羊小学补修校舍及修设教具报告》②显示：石羊小学此次遭遇百年来未有的大水灾，被洪水冲走 30 间，学生宿舍 9 间，教师办公室 3 间，厨房 3 间，寝室 6 间，学生课桌冲走 50 套，冲烂 34 套，共计 84 套，教公桌冲走 10 套，篮球架和篮环全被冲走，风琴也被冲走，图书全部损失。以上共计损失 45000 多元。1961 年 8 月 24 日，盐丰县人民医院上报了《大姚县石羊人民医院关于水灾损失情况向县委的报告》③；1961 年 8 月 25 日，中国人民银行大姚支行石羊区中心营业所上报了受灾财产损失情况报告。1961 年 8 月 29 日，大姚新华书店也上报了受灾情况。同时，石羊盐厂也毁于 1961 年的大水，直至 1966 年才恢复生产，因此，在 1961—1966 年，石羊镇的食盐产量是没有记录的。而其后恢复石羊盐厂的初衷，也仅是满足石羊当地及周边民众的用盐需要。

二 灾后重建

1961 年的水淹石羊，于当地而言，是一件很大的事情。水淹石羊，成了老者的创伤性记忆，于他们而言，一场洪水不仅使熟悉的社会生活景致不再，更是平添了洪灾过后恢复重建的艰难。笔者在与当地的老人谈及这场洪水时，他们连连叹息："这场洪水以后，石羊什么都没了！"

当地人失落感的产生不仅在于灾害本身带来的创伤，更在于洪水过后上一级政府的不闻不问。当地文化人就指出，1961 年洪水，这么大的一件地方性灾难，但现有的《大姚县志》只有区区 160 多字的记载，这是难以想见的。洪水后，政府对当地大的工程仅防治水灾隐患，主要是改直河道

---

① 《石羊公社城镇水灾损失情况》，1961 年 8 月 25 日，大姚县档案局提供。
② 《大姚县石羊小学补修校舍及修设教具报告》，1961 年 8 月 28 日，大姚县档案局提供。
③ 《大姚县石羊人民医院关于水灾损失情况向县委的报告》，1961 年 8 月 24 日，大姚县档案局提供。

工程，将原来的"九曲香河"改直，其次就是修整里长园水库。官方一直以来对水灾原因的解释都是暴雨导致水库缺口，老百姓一直心里憋屈，直到张映海的一篇文章才重新梳理了水灾的原因，于地方官员是一个检讨。与政府的不作为形成鲜明对照，以张映海为代表的地方精英凭借一己之力，积极致力于石羊镇的灾后重建。

灾难于文化、社会变迁存在着推动作用。灾害既是自然环境的改变者、人文环境的破坏者，也是新的观念、文化产生的推进者。1961年的石羊镇洪灾对地方社会与文化的影响是巨大的。"水淌石羊"，带给当地民众的文化创伤是显而易见的。水灾以后，大多盐业社会时期的历史文化遗存荡然无存，唯有以灾害记忆这样一种创伤性记忆，来追忆因洪灾渐行渐远的盐业时代历史文化遗存。

1961年水淌石羊后，对石羊古镇的重建等善后处理是非常粗糙的，处理的大致方向就仅指明受灾民众"有亲投亲，有友投友"，对于实在无亲可投的人员就做下乡安置。因为长期处于石羊古镇的民众并无农业生产经验，这样的安置给地方民众带来了巨大的心理负担及生存困境。1961年后，还继续留在石羊镇内的民众多为城市贫民，主要是原有的一些小手工业者，当地人口结构发生着重要变化。1961年水淌石羊后，石羊的城镇建设一直没有太大起色，后来"文化大革命"中石羊镇的历史文化古迹亦遭到了重创。

20世纪70年代，有一个"解决历史遗留问题"的时间段，这样一个契机才将1961年水淌石羊民众未得到妥善安置的问题提出来。于是逐渐对受灾民众进行分批安置，州一级政府下拨12万元，用于开展当地整修河道、修理街道等重建工程。原投亲靠友、到农村下乡的居民只要愿意返回城镇的，都给予了安置，大概第一次安置了四百户人家。其后，在恢复石羊镇的城镇重建中，还恢复了盐厂，① 同时改进盐业生产技术，改筒子锅煮盐为平板锅制盐，后来还发展到真空制盐。也在重建过程中修复了孔庙；对大姚二中的基础设施进行修复，解决大姚二中师生700余人的房屋居住等问题；铺设沥青路面；修复城镇的自来水工程；恢复城镇供电问题。时隔十多年以后，当地大的重建工作才在政府的主导下开展开来。到1981年，由国家拨款30.5万元，在1981—1982年两年，修理了街道、河

---

① 石羊盐厂在此机会中，争取到一笔恢复重建的无息贷款。

堤、水道，增设了自来水管 2000 米。至此，石羊镇的城镇生活环境才算有了根本起色。

石羊房屋产权的变更，一次是土地改革时期，另一次是 1961 年的水淌石羊这一偶发水灾。水灾致使石羊镇的十分之九的房屋建筑在水灾中被冲走，加之针对灾害的救灾方案不积极稳妥，受灾群众只能到周边农村谋求生计，这一下乡群体在石羊镇原住处的房屋产权不被认可。水淌之后的石羊镇房屋产权就此进行了大的变更，移居乡下的民众丧失了原有房屋及房屋的产权。继续留在石羊镇的城镇贫民群体以搭建窝棚的形式生存下来，久而久之其所居住的空间成为自己的合法产权。而同时，为保证烤烟生产，周边农村都纷纷种植烤烟，为解决烤烟的柴火问题，拆除了当年幸免于水灾的住房，如灶户原有的盐灶房，将拆房得到的木料作为烤烟燃料。这一做法也让水灾后部分保留下来的建筑遭遇了人为的重创。

1981 年，对石羊镇灾后的全面重建提到重要议程。上级部门在对石羊镇调研，走访当地居民、干部，听取意见，现场查看基础上，决定了解决石羊镇灾后的十个问题：

1. 对 1961 年受灾后，原石羊镇居民因投亲靠友，下乡栖身，而被转为农村人口要求回城的，一律准许。回城后，要到外地给予准迁，事后安排回城约 400 户 1000 多人。

2. 彻底修复里长园水库，保证水库安全，彻底根除隐患。

3. 整修下游河道和城区五里河堤，保证正常洪水通过，不淹街道。

4. 沿城区河道，修建五座水泥石桥，保证两边通行。

5. 整修城区五里街道，用沥青或水泥铺面。

6. 改造石羊盐厂制盐工艺，由明火平板锅制盐改为真空制盐，以降低煤耗，降低成本，使盐厂正常生产，使石羊人民生活有着、就业有门。

7. 修复孔庙，拆除封闭孔子铜像的围栏，将孔庙列为州级重点文物保护单位。

8. 修整扩建原盐丰中学（大姚第二中学）校舍教室，使之成为石羊和附近五区乡的完全中学。

9. 整修被大水冲毁的自来水和用电系统，改善居民用水用电条件。

　　　　10. 整修电影院和文化场所，改变在露天看电影拥挤不堪，缺少文化活动的现象。①

　　这十个问题得到州县党委、政府的同意与支持，并从各个渠道先后出资金 270 多万元，在此后三年内解决。

　　石羊镇虽然经过这次灾害重建，但还在城镇设施方面还存有以下不足：（1）集镇拥挤混乱，功能分区不明显，建筑各自为政，见缝插针，扩大地盘。（2）道路不成系统。公路直穿街道，形成既是公路又是街道，特别是星期天人流拥挤，车流量增大，马帮增多，沿街驮卖柴炭横冲直撞，极不安全。（3）布局不合理。商店、农贸市场等公共服务设施高度集中在街道中段，人流过分集中，街道两端没有其他公共服务设施和贸易场地。（4）自来水管线架设零乱、裸露。（5）绿化地较少，绿化较差。（6）环境卫生较差。特别是冬春季节，一些沟道、河滩常有垃圾，畜禽尸体等物堵塞污染②。以 1985 年石羊镇街区的宝莲村为例，宝莲村 367 人，村庄多为传统建筑，人均建筑面积不到 10 平方米的近半数。村内巷道无人管理，住宅区域内排水系统较差，污泥、浊水到处皆是，供电线路相当简单，东串西联，互相交错，有一定的潜在危险。

　　灾难人类学视灾难为一系列事件的结果，甚至灾难也只是这一系列事件的一部分。面对灾难，当地人会催生出以地方文化为支撑的灾难回应。所以，灾难就不仅仅是意外的、不正常的事件，而是当地日常生活的表达，是当地文化与环境交织出的对灾难回应的在地知识体系的脉络③。灾难人类学的基本共识在于，灾难能够揭露原本习以为常的社会基础，同时社会系统也必须回应这个灾难。因此灾难可以是一个极佳的学习机会，无论是对未来的灾难防治还是对社会文化、政治状况的省思④。面对自然灾害的侵袭时，民众、政府不应该仅仅将自然灾害当作"上帝的做派"，"任

---

① 张映海：《里长园水库垮坝的深刻教训》，载大姚县政协教文卫体文史资料委员会编《大姚文史资料》第二辑，2000 年，第 139—140 页。
② 《大姚县石羊镇总体规划说明书（1986—2000 年）》，1986 年 8 月 9 日，第 4 页。
③ 容邵武：《灾难的永恒回归：记忆政治与灾难反覆的探讨》，《台湾人类学刊》2011 年第 2 期，第 103 页。
④ 同上书，第 106 页。

何人均无能为力"的责任逃脱。1961年的洪水灾害,不仅仅是自然灾害,更是一种社会事实。灾难看似具有偶然性的背后,有其发生的必然性,灾难以激变的形式暴露了当地社会结构及文化惯习缺失的部分,能够揭露习以为常的社会基础。此次意外引发的洪水灾害,暴露的是地方无力恢复重建的样态。比之在当地盐业兴盛时期所发生的多次自然灾害都能通过地方的重建与外力的支撑来快速恢复重建相比,此次的洪水已然让当地无力恢复重建。

第四节 "以卤代耕"到多元生计

当地历经长期的盐业社会历程,盐业社会中,当地社会"以卤代耕,不事农桑",除盐业生产之外,当地的其他商品皆来自别地,属于典型的消费型城镇。笔者看到最早的当地除盐业之外的生计方式记载,是出现在清末民初时期,当地提倡兴办实业,乡绅张如霖、张如翼、张冲淑、陈善等合资兴办纺织业,购纱制机,设务本局,一度有两百多户从事织布业。直到20世纪20年代初,白盐井区的周边才渐渐有了务农的群体出现。随着盐业社会的衰落,原参与盐业生产的人员开始转事农业、商业,或赋闲在家无事可做,当地也就随之出现了一批城镇贫民。从以下1958年9月30日的《石羊镇关于安排城镇贫民的小结》中,可以看出石羊镇因盐业没落致使人员失业沦落为城镇贫民的情况。

> 石羊镇过去是一个消费城镇,绝大部分是靠做小生意,做针线、小手工业等维持生活,有小部分是靠家属在外(从事干部、教师、工人等)供给生活,自来不种田地,只消费而不生产。随着工农业生产的大跃进,也给小城镇工作带来了一个大跃进,这段时间的工作安排共分四部分:第一步,做到家中无闲人,个个有事做,每人一套生产工具;解决如何将小城镇变为工业城市,向没有贫民的城市跃进,路径就是办大工业,不再像过去做点小生意。安排的贫民有500人,其中90%以上是妇女,绝大部分是老年、中年,青年人很少。工作安排如下:镇办土特厂285人、镇办硝厂65人、镇办盐厂9人、镇办水泥厂6人、镇办化工

厂2人、镇办面粉面条厂48人、县皮革厂13人、县矿山机械厂10人、县轴承厂60人、昆明铁道兵团4人、昆明艺术学校5人、昆明学徒工4人、石羊工程队90人、三台药材加工厂4人。共15个厂矿机关企业单位，共安排了605人。其中包括常年救助的52户52人，这样安排后做到了人人有事做，每年能节省救济款1800元。①

从这份《石羊镇关于安排城镇贫民的小结》可以看出，因盐业社会的衰落，造成的城镇失业人员较多。笔者虽未查阅到此时期关于石羊镇贫民数目的统计，但就这份安排城镇居民就业的材料来看，涉及的城镇贫民和常年受救助对象就有552人，于一弹丸之地算是一个庞大和沉重的数目。同时，这份历史材料也可以反映当时当地的社会生产取向在于走工业型的城镇化路子，在方圆不到两千米的石羊，就有镇办土特厂、镇办硝厂、镇办盐厂、镇办水泥厂、镇办化工厂、镇办面粉面条厂、县皮革厂、县矿山机械厂、县轴承厂等十余个厂，而这些厂无一存留下来，它们均于20世纪80年代解体或破产。

除大兴工业之外，地方的农业生产也如火如荼进行着。1969—1979年，累计有579名城镇知识青年分别安插到大姚县境内，这些人员也成为当地农业劳动力的补充。那是一个向山要田地、拼命开荒搞农业的年代，虽挺过了粮食危机，但致使生态遭遇严重破坏。

除了粮食生产之外，石羊镇还兼营其他产业，当地的烤烟生产、蚕桑种植、板栗种植等成为当地的特色产业。大姚全境气候干湿分明，具有典型的立体气候特征。土壤属紫色土壤，旱田、旱地的含磷含钾量高于水田，这些条件成为当地发展烤烟种植的优势条件。民国三十七年（1948年）烤烟种植就传入云南，当时叫"美烟"，大姚在当时就被划为美烟种植辅导区，试种112亩，开创了大姚县种植烤烟的历史。1965年，大姚烤烟种植所产生的财政收入占了全县财政总收入的10.81%，到1985年，这一比例提高到48.02%。② 1948年，烤烟生产的技术也传到石羊，石羊最初有三人接受过烤烟生产培训。其中一个与白泥田当地人合作，他出技

---

① 《石羊镇关于安排城镇贫民的小结》，1958年9月30日，大姚县档案局提供。
② 大姚县盐草公司供稿，高重熙整理：《色香味佳的大姚烤烟》，载云南省大姚县政协委员会文史资料委员会编《大姚文史资料》第一辑，内部资料，1992年，第170页。

术，白泥田人家出土地，当年试种，当年就成。当年的烤烟因为在当地没有销售市场，就运到昆明销售。连续经营了几年，都有一定收益，这成为当地烤烟种植的成功先例。解放以后，当地政府考虑到当地有烤烟生产的人员与技术，就于1954年提出在石羊地区种烤烟的发展规划。最初在灶户冲、南关外试点种植，因为灶户冲在历史上有种植土烟的传统，且烟因为香味浓郁、尼古丁成分低还小有名气，除了就地销售外，还会销往别地。1956年后，在全县推广种植烤烟，其中一些地方因烤烟技术掌握不当、与自然环境不相适应等问题，没有成功。后来烤烟种植逐渐成为当地的优势产业，政府将烤烟种植作为当地经济发展的重头戏，烤烟种植成为政府工作必抓的一项。尤其到了"包产到户"时期，农民纷纷开荒种地，大片山林成为土地，专用于烤烟生产。当地的烤烟从种植到售卖的整个环节，也有烟草公司和地方政府的共同参与。伴随吸烟有害健康的公共意识的普及以及烟草行业的改革，当地的烤烟生产规模才呈现紧缩之势。

蚕桑也成为石羊镇的优势产业，当地栽桑养蚕较有历史，但历史上仅养春蚕，并且仅土法饲养。而现在的养蚕技术已经较为科学，时间上得到节省，织丝多，养蚕环境的温度、湿度等都控制较好，很多水田都用来栽桑养蚕。与周边区域相比，蚕桑成为当地的优势产业。

《楚雄州志》有记载，石羊的板栗是石羊地区向外销售的商品之一。张国信老师记得他小时候，每年农历七八月就有姚安、大姚一带的商人来石羊买板栗，然后挑到外地销售的。但那时的板栗生产还不成规模，种植的人还较少，仅叶家坡、郭家地方有零星的板栗种植。解放以后一直到人民公社时期，上级政府提出"农林牧副渔多种经营"的口号，其中林果业的种植就有板栗一项。板栗的规模种植首先在三岔河乡开展，当时实行"计口授粮"，一天仅有二两粮的供应，当时将板栗作为木本粮食，用来补充粮食供应的不足。三岔河板栗种植成功后，板栗种植经验在其他乡镇得到推广。石羊镇在1976年开始成规模种植板栗，具体在南关外种植，加之当时为提高绿化覆盖率，1977年由镇上开办了有关板栗种植生产培训班。随后在大姚二中背后山林、蜈蚣山进行了规模种植。这两片地区板栗种植成功后，便在石羊镇进行规模化板栗种植。"退耕还林"政策也促发了当地的板栗种植，在"退耕还林"的实施下，种植板栗可以使当地农民得到双重补助，一方面是粮食补助，另一方面是树木成活补助，在政策驱使下，石羊镇区周边山林纷纷种上了板栗，板栗也成为当地的优势产业。

直到改革开放以后，石羊镇才逐渐有活跃的商业活动。以石羊镇区的宝莲村为例，1984年粮食收入57810斤，人均有粮430斤，经济收入7340元，人均收入200元，大部分从事农业生产，部分劳力从事交通运输、经商、建筑和其他服务业。① 石羊镇区居民多为非农业人口，从事商业经营等，镇区周边居民以农业为主，种植水稻、玉米、小麦、蚕豆、烤烟、土烟等。

1994年石羊镇镇政府的工作围绕"以市场为导向，依靠教育科技，打牢农业基础，发挥烟、林、牧优势，发展乡镇企业，齐奔小康"的工作思路展开。② 在此，石羊镇的盐业社会已经了无生机，转而实现兼营农、林、牧等多种经营的多元生计模式的转型。2014年，石羊全镇粮食总产量达16829吨，较上年增长598吨。种植烟叶7850亩，完成106.7万千克的烟叶收购任务，实现产值2902万元、税收638万元，均价达到27.19元。畜牧业产值12800万元。核桃种植面积16.5万亩，产量1328吨、产值4260万元。蚕桑种植面积达9777亩，产茧440吨，产值1670万元。板栗面积5.5万亩，产量2500吨，产值1625万元。此外还有新增种植草药、花椒、洋芋、辣椒、魔芋、杨梅等。全镇农业生产总值达35581万元。石羊镇实现全镇财政总收入932万元，其中地方公共财政预算收入856万元。固定资产投资8700万元，增长61%。农村居民人均可支配收入达7246元，增长13%。③

第五节 人口与人的流动

一 人口情况

从人口数量情况来看，盐丰县于1958年并入大姚县，从1962年由大姚县公安局石羊派出所统计的《县城镇人口统计表》来看，县城的人口共有4555人，其中有1088人是农业人口。根据1962年1月的《石羊区公

---

① 大姚县规划队：《宝莲村建设规划说明书》，1985年9月11日，大姚县档案局藏。
② 梁家俊：《政府工作报告——在石羊镇七届人大三次会议上》，1995年2月8日，大姚县档案局藏。
③ 郭祖林：《石羊镇2014年亮点精彩纷呈》，《石羊古镇》，2015年1月1日。

社基本情况统计表》的统计,土枧槽公社共有汉族6户,彝族137户,共计143户,人口685人。石羊公社共有汉族165户,回族5户,共计170户,人口615人。赤石岩公社共有汉族157户,彝族49户,共计206户,人口805人。根据1962年10月的《石羊区公社社队规模统计表》,大中公社的总户数为255户,总人口为1025人。郭家公社的总户数为240户,总人口为997人。永丰的总户数为408户,总人口为1686人。土枧槽公社的总户数为762户,总人口为1308人。石羊公社有473户,总人口1812人,机关所有508人,街区有966人。白石谷公社总户数为255户,总人口1073人。潘家公社有226户,1018人。从1963年石羊区公所的《人口变动情况统计表》来看,全区共计有5101户,21783人。石羊区委办公室于1964年调查整理出的《石羊区1964年基本情况》,附有《石羊区六四年户数、人口劳动力统计表》对石羊区下设各个社的人口情况做了全面的统计:白石谷1202人,柳树塘1761人,大中1118人,黎武1741人,岔河1983人,土枧槽1397人,叭腊842人,坟阱1257人,杨家箐1078人,和平1500人,潘家1095人,赤石岩884人,郭家1048人,小兴厂953人,永丰1785人,以上各个社,非农业人口要么全无,要么至多有49人（杨家箐）；石羊镇共计人口3480人,其中非农业人口1355人；共计有21个队,968户,其中非农业人口的户数有367户。以上十五个社共有23124人,计5270户。而另外根据1964年7月20日所制的《石羊区公所六四年全国人口普查报告表》的数据,石羊区共有5283户,共计22976人。其中石羊镇有969户,总计3802人。非农业人口为1374人。

从人口的民族构成情况来看,石羊区委办公室于1964年调查整理出的《石羊区1964年基本情况》,同时附有《各民族人口普查统计表》,石羊区总计有22976人,其中汉族为19809人,彝族为3114人,彝族人口约占所有民族人口总数的15.7%。下设各社的人口及民族人口情况见表5—4。

表5—4　　　　　　1964年石羊区各民族人口普查统计　　　　　　单位：人

区	合计	汉	彝	其他
总计	22976	19809	3114	
白石谷	1188	1185	2	

续表

区	合计	汉	彝	其他
大中	1116	1114	2	
柳树塘	1721	1656	64	
黎武	1746	1718	28	
岔河	1972	1584	387	
土枧槽	1387	924	463	
叭腊	824	696	128	
坟阱	1246	578	668	
杨家箐	1051	982	65	
和平	1502	1499	1	
潘家	1086	1079	4	
赤石岩	871	641	230	
郭家	1047	1040	6	
小兴厂	944	443	501	
永丰	1773	1219	554	
石羊	3502	3451	11	回族37人

石羊镇的人口教育水平，从石羊区委办公室于1964年调查整理出的《石羊区1964年基本情况》中后附的《人口文化程度普查统计表》[①] 可一窥：整个石羊区总人口为22976人，其中初识字者为795人，初小水平的为3146人，高小水平的为1637人，初中水平的为661人，高中水平的为107人，大学水平的为20人。而白盐井（石羊）的总人口为3502人，人口占整个石羊区的15%；初识字者为140人，占石羊区同等水平人数的18%；初小水平的为606人，占石羊区同等水平人数的19%；高小水平的为378人，占石羊区同等水平人数的23%；初中水平的为279人，占石羊区同等水平人数的42%；高中水平的为52人，占石羊区同等水平人数的49%；大学水平的为17人，占石羊区同等水平人数的85%。白盐井的教育水平从初识字人群比重到高等教育人群比重，均明显高于石羊区整个区

---

① 石羊区委办公室：《人口文化程度普查统计表》，1964年，大姚县档案局提供。

域。白盐井尤其在高等教育方面优势凸显。白盐井区教育从纵向的历史维度来看有所衰落，但在横向的石羊镇域范围内呈领先位置，且这一位置一直延续至今。但是显然，石羊镇凸显出来的文化层次水平仅仅是在整个镇域范围内具有优势，其当地作为文化中心的范围明显缩减。

二　人口流动

在石羊镇社会自身发展的规律作用下，及国家政策对地方城镇化的干预下，石羊镇的人口流动有几个典型时期。

一是中华人民共和国成立初期。一方面，盐业社会小生产的经营模式已然失去了活力，盐业生产已经不足以养活足够多的人口，"米如珠，薪如桂，生活程度日渐增高，中下社会一般之生活，已形拮据"[1]，民国时期的盐丰县城因盐业的衰落，于移民而言渐失去了吸引力。原从事盐业生产的小经营者有转型做其他营生的。另一方面，盐业社会对人口的吸引力下降趋势渐渐显现出来的时候，遇到了社会主义改造。社会主义改造取缔了当地原有的以灶户为代表的小生产者，将小生产者的盐井、灶房等生产资料收归国有，这一举措造成了当地的大量失业群体，灶户群体无盐可煮。原依托盐业生产而存在的挑水工、煮盐工、脚夫等沦落为城镇贫民。在"减租退押"阶段，就有石羊城镇人口被下放下乡，这一类下乡的人为城镇游民，这一群体多为不事生产者，其中也包括一些小土地出租者。"减租退押"结束后，地主阶层亦被勒令下乡。之后的土地改革中，也有陆陆续续的移民下乡。

在土地改革运动中和知识青年下乡运动中，当地的知识群体被下放农村，致使人口结构发生悄然变化。土地改革运动中，当地的灶户群体无一幸免被划分为地主阶级，他们被没收财产，被下放农村。在知识青年下乡阶段，当地的一些城镇青年也被下放农村接受农民群体的改造。这两次重大历史事件之后，当地人口的知识构成大换血，当地文化精英层大量流失，这些下放的精英层直到"平反"时期才有机会返回石羊镇区，但他们中的大部分已经扎根乡村。现三岔河乡的幸福村主要就是由下放而来的石

---

[1] 民国《盐丰县志》卷三《地方志》，载杨成彪主编《楚雄彝族自治州旧方志全书·大姚卷》，云南人民出版社2005年版，第1121—1122页。

羊镇城镇居民构成的。1956年的移民垦荒运动，由政府倡议和点名，移民下乡人员既有城镇长期居住的人口，也有厂矿工人，移民垦荒安排到三岔河幸福村的石羊人有近400人，另外乔苴、格谷等地都有移民垦荒的石羊人。这些运动以后，石羊人口才有四五百户。1961年的水淹石羊后，留在石羊的人口更是少至四五十户。"文化大革命"时期，被下放到农村的石羊人亦有百余人，如教师群体、干部群体。

　　二是在自上而下的户籍制度干预下，石羊镇城镇人口形成较难流动的局面。解放初期为了防止当地敌人的潜入及地主的外逃，户籍管理渐为严格。人口迁移非常麻烦，需要得到迁入地和迁出地的认可，迁入地还需要对其清查。户籍管理一来自政治上的需要；二来自粮食的计口供应，从粮食的供应上就控制了人口的迁移。从人口流动的情况来看，据1960年10月15日填制的《大姚县石羊人民公社外出劳力调查登记报告表》，石羊公社外出劳力共有301人，尤见当时的石羊镇，合乎政策的人口流动极为鲜见。当时的公社作为一个地缘单位，以地缘为分界，形成了一个自我封闭的王国，人员的交流对于这种地缘单位来说是不可能的。① 此时，人的迁徙在经济不再自由的计划经济体制下也就散失其空间和意义。据《石羊公社1970年人口变动情况统计年报表》②，整个石羊公社③共计762户，2976人，迁入64人，迁出36人。其中，现石羊镇辖区内的文联队有182户，748人，迁出17人，迁入6人；汤家冲79户，378人，迁出12人，迁入7人；宝莲队87户，366人，迁出6人，迁入6人；西关队63户，257人，迁出8人，迁入6人；街区户数148户，283人，迁入3人，迁出2人。以上共计石羊镇区人口2032人，迁出46人，迁入27人。石羊镇人口流动性减弱，石羊镇对移民的拉力作用减弱。

　　笔者以两份档案材料来说明当地的人口因受既有体制束缚而难于流动的情况。

　　　　《中共大姚县委关于解决董如兰落户问题的决定》④：董如兰，女，

---

① 王晓毅：《血缘与地缘》，浙江人民出版社1993年版，第83页。
② 《石羊公社1970年人口变动情况统计年报表》，1971年1月18日，藏大姚县档案局。
③ 石羊公社包括文联队、汤家冲、宝莲队、王三庄、大坪、老梅树、大石桥、农场、街区。
④ 中共大姚县委员会：《中共大姚县委关于解决董如兰落户问题的决定》，1985年4月23日，藏大姚县档案局。

生于一九三九年一月，原系盐丰县石羊镇龙泉街居民。一九五六年在石羊缝纫社当工人。一九五八年调三台纸厂工作至一九五九年二月，由于三台铜矿下马，董如兰下放到原三岔河公社新田管理区朵腊生产队劳动。夫妻双方失去了固定工资收入而感生活困难。董如兰即想投靠亲友，另谋出路。并于一九五九年二月二十五日通过盐丰县公安局将董如兰本人及其女儿符利平的户口转往昆明马街叔叔家落户。不料，当地派出所不予办理落户手续。董如兰又去投靠其沾益县婆家居住。由于人口增多，口粮不足，加之婆婆去世，生活无着。又于一九七四年十一月生下一子崔建波后，又返回盐丰医药站与其夫符荣生居住至今。原盐丰县公安局转出的董如兰和其女儿迁移证便成了"口袋户口"至今未予落实。

根据公安部（80）公发（治）102号文件第一条关于"原属城市居民，因户口丢失或被注销，或因农村生活无着，无处投奔，已返回城市依靠亲属生活的，经过查实情况，均应有计划地加以解决"的政策原则，经中共大姚县委落实政策领导组一九八五年四月八日会议讨论，决定如下：1. 由大姚县公安局恢复董如兰和其子崔建波（生于一九七四年十一月，现在石羊小学读书）的城镇居民户口，转入大姚县石羊镇落户。2. 由大姚县粮食局办给上述二人商品供应手续。3. 董如兰为谋求生计，自动离职，不再牵涉有关公职问题。

特此决定

中共大姚县委员会
一九八五年四月二十三日

从这一户口案例来看，董如兰的户口自1959年起直到1985年，才得到解决，历时近三十年。在这一漫长的时间段中，中国对户口的管理非常之严格。

《中共大姚县委关于张国琼落户问题的复查结论》[①]：张国琼，女，生于一九四〇年，系大姚县石羊镇文联一队人，原属城镇居民户口。

---

① 中共大姚县委员会：《中共大姚县委关于张国琼落户问题的复查结论》，1985年4月25日，藏大姚县档案局。

一九五七年八月由其夫唐炳恩托人介绍,将张国琼安排到三岔河供销社搞炊事工作。一九五八年该供销食堂与三岔河公社食堂合并后,张又被安排在三岔河综合厂工作;一九六〇年被公社抽去培训当卫生员,分在格谷工作。一九六一年公社体制调整后其夫唐炳恩调回石羊东河公社工作。张国琼当时生第一个孩子,由于工资低,在大队工作和生活有一定困难,未经组织调动,自行离开工作岗位,也未到公安、粮食部门办理粮户准迁手续而回石羊镇文联一队居住至今。

党的十一届三中全会后,张国琼向县委、县卫生局申请解决落户问题。县委和县政府于一九八三年五月七日按照当时的有关政策规定作了"不能转为城镇人口"的批复。

现根据《公安部关于解决无户人员落户问题的通知》第二条"对于自流人口,应分别视情况解决其入户问题","凡返回原籍的外流人员,包括原籍是市镇的人,应立即恢复其户口",以及国发(1982)149号文件第三条"要坚持新生婴儿随母落户的原则"等政策规定,经中共大姚县委政策领导组一九八五年四月八日会议讨论,决定更改一九八三年五月七日《关于对张国琼申请恢复城镇人口的批复》,特作如下结论:1. 由大姚县公安局恢复张国琼本人和大女儿张雪梅、二女儿唐丽芳、长子唐丽明、次子唐丽红等五人的城镇居民户口,转入石羊镇落户;2. 由大姚县粮食局给予办理上述五人的商品粮供应手续;3. 张国琼本人不属国家正式录用的工人,又是自动脱离工作岗位,不再牵涉其公职问题。

特此结论

中共大姚县委员会
一九八五年四月二十五日

三 人口流动影响因素

因盐而衰的石羊城镇化阶段,人口的流动性大为减弱;从人口的流向来看,多以流出为主要形式。这一阶段的人口形态与流动特点,一是受白盐井盐业衰落所伴随的盐业社会衰落背景的影响。二是以1961年为标志的洪灾,致使当地几乎成为一座空城,使石羊镇长期处于一蹶不振的状态,城镇化处于停滞状态。三是封闭的市场、户籍制度的制约等的影响。

因为前两个因素，笔者分别在本章的第一节、第二节、第三节中有详细的提及，因此，笔者在此仅对第三个因素进行分析。

首先，国家政策下形成封闭的市场。1949年以后，全国上下实施社会主义改造，其中重要一项就是消灭私营企业主，各个地方的集市以供销合作社的形式来垄断一个地区商品的采购与销售。

其次，户籍制度下难以流动的人群。自中华人民共和国成立以来，中国的城乡之间经过了长期的分离，分离的最显著做法是禁止城乡之间人的流动，人的流动在严格的户籍制度管理下成为不可能。这样的城乡分离的户籍制度，其实是对迁移扰乱经济社会秩序，带来社会混乱的"有罪推定"，人的自由迁徙从国家治理的话语层面被否定。户籍制度下，城市人口和乡村人口被区别对待。我国限制农村人口流入城市是从1953年开始的，1953年，国家仅负责非农业人口的粮油供应，同年施行《关于劝止农民盲目流入城市的指示》；1957年，施行《关于制止农村人口盲目外流的指示》；1958年，《中华人民共和国户口登记条例》施行，更以法律的形式对农民进城进行了户口限制和就业限制。1984年施行的《关于经济体制改革的决定》仅侧重城市的改革发展，城乡差异自此加大。1985年，财税改革把农村教育财政拨款改为由农民自筹经费办教育。直至2002年，公安部放开农民进入小城镇的户籍大门，城乡分离才渐转为城乡统筹。2004年，国务院全面取消农业特产税，逐步取消农业税，为农民种粮食发放直接补贴。2005年，中央提出"建设社会主义新农村"[①]。户籍区隔与城乡区隔，制约了当地的人口流动。强大的户籍制度障碍，深化了二元经济社会背景下的城乡二元，使城市的发展建立在农村的牺牲基础上，城乡不一样的分配，不一样的公民身份，阻断了城乡连续体的过程。尤其是在城市化进程中对自由劳动力的需求与大量农村剩余劳动力因制度原因而闲置的矛盾中，城市难以发展，乡村难以释放。从阻隔的城乡二元来反思，城市化应该是一个利益开放的系统，一方面依赖于周边地区的人口及其他生产要素的聚集，另一方面又依赖于对周边地区的辐射和扩展。市场封闭，阻止人的正常流动，这些都不利于城镇的发展。

---

① 文军：《农民市民化》，《开放时代》2009年第8期。

第六章　因盐而衰的城镇化阻碍

因盐而衰的石羊城镇化阻碍，并非当地盐业资源的枯竭。据云南省十四地质局三分局的钻探普查结果，石羊镇盐业资源的盐层厚度达1000米，岩盐面积达24平方千米，即使是盐厂终结的时候，石羊的盐业资源储量仍有可观的前景。石羊镇不同于其他一些不可再生资源——如铜、铁、煤等资源型城镇因资源的衰竭而逐渐走向衰落。因盐而衰的石羊城镇化背后，呈现的是一系列作用于当地盐业资源之上的因盐而衰的城镇化阻碍因素。笔者从因盐而衰的城镇化阻碍因素中，选取三个方面来进行论述：一是盐业生产与林业生态二者之间表现的互动与矛盾及所形成的自然生态的瓶颈；二是从动力走向桎梏的行政力量的束缚；三是当地天灾人祸的社会生态的制约。

第一节　资源的"诅咒"

一　盐业生产与林业生态互动[①]

生态环境与人类生产生活密切相关。技术体系的更新，生业方式的变更，社会组织的改变，乃至风俗习俗、思想观念的嬗变，都在很大程度上归因于社会对生态变化的适应性调整，或者跟从于这种调整。社会经济类型、社会组织方式和结构、社会的日常生活方式，乃至风俗习惯、精神风

---

① "盐业生产与林业生态互动"一节参见笔者前期成果。见李陶红《危机的调适：清末云南白盐井盐业生产与林业生态互动研究》，《西南民族大学学报》2019年第6期。

貌等的地域差异，在很大程度上是由于生态环境的差异所造成的。① 人类活动中的重要一环——资源开发，其与生态环境的关系，渐进入研究的视野。有研究从环境史角度关注清代前期黔西北的矿业开发带来的植被破坏、水土流失、石漠化、森林破坏等环境问题。② 清代中期滇东北铜矿业的生产，造成当地森林面积锐减、水土流失等一系列环境问题。③ 明清时期的皇木采办对楠木资源进行了卷地式的扫荡，加之当时的统治者没有生态意识，对采办没有节制，致使楠木资源的枯竭。④ 以上诸多关注自然资源开发与生态关系的研究均一味关注人类活动对生态环境所带来的破坏性影响，而忽略了人类为争取生存和发展，力图维护和谐生态环境所做出的努力，以致对人与环境关系的考量过于平面化，缺少人的活动与生态环境的多维互动。包括钞晓鸿的《生态环境与明清社会经济》一书中，仍缺少生态环境与社会经济发展之间互动关系的呈现。⑤ 因此，关注资源开发与生态环境关系的研究可试图开启资源开发与生态环境的多维互动，而非单一视角的资源开发必然带来破坏性的单一型研究。

学界关注盐业生产与生态的关系层面研究较少，而仅有的几篇论文，关注的仅是盐业生产给生态带来的不可逆的破坏性影响。在《八十年来云南盐业史研究综述》⑥中提及盐业生产与生态环境的关系只有李源和杜雪飞的研究。李源指出对云南盐的开采是掠夺式开采，造成严重的生态、环境问题。⑦ 杜雪飞将云南黑井地区柴薪煎盐引发的生态环境破坏作为既定事实，从技术、制度和利益因素来分析生态环境破坏的原因，提及盐业时代政府官员对造林价值的忽视及灶户对森林价值的忽视。⑧ 此外，在其他关于云南盐的研究中，也涉及盐业生产与生态的关系。李兴福将盐业生产

---

① 王利华：《徘徊在人与自然之间——中国生态环境史探索》，天津古籍出版社2012年版，第3页。
② 袁轶峰：《清前期黔西北的矿业开发与生态环境变迁》，《贵州大学学报》2010年第3期。
③ 杨煜达：《清代中期（公元1726—1855年）滇东北的铜业开发与环境变迁》，《中国史研究》2004年第3期。
④ 蓝勇：《明清时期的皇木采办》，《历史研究》1994年第6期。
⑤ 张明富、张颖超：《明清社会经济史与生态环境史研究的力作——读〈生态环境与明清社会经济〉》，《中国社会经济史研究》2005年第4期。
⑥ 赵小平、肖世华：《八十年来云南盐业史研究综述》，《盐业史研究》2014年第3期。
⑦ 李源：《云南盐业生产与生态、环境保护问题》，《中国井矿盐》1990年第6期。
⑧ 杜雪飞：《技术、制度、利益与生态环境变迁——云南黑井地区盐矿生产的生态环境史研究》，《思想战线》2012年第6期。

所带来的生态破坏作为黑井盐业衰落的原因。① 张崇荣指出白盐井森林资源的减少首先是盐业,从而制约了盐业的发展,其次是威胁到市镇的生存。② 在《云南省志·盐业志》中,将20世纪60—80年代的一平浪、乔后、磨黑等矿区先后被泥石流袭击等事故的根源,判定为历史上制盐业缺乏环境保护意识、不注重科学生产。③ 以上研究均涉及盐业生产过程中森林资源砍伐所带来的生态环境破坏,且将森林资源的开发所带来的生态环境破坏作为不可逆的要素,这样的研究将盐业资源的开发与生态环境的破坏作为互为抵触的矛盾存在。与资源开发和生态环境的关系研究一样,盐业的生产与生态环境关系在研究者的视线中也成为一维的存在。

然而,笔者在实际的田野调查中发现,白盐井作为云南历史上的较大盐产区,制盐历史较为悠久。在有充足史料可查的明、清、民国时期,白盐井在云南盐业史中一直占据重要位置。在长时段的产盐过程中,如盐产地不积极协调森林砍伐与制盐之间的关系,那么产盐不可能持续如此之长的时间段。白盐井的森林并未得到较好保护的话,那么在长时段的煎盐历史中,森林的生态危机早已暴露。在笔者参阅地方志的过程中,发现森林资源的保护与再生早就进入了当地官员与民众的视野,当地为实现盐业的顺利经营实施了对森林的保护措施。在笔者的田野调查过程中,当问及当地历史进程中生态环境的恶化状况时,受访者给的答复是当地环境的严重破坏在于"大炼钢铁"及"集体化"时代的烤烟种植,而盐业时代的森林破坏与之相比,可谓"小巫见大巫"。这一事实与笔者前期接触的既有研究不相符合,既有研究忽视了长时段的盐业生产过程中地方对生态尤其是森林资源维护之努力。同时,当地一方面是盐业生产,另一方面是林业开发,这样类型的资源开发呈现的是典型的人类活动与自然生态环境相互作用非常剧烈的人地系统,比之一般地带更能凸显开发与保护二者的紧张与互动。因此,笔者意在探讨白盐井盐业生产历史进程中如何顺利实现柴薪的供给,将柴薪与盐业生产的关系调和到最佳状态,这对既有研究的查缺补漏,及对盐业时代的生态环境深入探讨方面充满意义。笔者选取云南的白盐井作为考察对象,为盐业时代盐业生产与林业生态关系的全面理解增

---

① 李兴福:《试论云南黑井盐业的兴衰》,《云南师范大学学报》2007年第6期。
② 张崇荣:《清代白盐井盐业与市镇文化研究》,硕士学位论文,华中师范大学,2014年,第134页。
③ 云南省地方志编纂委员会:《云南省志·盐业志》,云南人民出版社1998年版,第3页。

加注解，亦为理解资源开发与生态环境关系提供新的理解视角。

在白盐井的盐业史发展过程中，地方对柴薪正常供给所做出的实践性管理及策略主要包括三个方面：一是，灶户群体和官员群体对柴山的经营管理，具体包括公山与私山的并存将柴山的合理使用规范化；"修枝割叶"及"三年一砍"等对山林特殊的精致的索取方式将盐业生产对森林资源的危害最小化；由官员主导的植树造林措施利于山林的再生。二是，盐业生产技术的不断革新也为减少柴薪的消耗量与维护盐业生产与柴薪供应二者关系的平衡发挥效力。三是，白盐井盐业生产过程中民众对白盐井林业资源的观念及其在观念作用之下的文化适应与文化保护，即当地森林生态保护的地方性知识，是当地人对林业生态诉诸的文化策略。

（一）柴山的经营管理

灶户均有各自的山场，要么为祖上所传，要么为买卖所得，山林的买卖分为两种：一种是林地所有权的直接转让；另一种是山林归所有者，所有者仅是让买林者不定期砍伐，砍时必须付费。山场面积大小不等，远近也不等，对山场的树木一直坚持"修枝割叶""三年一刀"的利用原则，即不会对树木进行毫无保留的大面积砍伐，一般而言，只对树木修修剪剪，修剪下来的枝丫作为柴薪。同时以三年为一周期，才会砍去一棵树的主要枝干。当地还有"三不砍"的传统——不成龄的小树不准砍伐，大龄的古树不准砍伐，陡坡的树木不准砍伐。"五取三"即在同一处生长的五棵树中只砍三棵树，有效避免了连片砍伐带来的对森林的毁灭性破坏。这些在当地耳熟能详的树木砍伐习惯，实现了森林的选择性砍伐，利于森林的再生与修复。同时，在柴薪的实际使用过程中，有"重柴不重焰"的使用惯习，这是当地烧柴过程中燃料能够得到最佳节省的经验。

白盐井的盐业时代均由众多灶户经营的小作坊构成，在白盐井，一般的灶户都有柴山、土地。柴山作为灶户盐业生产的基本生产资料，成为灶户长期投资的对象，他们会将大量盐业生产而得的资金，用于购买大量的柴山，成为可再生资本。灶户雇人专门精心维护柴山，积极维护山林以保障柴薪的正常供给。

在购买柴薪较为容易的时间段，灶户大多购买来自周边民众靠人背马驮运来的柴薪。当柴薪价格过高及有特殊情况造成买薪困难时，灶户就会雇工到自家柴山砍伐，再雇人马将砍好的柴火搬运回盐灶房附近供煮盐之用。灶户往往会在当年秋后到来年的夏末砍伐。砍伐运回的柴薪，除了将少量的堆放在柴房内以外，一般将其堆放在河边，既不会占用河道，也可以防火，成为白盐井沿河一道独特的风景。无论是灶户雇人砍伐的柴薪，还是从街上买回来的柴薪，灶户均要将大柴储存到雨季烧，毛柴则边砍边烧，不同的材质有不同的价格。井区周边民众也于自家山场砍伐柴薪卖于白盐井，因柴山是民众获取收益的重要来源，因此，他们也会计划砍伐。盐业时代的贩运仅靠人背马驮，自给自足的农村对金钱的需求量不大，农民偶尔背柴卖，仅用于换取食盐等生活必需品，若对自家森林砍伐较多者，则会积极种植树木，毕竟柴薪是其挣钱的主要来源。

除了灶户私有的山场外，还有由各个井区共同管理的公山。① 各个井区的公山之间有明显的界线，公山由井区内的灶户轮流采伐。除各个井区所属的公山外，还有共属于五个井区所共有的公山，对公山的砍、采、植，均由"井灶公所"来管理。公山一般在五井中拍卖，所得收益用于井区的公益事业②、培育树林等。

同时，白盐井民众"以卤代耕，不务农业"，仅在井区内的汤家冲、灶户冲这两个地方种植蔬菜，其他食用的粮食均由运盐的马帮从外地运来，井区所辖山脉均未有开荒种粮现象。而20世纪五六十年代，国家提倡"以粮为纲"的政策，井区山林开始遭遇较大破坏，纷纷毁林开荒，广种粮食。当时的反封建运动也较为频繁，很多人为了躲避运动的迫害而逃离到深山居住，毁林开荒以维持生计。这些后期所遭遇的山林破坏是盐业生产所未及的。

盐业生产使消耗大量的柴薪成为必然，盐业生产带来的林业资源的破坏连乾隆皇帝也忧心忡忡，他在《乾隆十一年钦奉》③中专门鼓励植树造林："上谕，据河南巡抚尹会一奏称：'种树为天地自然之利，臣于上年钦奉谕旨，随饬地方官员，责成乡地老农多方劝谕，自桑柘榆柳，以至枣梨桃杏之属，遇有闲隙之地不可种谷者，各就土性所宜，随处栽植，加意培养。'今各府查报，一年之内，实在成活之树木，共计一百九十一万有余。兹当冬末春初，再加申劝，期于递年加增等语。夫农田为民生之本，而树畜尤王政所先。"

---

① 白盐井的公山包括观音井公山、旧井公山、乔井公山、界井公山、尾井公山。
② 白井公益如路边施水、冬施寒衣、年关施米、施棺所等。
③ 转引自大姚县地方志办公室：《大姚县盐业志》，内部资料，楚雄日报社印刷厂印装，2002年，第158页。

当地官员一边抓盐业生产，一边为实现柴薪的正常供给做大量工作。一是提供大量资金修路修桥，这样一方面可便于食盐外销，另一方面也便于柴薪的运输。官员还会向周边的村落拨款修路、修桥，以利卖柴火人的通行，因交通之便扩大了柴薪贸易圈，这就间接为白盐井区山林的完好提供基础。二是白盐井区的官员将督促植树造林作为日常的事务之一。如白盐井提举文源向上呈送的《禀筹款种松以恤灶艰事》[①]，对白盐井产盐引发的柴薪困境及柴山的可持续经营都有详细概述。文源在任职期间深入了解白盐井区柴山现状，"窃查卑职经管白井，向系煎卤成盐，用薪最广，日有砍伐，年少补种。以致获利无几，煎交率多观望。查种植之利，中西艳称，况灶户以煎盐为事，畜而种松，为煎盐之根本"。认清了白盐井柴山现状及柴薪于白盐井盐业生产的重要性之后，召集当地绅士及灶户群体，商议种松事宜，将种松的经费从水礼银中支取，"兹乃通计各节水礼银共减的款银四百七十余两，按年提出，专作种松长款，选派井绅六人，以一人为总办，以五人为分办，妥定章程，递年播种，薪近及远，使无间断"，同时也加强了日常柴山的维护，"谕饬村庄头人认真稽查，如见野火，刻集村人立往扑灭，赴井照章领赏。倘见火不管，准由卑职就近差提究赔。用昭劝惩"。在上海版的《申报》中专门对文源管理白盐井盐务进行了特别的说明，其中一项就是将培植薪林列入盐业管理中来，"白盐井提举文源，查该员勤明廉洁裕课爱民事实，该员专司盐务督煎督销，从无随误，该员劝谕井民广种树木以资柴薪，该员严饬井兵巡查并无私漏"[②]。

对井区的山林保护有重要贡献的官员还有郭燮熙。民国九年（1920年）盐丰县长郭燮熙提出开展植树造林，从实业中提取附加费用于广种松树。他拨专款买松种，分发给灶户，责令灶户种松子，种后还定期检查松树的成长情况。还有赵和清场长，他积极责令灶户需定额种松种。

在民国《盐丰县志》中的"物产"部分，专对白盐井区林业尤其是植树造林现状进行了细述。因"石羊本盐产区，日需柴薪在八千斤左右，故经营林业，实为今日唯一之要图。虽古柏参天，尚留神庙；而小松扒地，仍似童山。其他穷谷深崖、天然森林，动以百里或数十里计，然距井太

---

① 光绪《续修白盐井志》卷八《详议》，载杨成彪主编《楚雄彝族自治州旧方志全书·大姚卷》，云南人民出版社2005年版，第809页。
② 1905年6月3日（清光绪三十一年五月初一），《申报》第一万一千五百三十九号（上海版）。

远,自非修路,不易采薪。此林政之所以急宜讲求也"①,所以进行了大规模的植树造林工程。"至人造林,先由井灶公所提倡,种树以供煎盐,而实业所又继之。如县南之赵家山、张家山、干海子,县北之契家坟、大坪、大荒地等处,现已种树不少,均系松木,名曰'扒地松';松枝岐出,每种一次,可伐二、三次。"②植树造林以后,"附近井地尚多童山,现已陆续播种松木矣"③。当时,柴薪有不同品种,不同的柴薪价格不同,"松薪每百斤值银三角,栗树每百斤值银二角三钱,栗炭每百斤值银一元左右"④。

在《调查盐丰县实业及改良实业办法意见书》中,也详细记录了植树造林实况,"云南竞言提倡实业十数年兹矣,然除东川之铜、个旧之锡、华坪之竹笠、宾川之棉花外,穷未见九十余县之普通实业十分发达者。……今且即盐丰言之,实业所中设实业员长一,实业员二:一司工商股,一司农林股。……减省一实业员之薪水,每年得纯益金六十元,可以种松子二百升。如能以收入之六百三十元,每年节存三百元,可以种松子一千升。昔管子云:'十年树木'"⑤。诚由上列计划,年年树之,有加无已,则十年、二十年之后,盐丰之材木,将不可胜用矣。"至于造林,则先由井灶公所提倡,种树以供煎盐之柴薪,而实业所又继之。如县南之赵家山、张家山、甘海子、县北之契家坟、大坪、大荒地等处,现已种树不少,均系松木、名曰扒地松"⑥。"造林一事,于盐丰关系尤重。除由建设局量力播种外,五井灶户又各摊拼的款,每年约滇票一万二、三千元,于四山三十里内广行种植。将来森林发达,当为邻郡之冠"⑦。民国二十五年(1936年),据云南省《盐区造林章程》和《造林场办事规则》,省建设厅

---

① 民国《盐丰县志》卷四《林业》,载杨成彪主编《楚雄彝族自治州旧方志全书·大姚卷》,云南人民出版社2005年版,第1151页。
② 同上书,第1152页。
③ 同上。
④ 同上。
⑤ 民国《盐丰县志》卷十一《赋》,杨成彪主编《楚雄彝族自治州旧方志全书·大姚卷》,云南人民出版社2005年版,第1417—1418页。
⑥ 民国九年《盐丰县地志》产业,载杨成彪主编《楚雄彝族自治州旧方志全书·大姚卷》,云南人民出版社2005年版,1596页。
⑦ 民国二十一年《盐丰县地志》大建设,载杨成彪主编《楚雄彝族自治州旧方志全书·大姚卷》,云南人民出版社2005年版,第1639页。

林务处还成立了白盐井区造林场。在《令为据呈报成立苗圃日期及播种表指令遵照一案》中提及:"为报开办成立苗圃日期及播种表,祈鉴核示遵由。呈表均悉。查所报苗圃播种一览表,籽种重量床数之分配,及播种方法,尚属适当,惟名称应改为云南省建设厅、盐运使署,共立白井苗圃。仰即遵照继续认真共组;并将生产情形,随时具报查核。勿逮。此布。"①此令为民国二十六年(1937年)由云南省建设厅、云南省盐运使署为主导力量发起的白盐井植树造林活动,白盐井的植树造林被提到重要议程,主导力量对白盐井植树造林深为重视,具体到对苗圃籽种的重量、具体种植的分配、具体的播种方法等,都有专门的提及,关心事宜可谓细致入微。自民国三十四年(1945年)一月起,白盐井还获得造林经费70万元,由盐管局于年初直接拨送省建设厅支配,专款用于白盐井的造林业务。

(二) 盐业生产技术与生态变迁

柴薪的消耗量与制盐技术之间也有着重要关系,为了应对柴薪与产盐之间的矛盾关系,在长时段的盐业生产过程中,白盐井一直进行着技术的革新,以期缓解产盐的瓶颈问题。白盐井制盐的生产技术,经历了从初期的"取井中之卤浇灰上"制盐,到以柴薪为原料来制盐,到以煤代薪来制盐,最后到现代化真空制盐的发展过程。

据盐业史的相关研究,井盐最初期的制盐方法为"取井中之卤浇灰上",在白盐井,有大量历史可考且长期存在的制盐技术。最初是平锅制盐,但平锅制盐规模小,耗薪多,产量低。元、明、清时期,为节约柴薪,增加产量,煎盐锅形、灶型均有较大改良,煎盐锅由平锅改为筒子锅。白盐井当时所用的筒子锅产于牟定县,由马帮运来。由于白盐井汲取天然卤水浓度普遍偏低,只有8—9波美度,因此制成食盐的耗薪量大,平均熬制1吨盐需要4吨左右的柴薪。例如,1950年每吨食盐需要4吨柴薪来熬制,1955年每吨食盐需要3.96吨柴薪来熬制,②而在乔后井、弥沙井熬制同样产量的食盐仅需要1.4吨柴薪。③

民国时期,鉴于用柴煎盐对森林的破坏性极大,加之柴路越砍越远,

---

① 《令为据呈报成立苗圃日期及播种表指令遵照一案云南省建设厅、云南盐运使署指令》,《云南省政府公报》1937年第9卷第87期,第22页。
② 云南省地方志编纂委员会:《云南省志·盐业志》,云南人民出版社1998年版,第118页。
③ 同上书,第117页。

供应困难，因此云南各盐井积极寻找和开发煤炭能源，较具代表性的是一平浪的"移卤就煤"新创举。张冲的"移卤就煤"就是解决柴薪日益减少且难以供应煎盐之需的举措。张冲在《"移卤就煤"工程报告》中，指出了"移卤就煤"的现实原因及优越性。"职使前次视察黑区各场，有鉴于附近一带童山濯濯，所需柴薪，均远自数百里外。而各地人民知识幼稚，只知砍伐，不知培养。所以森林日就衰乏，不惟价值日渐高昂，且浸假以上，燃料前途，将演成重大危机。……计煎煮咸卤（百分之十之水）用煤叁百斤可煎盐壹百斤，若煎煮淡卤（百分之二十之水）需煤壹千斤，即可煎盐壹百斤，较之柴薪已减轻数倍。"[①]

然而"移卤就煤"之举因白盐井卤的供给与煤的供给之间运距过长而未得到施行。1954年，姚盐公路正式通车，石羊盐厂开始使用一部分煤炭作为燃料来制盐，但由于运输车辆有限，制盐用煤也极为有限，所以仍以柴薪作为主要的燃料。1971年，石羊盐厂完全改灶烧煤，彻底结束了用柴煎盐的历史。1976年，石羊盐厂建起了两座枝条架，将卤水喷洒于枝条，经日光照晒蒸发水分，提高卤水浓度，卤水高程喷洒一次则提高卤度2—4波美度，节约了煎盐的燃料，提高了产量。卤水从盐井中汲取出来后，通过动力提取到晒盐篷的顶端，卤水顺晒盐篷喷洒下来，一来在喷洒的过程中因与阳光、空气充分接触后被大量蒸发，卤水浓度大大提高。二来在喷洒过程中，也可过滤卤水杂质。晒盐篷为减少柴薪消耗，节约制盐成本，提高盐的品质起到良好作用。

（三）林业资源的文化保护

当下的环境史研究，渐出现了文化的转向，即环境史与社会文化的融合，使生态分析和文化分析成为环境史的两翼。[②] 文化转向也标志着环境史研究的最新转向。[③] 对人的社会生活与环境的互动研究路径，可实现对环境史生态的、文化的全面把握。笔者对盐业时代森林资源的保护研究亦借鉴了环境史文化转向的研究取向，关注白盐井盐业生产过程中民众对白盐井林业资源的观念及其在观念作用之下的文化适应与文化保护，即当地森林生态保护的地方性知识。诚如杨庭硕所说"发掘和利用一种地方性知

---

① 楚雄州盐业志编纂委员会：《楚雄州盐业志》，云南民族出版2001年版，第368页。
② 高国荣：《近二十年来美国环境史研究的文化转向》，《历史研究》2013年第2期。
③ 梅雪芹：《中国环境史研究的过去、现在和未来》，《史学月刊》2009年第2期。

识,去维护所处地区的生态环境,是所有维护办法中成本最低廉的手段。由于不必仰仗外来的投资,而是靠文化的自主运行去实现目标,因此是一种最节约的生态维护方式"①。

首先,白盐井为"有神社区"②,在历史进程中,当地人神共居,神成了超越于人的存在,这样的"有神社区"是林业资源得以维护的信仰基础。白盐井地区儒、释、道、佛、伊斯兰、地方宗教信仰等齐聚于此,土主庙、大王寺、观音寺、天台寺、文殊阁、文昌阁等30余座宗教信仰空间呈开花之势。各地的宗教节日也较多,如龙王会、文昌会、盐商会、土主会、财神会、关圣会、火神会等。因"有神社区"的信仰,井区百姓一律遵守禁止砍伐白盐井区周边树木的规约,几乎每口井的旁边都建有寺庙,寺院的建造为保护白盐井区的植被起到一定作用。离白盐井10余千米的赤石岩村,从当地老人的回忆中可以得知,在当地背柴火到白盐井卖,愁运不愁砍。当地在19世纪50年代以前满眼皆绿,沿白盐井流淌的河流一直清澈见底。根据收集到的现有资料来看,森林资源保护不止在白盐井备受关注,而且在大姚县其他地区也可以看到森林资源保护的共识,甚至有将森林资源保护内容写进族规家训。七街一带的王氏族规家训就有"两条巷道,砖石砌成,修桥补路,要做好事;乱砍滥伐,众人愤恨,要给予处罚;污言秽语,绝不允许,骂爹骂娘,败坏风气;遇着长辈,靠边行走,对待双亲,要有良心;兄弟妯娌,互相帮助,互相关心;和睦邻里,要会做人,告诫村民,人人遵循"③。在王氏家训里,将乱砍滥伐及其处罚列入家训行列,一方面可推测当时森林资源的重要性及森林与人的紧张关系状态,另一方面也可推测王氏的森林保护意识已经深深嵌入家族观念的构成之中。

白盐井区人讲求风水,风水与其说是迷信之事,不如说是以特定的风水规范来实现生态的保护,利于风水之事当地人就会竭力去维护,风水与井区存有古木参天、植被完好的森林生态现状有重要关系。在乾隆《白盐井志》中有宝关山"山半有妙华寺,多古木。查数十年来,盐脚皆由寺旁缘岭而上,提举郭存庄因其系井地来龙,不宜践踏,乃仍寻故道,移建盘

---

① 杨庭硕:《论地方性知识的生态价值》,《吉首大学学报》2004年第3期。
② 蒙祥忠:《山地民族有"神"社区的建构与生态智慧——以贵州小丹江、苏丫卡两个苗族村寨为例》,《广西民族大学学报》2015年第1期。
③ 《云南大姚七街仓东王氏族谱》,内部资料,第28页,藏于楚雄州档案馆。

卤于大王庙隘口，使人马取道于彼，以培井地风脉"①的记载。在日常生活当中，白盐井区东面住的人可干预西面树林的砍伐，因为有砍了家门对面的树，即砍了自家的风水树的说法，因此东边与西边相对而建的人家可以互为干预，形成对白盐井区住户所见山林生态保护的良好监督机制。专门保护起来的山林也发挥了特有功效，因白盐井区经济较为发达，匪患也较为频繁，专门监护起来的茂密树林可躲兵匪之乱。白盐井区的私盐贩运成为公开的秘密，密林成为夜间贩卖私盐的出行通道。基于这些便利，井区民众更是积极保护山林。此外，白盐井区各个家族均有自己的墓地林，如现存的"甘家坟""罗家坟"等地名或山名就是作为井区家族的墓地被保留下来的。这些以文化之名保护起来的风水林、墓地等"圣境"空间，因为神圣，所以严禁随便进入，也不允许有少许地破坏，人们敬畏有加、遵守禁忌、自觉保护、世代相传。这种由信仰、习惯法规和民众高度自律形成的"圣境"文化，充分体现了人们对自然的敬畏与呵护。②

基于信仰及文化的实践，白盐井的山林得到了有效保护，以山名象岭山为例，当地人也称其"碧象山"，突出"碧"字，以示对山间植被由衷的赞美。例如，拱北山"古木萧竦"；绿萝山"上有兰若，古木岑楼，颇堪登跳，更饶清泉，资人汲饮"③。白盐井故有"羊泉八景"：龙山耸翠、象玲蒸云、宝岫朝烟、文殊夕照、天台高眺、石谷春游、水亭观瀑、香河月夜，以上"八景"皆因别具一格的自然风光尤其是保护良好的森林生态环境而著称，赏心悦目的"八景"背后是白盐井为保护井区生态所做出的努力。因风水之需保护山林，且多在保护起来的山林上建寺，按时对各个寺院进行祭拜，用仪式之礼固化对山川及寺院之灵的信仰，实现和谐人居环境。

以上，是笔者针对现有关注盐业生产与生态关系的研究中，仅单纯关注盐业生产给森林资源带来的不可逆之影响，而忽略了井区民众对于山林

---

① 乾隆《白盐井志》卷一《山川》，载杨成彪主编《楚雄彝族自治州旧方志全书·大姚卷》，云南人民出版社 2005 年版，第 410 页。
② 尹绍亭：《人类学的生态文明观》，《中南民族大学学报》2013 年第 2 期。
③ 乾隆《白盐井志》卷一《山川》，载杨成彪主编《楚雄彝族自治州旧方志全书·大姚卷》，云南人民出版社 2005 年版，第 409 页。

保护的能动性反应的关注，即陷入了忽略文化能动性的陷阱①的回应。笔者试图从白盐井民众观念层面及实践层面两方面对盐业时代井区的山林保护做出尽可能的补充，力图全面且立体地理解历史进程中的环境史变迁。可以肯定，盐业时代对森林的索取并非不可持续性的索要，而是在可持续利用方面也倾尽了心力。白盐井在长时段的盐业生产与森林生态的维护之间，实现了动态的平衡。笔者的用意，其一在于厘清盐业时代人与生态环境互动的多元形态，而非现有学术研究中多偏向破坏、不可持续的单面向的研究；其二在盐业时代的生态保护观念与行动的探究中，发掘盐业时代森林保护的地方性知识，以寻求适应当下生态建设之观念营养。

在白盐井长时段的盐业时代，井地民众"以卤代耕"，其生计唯有依赖盐业生产，而白盐井周边的民族也对白盐井的盐业生产形成依附，他们为井区灶户供给柴薪，二者形成互为需要的关系，即当地在民族经济共生的基础上有着良好的民族互动关系。井区生产生活完全依赖盐业，而柴薪供给是实现盐业正常生产的生产要素，这些，民众在实践过程中早有意识。面对逐渐暴露的盐业生产与柴薪供给之间的矛盾存在，民众做出了积极的回应。灶户群体、官员群体对柴山的经营管理，具体包括公山与私山的并存，将柴山的合理使用规范化；"修枝割叶"及"三年一砍"对山林特殊的索取方式将危害最小化；由官员主导的植树造林措施利于山林的再生。同时，盐业生产技术的不断革新也为减少柴薪的消耗量，维护盐业生产与柴薪供应二者关系的平衡发挥效力。更有盐业社会传统中伴随的"有神社区"的信仰与观念及文化的实践，使山林形成特定的"自然保护区"，其中的神林、水源林、坟山等成为"自然保护区"的重要组成部分，共同维持和修复了山林的生态环境，使白盐井区盐业得以长久存续下去。在以史为鉴、古为今用的历史生态观的观照下，历史上人们为维护森林生态之平衡所形成的惜林、护林的观念智慧，及所营建的"有神社区"的文化"圣境"意义，发掘出来的森林生态系统中地方性知识的价值，亦可以吸收为当下生态建设的观念营养。

---

① 杨庭硕：《目前生态环境史研究中的陷阱和误区》，《南开大学学报》2009年第2期。

二 生态危机的日渐暴露

以上"盐业生产与林业生态互动"部分是从互动层面来看白盐井盐业生产与林业生态处于长期的精致平衡状态，而此部分的"生态危机的日渐暴露"是从危机的层面来呈现盐业生产的精致平衡被打破的局面。以上两部分的构成并不形成冲突，而是相得益彰，笔者通过这样的处理，意在呈现林业生态附加在盐业生产之上所形成的复杂性。

柴薪是白盐井盐业生产的重要生产资料，作为唯一的燃料供给，柴薪对盐业生产形成刚性需求。白盐井长时段历史进程中大批量的盐业生产，在对柴薪大量需求的驱动下，所造成的柴薪供应圈逐渐外扩，运距拉大，成本增加。卤水浓度降低，也无形加大了对柴薪的需求量。盐业生产之苦多来自柴薪之苦，二者矛盾逐渐暴露，成为影响白盐井地盐业生产与生活的桎梏。

白盐井的盐业生产对柴薪有刚性需求。"因众灶起煎，有一带轻烟飘缈斜横，俨若长虹不断"[1]，"白井在深山，地势卑隘，兼之煎卤，烟火昼夜不停，故盛夏比姚城较热，然遇连朝风雨，虽长夏气肃如秋，故又有'四时皆春，一雨成冬'之谣。若东南山高，则冬之早寒又皆其常矣"[2]，道出了白盐井盐业生产过程中用柴薪做燃料，致使白盐井地被浓烟裹挟的特有景象。白盐井盐业对柴薪的刚性需求基于井盐的特点，海盐较多利用晒盐的方法来获取盐，井盐主要使用燃料来蒸发水分以获取食盐。四川和云南是井盐的主产区。四川一带的井盐生产地有天然气、煤，成为柴薪的最好替代品，而云南井盐的生产地则缺少这些有效的替代能源，使云南的井盐生产唯有依靠柴薪。"滇井与蜀井异：蜀井之火蕴于地，引之不竭；滇井恃薪而煎，兵燹后满目童山，取薪远则脚价高，脚价高则盐本重。时局艰危，饷日匮，用日繁，筹款每取诸盐。"[3] "滇盐从山间自然涌出之盐

---

[1] 光绪《续修白盐井志》卷十一《胜景》，载杨成彪主编《楚雄彝族自治州旧方志全书·大姚卷》，云南人民出版社 2005 年版，第 1011 页。
[2] 乾隆《白盐井志》卷一《星野》，载杨成彪主编《楚雄彝族自治州旧方志全书·大姚卷》，云南人民出版社 2005 年版，第 402 页。
[3] 光绪《续修白盐井志》重修白盐井志序，载杨成彪主编《楚雄彝族自治州旧方志全书·大姚卷》，云南人民出版社 2005 年版，第 551 页。

泉,虽穿井而不须如四川之劳,其汲水法简单,即以革袋或竹笼为钓瓶而汲之,或直接用桶汲之此盐水投入小釜(容二三桶),置灶煮沸使浓缩渐次浓于他釜,终放于大釜,取出以干燥之。然该地方无瓦斯之发生且石炭之供给不便,故煎盐以木柴为主,又搬运不便利,产盐之价亦不廉,有为外省来盐压倒之倾向"①。在云南,盐价始终昂贵,极重要的因素就是燃料的单一性及燃料所需成本的制约。有学者对清代云南的食盐做过推算,年约需柴量达一亿七千万斤,折合木料十四万五千立方米。②白盐井亦"产卤而不产矿,薪本较他井为最重,煎盐较他井为尤难"③。因白盐井唯以柴薪作为煮盐燃料的单一性与无可替代性,每年便有大片山林毁于盐灶。

"滇之大,利在铜与盐。二者非邑之所不产也。自汉迄元,盐皆产大姚,至设盐官,而利归于井邑,且困于樵采矣。"④乾隆皇帝在1739年的传谕中有提及"闻今年以来,童山渐多,薪价日贵,兼之卤淡难熬,所领薪本,不敷购买柴薪之用,灶户未免艰难"⑤。所领薪本用于投入直接的盐业生产就较为艰难,何况白盐井计入灶户食盐生产成本的井硐的维修等项,需由灶户自行支付而非由地方盐务管理机构拨款来支付,这无疑更加重了灶户群体的负担。也有"井人以卤代耕,耕者正供有常耕,而代耕者盈缩无定额"⑥的记载。种种记载表明灶户盐业生产的艰辛,受日渐升高的柴薪价格及卤水卤度的困扰,而卤水卤度的高低又直接影响柴薪的消耗量。首先,在白盐井,由于产盐量居高不下,砍柴点离白盐井越来越远,导致柴薪越来越贵。收购柴薪成了辛苦事,为了便于顺利收购柴薪,灶户在据盐井十多千米外的小黑箐、安丰井、三岔河等处设过柴薪收购点。其次,白盐井盐的产量不稳定,盐井附近的淡水,以及夏季的雨水,都会渗

---

① 1922年5月28日(民国十一年五月二十八日),《申报》第一万七千六百九十三号(上海版)。
② 董咸庆:《清代云南食盐产销的独特性》,载云南大学历史系编《史学论丛(第五辑)》,云南大学出版社1993年版,第271—273页。
③ 光绪《续修白盐井志》卷三《户口》,载杨成彪主编《楚雄彝族自治州旧方志全书·大姚卷》,云南人民出版社2005年版,第643页。
④ 道光《大姚县志》卷六《物产志》,载杨成彪主编《楚雄彝族自治州旧方志全书·大姚卷》,云南人民出版社2005年版,第175页。
⑤ 民国《盐丰县志》卷十一《诏令》,载杨成彪主编《楚雄彝族自治州旧方志全书·大姚卷》,云南人民出版社2005年版,第1321页。
⑥ 光绪《续修白盐井志》,卷首《例言》,载杨成彪主编《楚雄彝族自治州旧方志全书·大姚卷》,云南人民出版社2005年版,第567页。

进卤水,称为"掺卤",卤水的含盐量就降低,煮盐就需多费柴薪,这样,成本就加大,在雨季尤为突出。但如遇掺卤现象,特别是在雨季,卤水的含盐浓度降低,煮盐的薪本增加,产量仍是下降。这样的情况下,灶户仍需按照原有额定的产量来纳税。在白盐井提举向上呈送的《卤淡费薪额难敷等事》中就有"正井之卤亦被河水浸淡,用薪倍于往日,所以每月正、余盐①斤收不足数,必至次月挪新补旧,方能完足上月之盐,灶困实属难支"②,陈述了卤淡薪贵的困境。于是,白盐井盐民"赔累不堪",个别灶户为了多售食盐,不择手段,在成盐中掺入泥土,再加之官府限期追缴课银,一些灶户被逼得鬻儿卖女。

第二节 行政力量:动力到阻碍

一 作为负担的盐税

传统盐业时代盐的生产,与其说是一门产业,倒不如说是国家政治权力的一个重要组成部分。国家权力触及全国上下的盐产地,将食盐作为国家物资专控的对象,食盐亦成为国家实现税收收入的重要来源。明代时期,国家的食盐专卖制度已经日臻完善,国家财政收入的1/3—1/2来自盐税。③ 清朝时期,盐税占朝廷财政收入的比例为:1653年2.1%,1683年2.8%,1725年4.4%,1766年5.7%,1890—1895年13%,1900—1910年13%④,盐税占税收的比例呈上升趋势。

云南盐税是除田赋之后的第二大税种。在民国元年(1912年),盐税仍占了云南省财政总收入的28.24%,民国二年(1913年)占了

---

① 明沿元制,盐归官收,岁令盐丁照额办纳,按引计数,官给工本,所产超过额数之盐,名曰余盐。余盐俱送场司,给价收买。
② 乾隆《白盐井志》卷二《详异》,载杨成彪主编《楚雄彝族自治州旧方志全书·大姚卷》,云南人民出版社2005年版,第449页。
③ 姜道章:《明代的盐业》,《中国文化大学地理学系地理研究报告》第13期,2001年,第34页。
④ 转引自薛凤旋《中国城市及其文明的演变》,香港三联书店有限公司2009年版,第238页。

20.27%。①滇盐盐税流向分两种：中央赋税、地方赋税（省一级）。以民国时期为例，滇盐的重要赋税包括建设专款、整理费、公益费、外债赋税、产税、专卖管理费（事业费）、专卖利益费、食盐战时赋税、盐税、盐工福利补助费等。地方赋税包括军饷捐、金融借款、金融附捐、公路股款、抵补费、公路费、工程费、卫生费等。白盐井镇塔的碑刻《白盐井库记》，就反映了当地盐税于国家的重要性。1957 年，重修南塔时，张国信老师有幸看到南塔内保存的碑刻。因南塔为空心塔，就需要在塔内放一镇塔宝物，《白盐井库记碑刻》即为镇塔之物。白盐井库记的刊刻年代为元代的治正元年（1341 年），记载白井的公款，包括上贡给国家的公款款项。之前上缴税收的公款散落在人间，元朝治正年间，王朝国家意识到公款散落在人间不保险，所以就设立了库房，即设了榷税官，将民间保管的公款收回，由榷税官来保管，碑刻即记载了这样的历史过程。国家既是白盐井盐业生产的保护伞，又是束缚其正常发展的阻碍，沉重的盐税及其他税收，让白盐井逐渐失去了遵循市场自由发展的空间。

首先是沉重的盐税。"滇之度支，惟盐是赖"②，"滇之钱粮不敌江苏一大县，自然之利惟利盐。遇有大役，筹钜款多取于是"③，"夫白井地仅十余里，以卤代耕，课额颇钜，有关于滇之度支最重"④，"井人以卤代耕，耕者正供有常耕，而代耕者盈缩无定额"⑤。在明代的《条议兵食疏》中，有"云南产盐去处，仅有黑、白、安、五四提举司，全滇兵饷大半抑给于斯"，"灶民无科索之忧，额课庶几充足乎"⑥的记载，显示了明代白盐井盐税之高，提举、灶民实为艰难的状况。盐井的盐产量有定额，产量不足，则会受处分，为避免受处分，亦有由其他盐井来为其补充卤量的变通情况。

---

① 黄培林等：《滇盐史论》，四川人民出版社 1997 年版，第 10 页。
② 光绪《续修白盐井志》卷首《重修白盐井志序》，载杨成彪主编《楚雄彝族自治州旧方志全书·大姚卷》，云南人民出版社 2005 年版，第 551 页。
③ 同上书，第 550 页。
④ 同上书，第 551 页。
⑤ 光绪《续修白盐井志》卷首《例言》，载杨成彪主编《楚雄彝族自治州旧方志全书·大姚卷》，云南人民出版社 2005 年版，第 567 页。
⑥ 转引自《楚雄州盐业志》编纂委员会编《楚雄州盐业志》，云南民族出版社 2001 年版，第 360 页。

清康熙二十一年（1682年），云南巡抚在《改正〈赋役全书〉疏》中，通过"采访舆情，考稽旧籍"，指出："黑白二井盐课过重，宜减也。查《全滇盐政考》内，盐井有九，除阿陋等六井年该盐课一万六百四十九两三钱六分，井小课少，办纳犹易，不议外，查明时黑井额课二万六千六百余两，白井一万五百余两，琅井二千四百余两，此办课之旧额也。自投诚伪总兵官史文开报黑井课银九万六千两，每斤征银一分六厘，白井课银二万八千五百六十两，每斤征银八厘，琅井课银九千六百两，每斤征银六厘，此系明末乱时，额外横加，较原额不啻数倍矣！滇之灶户，从井汲卤，始方锅煎，其柴薪背负、肩挑人力，工本所费既繁，又复加以重课，则灶困矣。行盐之商，率皆朝谋暮食之人，非若淮浙巨商，挟重资而行运也。且驮运于崇山峻岭，脚价倍费，岂能损本而贱卖？则盐价贵而彝倮遂有经时不知盐味者矣。即如浙盐课价，上则每斤不及二厘，下则不及厘许；又如附近之川盐，每斤只完税六毫八丝。同一盐课，何与滇省之课轻重悬殊若此也？……盐课之过重，商灶困于征输，彝民苦于淡食。"①

在雍正二年（1724年）以前，白盐井列入盐税征收的食盐种类有正额盐、加增盐、公费盐。其中全年共煎正额盐二百三十七万三千二百一十六斤，加增盐二十五万斤，公费盐三十六万斤。雍正二年开始"将沿河沙卤大建月收买余盐三十三万九千零八斤、小建月收买余盐三十二万七千零九斤，年共收买沙卤余盐三百九十九万六千一百斤，每百斤给薪本九钱，共该银三万五千九百六十四两九钱"②。自此，本可以成为灶户群体及白盐井地巨大经济利益的沙卤盐被列入官方控制的盐税之列。在沙卤盐还未列入征税范围内之前，从沙卤盐的产量来看，远高于官方核定的正额盐，沙卤盐的开采无疑激发了当地经济活力，且获取的巨大盐业贸易利润可用于当地城镇建设。但自将生产产量相当的沙卤盐计入征税范围以后，白盐井承受了沉重的盐税负担，白盐井仅在各种名目繁多的盐税夹缝中生存。除以上所征收盐税的正额盐、加增盐、公费盐、余盐外，渐有各种名目的食盐类型也被计入征税的范围，如称头盐、代煎盐、缉私经费盐等。称头盐

---

① 《楚雄州盐业志》编纂委员会编：《楚雄州盐业志》，云南民族出版社2001年版，第364页。
② 乾隆《白盐井志》卷二《课程》，载杨成彪主编《楚雄彝族自治州旧方志全书·大姚卷》，云南人民出版社2005年版，第442—443页。

是清末民初为每百斤食盐所加增的折耗盐,在白盐井有"一五加称""二五加称"的情况,即实际的 115 斤(或 125 斤)盐以 100 斤盐来计算,未计算进去的 15 斤(或 25 斤)盐作为路途运输的损耗。代煎盐即一井区食盐产量不足,可由其他井区帮为代煎。缉私经费盐指专留为缉私经费盐的这部分食盐所得的收入,专门用于支付食盐缉私的经费开支。这些都成为对白盐井巧立名目进行搜刮的税收方式。

因有不断加增进去的盐税,以致白盐井出现"每月正、余盐斤收不足数,必至次月挪新补旧,方能完足上月之盐"①的情况,直到民国时期,食盐产量也常有难以按需完成供应的情况,"近以盐斤缺乏,候盐之骡马千百成群,随处露宿。然而灶情困难,反有难以支持之现状矣"②。规定的食盐产量生产不足,当地就不得以通过另开挖新井获取更多卤水的形式来完成核定食盐产量。"藉令今日开井,明日又开一井,民愈困,而盐愈壅;卤愈多,而课愈欠。况膏脉有尽,民欲无穷,但知开之所以利之,而不知闭之所以利之也。故诸井惟其旧而止。"③这样,新的问题又暴露出来,不断开挖新井造成食盐积压。因此,白盐井食盐产量不足造成盐税缴纳不足,或是食盐产量过多造成当地食盐滞销,这些情况都无疑给白盐井的灶户群体、地方民众乃至白盐井的城镇化进程带来不稳定因素,形成巨大的阻碍。

其次,除盐税外,还有名目繁多的税收。在明代就有抽取盐课以做军饷的情况,"于云南所辖二十二卫见操官军内量调四千,分为二班更番于临安戍守,复增设副使一员,于此专饬兵备及开中安宁黑白盐井盐课,以足军饷"④。"在前清末叶,所有行政经费,如学务暨团务、警务,乃至一切活支杂款,无一不取诸盐。当时盐业畅销,凡尸盐者,靡不私囊丰富,岁可攫取数万金"⑤。《南京条约》签订后,白盐井的盐税列入了庚子赔款

---

① 雍正《白盐井志》,卷七《艺文志上》,载杨成彪主编《楚雄彝族自治州旧方志全书·大姚卷》,云南人民出版社 2005 年版,第 50 页。
② 民国《盐丰县志》卷三《地方志》,载杨成彪主编《楚雄彝族自治州旧方志全书·大姚卷》,云南人民出版社 2005 年版,第 1138 页。
③ 民国《盐丰县志》卷十《艺文志》,载杨成彪主编《楚雄彝族自治州旧方志全书·大姚卷》,云南人民出版社 2005 年版,第 1414 页。
④ (明)徐日久:《五边典则》卷二十,旧抄本。
⑤ 民国《盐丰县志》卷十《艺文志》,载杨成彪主编《楚雄彝族自治州旧方志全书·大姚卷》,云南人民出版社 2005 年版,第 1338 页。

的款项中，税官分局每月向盐场公署结算一次，再由税官将盐税运送到大理，进而列入国库。清同治十三年（1874年），云南设立厘金局，开始在黑、白、琅、元永等井抽收盐厘，同时于各井抽收五华、育才两书院的经费。"光绪十二年（1886年），巡抚张奏准加盐厘一钱五分，适乔后、喇鸡、云龙等井并归白盐提举兼办。"①光绪二十六年（1900年）十二月，准奏云南"筹布边防，扩充民团，按盐抽捐，专充团练经费"。"虽然，遇一事斤加数文，又遇一事斤又加数文，滇民之有食贵之虞，而交私、缅私侵灌于我西、南两边。"②"往者官吏之廉俸出于盐，师儒之束？膏火出于盐，将卒之饷糈出于盐。今则团营团哨之供亦出于盐，学堂之经费亦出于盐。盐之利其与滇相维系者为何如哉？白井之盐，居滇盐五分之一，其维系于滇者亦五分居其一。"③民国二十四年（1935年），实行盐务统制，随盐征收禁烟抵补费以弥补省库空虚，白盐井每担国币1.2元。各井税局每月收入之款，除拨付场署、税局、缉私营队和保井队经费，以及驻防军队薪饷之外，所余税款由税局解往稽核支所。白盐井除了要承担中央、省一级的盐税负担外，中央与省一级也会因战争、金融危机等原因向白盐井征收其他税收，这些税收的征收均出自盐务。

最后，白盐井地方的井地官员费用、地方教育经费、道路建设费、井硐桥梁维修费等也均需要从盐务支取。在嘉庆四年（1800年）盐政改革之后，嘉庆五年（1801年），白盐井应征正课银六万一千六百二十二两八钱一分一厘，每百斤，征课银七钱五厘一毫零；应征养廉经费银一万三千三百七十四两五钱四分九厘，每百斤征银一钱五分三厘零；应征井费、役食、纸张等银一万二千三百三十二两一钱二分三厘，每百斤征银一钱四分一厘一毫八忽六微六纤四尘零，共征课、廉、井费等银八万七千三百二十九两二钱七分。养廉经费，应呈总督养廉赏兵数内银八百二两五钱八分，应呈巡抚养廉赏兵数内银八千四百两，应发白井提举养廉银三千七百六十两，白井大使养廉银二百十六两，白井儒学训导养廉银六十两，白井学廪饩银二十八两八钱，盐道制备执事银一百十七两，

---

① 光绪《续修白盐井志》卷三《食货志》，载杨成彪主编《楚雄彝族自治州旧方志全书·大姚卷》，云南人民出版社2005年版，第642页。
② 光绪《续修白盐井志》卷首《重修白盐井志序》，载杨成彪主编《楚雄彝族自治州旧方志全书·大姚卷》，云南人民出版社2005年版，第551页。
③ 同上书，第555页。

第六章　因盐而衰的城镇化阻碍

共银一万三千三百八十四两三钱八分；井费役食，应发白井提举衙门书役、纸张、工食银四百六十两八钱，西南两关稽票书办、五井稽卤书办工食银一百五十一两二钱，井兵一百名，工食银二千一百六十两，管队二名，工食银七十二两，犒赏姚州土兵银六两，誊录考棚、岁贡坊匾银六十两四钱，院道书役工食、纸张银一千二十二两三钱二分，解课盘费银二百八两，岁修关栅银二十四两，门礼归公银四百四十六两，春秋二季祭祠牲醴银五十六两，白井大使验票盘费银一百二十两，两院书吏盐菜银二千四百两，奏销造册纸张、笔、墨等银四百八十两，盐库库丁工食银九十两，普溯州判缉私役员盘费工食银一百九十二两，大关王庙、柳树塘二处查私书吏工食银七十二两，白井车戽淡水夫役工食银五百一十六两，白井刊刻照票纸张工料银二百二十七两二钱二分，以上井费、役食等共应发银八千七百六十三两九钱四分。① 从以上白盐井盐税征收细目来看，除征收的正课银收归国库之外，白盐井的养廉经费、井费役食费、纸张费等地方运转开支，几乎都取自白盐井的盐税。白盐井盐业收益不仅要满足国家盐税征收的要求，还要满足地方正常事务的运转开支，这样白盐井税收负担日渐暴露。

二　盐政弊端

要厘清白盐井当地盐政的弊端，必须将其置于云南盐政的把握基础上。白盐井盐政其实就是云南盐政的一个缩影，云南盐政的历程也在白盐井地方显露了出来。地方的小历史与区域的大历史高度契合，这主要源自盐作为特殊政治商品的在场。

云南盐政经历过纷繁复杂的变迁，但主要的线索就是从"官运官销"到"民运民销"的过程转变。明初，为解决军粮问题，曾在云南实行盐粮"开中法"。"开中法"是明代为鼓励商人输送米粮到边塞地区供应军队，而给商人以食盐运销权的一项制度。每引②盐所需纳粮的数量常因道途、盐品、井地、时间及年成的丰歉、军饷的紧迫程度等情况的不同而发生变

---

① 方国瑜主编：《云南史料丛刊》第十三卷，云南大学出版社2001年版，第338—341页。
② "引"为盐的计量单位，分为"大引"和"小引"，一小引为二百斤，一大引为四百斤。

化。商人输送粮食后发给盐引①，商人持引到指定的产盐地支盐，并在指定的区域销售，这实际形成了食盐生产的官卤、民制、官收、商运、商销的运销形式。商人为减少输送粮食过程中的运费，便在需纳粮的地区购买田地、雇人种植，实行就地生产、就地纳粮，商屯由此出现。到弘治年间，改"纳粮"为"纳银"后，"开中法"才废止。

云南食盐的"官运官销"自康熙中期至嘉庆五年（1800年）。"官运官销"在初行时期，为规范市场发挥了重要作用，杜绝了官吏和不法商人对食盐正常运销的干扰，保障了国家盐税的正常征收。"官运官销"体制下，由于按照各个州县的户口定额配销食盐，使食盐的市场供给呈现一段时间的正常秩序，避免了囤积居奇现象的泛滥。就灶户和地方官吏而言，诚如《新纂云南通志·盐务考》中所引嘉庆五年（1800年）云南巡抚彭初龄在"官运官销"之始所言，"灶户所领薪本敷裕，交足额盐之外，尚有余盐可以借润；地方官领售额盐，照例价发卖，扣患脚价之外，尚有余课足资帮贴，官民均无不便"。可见看出，"官运官销"体制在运行之初，很好地平衡了生产与销售、灶户与官方各方面的利益，从而规范了市场，调动了积极性。

但是，"官运官销"在发展的过程中，其弊端日益暴露。《云南史料丛刊》第十三卷专门对云南食盐"官运官销"体制的发展过程及日渐暴露出来的问题进行了详述："他省行盐，兼及外省，云南则只行本省，东川、昭通尚系行销川盐，广南、开化尚系行销广盐，以本省之所出供本省之用，而民反以口腹之微利，致身家之大累，何哉？非立法之不善，而行法者之不善也。向例，井官督率灶户煎办各井出盐，定额按月完纳省仓，其行销之法，则按各州县户口多寡酌定额数，地方官备价雇脚运回本管地方，设店收贮，分发所属铺贩销售，每百斤交课银三两，此历来官运官销定例也。在立法之始，灶户所领官给薪本敷裕，交额盐外，尚有余盐可以藉润，地方官领售额盐，照例价发卖，扣还脚价之外，尚有余课足供帮贴，官民均无不便；迨行之日久，不肖州县官勾通井官，于额盐之外私买余盐，行销肥己，灶户利于卖私，益滋偷漏，而盐法坏矣。于是欲杜其弊也，遂令各州县官应销额盐十万斤者，或加销二万斤、一万斤，以为州县办公之费。灶户薪本不敷，无力加煎，遂有掺和灰沙，多凑斤两之弊矣；

---

① 盐引：官府发给商人用于运销食盐的专门凭证。

州县不能按月行销，遂有派累之事矣；至收买私盐，并发州县销售，欲以弥缝无着亏空，而应销额盐积压愈多，于是州县有计口授盐，短秤加课之弊，而民不聊生矣。所谓以口腹之微利而致身家之大累者，岂立法之不善哉，行法者之不善也。嘉庆四年，奉旨准盐务归民，由井收课，而后缧绁之苦绝于道，暮夜之呼绝于门，山氓野老共庆更生，法诚善矣，然余卤走私及互争销路，在所（必）不免也，是在因地制宜，务使利不归中饱，不归奸商，斯下右以便民，而上右以裕课，立法之善，尤在行法者之得人云尔。"[1]

"官运官销"最大的弊端在于生产方以多煎余盐以图"余润"，运销一方则力图多销以资"帮补"。就生产一方来说，以各种名目下令加煎余盐的情况屡禁不止。云南巡抚杨名时在《永禁加煎压散等弊示》[2]中便提到，各盐井"除正额应煎之外，其加煎余盐名目繁多，反倍于正额之数"。这样就极容易导致食盐的生产过剩，有时灶户在薪本或卤水不足的情况下，为完成加煎盐的数额就只能弄虚作假，在盐中掺杂泥土以充额数。就运销一方来说，各地食盐的销售量被列入地方官员的政绩考核，各地为了多销售食盐，造成超出消费需求的食盐大量积压，进而使官府在运销时垫付的资金无法正常收回，上缴国库的课税也就无法完成。因此，地方官吏将风险向平常百姓转嫁，勒令地方各户人家按人头买足食盐，由各地将食盐强行压给各户来处理积压的食盐，即计口授盐（盐户盐）[3]。

乾隆元年（1736年）乾隆皇帝曾传谕："朕闻滇省盐价昂贵，每百斤自二两四五钱起，竟有卖至四两以上者。边地百姓物力艰难，僻乡夷民更为穷苦。每盐价太贵，有终年茹淡之事，朕心深为轸念。查该省盐课，除正项外，有增添、盈余，以备地方公事之用。朕念盈余之名，原系出于民力充裕之后。若民食不充，自无仍取盈余之理。着总督尹继善悉心妥办，将盈余一项即行裁减，令盐价平减。纵使昂贵，亦只可在三两以下。若裁

---

[1] 方国瑜主编：《云南史料丛刊》第十三卷，云南大学出版社2001年版，第338—341页。
[2] 《楚雄州盐业志》编纂委员会编：《楚雄州盐业志》，云南民族出版社2001年版，第366—367页。
[3] 计口授盐：分定某厅、州、县配某地盐，按户口派引。

去盈余之后，公用有不敷处，令行酌议请旨。"① 乾隆皇帝虽关注到了滇盐存在的问题，但没有发现这一问题的背后是盐官运官销体制的弊端所致。嘉庆年间在滇西一带爆发的"盐祸"，就是盐官运官销体制弊端的彻底暴露。

1800年嘉庆的盐务改制，是云南盐业史上具有重大意义和转折意义的改革。云贵总督富纲提议改变滇盐运销模式，改原有"官运官销"为"民运民销"，在其《改令民运民销归井收课疏》中阐明了原食盐运销体制的弊端及改进方案："缘各井灶户鲜有殷实，历系官给薪本，责成提举、大使督煎配运。法久生玩，即有奸猾灶户借口柴米昂贵、薪本不敷，始则掺和沙土，继则偷漏走私。……查旧定章程，原系官运官销，故经手书役得层层舞弊。经臣体察，似应酌量变通，改令民运民销，归井收课，课款不致坠误，官吏无从勒派。"②

将"官运官销"旧法一改为"商民运销"的新方式，成为云南盐务制度的重大改革。新方式的施行，使得官方除分配卤水、拟定盐额、发放盐票和按票收税外，其余的产、运、销则由民（灶户和商贩）经办。就销售者而言，他们可以直接向灶户收购食盐，自行运销，减少了官府运输和分配的环节；就生产者而言，食盐生产中可以直接和销售方见面，灶户可以通过市场来最快地调节生产；就消费者而言，他们有了选择食盐的自由，也解除了压盐之苦。

而到了咸丰、同治年间，因战争、盐务废弛等之故，自同治十三年（1874年）至民国元年（1912年），原有的"灶煎灶卖"变成了"灶煎官卖"，实行官发卤水给灶户，灶户将盐煎好后交给官仓，商贩向官仓购买食盐运往销售地的运销制度。

在民国时期，滇盐运销体制多变，但不外乎"民运民销""官运官销""官运民销"三种形式。但总体而言，盐务管理混乱，诸多弊端凸显。民国二十年（1931年），当时云南盐运使张冲在《云南盐政改革方案》中，揭露官场、灶户、盐商三方面存在的弊端，灶户方面计有五大弊端：勾串管理矿、卤员役，私放矿卤，或盗取矿、卤，以图煎制私

---

① 光绪《续修白盐井志》，卷八《艺文志上》，载杨成彪主编《楚雄彝族自治州旧方志全书·大姚卷》，云南人民出版社2005年版，第784页。
② 《楚雄州盐业志》编纂委员会编：《楚雄州盐业志》，云南民族出版社2001年版，第367页。

盐；勾串查灶员役，煎多报少，或暗藏盐产，以图私售；勾串场官、盐商，或缉私营队，暗将私煎、私藏的盐，偷税销售；故意怠煎，使产量减少，供不应求，以期抬价私售；放弃职责，视井硐坍塌于不顾，致使产量日减，盐价上涨。①在民国三十四年（1945年）取消专卖，恢复商销。据云南盐务管理局在民国三十五年（1946年）年报中说，"民国以还，几经改革，抗战而后变更尤大，究不足以挽衰颓，济民食"。到20世纪40年代后半期，全省人口约1600万人，年销食盐不到5万吨，平均每人年消费3千克左右，不及正常需求的一半。在边远山区、少数民族地区，或因盐价昂贵，出现"斗米斤盐"的情况，群众购买力低，不胜负担；或因交通梗阻、驮运艰辛，商贩稀少，缺盐淡食情况极为普遍。②而在1950—1954年，着重在边疆少数民族地区设置运销机构，颁行《云南边远兄弟民族区食盐供销方案》，给予优惠和充分供应。把食盐作为团结少数民族、打动群众、巩固政权、安定民心的政治商品，作为一项重要的战略物资来保障供应。③

以上呈现的是云南盐政的历史过程。在对云南盐政有历时性把握的基础上，我们将空间拉回到白盐井，来看云南盐政在白盐井的作用过程。盐政制度本身存在的问题，也使白盐井时常面临困境。清代的云南巡抚在《盐政奏议》中有言："滇省盐斤惟黑白两井额煎最多，黑井盐概运省店行销，白井盐分运大理等府属行销。"④ "光绪五年……宾、蒙、云、弥被乔盐充斥，永北被喇盐占销，楚、镇则为黑盐充塞。故白盐滞销，课堕薪悬，虽有宪示严禁，私贩如故。"⑤ 食盐长期实行专卖，食盐产量的多少多由国家设定而非市场的多寡来做出回应。清代时期的云南巡抚在《永禁加煎压散等弊示》中，指出了白盐井行盐的弊端："白井之盐，卤浅易煎，自前院佟加煎之举行而销盐之法滞。遂使计口授食，名曰烟户盐。州县勒令烟户案领，责之乡保总领，压散穷民，所食无几而加倍给之。豪强之家则不敢及。且前盐尚在，后盐又到。于是百姓作三分七厘领者，不得不作

---

① 云南省地方志编纂委员会：《云南省志·盐业志》，云南人民出版社1998年版，第130页。
② 同上书，第3页。
③ 同上书，第4页。
④ 《楚雄州盐业志》编纂委员会编：《楚雄州盐业志》，云南民族出版社2001年版，第367页。
⑤ 光绪《续修白盐井志》卷三《食货志》，载杨成彪主编《楚雄彝族自治州旧方志全书·大姚卷》，云南人民出版社2005年版，第630页。

一分六厘卖去，以后领之盐贱价卖而完前盐之课。日朘月削，鞭扑桁杨。不得已鬻妻子以尝，徇刀缳而死者岁岁有之。乃有力者反以轻价多积贱盐，至街出售，以谋大利。然强暴有司又得借以私盐吓诈之矣。此白井行盐之弊也。"①

食盐由民间灶户煮制，商人贩卖，朝廷征收1/20的课银。盐商购买户部统一印制的"盐引"（盐票），到既定的盐井提货。灶户则规定每年必须完成额定产量，称为"额盐"，官府则按照预定产量征收课银。核定的盐额必须无条件按时上缴，遇到灾害和重大变故须奏准后方能减免额定量。例如，遇掺卤现象，特别是在雨季，卤水的含盐浓度降低，煮盐的薪本增加，但产量仍是下降。这样的情况下，灶户仍需按照原有额定的产量来纳税。

于是，白盐井盐民"赔累不堪"，再加之官府按限期追缴课银，许多灶户被逼得鬻儿卖女。个别灶户为了多售食盐，不择手段，在成盐中掺入泥土。明永乐年间，姚安知府吴润了解到这一情况，向上反映，据实转奏朝廷。最后封闭了浸水过多、卤水过淡的小井，基本消除了灶户的烦忧。同时，官盐还一度价昂，一般平民无力购买，因而滞销，造成食盐大量积压，盐课自然就不能按期上缴。有的盐官竟然指使灶户掺杂使假，串通州、县官员，并擅自实行"计口授盐""按户分摊"，乃至"始则先课后盐，继则无盐有课"，这些矛盾引发了在滇西一带爆发的著名盐案。在《大姚县志·盐祸》载："嘉庆二年丁巳（1797年）三月二十三、四等日，蒙化、太和、邓川、赵州、云南、永北、鹤庆、浪穹、楚雄、姚州、大姚、元谋、定远、禄丰等处，以压盐致变，缚官亲、门丁、蠹书、凶役及本地绅衿之为害者，剜眼折足，或竟投至积薪中，惨不可言。"同年，爆发了"盐案起义"，反对官吏垄断白盐井，反对"高价于市，以饱私囊"的现象。"乾嘉之际，民不堪官盐之苦，迤西诸州县百姓纷纷扰扰，一时俱变。白井为姚州地，姚州亦聚数千人，几为乱。嘉庆四年（1799年），初大中丞以盐务奏定归民，民大悦，祸乃止。"②

盐祸正是由于盐课过重，官府腐败所致。"云南二大井区之黑盐井及

---

① 《楚雄州盐业志》编纂委员会编：《楚雄州盐业志》，云南民族出版社2001年版，第366页。
② 光绪《续修白盐井志》卷首《重修白盐井志序》，载杨成彪主编《楚雄彝族自治州旧方志全书·大姚卷》，云南人民出版社2005年版，第555页。

白盐井，在嘉庆年间，渐次的陷于借贷官方薪本费（燃料及其生产费）二万两七千两的苦境。"① 嘉庆四年（1799年），朝廷采纳云南巡抚初彭龄、总督富纲"请罢官盐，改归民运民销"的建议，奏准云南各井盐厅"灶煎灶卖、民运民销，不拘井口地界，卖价听从民便"②。白盐井遵照执行，官府摊售劣质盐的情况才得以遏制。

地方志书专门记载了盐政改革前后的社会状况及社会影响："大姚食盐向系派民夫，往井运盐到县官。为配发征课，解盐道库，县城及永定乡设有盐店。其催运、催领有押差，具领、分领、有乡约，催课有保正。行之日久，百弊丛生。盐运至店，则衙役掺和土泥，发盐则扣减称头，收课则加增平余。每盐百斤，至民间不过十余斤；每银一两，交至官只算五六钱。又兼额盐之外，有加销，有带销，数倍于正额，收课又数倍于正供，甚有虚发盐，实征课者。民间终岁勤苦，所入之项，不足以纳半年之课。追乎急，则鬻妻卖子以输之。佃民力不能支，则追及田主。故人户逃亡者甚多，自盐归民销，闾阎始如重负。"③

针对盐税过重，其他苛捐杂税过重，及长期以来盐务的弊端，由下而上引发的问题也适时得到了由上而下的回应。乾隆四年（1739年）的《免云南各盐井归公之项令》④中提到，"云南黑、白、琅等盐井旧有规礼银贰千捌百余两，归入公项下，为公事养廉之需，在于每年发给薪本银内扣解。在当日柴价平减，灶户尤能供半。闻近年以来，童山渐多，薪价日贵，兼之卤淡难煎，所领薪本不敷购买柴薪之用，灶户未免艰难。所当酌量变通，以示存恤。着将白、琅二井节礼，黑井祸课银两，免其扣解。俾灶户薪本较前宽裕。所有公项不敷，统于铜息银内拨补放给"。

光绪十七年（1891年）白盐井向乔后井借薪本银三千五百两，"将银发交殷实灶户采备供煎，以顾课款仍按例，自次年夏季起予限一年，在于

---

① 刘隽：《清代云南的盐务》。转引自贾植芳《近代中国经济社会》，岳麓书社2013年版，第70页。
② 光绪《续修白盐井志》卷三《食货志》，载杨成彪主编《楚雄彝族自治州旧方志全书·大姚卷》，云南人民出版社2005年版，第629页。
③ 道光《大姚县志》卷六《物产志》，载杨成彪主编《楚雄彝族自治州旧方志全书·大姚卷》，云南人民出版社2005年版，第167页。
④ 大姚县地方志办公室：《大姚县盐业志》，内部资料，楚雄日报社印刷厂印装，2002年，第150页。

灶户应领薪本项下扣收随课解缴不足饷"①。"光绪二十八年（1902年），提举文源禀准通案由每盐百斤加价银一钱添发薪本。又，三十一年，白井薪远钱荒，灶情拮据，提举文源再行禀准每百斤加价一钱添发薪工，按额销五百零六万四千八百四十斤计算，年应该薪本银六万零七百二十三两二钱四分。"②

国家有在困难时期对盐税的减免，一来可以看出盐税、盐政之弊端尤显，但由上而下的回应，那也只是应急之需，对地方社会既有的痼疾起不到实质性的改善。盐政的弊端，具体到当地事务上也会时常暴露出来，体现出激烈的官民矛盾。

个案：以图正史——白盐井封氏节井浮雕中的国家与地方

封氏节井浮雕高2.2米，宽4.1米，由六块大理石构成，浮雕由白盐井五井灶商剑阳弟子杨旭东刻于清道光二十一年（1841年）。浮雕反映了白盐井当时的风土人情等。整个浮雕刻有人物88人、马21匹、房屋38幢、树78棵、刀枪40支（把）、箭袋4个（每袋插箭十余支）、弓2张、旗15面、钟1架、锣1面、叉一对、鼓架1个，人物生动形象，栩栩如生，神态各异。从服饰看，人物着明代服饰，也有着清代服饰的，堪称白盐井的"清明上河图"。③

顺治四年（1647年），张献忠率领的大西军在四川败亡后，其部落孙可望、李定国余部自川入滇，为筹军饷，遣官到白盐井督办盐课，曾抽取食盐24万斤运销作课，激起了各盐井灶户的不满，于是井人李钟武、李钟彦兄弟设计诱使家客黄起龙杀死了督官，孙可望遣部将张虎率兵进驻白盐井坐镇弹压，便是"封氏节井"的故事。

"封氏节井"石刻上的题款，为"道光二十一年菊月五井灶商敬修，剑阳弟子杨旭东敬刻"。关于"封氏节井浮雕"背后反映的人群关系，赵世瑜教授做了很好的解释：这幅石刻画的捐献者是五井灶商，因此这幅图

---

① 1891年9月2日《清光绪十七年七月二十九日》，《申报》第六千五百九十七号（上海版）。
② 光绪《续修白盐井志》卷三《食货志》，载杨成彪主编《楚雄彝族自治州旧方志全书·大姚卷》，云南人民出版社2005年版，第642页。
③ 施洪：《石羊封氏节井浮雕》，载大姚县政协教文卫体文史资料委员会编《大姚文史资料》第三辑，内部资料，第229页。

像所具有的其他文献所没有的价值,就在于它是这些灶商发出的唯一声音。浮雕从表面上看体现的是土主的威灵,但更重要的是人群与盐的关系。无论王朝更迭,还是官军盗匪,他们来白盐井的目的都是盐。在这幅石刻画上,虽然没有任何盐的痕迹,但对于作为白盐井社会中坚力量的五井灶商来说,雍正初年李卫来滇对于白盐井以后的盐业和社会发展具有标志性的作用,是白盐井由乱而治——在画面上看就是从张虎的时代到李卫的时代——的关键。这个治世到了道光中臻于极盛,灶商的势力和影响也达到顶峰,这幅石刻画就是这样一个"历史性时刻"的产物,它的史料价值也因此而凸显。①

除以上呈现的清代时期的官民关系个案之外,在民国时期,我们仍可以看到白盐井因盐业生产所引发的官民之间的冲突。如在1916年的《申报》(上海版)中报道的因盐款问题引发的官民之间的冲突事件:"喇井为滇西产盐区域,素为白盐井子井,出盐尚旺,前清末季月,白井提举杨尚懿因滥用亏款私自潜逃,后经盐道将杨任喇井盐斤概行封存,迄今数年。昨闻鹤庆丽江剑川各县商民全体来电,略云喇井司事杨少堂勾结场局,擅将提举杨尚懿封存盐斤私售十余万。鹤庆剑石鼓官局经年不报明撤,官局暗仍把持漏税,碍薪商困,亟恳盐运使惩办,否则惟有歇业罢市云云"②。

从"行政力量:动力到阻碍"这一节看出,盐作为政治性商品的属性,注定它的市场发育机制是不健全的。有研究针对全国明清时期的盐业指出了这方面的特点:"自由市场竞争不是常轨,为了要制止非法私盐的流通,从盐场到市场盐的运输,要经过一系列的检查,整个盐业是很官僚的,盐商运销盐极其费时日,在政府严格的控制下,自由企业无法开展,盐业贸易因此遭受伤害。"③ 在明代,中国盐业是半官方的商业,盐政及运

---

① 赵世瑜:《图像如何证史:一幅石刻画所见清代西南的历史与历史记忆》,《故宫博物院院刊》2011年第2期。
② 1916年1月6日(民国五年一月六日),《申报》第一万五千四百十三号(上海版)。
③ 姜道章:《清代的盐业历史地理》,《中国文化大学地理学系地理研究报告》第12期,1999年,第7页。

销体系与明代行政组织密切平行,① 以致盐的运销空间格局也大致掌握在国家的权力范围之内,长时期没有改变。如 11 世纪晚期的主要销区便形成,其后,销区界线略有变动,但是清代销区的空间结构,基本上跟 11 世纪一样。② 政府将盐作为一个税收的工具,缺乏经济竞争以改善盐的生产和运销。清代官僚或盐商从来就没有将盐业当作一个经济企业看待,从未努力改良生产技术,或提高销售效率,盐业的现代化受阻,整个清代 276 年,清代的盐业只有量的增加,而没有质的改变。③

同时,笔者对此节的专述,其意并不在于否定盐作为政治商品存在的意义,王朝国家将盐上升到关乎国家稳定的商品来小心加以管理,以实现不同地区的人能够吃到食盐的初衷可谓用心良苦。例如,通过行政力量改进盐业技术的变革,不可不说费尽了心力,在《申报》(上海版)中就有记载:"滇省产盐过去多以土法炼制,人力物力均不经济,财政云南盐务管理局为提高盐产,特改用新法,经试办结果,成绩甚佳,预期本年度至少可制盐白二十万市担,又该局鉴于昭通等处食盐缺乏,致盐价高涨,决以滇中精盐设法接济,并为预防盐荒计,各处普设盐仓,现亦已大部完成云。"④ 对行政力量介入盐业的生产、流通等环节,其实也在以强力的方式规避可能预见的风险因素。笔者所要做的是一点反思,即行政力量的介入程度的问题,在白盐井,行政力量的介入从弱到强、从中正到偏离,带给当地城镇化的进程就是从动力到阻碍的过程。

第三节　天灾人祸的制约

诸如灾害、饥荒、军事、战争、叛乱等这一类生活处境,又往往是引发社会转变乃至转型的导火索,同时也是外部力量对一个相对稳定的共同

---

① 姜道章:《明代的盐业》,《中国文化大学地理学系地理研究报告》第 13 期,2000 年,第 44 页。
② 姜道章:《清代的盐业历史地理》,《中国文化大学地理学系地理研究报告》第 12 期,1999 年,第 13 页。
③ 同上书,第 17 页。
④ 1941 年 3 月 27 日(民国三十年三月二十七日),《申报》第二万四千零八十三号(上海版)。

体社会加以侵入和腐蚀的关键时间段。① 以下，笔者就专门从"天灾人祸"来看由此形成的白盐井城镇化阻碍力量。

一 自然灾害

因白盐井深处山地地形，东西方向被众山包围，东西距离不过500米，而南北有香河穿流而过，这样的地形使白盐井历来的建筑都十分紧凑，同时，这样的地形也使白盐井有多遭遇洪灾的危险。因地狭人稠，一些洪灾过后易造成大范围的瘟疫暴发。还因白盐井煮盐对柴薪有大批量需求的缘故，灶户日日夜夜熬盐的盐灶房、批量堆放的柴火，也致使白盐井火灾频发。水灾、瘟疫、火灾、地震等灾害，成为白盐井人口急剧缩减，城镇建设要素毁于一旦的重要因素之一。笔者整理了从志书上可以查阅的白盐井自然灾害，可以看出当地自然灾害频度高、受灾程度强的特点。

明弘治元年（1488年），白盐井地震。

明正德元年（1506年）五月六日，白井地震，盐井受损。

明万历二十一年（1593年）白盐井大水，百余户民房及灶户被洪水冲毁，洪灾后大疫。

明崇祯三年（1630年）七月二十八日丑时，白盐井大雨河流迅涨，盐井庙宇桥梁官街民舍器物四处漂流，淹死男女千余人，填埋盐井数十口。

明崇祯十六年（1643年），白盐井地震，房舍倾塌无数。

明崇祯十七年（1644年），十二月二十六日，白盐井大火，延烧房屋无数。

乾隆九年（1744年）七月二十六日，白井大水，冲没官房民舍、煎盐灶房七十余间，井口填塞。

清乾隆四十六年（1781年）八月，白盐井多次地震，房舍多有倒塌。

嘉庆六年（1801年），白盐井疾疫流行，死亡千余人。

道光二十六年（1846年）六月，白盐井连日大雨，山洪暴发，尽成

---

① 赵旭东：《平常的日子与非常的控制——一次晚清乡村危机及其社会结构的再思考》，《民俗研究》2013年第3期。

泽国，90多万千克盐仓存盐化为乌有，41口井淤塞。经提举李成基呈准，借银22000两修复井灶，分三年归还。

清道光三十年（1850年）五月初五午刻，白盐井大地震。五月二十六日辰刻复震，民房灶户房屋受损。

清咸丰四年（1854年）夏秋间，白盐井疾疫流行，死亡2000多人，以致街市萧索。

在清代道光二十七年（1847年）白盐井发生水灾，"五井民房、灶房、大釜、柴薪尽入泽国，桥梁十余座悉被水冲，庙宇七八处半多坍塌，……于填卤井四十一口，堕煎盐贰百余万斤。水势稍退，予急捐钱三十余千，先行赈济。……凡灾民四千三百四十四丁口"①。

清光绪二十五年（1899年），八月十五日，白井暴雨，田地、井口淹没。

光绪三十二年（1906年），"滇省亢旱，白井米价陡涨，民心皇皇"②。

民国三年（1914年）白盐井水灾，"盐丰县为滇南产盐第一最旺区域，即原名白盐井地方是也，人烟既旺商务尤大，现闻军民两府接白井督煎总办来电，云二十四日午后大雨洪水陡涨，冲决河堤，沿岸居民盐房井口低洼处被淹成灾，当即会派兵警救护。一时水势汹涌，全署三院均被横流灌入后，几天并深二三尺，大堂以下头二门外深至六七八九尺丈余不等，屋宇墙垣崩折倾颓二门，售盐公局、兵练房、屯盐公所、旧时监狱差房同时倾覆，惟五井盐仓地势略高尚未灌入得以保存"③。

民国二十三年（1934年），"甲戌，赈云南白盐井水灾"④。

1961年，水淌石羊。

二 社会灾害

除自然灾害外，当地的社会环境致发的灾害也较为频繁。尤其道光年间以后，来自社会的灾害比较多。

---

① 《楚雄州盐业志》编纂委员会编：《楚雄州盐业志》，云南民族出版社2001年版，第390页。
② 光绪《续修白盐井志》卷二《建置志》，载杨成彪主编《楚雄彝族自治州旧方志全书·大姚卷》，云南人民出版社2005年版，第626页。
③ 1914年9月28日（民国三年九月二十八日），《申报》第一万四千九百五十六号（上海版）。
④ 赵尔巽等撰：《清史稿》（一）卷一至卷二四，吉林人民出版社1998年版，第255页。

同治十年（1871年）以后，随着杜文秀起义平定以后，白盐井的盐业生产与社会生活才渐渐恢复，但再也没有恢复到康、雍、乾时期的繁华气象。同治后，白盐井"兵来匪去、匪去兵来"的情况较为普遍，在民国时期也是如此，这些情况，有些在志书上有记载，有些却没有记载。光绪二十九年（1903年，即科举最后一年）之后停科举，办学校，白盐井求学、经商等外出较多，白盐井民众也逐渐步入了新时期，社会经济也相对活跃。民国时期，初期稍好，但到了中后期，因为货币贬值、物价上升、煮盐成本加大等原因，当地灶户煮盐多仅能维持现状。社会也变得更加的不安定，路遇劫匪为常事。张国信老师小时候常逢吹羊号的情况，即当地杀人的情况，杀人的多为劫财或为非作歹者。当时的白盐井物价波动比较频繁，盐场公署中卖的盐在一天中都有几个价，盐涨价后，白盐井的其他商品也跟着涨价，盐价即成为其他商品价格波动的风向标。

（一）战乱

盐的拥有在历史上意味着对丰厚财富的拥有，自来白盐井兵来匪去，匪去兵来，战乱匪患频发，给井地民众及其财产安全造成威胁，对白盐井的城镇化进程带来深重灾难。

清顺治四年（1647年），孙可望、李定国率大西军余部自川入滇，遣官到白盐井督办盐课，井人李钟武、李钟彦兄弟设计使家客黄起龙杀之。孙可望遣张虎率兵到白盐井坐镇弹压，"相传己丑岁，张虎乱，自大姚入白井，意在尽掳井民杀之"①。

嘉庆二年（1797年），滇西诸州县民众不堪官盐盘剥，一时民变纷起，人们涌入衙署，惩罚借官盐为害于民的凶役劣绅，酿成"盐案"，时称"压盐政变"，白盐井亦受波及。

嘉庆五年（1800年），滇西"盐案"引起官方对"官运官销"食盐弊端的重视，遂改食盐营销体制为"灶煎灶卖，民运民销，不拘井口地界，听从民便"。

"嘉道间，盐斤畅销，比户饶裕，反宴会款宾，珍馐罗列，夸多斗靡。兵燹后生计艰难，渐知节俭，即日用饮食亦从澹泊矣"②。清代咸丰同治年

---

① 乾隆《白盐井志》卷三《祥异》，载杨成彪主编《楚雄彝族自治州旧方志全书·大姚卷》，云南人民出版社2005年版，第490页。
② 光绪《续修白盐井志》卷一《地理志》，载杨成彪主编《楚雄彝族自治州旧方志全书·大姚卷》，云南人民出版社2005年版，第603页。

间，云南发生了杜文秀起义，滇西、滇中、滇南都为战火所笼罩。由于筹款的需要，清统治者与起义军都视食盐为必夺之物，视盐井为必得之地，在黑、白、琅、云龙等大的产盐地进行了反复的拉锯战，使得盐产地受到极重损害，生产能力有所萎缩。①"咸同之际，杜文秀据大理，白井财赋区为所垂涎，先被攻陷"②；咸丰六年（1856年）七月，姚州回民响应大理杜文秀起义，在白盐井举事，被云南提督文祥镇压。

民国三年（1914年），"白盐井出盐甚旺，收盐款甚巨，为滇省财赋之区，变兵派人往占，后井已失，白井势亦危急"③。

民国三年（1914年），"云南白盐井改为盐丰县，为滇省第一出盐最旺之区，闻当日盐丰县有电来省，谓据督销杨总办函，大理独立分军两队驻关等语，又探报云龙、赵州各县乱军已分兵占去盐丰，该处与宾川、云县连界，危急万状，乞兵驰救云云"④。

民国二十三年（1934年），"甲戌，滇军复嵩明，克白盐井"⑤。

民国二十五年（1936年）四月十八日，红军第六军在军团长肖克、政委王震的率领下，长征来到盐丰，开仓分盐三十多万斤。

1949年，边纵八支队及西进部队四次攻占石羊，开仓放盐，为革命筹集经费。

个案：1936年石羊开仓分盐

1936年，红军、中央军、滇军都曾进驻过石羊，在石羊还流传着《红军帽、中央军衣、滇军裤》⑥的故事：红军来到石羊，住宿到一户人家，走时留下了红军的帽子；中央军住宿到他家，走时落下了军衣；滇军也来他家住宿，走时忘将裤子带走了。这家的主人便将红军的帽子、中央军的军衣、滇军的裤子穿在身上，邻里人看到了都笑他不伦不类。这个故事再

---

① 黄培林等：《滇盐史论》，四川人民出版社1997年版，第166页。
② 张秀芬、王珏、李春龙等点校：《新纂云南通志》九，云南人民出版社2007年版，第300—301页。
③ 1914年1月8日（民国三年一月八日），《申报》第一万四千七百号（上海版）。
④ 1914年1月15日（民国三年一月十五日），《申报》第一万四千七百零七号（上海版）。
⑤ 赵尔巽等撰：《清史稿（一）》卷一至卷二四，吉林人民出版社1998年版，第547页。
⑥ 被访谈人：王永和，石羊镇人，退休教师。访谈时间：2012年7月24日下午3点。访谈地点：石羊会馆。

现了1936年红军、中央军、滇军分别进驻过石羊的历史。据李有德老人回忆:"当时听我父亲讲,红军为了能够顺利攻下盐丰县城,提前三天(正值石羊的赶集日)就派出几个侦察人员前往石羊侦察,他们扮成磨剪子、卖药材、骟马驯鸡的。红军是从河里(南河)走来的,当时河是干的,河两岸的柳树正绿。红军进入石羊后,积极进行宣传,在墙壁上写上'共产党是中国人民的大救星''毛主席是贫苦人民的救命恩人''打开监狱放走穷人'等大幅标语,以安定民心。红军占领了石羊的五大盐仓,将盐分给穷人,有力气的能拿多少拿多少,太大的大锅盐,红军就找来梭锯将盐分成小块再给人们,抬不动的,红军还负责将盐抬到民众家中。红军担心一部分穷人分不到盐,还专门到我们村(小七笼)问哪些是穷人,越穷的人家给的盐就越多,红军是吃富不吃穷,纪律严得很,从来不要老百姓什么,我们村的一户人家,红军还给了他家一双皮鞋。"① 王正枝是土生土长的石羊人,对这段历史记忆颇深,他回忆道:"在红军来之前,国民党的飞机就已经来侦察了。上午十点多,我去挑水就碰见了红军,他们和我打招呼,叫我'小鬼''小鸡蛋',我叫他们喝水他们没喝,当时我才十三岁,感觉他们骑的马很高大。红军来到石羊,就拉通了电线,连接了通信。红军到地主家拿了衣服,分给乞讨的人,还开仓放盐,那时整个石羊锣声响起,叫人们到场署背盐,背盐的人很多,我差点被踩倒,我那天抱了三个半盐回家,一个盐有十多公斤重。红军吃饭吃的是大锅饭,军队里的领导和军队人员一起吃,所以就看不出哪个是头头,他们穿着朴素,对百姓秋毫不犯。"②

(二) 匪患

白盐井历来匪患频发,在民国时期的地方志中就有井地民众长期遭受土匪蹂躏的记载,"盐丰因井设县,税源从出,最为贼匪垂涎"③,"独白井一邑,陷复乃至八、九次,人民峰镝蹂躏之苦,实较之他属为不堪"④,

---

① 被访谈人:李有德,75岁,石羊小七笼村人。访谈时间:2012年7月29日。地点:石羊小七笼村李有德家。
② 被访谈人:王正枝,90岁,石羊镇人。访谈时间:2012年8月2日。访谈地点:石羊街区王正枝家。
③ 民国《民国二十一年盐丰县地志》,载杨成彪主编《楚雄彝族自治州旧方志全书·大姚卷》,云南人民出版社2005年版,第1652页。
④ 民国《盐丰县志》卷六《武备志》,载杨成彪主编《楚雄彝族自治州旧方志全书·大姚卷》,云南人民出版社2005年版,第1184页。

白盐井成为匪患较为频繁之地。

明洪武十七年（1384年）姚安府彝族土官自久起兵反明，攻克白盐井，俘获提举熊以正。沐英遣姚安土司高保、高慧协同剿匪，自久在白盐井战败被俘。

高宗亮（土司）"系姚州土州同。因白井旧设督捕营奉裁日久，今五井只设练总五名、什长十名、井兵五十名、铺兵二名，分班巡守关口，查缉私盐，每月朔摈换，至岁暮时，四处宵小千百群聚积附井四山，强贸盐斤，骚扰井灶，兵少难于弹压，历年详请盐道行文，姚州土州同每岁腊月率士兵五十名到井防范，至正月初三、四撤回，井地得安"①。

"清宣统二年十月二十七日，大姚土匪首陈可培遣刀云之率乱党进攻白井"②。

民国十一年（1922年）至民国二十年（1931年），白盐井记录在案的匪患就有九起，③平均一年一次，还不包括没记录在案的小规模匪患。民国十五年（1926年）以郑天雷为代表的土匪攻占白盐井后，觊觎白盐井的盐，在与地方谈判中提出要将白盐井当时存有的六十余万斤盐作为军用，其后匪"因索款甚苛，将井灶公所正董王乃恩，副董布经纬扣留白莲寺总部中，遭言恐吓，多端勒索。后经五井士灶齐心协力，一面筹措一面捐助，赶将索款交清幸免破裂又一面秘报匪情"。民国十六年（1927年）遇匪患，白盐井"各绅董逃避乡村，该匪等据城数十日勒索交款五万元"。每遇匪患，"四乡人民直至有家不敢归，每日将昏散，从沟壑或草深树密间各寻躲处，父子不相见，兄弟妻子离散，天明始敢伸首遥望，寻途回家，犹须时时探听匪情，准备逃难"。

在纳汝珍任白盐井场长期间，在原关卡的基础上建造碉楼八座以防频繁的匪患。于民国四年（1915年），白盐井场务处设立缉私队，井场设保井队。当地平息匪患的方式，多是上一级的军队来此才能平息，而军队来到白盐井的开支，需要从白盐井地方支取，于当地而言又是一笔重负，在历史资料中就有"盐丰历年兵来匪去，所有供应粮草为数甚

---

① （清）刘邦瑞：《雍正·白盐井志》，张海平校注，楚雄州地方志办公室编印，内部资料，2014年，第19页。
② 民国《盐丰县志》卷六《武备志》，载杨成彪主编《楚雄彝族自治州旧方志全书·大姚卷》，云南人民出版社2005年版，第1184页。
③ 《盐丰县编辑省志材料》，民国二十一年十月编辑，藏于云南省图书馆。

巨"的记载。

地方土匪常在运盐通道一带盘踞，盐的顺利运销成为管理者头疼的事情。民国二十七年（1938年），由龙云直接传令，命盐丰、宾川、祥云、兰坪县县长负责，共同严剿匪患，以促盐运销通道顺畅，以下是由龙云主席发布的为维护白盐井盐顺利流通的命令。

此令
云南主席　龙云
中华民国二十七年一月二十六日
令为据呈匪徒拦劫妨碍运销请饬盐丰祥云各县会剿一案应如呈照准仰即知照
云南省政府指令秘一盐总字第四七四号
令盐运使署
二十七年一月十二日呈一件为匪徒拦劫，妨碍运销请饬盐丰祥云各县会剿一案由。呈悉。应如呈令饬盐丰祥云宾川华坪等县长会商联防协剿，以免妨碍冬销。除分令外，仰即知照！此令。①

令盐丰　宾川　祥云　兰坪　县县长
案据盐运使署呈称：
查据白井公盐号经理董秀川呈称：切查上年九月以后各县至井道途之间盗匪抢劫时闻，近两月来股数愈多，□聚愈□，小者数十大者千余，商贾马脚均遭拦劫，初则仅只搜取银钱，继则盐斤货物俱被抢夺，职号各县分号解井之款，计上年九月杨士豪由平川至井行经锣锅水井，被匪劫去镍□一千元新票二百元，又本年二月夏大队长□由中和至井，行经昙华山被匪劫去旧票四千元，二共旧票七千元上下，而由井运付各县分号之盐，计平川华坪湾碧牛井宾川各路前后共损失盐二百八十□又二□又五百斤，约计四千斤左右，值此道途阻塞，商贾裹足不前，匪风蔓延运既阻碍，销亦滞疲，而转解□项更难为力，自维责大任重，长此以往，□累堪虞，而运销前途诚不知伊于□底，实觉不寒而栗，用□将匪风情形并前后损失款项盐斤数目附单开呈，恳

---
① 《云南省政府公报》（命令），第十卷第十五期，第20页。

听□核给予备案，实为公便，计呈损失清单一份。等情；据此，查所呈自上年九月以后，各县土匪，在锣锅水井等处抢劫该号盐银等情，具见匪风猖獗，妨害运销，该盐丰、宾川、祥云、兰坪，各县长，既负有剿匪及协助盐务责任，应请分令切实严剿，并速疏通运道报核，以靖地方而维销征。至麻□坪及迤西模等处，属于何县地方，来呈未据声明，并请令饬查明就近转函遵办。除指令及分行外，理合抄同清单具交呈请钧府鉴核办理指令示遵。等情；计呈抄单一份。据此，除以"呈及抄单均悉。应如呈照准。除分令盐丰、宾川、祥云、华坪等县长切实严剿外，仰计知照！抄单存。此令"等因；指令暨分令外，合行令仰该县长，即便遵照办理！切切！①

在此文件中，指明即使在民国时期，盐丰盐运路途仍充满着危险，路途安全难以保证，以致需要以命令的形式责令相关各县长来负责运盐路途的安全。白盐井地盐的正常运销，也成为区域内共同操持的事务。

个案：普光彩匪乱

民国三十七年（1948年）的普光彩匪乱，打着"吃肉不吃皮、杀汉不杀彝"的口号。普光彩，彝族，耳多大，矮而胖，人称"大耳朵皇帝"，居住在博厚。1948年、1951年的患乱，均有其参与。他在三台莲台山一带集结彝族，信奉白莲教。宣传白莲圣母的灵验，因莲台山位于"三不管"的地理位置，前来烧香拜佛的人很多，很多人还就此留了下来。打出口号"吃肉不吃皮，杀汉不杀彝"，在新田、铁锁、三台一带打劫，号称还要打劫石羊，甚至打到昆明，占领省城。信奉白莲教的人均穿麻布衣服，如若投降的人家，就插麻布旗子，就可以免于烧杀抢掠。当时盐丰县县城里300多人的武装，却无力抵抗，后请了省里的一个营，但此营没做实质性的剿灭。后又派了一支队伍，叛乱人员"化整为零"，瞬间化为村民，真正的叛乱人员没有抓住。队伍盘查白莲教活动过的地方，将村民的牛羊赶走，还抢走粮食，当时，抢掠的牛羊占满了白盐井区的空地。在现农贸市场、石羊小学、猪牛市场、火烧坝、大空地、现医院

---

① 《云南省政府公报》（命令），第十卷第四十期，第10页。

等处,都能看到他们抢来的牛羊。当时,很多无辜的村民被杀害。后来普光彩投诚。

综上所述,白盐井其实并不太平,而这主要源自盐这一因素,不同利益群体均对其虎视眈眈,成为多方利益的撕裂地带。这些来自天灾人祸的制约,加之前文所述的白盐井盐业生产与地方生态日渐暴露的矛盾因素,作为从动力到阻碍的行政力量因素,一并成为石羊镇"因盐而衰"的城镇化阻碍力量。

第七章　因盐复兴的石羊古镇

"因盐复兴"的石羊古镇城镇化阶段，石羊古镇重拾盐业社会的文化价值，以当地自1995年被命名为云南省首批历史文化名镇为推力，走出了一条"千年盐都、祭孔圣地、文化名邦"的旅游开发之路。淹没在过往盐业社会的文化实现生产与再生产，开井节、祭孔大典开始复兴，盐文化博物馆存留了当地盐业社会历史遗存。在旅游的推动下，当地的城镇建设得到了提升，旅游市场逐渐形成，人的流动渐频，人的流动也带动了文化的流动，在城镇化建设过程中，实现着政府与民众的共建。

第一节　从"石羊镇"到"石羊古镇"

一　盐业社会文化遗存

由于城市的空间形态、结构等，并不如国家的政治、经济那样，可以迅速地被改造，它可能以旧有的面貌或变异的式样存在于新的社会体制中。① 因此，在城镇空间的历史遗存中，我们可以一窥白盐井盐业社会的历史风貌。在时间的洗练中，石羊镇活态的盐业社会形态已经越来越远，加之经历了战乱匪患、自然灾害等历史的劫难，盐业社会的存留物多被摧毁。解放初期，龙吟书院成为县委会，灵源书院变成县政府，明伦堂用作检查院，龙吟寺变成法院，土主庙用作公安局，大王寺作为石羊完小等。而1961年大洪水，对地方历史文化遗存造成致命的摧毁。我们仅能在遗

---

① 陈映芳：《城市中国的逻辑》，生活·读书·新知三联书店2012年版，第117页。

存下来的历史残片中,点点滴滴还原她的风华。

表 7—1 石羊镇盐业社会文化遗存简表

种类	名称	历史年代	历史价值及现状	备注
有形遗产	孔庙建筑群	明洪武元年(1368年)始建 明万历三十七年(1609年)重建	省级重点文物保护单位,修缮后,保存基本完好	
	孔子铜像	铸于清康熙四十七年(1708年)	省级重点文物保护单位,保存完好	坐像,高2.2米,重1000多千克
	"封氏节井"浮雕	刻于清道光二十一年(1841年)	县级文物保护单位,保存完好	有石羊"清明上河图"之称
	"封氏节井"遗址	明代	待列为文物保护单位,保存完好	属砂石质地
	南北二塔	南塔重建于清康熙五十一年(1712年) 北塔重建于清康熙五十二年(1713年)	待列为文物保护单位,保存基本完好	南塔为空心塔 北塔为实心塔
	文峰塔	清康熙年五十一年(1712年)重建	县级文物保护单位,保存完好	方形七层
	火葬墓群	元代	待列为文物保护单位,保存完好	出土物有火葬罐、贝币等
	玉皇阁 锁水阁	始建于清代	待列为文物保护单位,保存完好	旧有"八阁"中现存的两座
	圣泉寺	始建于清代中期,1991年重建	待列为文物保护单位,保存完好	旧有"七寺"中唯一现存
	古井群	开凿于汉代,明清时极盛	待列为文物保护单位,保存完好	

续表

种类	名称	历史年代	历史价值及现状	备注
有形遗产	晒盐篷	建于20世纪70年代	待列为文物保护单位，保存完好	号称"中国最大竹木篷"
	石牌坊	建于清嘉庆二年（1797年）	待列为文物保护单位，保存完好	重檐式牌坊，三开间
	圣泉桥	建于清代 民国时重修	待列为文物保护单位	旧时通往大理的古驿道
	小洞天龙吟书院	建于清代 民国时重修	待列为文物保护单位，保存完好	旧时"五大书院"之一
	古民居	清末至民国	保护程度不	现存二十九户，四合院居多
无形遗产	儒文化	在当地开启较早	重教兴文、科甲连绵、人才辈出	文化底蕴深厚
	盐文化	伴随盐的开采而产生	整合型文化	文化底蕴深厚
	名人逸事	明代以来	如郑山、罗衡、甘舜、李家桢等	存于传说及志书中
	神话传说	历史悠久	与盐井开发、地方节庆等相关联	影响深远
	风俗民情	自古就有，不断丰富	历史、实用、审美价值等	

石羊镇还存留的盐业社会文化遗迹，最具代表性的是孔子铜像及孔庙建筑群、盐文化历史遗迹。

一是仅存的孔子铜像坐像和孔庙建筑群。随着中原文化的进入，当地大力提倡学习内地先进文化，教化育人，儒学在石羊古镇兴起，至今有保存完好的孔子铜像和孔庙建筑群，这正是儒学在石羊兴起的产物。石羊孔庙位于石羊镇以北的象岭山脚，始建于明朝洪武元年（1368年），距今有600多年的历史，明万历三十七年（1609年）建成。清康熙四十七年（1708年）提举郑山主持修复，并铸孔子铜坐像于大成殿内，孔子铜坐像高2.2米，重1000多千克，经九年时间铸成。1993年，石羊孔庙被云南省人民政府列为重点历史文物保护单位。历史上的祭孔仪式是石羊镇最重要的祭祀仪式，于孔子诞辰日——每年农历八月二十七举行。祭祀时有一套完整的祭孔专用乐器和祭器，祭品也按照规格来设定。据说在清朝时期，参加祭孔盛典的人必须是考取过功名的人。祭孔仪式的主祭由提举担当，陪祭则选两位德高望重的老乡绅来担任。民国时期，陪祭中的一人换成了当地的盐产场长。祭祀的祝文是四六言的骈体文，赞礼者连唱带诵，高歌孔子功绩。盛大而隆重的石羊祭孔仪式一度中断。当地于2006年恢复了祭孔大典，如今常有学子及其家人前来拜谒先圣孔子，祈求学业进步。

现在的石羊孔庙内，保存有清代道光年间的当地"清明上河图"——封氏节井浮雕。封氏节井浮雕镌刻于清道光二十一年（1841年），由六块大理石拼成，其内容分上、中、下三部分，整体反映明清时期石羊镇制盐业、手工业、商业等发展情况，比较全面地呈现了古镇兴盛繁荣的历史。浮雕还以图画的形式来呈现当地的多个历史故事，有讲述清雍正年间盐官李卫来白盐井赴任途中遭遇风暴，白盐井的土主神发力助李卫平安躲过风暴的神话传说；有兵将张虎妄图占人妻封氏，封氏为保贞洁投井自尽的传说故事。图画故事表现明末清初白盐井的历史事件以及石羊镇的风土人情，成为石羊镇明清时期的一个缩影，有当地"清明上河图"的美称。

二是具有悠久历史的盐文化遗存。石羊镇现在存留下来的历史遗迹从概念泛化的角度而言，都可以归入盐文化遗存的行列，因为当地一切"因盐而兴""皆以盐故"，当地历史文化遗存与盐之间存在着直接或间接的关系。在现在的石羊镇，很容易寻到盐的踪影、嗅到盐的味道。沿香河两岸是盐业时代主要的盐井分布地，在这里很容易看到结晶的白色食盐析出。在一些有年代的建筑物的墙角处，有因受食盐腐蚀而层层剥落的情况。在晒盐篷附近，喷洒的盐水扑到脸上，立马就可以有细微的盐的结晶物产生。当地保存下来的节日——开井节，就是因当地的盐业兴盛而设的。当下每年一度举行的祭孔盛典，也将盐业生产中的取卤仪式和祭卤仪式移植了过来。当地专门建有盐文化博物馆，古盐井之一的庆丰井修复于其中，盐文化博物馆还陈列有白盐井制盐史历程、当地盐运图、盐官、制盐图、白盐井古盐道等相关资料。石羊镇的盐文化博物馆，成为维系过去与现在的连续体承载物,联系了在时间的疏离中日渐模糊的怀旧情绪,①在石羊镇扮演了旅游标志物和吸引物的关键角色。盐文化博物馆的产生,是人们对逝去历史的怀旧与补偿。而作为旅游地的石羊镇,在一定意义上也可以看作在空间形态上放大了的泛博物馆形态。

当地存有的南北二塔和"七寺""八阁""九胜庵"等文物古迹也昭显着石羊镇盐业社会时代的辉煌历史。石羊因"四山环拱,一水中分,引泸胜之精,碧像锁川源之秀"的自然地理特点,加上不同历史时期有佛、道、儒、伊斯兰、基督教等宗教形态相继传入,故寺、庙、庵、祠、阁应运而生,形成相当数量和颇具规模的宗教建筑群,如现保存完好的观音寺、圣泉寺、文殊阁、锁泉阁、玉皇阁等。

石羊镇在历史上分为观音井、旧井、乔井、界井、尾井五个井区,直到1950年才划分为绿萝街、宝泉街、羊泉街、象岭街四个街区。据《大姚县志》记载,四个街区共有居民404户,现存的清末至民国的古民居有29处,其中最具特色且保存完好的典型四合院有14处,②这些古代民居建筑多为两层,古朴典雅、重檐高挂,风格较为清新和活泼。古民居中,独特的建筑格局是沿香河而建的"吊脚楼",这种格局的建筑形式,主要表现为正面的建筑临街,这样可以在车水马龙的街市中经营生意,背面的建筑从堤岸延伸河面上空1—2米,吊脚楼下,就是潺潺的流水,建筑借助香河水更添灵动,颇有水乡风光的逸趣。吊脚楼这一特殊的建筑形式置于白盐井区来看,是与周边自然风貌和人文风貌相得益彰的产物:一是吊脚楼依香河而建,有借香河景之妙,从艺术审美的形式而言,颇具美感,吊脚楼与香河一道,共筑优美的人居环境。二是吊脚楼的建筑形式扩展了居住空间,充分利用河岸的悬空地理位置,有效缓解了白盐井地狭人稠的土地利用矛盾。

石羊镇以孔子铜像、文庙、盐文化历史遗存为代表的当地历史文化遗迹,有其存在的意义,意义在于"文化遗产形态叠合了当代社会文化发展的多元背景与价值。对文化遗产的保存,是基于对过去的物品、建筑、景观以及社区空间与生活有一种不舍的情怀,对消逝的过去的记忆与留恋,

---

① [美] Nelson Graburn:《人类学与旅游时代》,赵红梅译,广西师范大学出版社2009年版,第306页。
② 大姚县地方志编纂委员办公室:《大姚县志(1978—2005)》,云南人民出版社2010年版,第31页。

是人文精神的一种源泉与寄托；消逝之不可抗拒与留恋的不可舍弃，是生活在现实中的人们无法逃避的处境"①。在历史文化遗存的点点滴滴中，我们可以试图尽力去还原盐业时代的社会与人文风骨，同时，也能看到历史文化遗存在今日，当地人对它的反应与创造样态，即历史文化遗存在当下如何复活，如何在旅游的驱动下，对过往历史的发掘呈现能动的过程。

二　石羊古镇当代价值：跻身云南首批历史文化名镇

（一）孔子铜像、孔庙与省级文物保护单位

当地人经常用历史传说的神迹和现实中发生的事情来强化地方神的信仰。对当地孔子铜像的笃信就是一例。于当地人而言，孔子铜像能在历史的劫难中幸免于难，本身而言就是一个奇迹。"文化大革命"期间，全国大大小小的孔庙、孔子造像均遭到致命的破坏。当时，石羊镇的孔子铜像也未幸免于难，有人试图用斧头砍倒孔子铜像，如现在孔子铜像的脚部和腿部，还能看到当年斧头砍过的痕迹，用斧头砍过后，见孔子铜像还是岿然不动，就动用拖拉机来拖。当拖拉机加足马力拖动之时，与孔子铜像连在一起的整座房子都动摇起来。当时行动的人们一时被吓住，才得以停止了破坏行为。

这一历史事件因当地的文字书写与口头流传而增添了神秘的色彩，已经为石羊镇老少皆知。当地人总说"石羊镇这么一个小镇能有一个孔子铜像是非常了不起的事情"。从浅层来看，逼真的历史事实加人们的渲染加工，神化了当地孔子铜像的威灵。从深层来看，对当地孔子铜像的笃信一是来自当地对历史文化的尊重；二是来自当地对儒家文化的推崇，当地一些文化人可以将近年来国家领导人对儒家文化的推崇说得头头是道；三是来自伴随地方旅游带来地方发展的自信心。至此，当地的孔子铜像已经成为当地百姓可以拿出来向外人炫耀的文化资本。

石羊镇历史文化名镇殊荣始于当地以孔子铜像为代表的孔庙建筑群文物价值的确立。1981年，石羊文庙被列入楚雄州重点文物保护单位之一。1987年，州政府拨款进行了彻底修复，现已恢复文物的原貌。1988年4

---

① 刘志伟：《"遗产"的现代性——〈文与物：国保单位佛山东华里的构建〉序》，《开放时代》2013年第5期。

月1日，由大姚县人民政府向云南省人民政府提出了《大姚县人民政府关于将石羊文庙列为重点文物保护单位的请示》①，请示如下。

> 云南省人民政府：
> 我县石羊文庙位于县城西北35公里的石羊镇象岭山。建于明朝万历三十七年（1609年），现存大成殿、崇圣祠、明伦堂、乡贤祠、名宦祠、东屋、西屋大成门、灵星门、朱子阁，是一组较壮丽的古建筑群。
> 大成殿上悬有御制匾额"万世师表""圣集大成""与天地参"。檐口全系龙凤象鼻头雕斗拱，走履承重，柱头雕有"唐僧取经""三贤访友"等画面，雕工细腻，形象栩栩如生，殿内铸有孔子铜像一尊，高2.2米，重1千多公斤，全身贴金，手捧朝笏，正额端坐，下脚两侧袍上铸有"白盐井提举司郑山暨阁井绅士衿士庶人等，昆明铸士杨维伦、僧广福、广禄敬造，侄于炊、燹、烤、康熙戊子岁春三月谷旦"字样。据考，此像系清康熙四十七年（公元1708年）由提举郑山主持，王显相等捐金铸造。最近据全国政协历史文物考察组称："这是全国唯一保存完整的孔子铜像"，与曲阜孔像同貌，神龛有龙抱二柱，露梁浮雕绘画精美别致，几经修葺，大殿已焕然一新，破烂不堪的朱子阁基本修复，于1986年被列为楚雄彝族自治州重点文物保护单位之一。
> 大成殿内左侧壁上镶嵌着从石羊土主庙移来的六块大理石浮雕并合成一组画面，高二点二米，宽四点一米，刻有"威雄土主显灵"故事二则，其中第二则反映的是明末清初席上珍夫妇抗暴安良，保井爱乡，自我献身尽忠尽节的故事，画面人物形象生动，造型逼真，情景交汇，将历史事件和神话传说融为一体。
> 大成殿朱子阁经州县几度拨款陆续修复，恢复了古貌，金碧辉煌，已供游客观赏，但其他建筑因年久失修已破烂不堪，如不及时修理，势有倒塌之危。
> 根据《中华人民共和国文物保护法》的规定，和我省重点文物保

---

① 大姚县人民政府：《大姚县人民政府关于将石羊文庙列为重点文物保护单位的请示》，1988年4月1日，大姚县档案馆藏。

护单位的要求，拟请示将石羊文庙建筑群列为云南省重点文物保护单位。

当否，请批示。

大姚县人民政府（章）
一九八八年四月一日

同年，由大姚县公安局、大姚县文化局共同印发了《关于石羊文庙的管理、保护通告》。石羊孔庙及孔子铜像于1993年经省人民政府批准列为省级历史文物保护单位，成为省级四座孔庙之一，也是全国孔庙中仅存的历史最早的孔子铜像坐像。1993—1998年，省、州、县、镇共同出资，进行了石羊孔庙的第一期、第二期工程修复。孔庙修复的一期工程注入资金84万元，以大成殿的修复为主，二期工程注入资金50万元，以黉学馆的修复为主。石羊孔庙自1996年4月16日开始征收门票，县外每人1元、县内每人5角，可作为当地民族文化的资本化的形成标志。伴随省级历史文物保护单位的授予，孔庙得到了完整的修复。自1999年，开启了第三期工程的修复，重建照壁、泮池、月弓桥、牌楼、明伦堂、孔子七十二贤塑像。

（二）石羊镇与云南省首批历史文化名镇

继石羊镇孔庙荣升为省级历史文物保护单位以后，石羊古镇积极申报云南省首批省级历史文化名镇，于1995年进入云南省首批省级历史文化名镇行列，就此，石羊古镇的"古"实至名归。

据《关于下达会泽县娜姑镇、大姚县石羊镇、禄丰县黑井镇历史文化名镇保护补助经费的通知》[①]，一次性补助石羊镇6万元，作为历史文化名镇的保护、规划和建设经费，具体用于名镇保护规划和绿萝街道路维修。

从首批云南省级历史文化名镇来看，娜姑古镇历史上"因铜而兴"，石羊古镇和黑井古镇"因盐而兴"。历史上的云南以"盐铜为利"，盐与铜对长时段云南的经济与社会发展具有深远影响，将石羊古镇置于云南这一更大区域而言，有助于理解云南社会历史的典型性特征。由此，可以通过石羊个案，丰富云南历史上的社会样态研究，石羊古镇的城镇化也可以

---

① 云南省建设厅：《关于下达会泽县娜姑镇、大姚县石羊镇、禄丰县黑井镇历史文化名镇保护补助经费的通知》，1995年8月30日。

成为云南城镇化的类型典型。

第二节　旅游与文化的资本化

旅游资源开发过程中文化资本化的建构是在地方、政府、开发商、旅游者共同参与和利益主体间的利益博弈基础上建构起来的，是一种文化重建与文化生产的过程，也是民族文化资本化的过程。重建后的文化并非对传统文化的原样复制，而是融入了各种文化因素的整合机制。尤其值得注意的是，旅游资源开发背景之下的文化发展已经朝着文化的异质化、娱乐化、商品化的方向发展。文化的异质化表现为对传统的、现代的、地方的、外来的文化元素一种应时之需的"奇思怪异"的拼凑与嫁接。文化的娱乐化是应旅游过程中游客的娱乐目的所形成的一种妥协，因为"文化产品的生成有赖于进入主导性的文化价值体系，并成为其结构性的要素，从而获得某种认同的表达"[1]。在文化资本化的建构过程中，所谓的传统其实质是一个变动发展的概念，"传统并不完全是静态的，因为它必然要被从上一代继承文化遗产的每一新生代加以再创造"；"传统在使社会生活保持平稳的同时，也在为生活于其中的人们提供着可能的变化机制。传统所包含的生活原则、价值理念以及各种制度等，都是历史与现实交织的文化建构的产物。在现代条件下，再没有什么知识仍是'原来'意义上的知识了"[2]。

旅游已经成为当下一种普遍性的社会现象和生活方式，旅游成为现代性的一种标志，成为一个游客是现代体验的特征之一，一个人如果不离家旅游就如同没有汽车和美宅一样。旅游是现代社会的地位标志（The mark of status），而且也被视为有益身体健康的。[3] 旅游是融文化于旅游与游客，融旅游与游客于文化（Moulding culture for tourism，and moulding tourism

---

[1] 马翀炜：《文化符号的建构与解读——关于哈尼族民俗旅游开发的人类学考察》，《民族研究》2006年第5期。
[2] ［英］吉登斯：《现代性的后果》，田禾译，译林出版社2000年版，第32—33页。
[3] ［英］John Urry：《游客凝视》，杨慧等译，广西师范大学出版社2009年版，第6页。

and tourist for culture），①这指明了旅游产业与地方文化保护、开发、再生产的某种关联。随着石羊镇的文庙被授予省级历史文物保护单位，石羊镇被列为首批历史文化名镇之后，"石羊镇"到"石羊古镇"的转变实至名归，当地政府与地方民众将以上文化符号的授予作为地方发展的文化赋权，随之，文化符号与当地旅游结合到了一起。石羊古镇的旅游开发也有一个好的县域环境，得到了上一级政策与资金的支持。在2000年以前，大姚县的旅游收入并未列入地方收入之列，2000年成立县旅游局以后，将县域旅游收入列入县收入中，当年就实现旅游人数10.55万人，旅游收入达580.19万元。随着县委、县政府对"文化兴县"战略的实施，旅游收入逐年增长。2005年，大姚县共接待了国内外游客17.31万人次，年平均增长13%，实现文化旅游总收入7419.37万元。②大姚县各个乡镇都有自己主打的节日，以节日促进旅游，促进集市贸易的发展。

"石羊镇"到"石羊古镇"，当地从孔庙的省级历史文物保护单位到省级首批历史文化名镇的历史文化价值追寻，亦给了石羊古镇旅游转向的新契机。在1995年石羊镇被命名为云南省首批历史文化名镇以后，一些人慕名而来。当时，石羊孔庙由石羊镇政府来管理，当时石羊孔庙在日常是关闭的，一般而言，外面来人，政府人员才有机会进去参观。一来人们能够参观孔庙的机会很少，二来增加了政府人员的工作负担。在云南省旅游业日益兴起的背景下，楚雄州一级主张石羊镇开展旅游业，石羊镇政府、大姚县旅游局却很难以自己的能力做好石羊镇的旅游业。因此石羊镇政府与楚雄汇通旅游公司合作经营，才开始了石羊镇旅游业的发展。旅游公司对孔庙设施进行了大量的整修，泮池、照壁、魁阁、接官亭等都是在当地政府与旅游公司合作之后才着手重建的。

当地的孔子铜像也成为地方政府发展旅游所打的特色招牌，石羊文庙成为当地旅游的核心景点，"千年盐都，祭孔圣地，文化名邦"成为石羊古镇旅游主打的宣传口号。2005年楚雄州规划设计院对石羊旅游资源做出了总体评价："石羊旅游区旅游资源以孔子文化、盐文化为核心，以古镇镇区为载体，兼有人文、自然景观而以人文景观为主，内涵深厚，特色明

---

① ［美］Nelson Graburn：《人类学与旅游时代》，赵红梅译，广西师范大学出版社2009年版，"总序"第4页。
② 大姚县地方志编纂委员办公室：《大姚县志（1978—2005）》，云南人民出版社2010年版，第522页。

显，在省内独树一帜，具有发展旅游的历史文化资源基础和较高的开发价值。在楚雄州现有的三个省级历史文化名镇（黑井、石羊、光禄）中，石羊旅游资源价值与黑井处于同一档次。在全省多个历史文化名镇中也名列前茅。"①

一　旅游与城镇建设

自1995年石羊古镇被评为云南省首批历史文化名镇以来，石羊镇在古建、文物的保护和恢复、城镇建设方面做了较多努力。按照保护规划的要求，对沿街部分传统建筑进行整治和修复，采取一系列措施对镇区现代风格的建筑进行严格控制，从而使古镇建筑走上复古的风貌，古镇总体的古建筑群落得到保护与风格延续。铺筑了旧城街道路面，开展镇区环境治理，进行镇区过境公路的改造和拓建。其中，累计投入了几百万元对孔庙建筑进行修复和环境建设。成立古镇开发办公室，进行相关协调和统筹工作。在旅游开发与地方文化的开发保护进程中，制定并实施《大姚县石羊镇城镇总体规划》《大姚县石羊历史文化名镇保护与开发详细规划》《石羊古镇旅游总体规划》《石羊旅游古镇控制性详细规划》，石羊古镇的旅游事业得到了从规划到行动的保障。

1995年的《石羊古镇政府工作报告》中指出，1994年加强了石羊古镇的文化古迹修复管理，孔庙复修工程已基本结束，石羊古镇的精神文明建设成绩得到各级的肯定。②《石羊镇关于城区建设规划实施计划的报告》中特别提到"目前我镇被省人民政府命名为历史文化名镇，这就需要我们加快城镇建设、管理、保护的步伐，创造一个名副其实的文化名镇"③。石羊镇自1993年参加楚雄州文明城镇评比以来，分别于1994年、1996年获得B组竞赛第一名，并于1996年12月被州委、州政府命名为首批"文明城镇"。按照《石羊历史文化名镇保护开发规划》，④ 积极推进历史文化名

---

① 楚雄州勘探规划设计院：《大姚县石羊古镇旅游区总体规划（2005—2020）》，内部资料，2005年，第21页。
② 梁家俊：《政府工作报告——在石羊镇七届人大三次会议上》，1995年2月8日。
③ 《石羊镇关于城区建设规划实施计划的报告》，1995年10月21日，第2页。
④ 《石羊镇国民经济和社会发展"九五计划"和2010年远景目标纲要（讨论稿）》，第8页。

镇开发工作，到 2000 年完成镇区荒山绿化，街道拓宽，天台寺修复，文殊阁修复工程，把石羊古镇建设成融历史文化、自然景观与人文景观为一体的旅游圈，将此作为石羊古镇对外交流的窗口。

在"九五"期间（1996—2000年），石羊古镇政府抓农田水利、城建、电力、交通、通信五项基础设施建设，培植粮、烟、林、畜牧、蚕桑、食品、机械、蔬菜八大支柱产业，发展教育、卫生、科技、计划生育、文化、广播电视、体育、历史文化名镇开发、环境保护、社会保障十项社会事业。其中，在列的"历史文化名镇开发"一项配合文化、环境保护、社会保障等，共同以旅游资源的保护与开发促进石羊古镇的城镇化建设。

当地开展旅游城镇建设，对石羊古镇的镇容镇貌，起到较大的改善作用。首先，街道环境卫生明显改观，1998 年投资新建公厕 2 个，建街道垃圾池 21 个，彻底解决了原来镇区垃圾四处堆放的现象。经常组织机关干部职工义务清理河道堵塞物，对河道进行彻底整修，加固河堤，清除淤泥，修筑滨河大道。其次，公路与街道分离。解决了原有镇区街道和过境公路为同一条而导致的道路时常拥堵的问题。再次，石羊古镇的建筑结构与风格得到改观。在石羊古镇旅游配套设施建设方面，完成了石羊孔庙、晒盐篷、庆丰井、盐文化博物馆、古城门、接官亭等景区景点的改造工程，完成了香河酒店、游客接待中心、旅游公厕等设施的建设，实施了灯光、桥梁、护栏、绿化、河道治理、街道修复、供水管网改造和街道立面仿古改造等系列的建设项目，举办祭孔大典等重大节会活动。

1999 年，为了加强对石羊镇小城镇建设工作领导，统筹规划，合理安排布局，统一实施好石羊古镇小城镇建设工作，及时解决小城镇建设工作中出现的各种矛盾和问题，加快城镇建设，完善城市功能，改善投资环境，促进石羊镇镇域经济和各项社会事业的全面发展，经镇党委、镇政府研究，成立石羊镇城镇建设协调领导小组。城镇建设协调领导小组要根据石羊镇经济和社会大众状况，及时编制上报小城镇建设规划，积极向上争取小城镇建设项目基金，办理国有土地征用、转让、拍卖等手续，协调解决小集镇建设中存在的问题，组织搞好小城镇建设中各种配套设施的规划、实施等工作。① 针对石羊镇长期以公路为市而"以街为市，人多市小，车多路窄"的局限与制约，石羊古镇政府一方面将公路与集市道路分离，另一方面也在石羊古镇 8 千米外另建了集市，征用黎武办事处新庄山村集体土地 10.8 亩作为土摆窝集镇的建设用地，并将蚕桑收购点迁移至此，一来疏散了石羊古镇集市拥挤的情况，二来活跃了农村经济。

1999 年 6 月 24 日，《大姚县人民政府关于成立大姚县小城镇建设工作领导组的通知》作为大政通（1999）41 号文件下发，以加强对小城镇建设的领导，加快小城镇建设步伐，促进县域经济发展。以石羊古镇丰厚的历史文化资源为基础，石羊镇政府将文化旅游作为当地的一大产业来建设，以实现小城镇的建设与发展，努力将石羊古镇建设成为滇西祭孔圣地。在省、州、县财政的支持下，投资 300 多万元，恢复建设了石羊孔庙建筑群，完成孔庙前的广场绿化和古镇基础设施的建设。石羊古镇搭载旅游资源优势的"顺风车"，城镇建设也围绕着旅游而动，城镇建设、旅游开发已切切实实影响了每户居民，居民成了城镇建设的参与者和城镇发展的受益者。1999 年，石羊古镇年旅游人数约为 11000 人。2001 年，引入社会投资 14.4 万元，在孔庙的东庑、西庑重塑孔子 72 贤塑像。2003 年，石羊古镇成立石羊古镇开发办公室，招聘专业导游，投入资金 16 万元，开发手工盐等具有特色的旅游产品。2012 年，石羊镇人民政府进一步推进文化旅游产业的发展，使石羊古镇"千年盐都、祭孔圣地、文化名邦"的文化旅游特色进一步显现。通过宣传推介和旅游基地设施的不断完善，2012 年到石羊古镇的旅游人数达 10 万人，旅游经济收入达到了 650 万元。

笔者在此重点关注手工盐的开发与当地盐作为文化符号的延续与再生产过程。白盐井历经千年的盐业社会所衍生的盐文化，成为石羊古镇赋有地域性的文化符号。在当下旅游的推动下，传统盐业生产技艺得以复活，游客可以参与手工盐的学习和制作中，手工盐的观赏价值取代了食用价值。手工盐的制作工艺成为当地人对历史认知、延续、共享、创造的方式。当地对地方文化共有文化遗留的延续与共享，可以类比私人对财产的占有与继承，都可以看作人自我延续的方式。手工盐重现的是一套传统盐

---

① 石羊镇人民政府：《石羊镇人民政府关于成立小城镇建设协调领导小组的通知》，1999 年 6 月 26 日，石羊镇人民政府文件，石政通字（1999）01 号。

业时代小作坊形式的盐业生产形态，在旅游时期具有了存在的基础。诚如西敏司在糖的研究中指出的一样，"作为早期技术和社会时期的残留物，尽管糖的经济重要性已经衰落，但是它的小规模生产无疑会无限延续下去。因为无论对于生产者还是消费者，它都是文化和情感的意义"①。文化与情感的记忆正好也回应了为什么手工盐在旅游时代得以存在的原因，也可以回应人们对于传统手工的偏好原因。

在旅游的开发中，盐重新成为当地的食物景观（food scape）。食物景观原本是美国学者对食物空间的一种统称，对于研究健康与食物环境（food environment）的关联有着重要的意义，后来被学者引申为食物（food）和景观（landscape）的结合体，而食物景观即是对"foodscape"的直译。实际上，食物景观并不是"food"与"landscape"的简单相加，而是将食物和地理区位相联系，把包括历史的、个人的、政治的、经济的、文化的因素融合到来自不同地域的人们对食物的享用和思考中。②将盐重新作为食物景观的石羊古镇，展现的是对一个逝去盐业时代的追忆与建构。

二 节日的复兴

当"斗米斤盐"的时代已经结束，平民百姓就可以很轻松地获取食盐，盐在人们的日常生活中扮演了完全不需要操心就可以轻而易举得到的资源，那么，过往赋予盐的特殊意义（仪式、象征等）也就一去不复返，或仅仅零星存在于人们的文化惯性中。但旅游背景下，可以通过饮食、仪式唤起盐业时代的历史记忆、想象与文化的建构。正如前所述，盐业时代的白盐井节日文化丰富多彩，当地老人对笔者说"过去我们天天都有节过"，确实，在传统盐业时代，这样的说法丝毫不夸张。在明末清初，白盐井境内始有民间文艺组织"灯社"。"灯社"的活动一般在土主节、迎神赛会等节日期间举行。主要以巡市表演唱花灯为主，同时登台表演毛驴

---

① [美] 西敏司：《甜与权力——糖在近代历史上的地位》，王超、朱健刚译，商务印书馆 2015 年版，"导言"第 7 页。
② Adema and Pauline, *Garlic Capital of the World: Gilroy, Garlic, and the Making of a Festive Foodscape*, Jackson: University Press of Mississippi, 2009.

灯、狮子灯、麒麟灯、耍龙、舞狮、彩灯、高跷等。①洞经音乐最早在石羊盐区的出现，始于康熙三十九年（1670年），在道光初年就在当地出现有"洞经社"。②1919年，以白盐井艺人王竹亭、高永年为首成立了盐丰县第一个戏剧组织"吉祥社"。1920年，盐区私塾老师刘采君根据当地历史事件编写的《封氏节井》大型滇剧在盐丰县演出，曾轰动一时，滇剧《封氏节井》也成为盐丰县街头巷尾谈论的话题。以上这些信仰的生成、文化节日及文化组织的诞生，大多与宗教发生关联，当"宗教性"日益淡化后，这些观念和行为就慢慢变成了民俗的味道。③在白盐井当地节日文化的复兴与再造过程中，其原有的宗教性减弱，民俗意味随之加强。

自20世纪80年代，石羊古镇的节日文化陆续复兴，实现文化的生产与再生产过程。"文化有生产与再生产的过程，文化再生产有文化复制的一面，又有文化再创造和文化重构的一面。后者从文化资源来看待又有两种情况，一是基本利用原有文化因素的再创造，二是主要利用新的外来文化因素的再创造。"④1980年，石羊镇恢复业余滇剧团，石羊盐厂为滇剧团捐资2000元，购置服装道具40多件，业余滇剧团利用业余时间排演了盐区流传较广的滇剧《席上珍》等节目，向公众演出。1986年农历正月十三，石羊恢复了一年一度的民族传统节日"龙王会"，只是将"龙王会"改名为"开井节"。1990年，石羊"开井节"的活动内容有：滇戏、花灯、彩车社火十六合、舞狮、高跷、芦笙舞、唢呐队、书画展览、电影、电视、录像等。复兴的节日，以表演的非语言行为，诉诸当下人对逝去的盐业社会的认知，并且将精英的、小众的人群对历史的情感与认知也纳入集体性的人群认知与表达中。

（一）从龙王会到开井节

"开井节"原名"龙王会"。龙王的寿辰在农历正月十三这个日子，每年的龙王会都由石羊的观、旧、乔、界、尾五井轮流办会。在正月十三之

---

① 大姚县地方志办公室：《大姚县盐业志》，内部资料，楚雄日报社印刷厂印装，2002年，第97页。
② 同上。
③ 金泽：《民间信仰的聚散现象初探》，《西北民族研究》2002年第2期。
④ 高丙中：《民间文化与公民社会：中国现代历史的文化研究》，北京大学出版社2008年版，第104页。

前，要是在观音井值办节日，就在该井的神台前面搭戏台，在正月十二之前弄好，还有开茶馆的、卖小吃的在这里找块地皮做生意，这一段时间也是生意人赚钱的好机会，来自各乡的人都赶着看热闹。每天三场戏，早戏从九点到十一点，下午戏从一点到五点，晚上戏从八点到十二点，戏场非常热闹。正月十二晚上有个祝寿活动，五井的灶户到总龙祠，吃晚饭以后就开始祝寿，三跪九拜后放土炮、行礼、念祝文，到了正月十三就出会。一早起来有专人敲锣，吆喊"龙王出会请各家赶紧打扫、分享"。同时，从南关到北关，每家每户都会收拾干净屋子，在门口摆上烛台祭品，等待龙王在当天的十二点左右出会。泥巴塑的龙王像，在正月十三之前都要全身贴上金箔，一年贴一次，年复一年，龙王身上的金箔越贴越厚，在阳光的照射下熠熠生辉。

出会之时，用八人大轿抬龙王，一般由两三班人员轮换，抬的人都是斋客，形成一个专门的群体，除此之外，其他人群是不可能参与进来的。龙王从龙王庙里抬出来，沿着香水河岸的大道行进。在轿子前有鸣锣开道、肃静回避、提灯提炉，再后面是诵经的。游行队伍打头的是身穿华服骑在马上的童子，后面就是龙王的塑像，在龙王身后又有一群敲打乐器的，也是斋客。队伍沿街分别经过五井，每个井都有龙祠，到一井的龙祠则把"龙王"置于神台，稍事休息，约十分钟后再从神台抬出游行，再到下一个井的龙祠休息，再到下一个就不休息了，到了乔井，又到观音井龙祠又摆下，休息个把钟头，烧香磕头。要是观音井置办当年的龙王会，龙王视察完其他的四井后，到观音井就不走了。观音井要设台唱戏，把龙王放在一个直对戏台的祭台上，这时唱戏开始，第一场是固定的《踩台戏》，请神灵来保佑这个台不出事，戏唱完也要踩台。唱戏一般持续两三天，最长的时候持续半个月之久。在这个节日中是以龙女牧羊传说故事为基础衍生开来的庆祝、纪念，同时也是一场物资交流会和文化交流会。从办会的隆重程度，可以一窥当时石羊镇的经济繁荣程度，那时石羊镇的经济非常繁荣，能够吸引区域的民众及各地的商人参与。

龙王会于1950年停办，后于1986年复办，并更名为"开井节"，似乎和"龙女牧羊"的传说更贴近了。石羊镇在1986年恢复第一届开井节时，各家各户张灯结彩，门前街头都是灯火，灯的种类有宫灯、宝莲灯、青蛙灯、八角灯、走马灯等，镇上还举办了彩车游行，有滇剧演出《龙女牧羊》《唐僧取经》《龙凤呈祥》《笑和尚戏柳翠》，及龙灯狮舞、滇戏击乐、唢呐曲牌，应有尽有。正会的晚上放烟火，当天晚上还有周边的少数民族专程赶来庆贺，有彝族跳脚队、唢呐队、芦笙队、花灯歌舞队等的表演，电影录像的播放也是通宵达旦。

自1986年以来，由龙王会更名而来的开井节在政府主导、民众参与之下，一直延续至今。节日举办的时间仍然沿用了下来，即在每年的农历正月十三。节日当天，来自周边乡镇、村落的民众都聚集到石羊古镇来参加盛会。与旧有的节日仪式相比，仪式的功能大大弱化，祭拜龙女的仪式活动简单了很多。这天的活动主要是观看文艺演出、打跳欢庆、品尝石羊美食、进行商贸等，亦不失节日的气氛。张兆祥的《石羊古镇开井节》用诗的形式描绘了开井节的节日盛况，"洞庭龙女来牧羊，卤郡泉涌卤汁香。物阜民丰赖盐丰，新春佳节庆龙王。巨龙腾空临街舞，金狮欢跃喜气洋。彝族舞蹈通宵跳，滇戏花灯更风光。集市贸易人潮涌，物资交流汇四方"①。

（二）祭孔大典

祭孔大典是石羊古镇的传统盛会，在石羊古镇大致延续了600年。祭孔是伴随石羊古镇历史上庙学的兴起而开启的，现存于石羊古镇文庙内的《新建文庙记》中有记载："白井为姚郡附近，专理磋郡，故不设学，而独有先师庙，主榷者率博士弟子春秋讲学行礼于中，仿古家塾党庠之制，用敷文教云。"这清晰记载了孔庙的祭孔仪式及其主要的功能显现，只是当时祭祀仪式还较为简单，功能显现还不甚明显。其后因孔庙的兴建，伴随儒学风气的日渐盛行，当地形成用尊孔祭孔的方式来促进学业的特别仪式。雍正年间，白盐井提举添置了祭孔的祭器和乐器。至乾隆三十五年（1770年），当地用于祭孔仪式的本金已有四百余两，其所产生的利息足以用于祭孔的专项开支。

当地历史上的祭孔大典大多数情况下都是由官方来主持的，并非由民间自发组织，参与其中的人是有一定身份地位的人。即是说，2006年之前的祭孔大典，并非所有的平民百姓都能参与其中，因此能回忆盛会具体情况的人也少之亦少。有幸的是，张国信老师亲自参与了1948年之前2006年之后的祭孔大典，并且能清晰地回忆起当年的节日盛况。

据张国信老师的回忆，祭孔盛会于每年农历八月二十七举行，当日正是孔子的诞辰。祭祀必须按照一套完整的祭祀礼仪来进行，先期做好各项准

---

① 大姚县石羊诗书画协会：《石羊诗文书画专辑》第十一辑，内部资料，第30—31页。

备，主祭一人，陪祭二人，清朝时期是由提举来做主祭，民国时期由县长做主祭，陪祭选的是当地德高望重的老人。其他参加人员的选择也较为严格，在清代必须是考过功名的才有资格参加，民国期间，只有县政府的科室人员、中小学教师才可参加这一盛典，祭孔成为当地上层人士所持有的文化资本。

孔庙有配套完整的，专门用于祭孔的乐器和祭器。乐器主要有鼓、编钟、编磬、凤箫、龙笛、排箫、琴、瑟笙、埙、祝、篪、筝。祭孔时，每种乐器的排列都有固定的次序和位置，用儒家专用的乐曲和乐章演奏，如"嘉禾之章""龙虎之章"等。专用的祭器有鐏、爵盏、云雷鐏、牺鐏、象尊、壶鐏、登、簋、豆、毛血盏、笾、俎、牲俎、大炉、提炉、鼎、烛台、九龙烛台等。祭品除主要祭品牛、羊、猪外，还有太羹；稻粱、黍、稷等五谷；韭、芹、笋等蔬菜；栗、枣、苓、芡等果品；鱼、鹿、兔等干肉或酱肉；白饼、黑饼等点心。盛放祭品的祭器和摆放的位置都是有严格规定的，这些祭品、祭器一一按规矩陈列开来，琳琅满目，场面十分壮观。

祭孔大典主要包括乐、歌、舞、礼四种形式，乐、歌、舞都是围绕礼而进行的，所有仪式都要求"必丰、必洁、必诚、必敬"。农历八月二十七这天清晨，参加盛会的人们，包括主祭和陪祭，都集结在棂星门一带。典礼开始，由赞礼者按照程序唱呼进行，当唱呼主祭、陪祭到位时，才由向导引领着主祭、陪祭分别由东西两侧台阶，上到天子台进入大成殿，站到各自的位置上，向导退下，其他人只能在棂星门参加典礼，此时乐工们也都按照指定的位置各自就位。乐章开始，接着领唱者、演奏者跟上，奏响祭孔乐章，把典礼引向高潮，三章演奏完毕，接着就是行三跪九叩大礼，献爵、献各种祭祀食品。接着读祝文，祝文是一篇颂扬孔子的骈文诗，这些礼节完毕。再进行一跪三叩礼，这才宣告礼成。最后一项就是分胙肉，由执事人员将祭祀用过的牛、羊、猪，按照参加盛会的人员数量，包括乐工、勤杂人员等，每人一份，领胙者并不计较数量的多少，只要能象征性地领到就是好的。因为是至圣先师用过的，能分享一点，也就意味着沾上了孔老夫子的福气。[①]

张国信老师是1948年当地祭孔的参与者，当时他特意将祭孔圣文抄录了下来，对于还原历史上的祭孔盛典大有助益。

---

① 张国信：《石羊的祭孔习俗》，载中国人民政治协商会议云南省大姚县委员会，教文卫体史资料委员会编《大姚县文史资料》第四辑，内部资料，2005年，第216—218页。

丁祭孔圣文

维

某年岁次××，×月×日，后学×××等

谨致祭于

至圣先师之前曰：道贯古今，德配天地。万世千秋，深仁大义。□维至圣，集大而成。礼明乐备，玉振金声。一德心传，生民未有，教宣杏坛，斯文在兹，春秋享祀，黍稷维馨，无分南北，逢此上丁，旧典难忘，乐章迭奏，肃我冠裳，俟我笾豆，大哉圣德，民无能名，升堂入室，终和且平，稽首咸仪，必诚必恪，泽及万民，颂声同作，跄跄济济，将事庭燎，两阶舞羽，佐以笙箫，敬布祝词，书之方册，神之听之，来歆来格。

张国信老师亲历的这次祭孔大典是历史上的最后一次祭典。自1948年后，当地的祭孔仪式一度中断，直到2006年应旅游之需，在政府的主导下才重新兴起。以下是2014年祭孔大典活动议程。

表7—2　　　　2014年石羊孔子文化节主要活动议程

	时间	活动名称	活动地点	备注
9月28日	7：30—9：30	穿越之旅——大姚至石羊自行车挑战赛	金碧工业园区工业大道至石羊古镇接官亭	
9月28日	10：30—11：00	祭孔大典庆典仪式	石羊孔庙广场	
	11：00—11：30	祭孔大典祭孔仪式	石羊孔庙内	祭孔仪式和取卤仪式在9月29日至10月7日期间每天按固定时间举行
	11：40—12：20	取卤仪式	盐文化博物馆、晒盐篷	
	12：30—13：30	长街宴	石羊古镇新区	
	14：00—14：30	彝绣服饰展演	孔庙前广场	
	14：50—16：20	石羊精品文艺节目展演	孔庙前广场	
	15：00—18：00	招商引资推介会	香河酒店会议室	

续表

时间	活动名称	活动地点	备注
9月29日 9:00—12:00	大姚名特小吃大赛	香河酒店	
9月28—30日 14:30—16:00	石羊精品文艺节目展演	孔庙前广场	
9月27日—10月7日	石羊特色商品展销会	石羊古镇新区	
9月28日—10月7日	石羊古镇诗书画交流	石羊镇弘文轩	

从2014年祭孔仪式的活动议程来看，与1948年以前的祭孔仪式相比，现在复兴的祭孔仪式是在原有基础上的继承与再创造。从祭孔的时间来看，原有祭孔时间将孔子诞辰农历八月二十七这天作为祭孔约定俗成的日子，节日时间被固化，且选取的日期因是孔子诞辰而具典型性。复兴的祭孔大典，选取国家法定节假日——国庆节作为祭孔的时间，主要为了较大程度地吸引前来石羊孔庙的人群，以扩大石羊孔庙作为旅游形象的宣传力度。从祭孔的参加人群来看，历史上的祭孔，祭祀群体为当地官员和读书人，祭祀群体为小众，庄严肃穆的祭祀仪式成为他们功成名就的表达。但当下复兴的祭孔仪式，成为众人均可参加的开放型仪式，祭祀群体中有学生，有地方官员，有各地受邀嘉宾，更有众多的地方民众，展演性质的祭孔大典更多成了全民的狂欢。从祭孔的具体活动而言，历史上的祭孔仪式活动较为重视冗繁的祭孔仪式本身及其所代表的象征意义。而复兴后的祭孔仪式，在复原历史祭孔仪式的基础上，更多地增加了其他活动，如取卤仪式。将取卤仪式整合进祭孔大典中，意在借助祭孔大典这一窗口尽可能多而全面地展现石羊古镇的文化资源魅力。此外，长街宴、民族服饰的展示、诗书画展览也被移植到精心设计的祭孔大典中，商品展销会也借此促进了当地商品的流动，于当地人而言显然成为可以全面展示当地文化的一扇窗口。于当地政府和当地民众而言，复兴的祭孔仪式是表达石羊古镇文化资源的难得机会，而这一文化资源依托的又是过往的盐文化资源。这一展示窗口亦得益于外来嘉宾、媒体、采风团队等的参与，祭孔大典实则成为扩大的表现石羊古镇文化资源与魅力的契机。

（三）跑马会

1. 土主信仰与土主会

现在当地存有的跑马会是从石羊古镇历史上的土主会流变而来的。回顾历史，土主是彝族的本土信仰。志书上对石羊古镇人口的较早记载有"汉人有三，夷人有七"，一开始石羊地区主要是以彝族为主，随着盐业的兴盛和经济交往的不断扩大，外来人口越来越多，到现在当地已经形成汉族、彝族、回族、白族、苗族等多民族共同存在的民族样态。彝族、白族同根同源，后来分化，土主信仰保留了下来，民风民俗也遗留了下来。随着不同地方的移民进入白盐井，多种人群的风俗习惯融合在一起，土主作为地方性的信仰，亦被不同的群体共同信仰。

在当地土主被赋予了神圣的色彩，也有很多关于土主的故事：相传在很久以前，有一个老人，上山采药，看到一个很茂密的树，是香树，老人想可以将其砍下做成有意义的东西，砍伐出来了，左看右看这树像人形，于是，他就将其做成土主菩萨，用以保护子子孙孙的平安。这是一则在当地广为流传的传说，在其中可以看到土主是以当地的保护神，用以保护当地民众的形象出现的。

还有一则关于土主的传说，在当地志书上有提及：在白盐井遭遇的一次水灾中，不知道从哪里涌来了一个大树疙瘩，水灾过后，人们重新返回，发现这个大树疙瘩仍然还在，于是就用它来烤火，一烧就发现香气扑鼻，觉得此树疙瘩充满了灵性，于是当地人就将其雕成了土主菩萨，供奉祭拜。

民间传说被搬到文献中，虽然内容有所改变，但是其所要表现的土主的神性却是如出一辙，均有神奇的意蕴在里面。传说中提到的香树，听老人说在云南很是稀少，土主菩萨即是用这种稀有的香树制作成的，把最好的东西给了当地的保护神，充分说明了土主菩萨在石羊民众心中的重要性。

在当地还流传有"土主显灵"的故事：说的是清雍正年间，云南盐道李卫奉旨来滇赴任，行了一段水路，官船行至洞庭湖，忽然阴云四合，风暴大作，波涛汹涌。李卫的船难以抵挡惊涛骇浪的冲击，眼看官船即将颠覆，情况十分危急，李卫及其眷属、水手都束手无策，李卫只有跪拜上苍，祈求神灵保佑，平安脱险。正当千钧一发之际，骤然天空划过一道闪电，接着天空中隐约出现一位尊神，端驻云间，蓝脸七星，手持宝剑，剑锋直指李卫的官船，顿时风平浪静，险象全消。李卫则叩拜神灵，再抬头看时，神灵已经消失。李卫来到云南后，四处询问洞庭所见神像，有识得者告知是白盐井之土主。李卫以盐道职官巡察至白井，并虔诚地祭拜了土主庙，仔细瞻仰土主神像，果如洞庭所见神像。①

封氏节井浮雕上也刻画了"土主显灵"这一场景。李卫为了感谢土主的佑护，派专人到广州买了一把紫油木轿椅和一副紫油木轿杠，献于庙中，专供"土主会"土主跑马时使用。现在座椅已经不见了踪迹，但是轿杠还是保留了下来。

志书中是这样描写土主会的："三月二十六日，土主会迎于行台，迎花四日，走马三日，演戏十日，寿期，官民同祝。"② 会期长达十七天之久，可想当时节日的盛大情况。每年的农历三月二十八是正会，在之前的几天都要为正会做好准备。首先是选马，也就是挑选土主会跑马时要用的马。谁家有马都会牵出来接受挑选，被挑选出来的这匹马得精心饲养，供土主骑，正会之前是不能被人骑的，也不能让它驮东西。在出会的前一天有专人为这匹马刷洗，洗马的这个人也就是出会那天牵马的人。到了出会跑马当天，要给马装饰上银耳、银铃、银蹬，还要给马披红挂彩。其次得为土主梳洗换衣。每一年在给土主换衣服之前，都要给他梳洗。即脱掉土主的旧衣，用香檀水沐浴土主的全身，脸和手这些露出来的地方要重新上色。土主菩萨是蓝脸七星，蓝是用叫作"斧头青"的矿物颜料来染色的，这种颜料涂在脸上是深蓝色，在有太阳的地方呈现出来的是亮蓝色。七星是用水银贴上去的，每年都要修复。土主的衣服分内衣、外衣。外衣有两套，分为坐轿时穿的和跑马时穿的，都是在会前的一个多月到外地买的人工刺绣黄袍，做工很是讲究。轿子是李卫到广州去买的轿子，下方配有脚踏，踏板上有两只土主脚踩的狮子，用银子打制，选材和做工也都非常考究。

会前的准备工作完成后，出会当天早上，有人专门沿街敲锣吆喊："土主出会请各家打扫卫生，摆香蜡，迎接。"上午土主就要出会了，出会的时间一般是在十二点之前，从土主庙沿街往外走，开头的是"小

---

① 张国信：《龙女牧羊的地方》，内部资料，石羊诗书画协会编，2004年，第15页。
② （清）刘邦瑞：雍正《白盐井志》，卷二《地理志·沿革》，张海平校注，楚雄州地方志办公室编印，内部资料，2014年，第3页。

鬼"，小鬼打杆，负责把挡路的行人挡开；后面是鸣锣开道，装扮成狗的形象，穿黄衣裳，这就是"老黄狗开道"。行人规避得差不多了，紧接着"肃静""回避"牌，之后是端香炉的，斋公诵经的队伍。土主菩萨骑马沿街下去，沿街各家在门口摆上供品。家家户户顶礼膜拜，一直到白塔位置，上去白塔位置骑着马绕塔三圈，然后下来到演武厅停歇三四个小时。烧香化缘的民众从四村八乡赶来，祭拜之后，杀鸡煮肉，煮斋饭，在下午五点之后抬土主返回，回到土主庙后，给土主脱下骑马服换上轿服，坐上轿子。晚上在庙里的戏台唱戏，唱几天不等，剧目不固定，但多半是与土主有关的。

李毓华的《土主跑马会》[1]得以显现土主会的盛况：蓝脸七星灵菩萨，寿诞三月二十八。大显灵威骑骏马，直奔山岗绕白塔。下山过河跑马道，邪魔鬼怪皆镇压。演武厅前摆銮驾，众生上贡敬酒茶。人山人海行礼仪，消灾免难求菩萨。鸣锣开道炮声响，起驾回府乘凉轿。神话故事详记载，浮雕石刻千古佳。

2. 从土主会到跑马会

新中国成立初期，面对新的政治、经济形势，意识形态也要做出新的调整。作为代表的土主信仰被纳入了封建思想的行列，在这同时，土主会也就被叫停了。"文化大革命"时期更是全面禁止有关土主会的一切事项，就连仅存的一些遗留物也遭到破坏。改革开放之后，当地人曾多次向政府申请恢复土主会，这个诉求直到2006年才得以实现。2006年，土主会恢复，但"土主会"却以另一个名字出现——"跑马会"。隔断了将近六十年的节日再次走进人们的生活，只有出生在解放之前的人们才会对消失这么久的节日有比较清晰的印象。樊家模[2]精通道经、风水术等，石羊大多数的祭祀活动都是由他主持的，中华人民共和国成立以前他参加和主持过土主会，他对恢复传统节日起到了很大的作用，他凭借自己的记忆恢复了2006年的土主会。樊家模去世后，由他的徒弟接管了跑马会活动。

由于土主庙在"文化大革命"时期已被毁坏，现在的土主菩萨供奉在圣泉寺里。同样也是在农历三月二十八这天正会，在这之前也要先选

---

[1] 大姚县石羊诗书画协会：《石羊诗书画》，总第十四集，内部资料，第57页。
[2] 樊家模，石羊人，非物质文化遗产，当地民俗文化传承人。

马，为土主沐浴、换衣，只是没有之前那么讲究。笔者亲历的2015年跑马会已经改用小汽车拉载土主菩萨沿街游行。正会这天，来自四周乡镇的人们会聚集在圣泉寺，然后由主祭司念祝词，这些祝词一般都是道教的经典经文。接着，大家在寺庙里吃斋饭，在十二点之前土主就要跑马了。仿照以前的跑马形式，同时又多了一些舞龙耍狮的，从圣泉寺出来后沿着香水河畔一直到树包塔位置。在这途中，沿街的人家也都在门口摆上祭品，做买卖的人们也在路旁搭建了小摊。前行到了树包塔，转三圈，然后到接官亭。在接官亭停留，土主换衣乘轿，人们烧香祭拜，稍作休息之后土主返回寺庙。在寺庙搭建有戏台，晚上由当地的滇剧团在这里演戏。节日持续的时间没有以前那么长，但是大致沿袭了原来的节日流程。

现在复办的"跑马会"是对解放之前"土主会"的记忆与复制，原来的记忆被复制到了今天，有些已经不再适应人们需求的部分被模糊掉，但是主要的一些形式和内容都被保留下来了。在记忆走向现实的过程中，有些碎片不能再被黏合了，但是人们的土主文化的认同感还是依稀存在着。

三　旅游与扩大的市场

旅游业的增长与其他行业的增长密不可分，将一些地区作为观光点来开放意味着它们更适宜生存，旅游业开启下的生活使旅游者和当地人都受益。随着石羊古镇自20世纪80年代城镇生机与活力的日渐恢复，以当地文物保护单位的获得，首批云南省省级历史文化名镇殊荣的取得为契机开启的当地旅游业，为当地城镇的发展开拓了市场。2005年，石羊古镇便驻有镇人民政府、供销社、中学等60多家行政企事业单位，有各种商业服务网点和个体商户近400家。[①] 2012年，石羊镇乡镇企业户数达641人，从业人员2430人。[②]

跟随日渐发展的地方旅游业，石羊古镇已经形成了自己的旅游市场，

---

① 大姚县地方志编纂委员办公室：《大姚县志（1978—2005）》，云南人民出版社2010年版，第515页。
② 大姚县地方志编纂委员会办公室编：《大姚县年鉴（2013年）》，内部资料，云南民族印刷厂，2013年，第261页。

现来石羊古镇旅游的客人多来自楚雄、昆明、攀枝花、大理等地。石羊古镇距楚雄144千米，距昆明304千米，距攀枝花166千米，距大理264千米。石羊镇区姚石公路穿境而过，其中，石羊是前往三台乡、铁锁乡、三岔河乡的必经之路。每天有石羊到昆明、石羊到大姚、石羊到三台、石羊到铁锁、石羊到米甸、石羊到三岔河的班车。

表7—3　　　　　　　　　石羊古镇旅游客源及比例[①]

地区	楚雄州	昆明	大理	其他地区	合计
构成比例（％）	80	13	4.4	2.6	100

　　石羊古镇投入旅游市场的开发、形成、发展，主动通过旅游创造市场，使得处于偏居西南一隅的小镇重新整合进流动的市场中，将周边区域重又纳入了它的目标市场。不过，笔者在此想要指出的一点是，旅游地的区位优势并不必然与旅游市场的获得直接挂钩，和传统的旅游规划将区位优势、交通条件列入当地旅游资本中不同，笔者不是生硬强调区位的不重要，而是认为在一定程度上可以稍微淡化旅游地的区位优势。因为旅游空间可以相对摆脱地域的边缘性束缚，及因交通不便等原因所带来的瓶颈阻碍。正如有研究指出的，在18世纪末以前的阿尔卑斯山曾被认为是荒凉和丑陋的地方，它经历了一个文明化的过程。它不只是单纯的阿尔卑斯山，它是独一无二的、视觉的、文化的、地质和自然的现象，与欧洲历史密不可分。[②]

　　伴随旅游市场的形成与扩展形成了一系列成长起来的市场，如当地的房地产市场、消费市场（餐饮、住宿等），其他第三服务产业市场等也在当地形成与发展，与旅游业市场比肩，继旅游业之后形成扩大的市场。大则上百万元的房屋，小至五毛钱一个的小土饼，都为当地活跃的市场贡献着力量。以当地福缘文化商业街区的打造为例。2011年，石羊古镇成功引进昆明镕银有限公司对原食品厂进行开发建设，建设一个集休闲、观光、住宿、餐饮于一体的综合性服务设施——福缘楼。福缘文化商业街区建设

---

① 资料来源：楚雄州勘探规划设计院《大姚县石羊古镇旅游区总体规划（2005—2020）》，2005年，第26页。
② ［英］John Urry：《游客凝视》，杨慧等译，广西师范大学出版社2009年版，第202页。

项目建设地点为石羊镇观音寺观音箐，建设用地面积 4990.22 平方米。其中，建设石羊古镇民族工艺展示区、餐饮区和娱乐区共 9 幢，层数 3 层，建筑面积 1982.87 平方米；建设住宿区 1 幢，层数 5 层，建筑面积 2607.35 平方米，计划总投资 1000 万元。截至目前，民族工艺展示区、餐饮区和娱乐区已完成主体建筑及立面装修，住宿区主体已完工。共投入资金 1080 万元。[①]

在石羊古镇，餐饮行业、住宿行业自 2000 年以后逐年增多，据统计，石羊古镇现有各类餐饮店面 50 余家，住宿店面 20 余家。石羊古镇的传统小吃也在石羊古镇旅游业的带动下，从濒临消亡的位置走向了具有代表性的旅游特色小吃，卖小土饼、菜盒子的人家从一两家发展到了现在的十余家，卖椒盐饼的人家从一家发展到四家，且这些当地的特色小吃因口碑效应，在大姚县城、楚雄市区亦有了它们的市场。

第三节 人的流动与人的城镇化

石羊古镇整个镇域人口的总数变化不大。1990 年，石羊镇全镇总人口为 28525 人；1995 年，全镇总人口为 28630 人；1999 年，石羊镇全镇总人口为 28607 人，其中非农业人口为 1498 人。[②] 2000 年全镇总人口为 28657 人；2005 年全镇总人口为 27668 人（其中农业人口为 26066 人，非农业人口为 1602 人）。[③] 2012 年，石羊镇全镇总人口为 28312 人。[④]

而就石羊古镇镇区人口总数来看，呈微弱的增长之势。1964 年石羊镇区的人口普查数据为 4688 人，1982 年石羊镇区的人口普查人数为 4952 人。[⑤] 自 20 世纪 80 年代，石羊古镇人口逐渐恢复起来，直至 80 年代末，

---

① 《石羊镇福缘文化商业街区建设项目情况简介》，由石羊镇政府提供。
② 大姚县志及年鉴编纂委员编：《大姚县年鉴（2000 年）》，德宏民族出版社 2000 年版，第 308 页。
③ 大姚县地方志编纂委员办公室：《大姚县志（1978—2005）》，云南人民出版社 2010 年版，第 30 页。
④ 大姚县地方志编纂委员会办公室编：《大姚县年鉴（2013 年）》，内部资料，云南民族印刷厂，2013 年，第 258 页。
⑤ 大姚县人民政府编：《云南省大姚县地名志》，内部资料，云南省地质矿产局测绘队印刷厂，1993 年，第 374—375 页。

石羊古镇街区内的人口统计为443户、1230人。

在石羊古镇复兴的城镇化阶段，从石羊古镇镇区和镇域的人口总量来看，大致呈现微弱的增长之势而未出现人口的大增大减情况。但石羊古镇的镇域人口及镇区人口，其流动性是增强的。仅从石羊镇域的外出务工群体来看，2012年，石羊镇域新增外出务工人员1682人，其中国际劳务转移就业5人，全镇外出务工人员达9412人。[1]

一 人的流动类型

从城镇化的理解层面而言，城镇化的过程是人口不断向城镇流动与聚集的过程。而笔者在对石羊古镇人口情况的调查中，亦发现了石羊古镇人口的特点。石羊古镇在可见的人口数量的变化上未呈现明显的变化，但深入看其表现不明显的人口数量背后是复杂的人口流动特征。当地的人口流动表现为人口的流入与人口的流出，人口的流入和流出特征相对平衡，形成了石羊古镇长期以来在人口数量变化上未呈明显增降的情况。

在石羊古镇，最为特别的人的流动方式就是旅游带动的人的流动方式，旅游者的来来往往，就充当了两个不同地域的文化的接触者与搬运工，在截然不同的精神世界之间搬运着这些以象征或实物形式表现的货物（Lords）。[2] 短期的旅游者成为石羊古镇人口流入的典型形式，随着当地旅游产业的逐渐成长，大理、攀枝花、楚雄、昆明等一带的人们会来到当地旅游消费，每天在公路上、在镇区的停车场，均能看到一定数量的外地车。尤其是周末和节假日，会形成当地旅游的小高峰。

除了旅游者这一特殊的群体，当地人口的流入主要包括两类：一类是来自周边区域的教育移民；另一类是商业移民。随着自上而下实施的教育资源整合战略，石羊镇镇域内一些学校合并，将村一级的学校原设的四、五、六年级合并到石羊镇区，学生到了四年级一律要到石羊镇区上学，这类学生成为重要的教育移民类型。此外还有为数较多的自愿教

---

[1] 大姚县地方志编纂委员会办公室编：《大姚县年鉴（2013年）》，内部资料，云南民族印刷厂，2013年，第261页。
[2] [美] Nelson Graburn：《人类学与旅游时代》，赵红梅译，广西师范大学出版社2009年版，第299页。

育移民类型,周边村落的村民看重石羊镇区的石羊小学、大姚二中等优势教育资源。在周边有一定经济实力、有多余人手的家庭会在石羊镇区租房,亦有少量买房的情况,爷爷奶奶辈或父母与孩子居住在镇区,他们的日常主要就是陪伴孩子上学,负责孩子的起居。从表7—4可以看出石羊镇区的教育资源集中情况,教育资源集中情况的背后,反映的是人的集中情况。

表7—4　　　　石羊镇镇域小学分布点、班级与学生人数统计[①]

石羊镇各村委会名称	所在学校名称	班级数(个)	在校学生数(人)
石羊(石羊镇区)	石羊完小	13	388
拉乍么	拉乍么完小	3	24
永丰	永丰完小	6	110
清河	官庄完小	4	58
清河	潘家完小	4	52
白石谷	小七笼完小	4	65
柳树塘	柳树完小	6	154
黎武	黎武完小	6	124
大中	大中完小	6	98
岔河	岔河完小	6	127
土枧槽	土枧槽完小	7	110
坟箐	坟箐完小	6	151
杨家箐	杨家箐完小	3	28
叭腊么	叭腊么完小	4	38

商业移民从地域来源上可划分为两类。一类是来自省外,多从四川一带过来经商,进而定居下来,这类群体在石羊镇区有开宾馆的,有卖电器的,有卖手机的,亦有经营日用百货的,这几年也增加了从湖南一带过来开超市的商人。另一类是来自周边村落的商业移民,他们带着多年打工积下的存款,或是带着他们在土地上多年经营的积蓄,在镇区租

---

① 资料来源:参见楚雄州勘测设计规划院《石羊旅游特色小镇总体规划(2011—2030)》,内部资料,第88页。

间铺面，从事当地的商业经营。当然，也有商业移民和教育移民相重合的情况，农村人一来到镇区做起小生意，二来也为了陪伴孩子完成学业。

人口外流的情况大致分为三种类型。第一类是当地外流到别地的打工群体，从笔者的调查结果来看，外出务工已经成为当地增收的一种主要方式，镇域范围内的大多数家庭，均有家庭成员在外打工，亦有凡是劳动力都外出打工的情况，这一群体将自家的土地承包给别人而将打工作为他们唯一的经济来源。在个别家庭中，还有年过60岁的老人到外地打工的情况，他们或从事保姆行业，或在工地给工人做饭，或从事门卫工作，这些工作相对无须付出过多的体力，虽此类工作收入不高，但他们认为也比在土地上奔忙强得多。普遍来看，不断外出打工的人们不仅在家庭经济里获得较高的收益，同时促进了潜在个人能力的发展。在外就业的人们视野开阔了，市场经济意识更强了，会合理支配他们的收入，也有更强的胆识和进取心。更受城市现代化和城市文明的熏陶，可谓既挣足了票子，又转换了脑子。石羊古镇当地的外出务工形式，也是一种实现城镇化建设的手段，因为务工人员的收益多投注在地方性消费与建设上。

在现有学术界，有关于"村落终结"的说法，认为一般而言，离城镇越近的村落，受城市化的影响也就越深，这些村庄虽然保留着村庄的名义和样貌，但实质上已经走上了城镇化的道路。据笔者的调查发现，石羊古镇周边村落并没有导致村落的终结，在农村，虽然有劳动力不断外流的情况，但除了部分因大学毕业需要到外地就业之外，多数的农民工群体外出务工，在外地赚到的钱主要用于农村的家庭建设，主要包括子女的教育支出、修建房屋、生产设备投入等。因此当地的人口外流带动的是当地的经济社会的活力与生命力，而非致使村庄衰落与终结。当地农民同更大一级城市打交道的比较少，他们多与所在的镇集市和县一级集市展开经济的交流，他们将自己所生产的农产品，通过镇或县城出售出去，然后换取他们所需要的生活用品和生产资料，他们仍保持着对地方市场的高度依赖。目前，农村居民的生活方式也渐渐与城镇持平，城镇人有的家电设备农村也一样拥有。农村也一样如城镇发挥着市场与公共服务的功能，公共性服务在农村不断得到加强。

第二类是外出求学的学生群体，"走出去"仍然是当地人认知观念中出人头地的主要形式，当地学生在当地读完初中，就得到县城读高中，这些初中毕业的群体均走出了石羊，继续通过高考的形式走进大学。他们中的大多数，因为在外地求学的原因，多选择在外地工作，直至定居外地。笔者调查了沿镇区街道分布的居民，孩子在外求学直到在外工作的情况不在少数。

第三类是到更大一级城市准备安享晚年的群体。这一群体原生活在石羊镇域范围内，其家庭收入来自本地，一旦他们有足够的资本，就会在大姚县城，或是楚雄市区买房，以买房子的形式将家庭资本迁移出去。这样一旦有合适之机，便会举家搬迁到更大一级的城市居住。这样的举家搬迁成为他们的生活理想，生活的优越感来自可以在更大的城市买个房子，可以感受城市人的地道生活。这类群体的资本转移，造成了当地经济能人群体的流失。亦有儿女常年在外工作且决意在外定居的，但儿女的积蓄不足以支撑买房的资金，此时，父母便会处理掉在石羊当地的资产，转为资金供儿女买房，父母在当地变得无家可安，便会跟随儿女到大城市安享晚年。但总体而言，老年人与子女随迁到城市生活的毕竟是少数，当地呈现的人口老龄化现象明显，年轻力壮的年轻人外出谋求生计，但他们还无法将自己的父母融入城市生活的圈内，年迈的父母继续留在当地，这成为整个大家庭较为经济的盘算。

表7—5　　　　石羊古镇镇区当下城镇人口及未来人口发展预测①　　　　单位：人

人口构成	2010年	2015年	2030年	备注
常住人口	4637	5000	8000	城镇片区城镇人口
流动人口	300	1500	5000	城镇暂住及旅游人口
通勤人口	660	1650	1950	驻地中小学住校生人口
城镇总人口	约5600	约8000	约15000	城镇人口规模

根据从石羊镇流出的人口情况来看，他们的流动呈现阶梯状流动的形态。一般而言，从有流出诉求的流动群体来看，他们会选择比石羊镇更高一级的城镇如大姚县城、楚雄市区作为他们定居与发展的地方，而非越过大姚县城或楚雄市区直接到昆明这样的城市谋求生计。这样的特征一是来源整个家庭的经济支撑能力，二是于他们本人而言，进入比石羊镇高一级的大姚县

---

① 资料来源：《石羊旅游特色小镇控制性规划》，内部资料，第22页。由石羊镇城建局提供。

城或楚雄市区，仍有他们可以维系的社会资源，仍有他们的关系圈，在原有石羊镇既有的一切亦仍然可以延续下去。

二　人的流动推拉力

石羊古镇的人口流动表现出流入与流出两条平行线，人的流动既有推力，也有拉力。对于流出人员来说，一来自贫弱的土地。以"粮食为纲""大炼钢铁"的地方经济发展阶段，对当地自然资源尤其是土地资源的掠夺式开采是非常致命的。在其后的家庭联产承包责任制阶段，各个小家庭互为追赶圈定自己的土地范围，纷纷向山要田，大量山林被改造为山坡地。这样一种掠夺式的开采忽略了土地资源的可持续利用，若干年后，对土地资源破坏带给地方民众的不利影响已经显现。农村地区水土流失严重，地下水水量减少，民众无法继续摆脱"靠天吃饭"的困境。加之近年对粮食生产的投入成本渐长，农业生产实际成为一种"没有发展的增长"。作为农民来说，农业生产成为他们对身体感知的苦痛记忆。

以蚕桑种植为例，当地的蚕桑种植一直是当地促进农业增收的优势产业。近年控烟举措也影响到当地的经济增收，当地大大缩减了烤烟种植范围，甚至在一些山区地区以行政的命令禁止栽种烤烟，一是更加大了当地对蚕桑产业的重视。距离石羊镇区5千米的磨石江村，投资5000万元在建的利用桑条为原料转化为燃料解决周边燃料供应的基地，就足以显示当地继续扩大蚕桑经营的决心。于农民而言，蚕桑能带来颇丰的经济收益，但所带来的身体的病痛也是令人忧惧的。在生产蚕茧的空间内，必须保证绝对的清洁无毒，福尔马林等药物成为空间消毒的保障，而此类药物对人体的危害极大，为投放蚕食，此空间又是人们需要经常活动的地方，一些没有做好防毒措施的农民身体会出现严重反应。在土地祠村有一农妇在喂养蚕的五年期间未做任何防毒措施，致使身患疾病因医治无效而死亡。又据村民介绍，他们在蚕桑生产过程中，哪怕做好了防毒工作，但对身体造成的危害还是没法避免的。这一事件让当地人意识到养蚕对身体的威胁，因此一些农户已经毅然放弃了蚕桑种植。

除蚕桑种植外，部分农民深感在土地上劳作，一天累到晚，一年下来也无法挣几个钱。在农村，当他们干不动，该放下手中活的时候，也就是他们要将自己的身体交予这片土地的时候了，农村生活带给他们的是一辈子的艰辛。农民纷纷放弃土地进城打工，进城打工带给他们的是每月可数的工资，而不像在农村，投入与产出之间较难平衡。因外出打工之故，留在村内的农民减少，一些人家因人手的原因，不再将生猪养殖作为收入的一部分，如当地出现生猪供应紧张就是地方生猪养殖缩减的表现。当地因打工、求学、工作群体的出现导致人口的不断外流，更加深了土地的贫弱，一些荒芜的土地已经难有可供释放的能量。同时，更导致了农村原有本土文化的散失，农村成为一些群体不愿意守望的家园。

二是来自农民卷入市场的选择。陈春声教授在研究小农与市场关系的特点时指出，农业经营的小型化倾向，使得大多数农户同市场处于一种结构性的阻碍状态，小农对市场的把握多是盲从的。[1] 这样一种结构性的阻碍在石羊古镇的农村依然存在，而笔者想要区分的是，小农与市场的结构性阻碍存在于小农与生产市场之间，即小农所生产的产品在市场上反映出来的滞后性及不对等性。当地农民的农产品生产仍处于一种经验式的安排中，如果当年生猪价格较低卖不上好价，那么春节过后较多农户会选择只养自家食用的猪，以规避亏本的风险。这样，市场上的小猪价格随之偏低，过七八个月生猪可以卖的时候，市场上就会出现因生猪较少，价格比前一年高，甚至还会出现生猪难买的情况。农民普遍不养猪的年份生猪价格偏高，农民也就失却了从中获利的机会，普遍养猪的年份又导致生猪价格低迷，农民无法收回养猪的成本。

诸如此类，农民的生产出于小农的自保性，多会在市场面前做出被动的选择，并且这样的反应和选择总是滞后的，农民的农产品很难在市场上获利，围绕市场转的"理性经济人"小农形象并未获得最佳利益。这样的一种结构性阻碍一方面是因为农民对市场把握的滞后性，另一方面也因为土地作为生产资料的有限性使然。伴随水资源短缺、可耕地日益减少、可耕地的日益透支、可耕地利用的不可持续性，土地成为最为脆弱的资源之一，附着在土地上而成长的农业成了最脆弱的领域，以农业为生的农民自然成了最脆弱的群体。[2] 在当地，土地地力越耕越弱，得靠不断增加的化肥等生产性投资来弥补，自然造成需要用钱去开支的生产性投资加大，而生产出来

---

[1] 陈春声：《市场机制与社会变迁——18世纪广东米价分析》，中国人民大学出版社2010年版，第201页。
[2] [印]皮埃尔·雅克等：《农业变革的契机：发展、环境与食品》，潘革平译，社会科学文献出版社2014年版，第95页。

的农产品却没有实质的提高，土地成为越来越缺乏价值的投资对象，农业生产陷入一种黄宗智先生所认为的"没有发展的增长"危机。

而农民与消费市场之间，即农民不能自己生产，需要通过市场来获取的这部分消费市场则不存在这样的结构性阻碍。存在于当代中国和许多发展中国家的变化，最大的驱动力不是别的，乃是市场经济。市场经济的发展，必然带来人们价值观和生活方式的转变等。[①] 民众对消费市场的依赖度越来越高。在过去市场经济不甚发达，商品制造种类较少的时候，农民的生活完全依赖土地，其他购买农具、食盐等少量物资的金钱通过贩卖柴火等途径即可以得到。而当下，农民的许多生活生产物资多要通过市场获得，通过市场的获取，可以让农民获得更为体面与舒适的生活。笔者对比了当地20世纪80年代的婚宴与当下的婚宴差异，从食品的种类来看，就可以看出巨大的差别。80年代的婚宴食品，其食材几乎取自当地，当时，即使有钱也难以买到外地的食物。当时办婚宴，要求凑够"八大碗"，即八样菜就可以。一家人的婚宴甚至出现了取自同一食材的油煎豌豆和水煮豌豆尖的两份菜。而2014年的婚宴，菜品就较为多样，最少16个菜，多则20多个。这些食材中的鲜虾、烤鸭等相当一部分取自外地的市场。石羊古镇一级的市场基本能够满足民众的基本生活需要，在四月中旬的市场，处于本地市场的水果有草莓、樱桃、泡梨，虽说本地出产的水果在这个时节比较少，但亦有许多外地运来的水果来补充，如酸角、桂圆、菠萝、香蕉、橘子、苹果、梨、柚子、哈密瓜、橙子、火龙果等，笔者爱吃水果，这些水果足以满足笔者的口味。现在的石羊古镇，不缺乏消费市场，农民需要的各式衣服、各类食物，都能在市场获取，在古镇做生意的人们担心的不是进不到货，而是担心怎样将货卖出去，"东西难卖"成为生意人普遍面临的问题。

将农民的生产市场和消费市场进行区分和比较，可发现农民面对卷入市场的问题就越加明显，农民与生产市场存在结构性阻碍，致使作为个体的农民很难通过农产品的销售赚足腰包。而农民对消费市场的依赖却又越来越强，因此在市场的阻碍与刺激作用下，农民不得不走出去谋求新的生计方式。

[①] 尹绍亭、赵文娟：《人类学生态环境史研究的理论和方法》，《广西民族大学学报》2007年第3期。

三是来自对城市文化的推崇。在多数人的观念中及既有文化建构中,城市文化被推到加以推崇的位置。对城市的理解,均与全球化、现代化的浪潮有关,普遍性的理解便是城市越发展就越接近发达国家的现代城市。"城市是全球化的网络节点,是全球化影响和作用于一个国家或地区的着陆点。换句话说,城市往往是一个国家和地区内最先和最易接受全球化影响的地方,而且一个国家或地区的全球化发展,也主要是由城市的全球化带动和实现的。"① 现代思想术语将以村落为依托的民俗界定为与"现代生活""现代化"相对立的成分,而于乡村的人们来说,民俗就是他们日常生活的一部分,当"现代生活"与"日常生活"造成人为的分野时,尤其在外打工和工作的人群体会到所谓以城市为依托的"现代生活"之后,他们开始对以乡村为依托的民俗与"日常生活"疏远,造成对原有生活不认同和疏远的情况。仍存有认同的人群也因距离的区隔而生成无法治愈的乡愁,村里人的美好生活的想法就是在镇上、县城有套房,得以摆脱土地的束缚,如有条件,农村人会斥资到石羊古镇、大姚县城等城镇买房,然后渐渐脱离土地,享受城里的生活。儿女在城镇工作,父母被儿女接到城镇居住,被视为是父母的福分和儿女的孝顺。

对于流入人员而言,石羊古镇于他们还有拉力作用。一是来自城市难以融入的退让之举。部分人在外求学多年且有机会留在城市,但还是会回到当地工作生活;或在昆明等地打工了几年后,也会选择回来石羊镇谋求生计。选择对城市的退让多出自在城市难以立足的无奈,而石羊古镇带给他们的是农村与大城市之间的折中选择。二是来自对乡土的守望。"城市变成了一个模子里刻出来的样式,都是同样的材料,同样的结构,上面标有统一的字母和广告。世界上许多国家的大城市已经难以保留其既有的传统特色和建筑样式。城市和本国的文化传统、地方特色、民族风俗相割裂,代之而起的是从发达国家移植来的文化和城市景观。"② 在外工作多年的一部分人,会带着既有积蓄回到石羊古镇,这来自他们体验了城市文化之后,自然与当地兼具城市与乡村的小城镇文化形成对比,形成自己对既有城市生活的反思,怀揣对乡土的守望,毅然回到这片熟悉的土地,过闲

---

① 潘允康:《城市社会学新论:城市人与区位的结合与互动》,天津社会科学院出版社2004年版,第309页。

② 同上。

适的生活，吃放心的蔬菜。

三　人的城镇化：城市文化与乡村文化的表达

　　城镇化的过程不是将城镇单独抽离出来，实现与乡村的对立分化。城镇兼容城市和农村的生活风貌。城市的生活风貌不断向农村扩展的同时，也是农村向城市作用的反向过程，农村的生活方式也不断向城镇浸透。石羊古镇城市性的一面主要表现在两个方面：一是石羊古镇传递着城市的时尚，能够体现城市时尚的各类服饰、电子产品等城市商品，在小镇上亦有流通，在小镇上就可满足作为城市人的基本生活需求。城镇化的过程不仅仅在于人口向城镇的集中、迁移和非农业人口的增加，还在于城市生活方式的形成，更深层次来讲还是文化转型、社会结构变迁的过程。当地在城镇化的影响之下，对时髦的借鉴对象发生变化，传统盐业社会，对时髦的借鉴多来自地方性尤其是以石羊古镇所代表的社会文化风貌。伴随收音机、电视、互联网的出现，当地旅游业的开启，及人们的区域流动范围扩大，这些因素成为当地居民时髦的风向标。甚至，当地服饰的流行，有来自旅游者穿着的影响，亦有来自常年在外工作人群的穿着影响。二是城市的现代生活方式也进入石羊古镇人们的实际生活与思想观念中，在城镇人的心目中，他们的清洁观念是逐渐脱离了土是干净的既有认识，置换为地板不染一丝尘埃的干净，同时，作为城市文化中较有代表性的休闲方式——广场舞，也成为民众日常生活的一部分。

　　石羊古镇作为农村性的一面主要表现在：一是石羊古镇居民的信仰观念上。在石羊古镇居民的观念中，"迷信"与"驱鬼"仍然是他们信仰体系中的一部分。二是石羊古镇居民在社会关系的维系上，乡村人与当地的城镇居民多有亲戚关系。以石羊镇区李姓为例，他家食用的蔬菜、大米，有一部分是由农村的亲戚送来的，农村的亲戚逢来街上赶集，一般会来李姓家吃饭聚餐。

　　从石羊古镇一天所听见的声音，可以感知其城市性与农村性的一面。白天里是适度的喧腾，有车辆压过马路的声音，有早、中、晚的政府广播，有商品促销的音乐与宣传声音，有偶逢婚丧嫁娶的鞭炮声、喇叭声、锣鼓声，这些声音一旦到了夜幕降临的时候，便渐渐归于平静，比喧嚣的城市更早安静下来。石羊古镇从一定维度来看，是农村观念中可触可感的

"城市",在石羊镇区生活的居民,他们大多不必再在土地上奔波,可以拥有细嫩而非皲裂粗糙的双手。在石羊镇区,虽然很难从着装上看出农村与城镇人的分别,但皮肤长期接受紫外线所致的黑黄颜色,手掌长期与农田打交道留下的粗糙,足可以暴露一个农村人的身份。

第四节 政府主导与民众参与的城镇化

复兴的石羊古镇,一切渐渐步入常态,当地围绕历史文化旅游资源的开发,开启了政府主导、民众参与的城镇化共建过程。旅游业与地方文化的表达间有某种程度的契合。于旅游地来说,重要的是此地的风景、食物等在内的各种文化象征符号,即能确保某种文化在旅游业中有着关键作用的符号。① 因此,当地的城镇化围绕着如何凸显地方文化来发展旅游作为当地发展的新路径。

一 政府主导的城镇化

为进一步打造石羊古镇"千年盐都、祭孔圣地"的旅游品牌,石羊镇人民政府通过积极争取政府投资和招商引资,融资8500余万元开发建设石羊古镇,古镇规划逐步健全,旅游基础设施日趋完善,文化景观逐步恢复,对外形象大幅提升,游客人气不断攀升。

一是完善城镇建设规划。为推动古镇的旅游建设,石羊古镇根据规划先行、分批实施的方针,先后编制了《大姚县石羊镇城镇总体规划》《石羊历史文化名镇保护规划》《大姚石羊古镇旅游区总体规划》《大姚石羊古镇旅游区控制性规划》等。2012年随着古镇开发建设步伐的不断加快,对《大姚县石羊镇城镇总体规划》进行了修编,同时编制了《旅游特色小镇规划》,规划区面积由原来的2平方千米扩大到3平方千米。二是理顺古镇开发经营体制。成功引进楚雄汇通房地产开发有限公司(彝人古镇)投资开发石羊古镇,公司累计投入4000万元,完成了孔庙、晒盐篷、庆

---

① [英] John Urry:《游客凝视》,杨慧等译,广西师范大学出版社2009年版,第218页。

丰井、古城门、接官亭、盐文化博物馆等景区景点改造工程,完成了香河民居、旅游接待中心、旅游公厕等工程。同时,公司在石羊古镇成立石羊古镇旅游开发有限责任公司,组建了精干高效的管理团队,规范景区的运营管理,形成了全县的旅游龙头企业。三是大幅提升古镇形象。积极争取政府性投资4500多万元,实施了灯光、桥梁、护栏、绿化、河道治理、街道修复、供水管网改造和街道立面仿古改造等系列建设项目。完成了原石羊盐厂、汽车配件厂、食品厂、老客运站以及滨河街的拆迁。实施了"特色村庄"州级示范点文联村建设项目,完成了拆除重建78户,立面改造111户,文焕桥至圣泉桥路段硬化,老街区巷道石板路铺筑,石羊社区旁公厕新建等八个配套基础设施建设项目。大力协调推进"福缘楼"建设项目和石羊烟叶站搬迁建设项目,"福缘楼"建设项目已完成主体建筑。积极推进"两污"项目建设,项目前期工作开展顺利。积极做好孔庙广场开发建设、新农贸市场建设、石羊小学和中心卫生院迁建的前期工作,正与客商洽谈新农贸市场的开发,已初步达成投资意向,石羊小学和中心卫生院迁建正在编制建设规划。四是全方位加强古镇管理。严格执行建设许可制度,保证城区建设符合总体规划。加强环境卫生日常清扫保洁,严格落实门前"三包"责任制,石羊古镇美誉度不断提升。五是打造提升文化旅游品牌。坚持高规格、大规模,连续举办了十四届(2006—2019年)祭孔大典及孔庙高考状元奖学金发放活动,办好跑马会、开井节等民间传统节会。积极申报"国家级历史文化名镇""国家特色景观旅游名镇""全国重点镇",目前,"全国重点镇"已申报成功。投资5万元在镇区安装小区广播10套,定时播放有关石羊的人文资料,古镇文化氛围日趋浓厚。

表7—6　　　　石羊镇"十二五"规划城镇重点建设项目①

序号	建设项目	建设内容及规模
一	古镇历史风貌街区整治改造工程	文联街整治改造房屋立面改造
		羊泉街整治改造红砂石路面铺筑
		仿古风貌整治
		大姚二中及石羊小学房屋立面改造

---

① 资料来源:《石羊镇"十二五"规划城镇建设规划》,内部资料,由石羊镇政府提供。

续表

序号	建设项目	建设内容及规模
二	古镇基础设施及美化亮化工程	古镇给水管网改造，约4000米
		古镇排水管网改造，约3500米
		古镇供电及通信线网整理改造
		古镇历史街区景观绿化及生态环境建设（行道树约800株，绿化面积约4000平方米，生态绿化美化约1平方千米）
		古镇历史街区照明及主景点亮化改造建设
		古镇历史街区环境治理及卫生设施建设（建设完善环境卫生设施）
三	古镇旅游形象建设工程	古牌坊恢复建设
		封氏故居修缮建设
		风雨桥恢复建设
		文殊阁修缮及旅游线路建设
四	香水河治理改造工程	香水河滨河景观绿化建设
		香水河清淤及河堤改造建设，长约1700米
五	土摆窝小集镇建设改造	房屋立面改造及砼路面浇筑

个案：时任书记的城镇建设思考

时任石羊古镇党委书记的李国荣[①]，在面对石羊镇文化旅游产业蕴藏着的巨大经济潜力和广阔的市场前景面前，及当地政府把文化旅游业列为支柱产业来加以培育和发展、产业地位越来越突出的当地发展背景下，提出政府在资源保护与资源开发方面应当发挥什么样的作用，才能实现文化旅游产业又好又快发展的问题。李国荣书记就此写就了《文化旅游资源保护与开发中的政府职能探究——以石羊古镇为例》，结合石羊古镇近年文化旅游业开发的情况，从发展现状、存在问题和对策建议等方面进行了论证与探讨。论文指出，如何在保护好、传承好这些文化资源的同时，挖掘这些文化资源的市场价值，使得这些资源成为推动当地经济发展的一大引擎。这是石羊镇政府面临的一大挑战，针对这一棘手问题，他明确指出了

---

① 笔者在2013—2015年田野调研期间，李国荣为石羊古镇镇党委书记。

实现资源整合过程中政府主导与群众参与的互动关系。例如，在石羊镇发展规划中，因石羊孔庙周围有居民住房点，所以在前期孔庙广场开发建设工作中，最首要的一点是要注意做好烟叶站、石羊小学迁建和新农贸市场建设工作，妥善处理孔庙周围居民搬迁问题。对于石羊古镇的居民来说，他们才是这里的主体，只有居民愿意并且配合，才能把石羊的旅游业发展推上一个新的台阶。

从时任石羊古镇党委书记的论文来看，他较为强调石羊古镇历史文化的挖掘与开发工作，同时也意识到应该做好开发基础上的历史文化保护工作。石羊古镇是著名的"千年盐都，祭孔圣地，文化名邦"，石羊古镇自1995年被评为"云南省首批历史文化名镇"后，小镇的发展渐渐与当地的旅游相结合。石羊古镇于2010年5月被正式评定为国家AAA级旅游景区，现存的文物古迹众多，有省级重点文物保护单位1个、县级重点文物保护单位9个，石羊古盐井群于2012年年初被国务院命名为国家级重点保护文物。不难看到现在的石羊古镇结合旅游做开发已经卓有成效。

对石羊古镇历史文化挖掘方面而言，石羊古镇现在打的是"千年盐都，祭孔圣地，文化名邦"的旅游品牌，近几年在打造石羊古镇的儒家文化和盐文化上投入了较多的政策与资金，但对"文化名邦"的挖掘还显不足，石羊古镇的旅游产业优势没有完全凸显出来。其实，石羊古镇丰厚的历史文化底蕴是毋庸置疑的，历史文化不仅只是纯粹的旅游品牌上宣传的盐文化和儒文化。旅游品牌的提出一方面让石羊古镇的旅游发展有了重点、目标与优势，另一方面，却也让外来游客产生对石羊古镇文化只有盐文化和儒家文化的误解，也使政府等相关部门在相关发展规划中，忽略对石羊古镇更多丰厚文化如饮食文化、宗教文化、景观文化、红色文化、节庆文化等的挖掘与开发。这些文化的提出与发掘，无疑可以给石羊古镇的旅游产业带来新的契机与特色。石羊在旅游产业的开发过程中，也渐已发现了旅游产业卖点不足，景点拓展延伸不足，比较优势不够凸显的问题。针对石羊古镇旅游留不住人的现实问题，政府也在做精景点和拉长游程方面下功夫。例如，对石羊红色文化的挖掘中，可作为石羊古镇提升旅游的良好契机，对石羊红色文化标志性展出空间"五馆一线"的打造中，可拓展延伸古镇的旅游景点，可游的景点多了，并且将景点做出自己的特色来，那么留住游客将成为可能。

二 民众参与的城镇化

在"民众参与的城镇化"部分,笔者特别选取石羊诗书画协会来做个案的呈现,因石羊诗书画协会在保护与书写当地文化资源,带动地方民众保护自我文化的自觉性,作为政府部门的文化咨询的层面,均起到较大的作用。

石羊诗书画协会的成立,有其历史文化渊源。石羊地方在诗词和绘画方面,有其悠久的历史。书法是科举考试中较为关注的,一些家庭的小孩子还未上学,就开始在家练字。上学时,描红是老师专门布置的作业。在民国时期,当地成立有龙山吟社和林泉书画社,社员都是绘画、写字的高手。因为有这方面的老前辈,张国信老师这一代就是他们培养出来的,因此很多人都有诗词书画的爱好。加之一些家庭父辈们的诗词书画很不错,他们自四五岁开始就受父辈影响而学习古诗词。自 20 世纪 90 年代,在国家大力提倡发展地方文化事业的背景下,石羊诗书画协会应运而生。成员大都退休,有闲暇时间,加之自小都在一起长大,有难得的情意,希望有这样一个组织将这一代人的情意、共同的兴趣爱好凝聚起来,也想将这样的传统延续下去。

大家共同商议,以"诗书画协会"这一名称来作为此组织的名字。1991 年 11 月在大姚二中开了诗书画协会筹备会,当时有九个成员参加。筹备会定了协会的宗旨:宣传、传承石羊地方诗书画艺术,互相切磋,共同进步。会后陆续在石羊、大姚、楚雄发展会员。1992 年 7 月开第一次年会,就有 20 个会员参加了年会,当时会员有 60 岁左右的退休者,有 20 多岁的工作者,也有高中学生。因参加成员的身份、年龄原因,此会议决定将诗词书画协会从老年协会诗词书画爱好小组析出,正式更名为石羊诗词书画协会。

诗词书画协会在成立之初没有经费来源,没有活动场所。1995 年前后,会员在诗词书画方面的能力已经得到较好的发展,只要石羊镇、大姚县等需要此方面的作品,随时都可以提供四五十幅。1995 年石羊诗书画协会到楚雄工人文化宫做过大型的展出,展出作品有 120 多件。开幕准备时,会场布置有 300 多个座位,会员邀请的人数有 100 多人,其中有省级、州级、县级的相关领导。但实际来的人很多,原来的座位远远不够,反响相当好。此活动在《春城晚报》《楚雄电视台》《楚雄日报》等媒体都进行过报道。其后，省级、州级、县级的作品展出中都有石羊诗书画协会的作品出现。20世纪90年代，诗书画协会活动较多，春节、中秋、国庆等节日，协会均会有相关活动。1994年开始，在昆明居住的石羊人就有加入协会的，此外，在大理、下关、姚安、攀枝花等地的石羊人也有加入协会的。因成员较多，1995年以后将会员划分为三个片组——昆明组、楚雄组、石羊组，会员有120多人，会员最多时有170多人。

在诗书画协会发展期间，经费来源一是当地单位的资助，石羊盐厂、配件厂、食品厂、烟草公司、医院等单位均给协会资金支持；二是会员会费和会员的捐助。1995年以后，镇上每年支持协会800元，开年会、出汇刊再另支持经费。1997年前后，经费已经相对充裕。每年的年会，均有镇领导、县领导来参加，他们也带来了协会发展的部分资金。另外，省委宣传部也曾出资5万元给予支持。2002年，经镇政府的努力，协会有了固定的办公场所，后来陈平先生出资100万元为协会提供活动地点，省委宣传部亦出资10万元配备活动设备。

诗书画协会通过会刊内容，来呈现当地历史文化。每次出会刊，协会均会向政府等部门赠送。最初有外地人来参观孔庙，大多是看了通过协会发行的会刊，才慕名前来的。书画协会在提升石羊知名度，在将孔子铜像从县级文物提升到省级文物，在石羊古镇历史文化名镇的命名等方面都起到了积极作用。例如，提升当地孔子铜像和孔庙历史文化位置的重要人物是石羊古镇诗书画协会名誉会会长张映海先生，他曾任楚雄州常务副州长、云南省孔子文化研究会副会长。张映海先生在一次云南省孔子文化研究会年会的发言中专门做了石羊孔庙的介绍，还组织会员来此地参观，知名度打开之后，渐得到了很多人的认可，随后孔庙荣升为省级历史文物保护单位。同时在张映海先生的助力下，石羊古镇得以命名为省级历史文化名镇。石羊诗词书画协会将省级十家历史文化名镇的评选细则写成海报告知石羊古镇城镇居民，发动城镇居民共同参与此项活动，同时在会员内部积极发动成员来参与。过后，石羊古镇被评为六十家旅游文化区之一。石羊古镇被命名为省级历史文化名镇一周年时，诗词书画协会还积极向政府建议举行庆祝会，以扩大石羊古镇知名度。诗书画协会开年会时看到石羊镇政府欲打算在石羊孔庙前建办公楼，会员意识到这一举措会破坏孔庙整体建筑风貌，不利石羊孔庙的保护及以后的旅游业，于是及时在协会内形成共识并将建议向上反映，最终规避了建设工程对孔庙建筑群的不利影响。

当笔者问及石羊古镇的历史文化时，诗书画协会的会员都很乐意与笔者分享，得知笔者要写当地的论文，他们更是热心，积极为笔者提供线索与资料。民众对石羊古镇文化的自信与自觉，在他们创作的诗文中也得到较好的体现。石羊诗书画协会还承担了石羊历史文化古镇的宣传资料的写作，石羊诗书画协会的刊物集就是诗书画协会的集体成果。

从石羊诗书画协会历年的会刊来看，地方文化精英回忆石羊古镇过去的风土人情而创作的诗词歌赋占了很大一部分，这一特殊写作对象的呈现，成为石羊古镇地方民众留住自身历史文化传统的一种有效方式，同时，这些诗辞歌赋也成为外界了解石羊古镇的一个窗口。笔者将有代表性的诗辞歌赋分门别类地呈现，希望从丰富的文学作品中来把握当地的历史文化、当地人特有的文化情怀，及地方文化精英文化代表于地方文化的重要意义。

第一类典型是以石羊整体风貌来写作述怀的，如张国信的《忆羊城八景》《沙塞子·贺石羊——首批被命名为"石羊文化名镇"》，李国祥的《往海潮·忆盐丰》《忆江南》，普之仁的《咏石羊》，罗用珍的《白盐井》，杨乔槐的《石羊赋》等。

张国信的《忆羊城八景》：羊城八景众所知，巧夺天工造化奇。悬岩凿壁文殊阁，斜阳余辉返照时。缕缕轻烟绕石谷，轻柔晃荡耐寻思。垂杨笑迎惠风舞，春到人间弄柳丝。山溪河流交汇处，双月摇曳碧波漪。齐云飞瀑翠欲滴，解暑消烦心神怡。东塔倒影映香水，霁虹桥前像清晰。南北文壁巍然峙，交辉特显古镇姿。雾腾弥漫象山岭，身在天台竟猜疑。景致风光自然成，生态毁坏怕重提。闲话几句空饶舌，无缘览胜再赋诗。

张国信的《沙塞子·贺石羊——首批被命名为"石羊文化名镇"》：汉属益州古郡，白井产盐闻远近，熬波煎卤代耕田，地灵人杰。文明历史光耀久，孔子铜像丝绸路，经济基础打牢固，人才辈出。

李国祥的《往海潮·忆盐丰》：石羊产盐，二千余载，从来市面繁华。解放翻身，人民欢腾，生产锦上添花。社会秩序佳，衣丰食也足，生活堪夸。百业兴旺，万商云集，乐哈哈。名胜古迹甚佳，有羊城八景，奇妙清嘉。铜像孔丘，浮雕故事，算是中华奇葩。香河可浣纱，虹桥十八座，风景绝佳。八阁九庵七寺笼烟霞。

李国祥的《忆江南（家乡好）》：家乡好，牧羊现卤泉。勘凿五井制白盐，产销二迤康藏边。繁荣两千年。家乡好，卤旺产盐丰，万商云集牛马龙，百业兴旺市繁荣。日夜灶火红。家乡好，工商竞繁华，五更鸡声动征铎，三更灯火飨商家。昼夜市喧哗。家乡好，山川气势昂，磅礴巍峨百草岭，雄伟壮丽昙华山。浩荡金沙江。家乡好，森林满山梁。松杉樟柏成林海，千年古木摩穹苍。鸟语百花香。家乡好，深山长奇丹，名贵药材盐茯苓，稀珍特产红豆杉。熊胆和麝香。家乡好，山珍特产丰。核桃板栗胖松子，香菇木耳鲜松茸。滋补水蜈蚣。家乡好，文献古名邦，重教倡文育英才，代有名人翰墨香。丰中桃李芳。家乡好，滇剧代代传，生旦净丑惟妙肖，唱做念打技艺强。节日弦声扬。家乡好，名胜古迹多，七寺八阁庵九座。羊城八景堪吟咏。孔庙甚巍峨。家乡好，桥多利通行，香河一带蟠衢过，彩虹十八水陆亭。桥桥系乡情。

普之仁的《咏石羊》：五岭挺秀，龙女牧羊，商贾云集，盐惠八方，盛世歌大有，人民奔小康，若问彝州繁华，更在何处。双塔交辉，郑公铸圣，张氏兴学，恩被四众，边纵树威声，红军传火种，欲发思古幽情，有此名邦。

罗用珍的《白盐井》[①]：柴火熊熊不夜天，铁锅卤滚雾遮烟。竹管拉水哗啦淌，木瓢嘎锅细熬煎。结队马帮繁忙过，铃声串串在耳边。古镇艋郡白盐井，客往商来闹市喧。

刘振用的《赞石羊》长联：泸南盐丰，宝泉地下涌，开井得卤，煮水成盐。销吐蕃、售大理、卖四川、供三姚，辐辏来诸方。异峰秀峦中，驿道如网，骡马穿梭，货物畅流，万商云集，众贾荟萃，皆因百味之王，咸领先。市井兴隆土特名产，京广杂货，比比鳞次，远慕近夸。

杨乔槐的《石羊赋》[②]为：姚西石羊，地本边荒。山高谷狭，行客渺茫。传说龙女牧羊，漫游来至河旁。一羝舔卤失踪，挖掘乃化石羊。石出盐泉喷涌，遂启利世之藏。远近民众渐至，拓井熬卤开行。商贾应需云集，车马辐辏熙攘。荒谷因盐而兴，发展日益隆昌。

石羊盐史，源远流长。西汉西夷道通，白盐传输四方。唐、宋渐上规模，南中半幅可尝。明、清达于鼎盛，铸就盐业辉煌：日产纯卤二万余

---

① 大姚县石羊诗书画协会：《石羊诗书画选集》第七集，内部资料，2001年，第42页。
② 大姚县石羊诗书画协会：《诗词书画选集》，内部资料，2012年，第26—28页。

斤，岁课白银 8 万余两。府库赖之以充盈，灶户赖之以小康，盐工赖之以小康，盐工赖之以养家，商贾赖之以实囊。以卤代耕，民生居然有路；一业勃兴，带动多业开创。吃、住、行、藏，百家因盐而兴；教育人文，随之阐发弘扬。

石羊盛日，建设扩张。顺山开拓，井至五区之多；沿河构屋，街达五里之长。炊烟四起，时时雪蹉出灶；人马频至，处处交易繁忙。经济活跃，催生教化服务；盐卤之外，人文竞谱华章。弹丸小镇，竟筑七寺八阁；三教九流，皆有展示之场。更建孔庙，精铸夺冠铜像。儒学理念，浸润寻常百姓；边荒之地，喜接泗水流觞。学馆端立，赢得人才辈出，历久迩远，造就翰墨之乡。

时入现代，世事沧桑。神州革新，万物流转趋强。海盐、外盐，更合民众之需；石羊白蹉，顿失往昔辉光。千年盐都，一朝无奈失落；改弦易辙，平添几多凄惶。幸赖底蕴深厚，文化旅游登场。孔庙修缮重整，街市打造包装。贯注多种元素，焕然古色古香。远近游客瞩目，学子犹存向往。多方谋求发展，振兴以酬众望。

歌曰：天有情兮生石羊，地有义兮出宝藏，历千载兮卤不竭，惠民生兮固难忘。物之盛兮终转衰，波虽伏兮此又昌。根之深兮在文脉，图振兴兮盼康强。

上述摘录的诗辞歌赋，经诗书画协会会员的回忆，呈现了诉诸情感的抒情，撇去文学性的渲染色彩外，再现了石羊古镇过往的风华，以文学的形式再造了一座"历史的文化的石羊古镇"。

第二类诗辞歌赋的典型是以石羊古镇历史上具体的物或事件为创作的对象，如对当地别具一格的桥梁的记忆、地方独特节日文化的追忆等，呈现了别样的地方风物，为石羊古镇历史个性的存在添加注解。

罗用珍的《故乡桥》引子为：一条香河九曲十八弯，缓缓北去，依山形地势所建街市，忽而河东，忽而河西，为交通利市之便，河上架有形态古朴构造精巧的木质风雨桥二十一座，为古镇增添了独特的风采，故而忆之，记之。正文为：人生易老情难老，曲路慢慢忆未消。香河弯弯天作就，小镇文采显于桥。宾至初见演武桥，踏进城门南关桥。皇龙桥畔人熙攘，信步跨步玉学桥。幽静平稳锁水桥，福寿泉涌盐水桥。风水桥下浪花溅，古栈三步两座桥。繁华闹市五马桥，行人回避瘴气桥。福毁桥畔"节井亭"，四路交会迎春桥。文笔倒影霓虹桥，古朴无华木头桥。晃桥流水荡悠悠,驿道必经清水桥。沿河吊楼拥新桥,逼水亮珠关帝桥。尾井桥后街已尽,抬头又见采桑桥。五里长街桥连街,桥是街来街是桥。琳琅百货沿街卖,风味食品摆满桥。桥似楼亭风雨桥,乘凉闲谈聚于桥。大年新春鼓乐响,桥是戏台台是桥。古城二十一座桥,桥不恋人人恋桥。游子别离数十载,梦境难忘故乡桥。艳阳高照春光好,欣回故里又念桥。香水依旧缓缓去,流尽岁月几多娇?

杨旭光的《忆桥》[①]:偶读《地名志》,"盐丰古桥梁"。赫赫四十座,座座曾辉煌。桥名唤旧忆,梦牵魂绕梁。一别五十载,桥逝情难忘。最亲五马桥,儿时即相伴。母牵儿上桥,蹒跚石级上。朝朝夕夕过,桥伴我成长。桥上有美食,椒饼黄粉汤。桥北多茶馆,昼夜灯火旺。评书"围鼓"响,滇戏多悠然。桥头市中心,消息正集散。"布告"在此发,"文帚"在此刊。难忘行春桥,渡我上学堂。读书九年整,踏破桥上霜。桥旁土主庙,敬香哭新亡。庙前古榕树,夏日遮阴凉。庙旁总龙祠,正月摆戏场。庙改县党部,周会敬"中山"。再驻同学会,革命歌声扬。歌声何所来?妙藏地下党。南关演武厅,前后好浴场。夏天学游泳,戏水尽欢畅。下河寻鱼蚌,上岸白塔山。月夜同学聚,歌舞"豌豆秧"。遥远孔仙桥,桥小名声扬。西出大西关,爬上山外山。回顾石羊镇,屋宇似蜂房。古道人熙攘,辛苦众马帮。逶迤四十里,马铃响叮当。桥外"山那边",奔向"好地方"。北关采香桥,山神有名望。随母去还愿,祈福保平安。桥外小井河,再走到官庄。教书做掩护,宣传迎解放。桥桥忆不尽,桥桥情谊长。桥桥遮风雨,风雨毁桥殇。乾坤大震荡,重整旧河山。河道皆已变,桥逝顺自然。若为桥庆功,应授大勋章。

张国信的《观泽润君五马桥图有感》[②]:十六画桥记忆中,河床改道桥无踪。李君妙笔传神处,又见当年旧貌容。

季文汉的《寄石羊盐厂》:安家落户在竹林,地下沉睡有亿年。无心过问甜和苦,着意关注淡与咸。龙女放牧传卤郡,石羊喷卤化白盐。降低成本赖科技,提高品质惠万民。

在这部分诗作中,还能看到以庆香港回归为主题,以国庆为主题,以改革开放为主题的,其中不乏感怀时事者。

---

① 大姚县石羊诗书画协会:《石羊诗书画选集》第七集,内部资料,2001年,第45—46页。
② 大姚县石羊诗书画协会:《石羊诗书画》总第十六辑,内部资料,第51页。

李国彦根据祥云一老人回忆整理而成《乡亲·赶马调》①：生在东山脚，住在西坡岭。吃饭没有盐，赶马下白井。穿过密密林，水险山崚嶒。铓锣敲得响，马蹄走的紧。跨过孔仙桥，经过乐此箐。翻过飞凤山，爬过象山岭。淌过观音箐，来到龙泉井。拐过老鼠山，盐场官衙显。高兴买到盐，赶快返家园。想起盐丰县，五井肩并肩。一河穿城过，桥把两岸连。桥上盖亭阁，人过向街延。人马过街桥，日夜闹声喧。吃穿样样美，只怕没有钱。买碗黄粉汤，吃个椒盐饼。酱肉米线早，半夜仍可请。老孙烧卖香，客气任挑选。五马桥头酒，凉鸡仍可请。每次下白井，都要过过瘾。这家买花线，媳妇笑盈盈。绣双桃花鞋，缝个石榴裙。老汉祥云人，常忆白井情。

李毓华的《祠堂箐》②：祠堂箐里客栈多，赶马人儿笑呵呵。贸易古镇一重镇，卖货买盐用马驮。朝驮白盐刚离去，暮运食品来歇脚。铃声叮当响不断，白盐换来百货多。头二三骡配戴俏，大小铜铃戴在脖。圆镜佩在胸脯上，头顶绣珠彩条焯。鞍插小旗顺风展，老板套头篾帽摞。麂皮领褂白又暖，盘膝而坐马背驮。手抱月琴小曲唱，显得威风又快活。

李毓华的《佛惠桥行春桥》③：弯弯山脚寺密集，古树参天庙前立。宽阔河流桥遥望，佛惠行春相伴随。正月十三龙王会，冬去春来迎新禧。佛惠桥前戏园地，张灯结彩总龙祠。票友登台演滇戏，直到夜深才歇息。匆匆岁月容易过，至今尤记情依依。

李毓华的《清水桥》④：西路早晚走马帮，驮铃声声传远方。清水桥是必经道，财神宫里唱戏忙。大王寺下山泉水，人马解渴心透凉。白井街长桥梁多，清水桥的寿命长。

李毓华的《新桥》⑤：五月一日新桥上，整整齐齐摆佛堂。斋奶清早就拜忏，先生午夜洞经扬。五月五日通宵亮，五蜡大会才收场。锣鼓刚歇人声喊，家家户户摆摊忙。荣华姐的椒盐饼，琼孃摆的黄粉汤。金秀孃的小饵块，两文一个还包糖。酱汤米线风味好，香春果味美色香。好吃食品多得很，任君喜好去品尝。

---

① 大姚县石羊诗书画协会：《石羊诗文集》第八集，内部资料，第52页。
② 大姚县石羊诗书画协会：《石羊诗文书画专辑》第十一辑，内部资料，第72页。
③ 同上书，第73页。
④ 同上。
⑤ 同上书，第73—74页。

李毓华的《清香井·关帝桥》①：青香井峰峰峦秀丽山泉瀑布清奇；武侯祠殿堂巍峨珍珠滴滴淋漓；关圣宫照壁轩昂百马图攒蹄奔驰；关帝桥沟通两岸，迎客商忙碌不息。

布金楠的《一剪梅·忆孔庙》②：红墙天台天麓围，画栋雕梁，翘檐如飞。镂花门扇闪金辉，各立其位。孔像大成正襟危。尔雅雍容，不怒而威。慕名来者接踵随，膜拜烧香，祈祷夺魁。

甘自重的《读族谱有感》③：甘氏家族渊源远，落籍白井五百年。科甲连绵高才众，文治武功古今延。历史长河兴衰替，莫以成败论英贤。自强自信能自立，人间正道沧桑连。

季文翰的《义务参与管理石羊孔庙有感》④：身居颓垣断壁间，权充"庙祝"奉"文宣"。不惜唇焦求抢救，全凭舌锋谱根源。父女夙愿终实现，昆仲巧修展新颜。全功未竟悄然去，遗憾尚存待孙全。

李毓华的《龙吟书院》⑤：魁星点斗市中心，回龙山崖小洞天。龙吟书院育学子，洞天雅室诵儒经。历朝历代开科试，涌现许多举贡生。白井学风传千古，山沟虽小文明城。

以上诗文创作基于创作者儿时对石羊古镇的记忆，同时融入真切的情感表达。在他们的创作中，看到的是历史上的石羊古镇，感受到的是对古镇的殷殷情怀。石羊古镇的地方文化精英对待石羊的历史是较真的、严谨的。王学武老人就向笔者再三申明石羊不止"七寺八阁九座庵"，而应该是"八寺八阁九座庵"，他在《石羊诗文集》中言明八寺是：观音寺、龙泉寺、寿福寺、宝莲寺、龙吟寺、圣泉寺、白莲寺、天台寺。⑥另，张国信老师写《正本清源——石羊孔子铜像考》，⑦意在纠正"孔尚琨修建孔子铜像"这一无稽之谈。当地文化精英还与笔者探讨了一些他们的困惑，例如石羊的孔子铜像所建造的孔子为何为王者形象，封为"大成至圣先师文宣王"，"冠戴冕旒王者相，袍服绶带气宇昂"，而不是周游列国之形象，

---

① 大姚县石羊诗书画协会：《石羊诗文书画专辑》第十一辑，内部资料，第74页。
② 大姚县石羊诗书画协会：《石羊诗书画辑》第十二集，内部资料，第104页。
③ 同上书，第127页。
④ 大姚县石羊诗书画协会：《石羊诗书画》第十三集，内部资料，第54页。
⑤ 大姚县石羊诗书画协会：《石羊诗书画》第十四集，内部资料，第57页。
⑥ 大姚县石羊诗书画协会：《石羊诗文集》第八集，内部资料，第154页。
⑦ 大姚县石羊诗书画协会：《石羊诗文书画专辑》第十一辑，内部资料，第140—141页。

这些也成为当地文化精英想要破解的谜团。当地人对地方文化充满热情，当地文化人肖国用就指出："石羊灿烂历史文化并不仅仅是石羊人的劳动果实，其中渗透着古今中外许多名流学者的血汗，是整个华夏儿女的共同财富。如果把石羊历史文化孤立地视作一地之长，显然是大大地贬低了石羊的历史文化价值。"①

当地文化精英还专门做过石羊古镇"盐文化"的定义：食盐在生产、销售过程中所产生的文化，包括儒家文化、彝、回、汉、蒙古、白、苗等民族文化，包括各教派（道教、佛教、伊斯兰教、天主教）文化，还有石羊特有的建筑文化、饮食文化等诸多文化，它们长期共存、相互交融而形成特定的文化体系②。笔者姑且不从学术的角度来考量此盐文化的定义如何，但考察白盐井的文化，盐是不容忽视的关键因素，当地的历史脉络"因盐而兴，因盐而衰，因盐复兴"，同样，白盐井的文化也跟随盐的发展呈现"因盐而兴，因盐而衰，因盐复兴"的发展脉络。张国信老师也强调："古镇石羊在盐文化发展的基础上，促进了社会经济的繁荣，在这一历史条件下，儒文化、民族文化、宗教文化、饮食文化等多元体系的文化，才得以发展和隆盛，并谱写出古镇的文明历史。石羊孔庙、孔子铜像、南北二塔、七寺八阁九座庵等，都是古镇多元体系文化发展和隆盛的历史见证，古镇石羊，过去享有文献名邦的盛誉，当今也不愧为历史文化名镇的称号。"③

当地文化精英对当地未来的发展亦思考良多，会积极将他们的想法融进小镇未来的发展中。例如，对当地是否撤销大姚二中高中的问题，他们指出撤销大姚二中高中，于当地发展极为不利。之前，就有大姚二中要撤销高中的计划，当地教育工作者坚决不同意，他们认为，大姚二中高中教育于 1970 年到现在，已经有 40 多年的教学经验，加之石羊镇的教育事业与县城相比，滞后一些，需要加大教育资源的投入。2013 年的大姚二中做了撤销高中的处理，张国信老师又重申了他的意见：其一，大姚二中的高中学生，少数民族学生占了很大一部分，要考虑到他们的生活习惯、家庭

---

① 肖国用：《石羊历史文化建筑略考》，载大姚县政协教文卫体文史资料委员会编《大姚文史资料》第三辑，内部资料，2004 年，第 225 页。
② 王学武：《石羊古代教育与文化》，未刊稿，第 24 页，资料由王学武先生提供。
③ 张国信：《千年古镇石羊》，载中国人民政治协商会议大姚县委员会编《大姚文史》第六辑，内部资料，第 67 页。

经济能力等情况。其二，大姚二中的高中教育已经有四十多年的教学经验，且教学成果也是可以的。其三，大姚二中是二级完全中学，教学资源的配置也是根据这一标准来配置的，高中部撤销，会造成既有资源的浪费。撤销容易，但重新开启较难。撤销二中，带来的不仅是生源的流失，还带来优质教师队伍的流失。就高中普及的趋向而言，也是不能撤销的。

于民间组织而言，除石羊镇诗书画协会外，其他社会文化组织也有复兴。洞经会、老年协会、石羊古滇剧团、歌舞协会和其他民间文艺社团等均为地方文化事业的发展贡献力量。于个人而言，当地人不管置身何处，都纷纷投来对石羊古镇地方社会文化的关切之意，如罗衡、张映海、张国信、陈平、张萱等人士。

石羊古镇城镇化在建设过程中，以政府力量为主导，民众为主体。以诗书画协会、洞经会、老年协会、石羊古滇剧团等为代表的地方社会文化组织积极投入地方文化的重建中，在文化的生产中找寻当地文化的意义和价值。随着旅游时代的到来，也给地方回溯、展示自身文化的机会，传统的盐业社会在旅游的背景下开始鲜活，传统与现代的因子也在石羊古镇这一空间内延展开来。在此，笔者借助李培林的"连续谱"概念来反思"传统—现代"的二元对立。他针对"传统—现代"二元对立的分析框架，提出了"连续谱"概念，认为"在我们认可的二元对立之间，事实上存在着'连续谱'的真实世界，并非完全依赖于理想化的二元对立分析框架就能解释"[1]。李培林的"连续谱"概念正好能恰如其分地体现当地在旅游业推动下走出的一条在传统与现代间的"连续谱"形态，传统在现代中找到了价值与存续的动力，现代在传统中不至于因激变而有不适感。

---

[1] 李培林：《巨变：村落的终结》，《中国社会科学》2002年第1期。

第八章 结论：石羊古镇的城镇化

"城市是各种礼俗和传统构成的整体，是这些礼俗中所包含，并随传统而流传的那些统一思想和感情所构成的整体。换言之，城市绝非简单的物质现象，绝非简单的人工构筑物。城市已同其居民的各种重要活动密切地联系在一起，它是自然的产物，而尤其是人类属性的产物。"① 要了解一座城市，必须要静坐下来，静静体悟"形"背后的"神"。城市的兴衰起伏既有空间上的变化，也有时间的演变，从地形、水文、气候等地理条件，到政治体制、经济生产、交通运输等社会环境，加之区域之间的往来互动，如贸易、迁徙、战争等都在影响着城市的发展和演变。城镇化是人们生产方式、生活方式以及价值观念转变的过程，是人类社会发展的缩影，是物质、空间、经济、人口、体制以及社会特征的多维现象反映，② 对城镇化这一复杂体系本身的了解就必须具备全盘把握的维度。因此笔者的石羊古镇城镇化研究，介入一个动态的维度，即城镇化不仅是由地理、人口、经济、社会、观念行为等要素构成的动态整体结构，还是这些要素相互影响的"历史合力"推动所形成的动态运行过程。石羊古镇的城镇化受多重因素的影响，在多重因素的影响之下，呈现了清晰的城镇发展脉络。当地因盐而形成地方发展的特殊资源禀赋，石羊古镇城镇化历程溢满盐的气息与滋味，呈现"因盐而兴，因盐而衰，因盐复兴"的城镇化阶段。

在"因盐而兴"的城镇化阶段，首先，石羊古镇因盐形成典型的"以卤代耕"的盐业社会，在石羊古镇盐业社会中，因食盐的生产形成专门的

---

① ［美］帕克等：《城市社会学：芝加哥学派城市研究》，宋俊岭、郑也夫译，商务印书馆2012年版，第4页。
② 李从军：《迁徙风暴：城镇化建设启示录》，新华出版社2013年版，第2—3页。

行业分工，盐业官员、灶户群体、盐工、盐商等在此各司其职，各安其位。以官方意志为代表的盐业官方组织——提举司与以民间意志为代表的盐业民间组织——灶户生产组织互为配合，促进食盐的良性生产。同时，盐业生产组织还嵌合在石羊古镇的城镇建设中。在石羊古镇，围绕盐业的生产形成具有特色的盐业传说，传说在历史的变迁中流变，不同时代赋予了传说不同的生命力。围绕盐业的生产形成一系列地方盐业神信仰——龙女、石羊、火神、卤龙王，亦形成了地方盐业神信仰空间——郡主祠、龙王庙、总龙祠，更形成了盐业神信仰的仪式表达——龙王会、盐商会、火神会等。在石羊古镇，围绕盐业生产形成地方盐业专业志书——《白盐井志》，志书中的文学创作多围绕盐业生产活动展开，展现盐业生产的艰辛和盐业社会的繁荣景象。以上，石羊古镇以盐为中心形成的行业分工、盐业生产组织、盐业生产的传说及流变、盐与情感的文学性表述，无不显露石羊古镇"以卤代耕"的盐业社会典型特征。

其次，石羊古镇因盐形成市场，市场带动当地区域性经济中心、政治中心、文化中心的取得。石羊古镇食盐进入国家专控视野，从单纯的自然资源转化为供给国家税收及促进地方城镇发展的经济资源。盐的生产、运输、销售等，形成以盐为中心的市场网络，盐业市场的形成带动柴薪市场及其他商品市场的生成与发展。石羊古镇进而成了区域内的经济中心，而石羊古镇的发展不仅仅满足于经济中心的获得，在城镇化的历程中，石羊古镇的区域政治中心、文化中心地位也相继获得，促进了石羊古镇城镇化进程中城镇职能的综合发展。

最后，石羊古镇因盐促进了人的流动。石羊古镇因盐而形成聚落，伴随盐业的开采形成人群的聚集效应，尤其是在有文献记载的明代洪武年间，外地移民不断涌入白盐井从事盐业的生产，人群聚集于此，盐业生产带动移民，使当地呈现典型的移民社会特质。移民因迁移原因形成不同移民类型，因移民地域不同形成移民的多元地域构成。在当地，多元的宗教表现形式、多元的饮食、杂糅的风俗观念等都成为石羊古镇移民性的表达。

在"因盐而衰"的城镇化阶段，石羊古镇的既有食盐产量减少，销售圈随之不断缩减，盐业社会呈衰落之势，同时受国家政策主导下封闭市场的形成，石羊古镇往昔的市场渐失去风华。面对盐业社会的衰落之势，地方社会也有意开展盐业社会的转型，但经历"移卤就煤"的未完成和"盐厂时代"的挣扎，也终究难以挽回盐业社会的衰落之势。1961年石羊古镇的一场特大洪水灾害成为石羊民众的苦难记忆，使原本虚弱的石羊古镇更加一蹶不振，就此也体现当地因盐业衰落致使社会衰落而难以恢复城镇的重建。盐业社会衰落的同时，当地社会也在悄然变化，多元生计取代"以卤代耕"的生计模式，盐业组织退场，人的流动性减弱。深究石羊古镇因盐而衰的城镇化阻碍，一是来自资源本身，环境的恶化、盐业资源价值的衰落促成盐业资源的"诅咒"。二是作为负担的盐税、盐政的弊端、地方行政与盐政的分合，这些因素终成为石羊古镇城镇化的阻碍因素。同时，石羊古镇天灾人祸的制约，更加剧了石羊古镇城镇化危机。

在"因盐复兴"的城镇化阶段，石羊古镇重拾盐业社会的文化价值，以当地自1995年被命名为云南省首批历史文化名镇为标志和推力，石羊古镇走出了一条"千年盐都，祭孔圣地，文化名邦"的旅游开发之路。在当地盐业社会价值追寻和旅游开发之路上，当地的城镇化路子亦发生了改变，石羊古镇重获生机。淹没在过往盐业社会的文化实现生产与再生产，开井节、祭孔大典开始复兴，盐文化博物馆存留了当地盐业社会历史遗存。人的流动渐频，人的流动之上也实现着文化的流动，在城镇化建设过程中，实现着政府与民众共建的城镇化阶段。

"传统的中国社会被阐释为单性的乡土社会，在乡土社会的中国观中，中国传统城镇社会的体系和属性被遮蔽了。"① 由于城市性在传统中国观中的缺失，城市被有意无意地划入了西方现代性的范畴，在中国的现代性中也被当成了被植入的非本土文化的东西。② 对中国传统城镇的关注，也可以深化对中国传统社会的认知。当然，"要想更深刻地理解城市的现状，我们就必须经过历时的天际线去考察那些依稀可辨的踪迹，去了解城市更远古的结构和更原始的功能，这应成为我们城市研究的首要任务"③。笔者在对石羊古镇城镇化研究的过程中，试图关注城镇化作为系统工程的复杂性，一直在探寻哪些关键有效的成分可以清楚勾画出当地城镇化的发展脉络。就此，笔者以长时段的历史进程来研究石羊古镇的城镇化，意在抽离出在长时段的城镇化历程中，始终影响石羊古镇城镇化历程的关键因素：

---

① 陈映芳：《城市中国的逻辑》，生活·读书·新知三联书店2012年版，第424页。
② 同上书，第429页。
③ [美]刘易斯：《城市发展史——起源、演变与背景》，宋俊岭、倪文彦译，中国建筑工业出版社2005年版，第2页。

资源、市场、人的流动、国家角色，这几个要素即是笔者论述关注的核心和结论的集结点。

第一节 资源：城镇化的先天赋予

　　石羊镇盐业生产自有文献可以追溯的汉代以来，已有2000余年的历史，尤其是在明代以来，石羊古镇制盐业日臻完善，石羊古镇所形成的盐业史构成一部石羊古镇史，盐业资源的兴衰史也是一部石羊镇城镇化的历程史。

　　正如西敏司所研究的糖之甜，是人类天性中非常普遍的味觉体验一样，盐之咸也是人类天性中非常普遍的味觉体验，且是不可或缺的体验。当地的盐业资源在石羊古镇城镇化历程中有着重要角色，在城镇化的不同阶段扮演了不同的资源优势，呈现阶段式的资源优势特征。自石羊古镇盐业开采时期，龙女牧羊的传说所象征的盐业资源发现与开采开始，当地的盐业资源开始实现从纯天然的自然资源到经济资源的蜕变。作为经济资源的盐带来了人群的聚集效应、文化的多元共融、不断扩张的市场，作为经济资源的盐不仅为国家税收、国家建设创造价值，也参与石羊古镇的城镇化建设。清末以后，石羊古镇的盐业资源逐渐陷入资源优势的陷阱，盐业资源作为经济资源的经济价值递减，石羊古镇随盐业的式微呈现衰落之态。在城镇衰落的阶段，当地也在找寻新的价值出路，直到20世纪90年代以来，当地的城镇化走上了一条以开发当地盐业社会历史文化资源为主导的旅游开发之路。以盐作为当地文化资源品牌，在通过旅游这一特殊形式将文化资源转化为经济资源的过程中，实现了当地城镇化进程中盐作为经济优势、文化优势的地位。当地能实现盐作为文化资源的利用，在于当地的盐业文化伴随盐业资源的开发就已形成与发展，在时间的洗练过程中，已经固化为当地城镇化进程中的资源禀赋与文化特质，这也是当地盐业社会留给后代子孙的宝贵财富。

第八章 结论:石羊古镇的城镇化

一 自然资源到经济资源

因盐在长时段历史时期作为国家重要的专控资源,较早进入国家管控视野,国家对盐的专控也使石羊古镇较早进入国家权力的范围之内,专控使石羊古镇这一丝毫不起眼的西南一隅进入国家视野,《明一统志》《清一统志》等国家大部头的史书纷纷投来对石羊古镇的关注。国家对石羊古镇食盐资源的管控,伴随着对云南的经略,或者在时间上更早于对云南整体区域的经略。在地方的口述史中,最能切身所感的一点便是,当地人认为的石羊古镇的价值意义,即在于这一狭隘之地却给国家带来了大量的税收,参与了国家建设的任务。同时,石羊古镇虽然地理位置是封闭的,但呈现的却是其文化的开放性尤其是对汉文化的吸纳与延续能力。

以嘉庆五年(1800年)为例,云南食盐改为"灶煎灶卖、民运民销"后,盐税统一按正课银、养廉经费银、井费役食银纸张等银三项来征收。当时白盐井的年煎额盐8739300斤,征正课银61622.811两(每百斤盐征正课银约0.7051两),征养廉经费银13374.549两(每百斤盐征养廉经费银约0.1531两),征井费役食银纸张等银12331.91两(每百斤盐征井费役食银纸张等银约0.1411两),共计87329.27两。由此可以计算出嘉庆年间白盐井每百斤盐的盐税约为0.9993两。

盐作为经济资源在供给国家众多税收的同时,也为白盐井地方社会的发展做出贡献,为当地的城镇化建设提供充足的经费来源。在白盐井的城镇建设中,有三种主要力量的参与:以提举为代表的地方官员、以井灶公所为代表的灶户生产组织、以家族为代表的个人地方社会。食盐生产所得收益,有一部分留为地方城镇发展款项,由以提举为代表的地方官员、灶户生产组织支配,同时,未有城镇发展款项支配权的以个体为代表的家族亦会积极投身城镇建设,以谋取一定的社会身份和地位。地方官员、灶户生产组织、家族这三种力量形成了盐业生产与地方社会发展、盐业生产主体与地方社会民众之间的共同利益诉求。三种力量一来实现了城镇公共空间的共同建设,公共空间的建设主要包括教育类空间,如文庙、书院、学堂、义学馆等;宗教类公共空间,如"七寺八阁九胜庵"的宗教空间盛况;其他公共空间,如道路、桥梁等。资金的投入不仅完成了公共空间物态的呈现,更实现了公共空间作为活态形式的延续。二来实现了城镇文化以城镇节日为代表的文化的共同参与，呈现了在年长老人记忆中"天天有节过"的典型文化繁荣气象。三来实现了城镇慈善事业的共举，当地的社仓、常平仓、普济堂、养济院、义冢、施棺会、掩骨会、施水会、育婴堂等众多慈善组织机构与场所，呈现出白盐井三者力量共同促进、盐业经济强大支撑下的完备慈善事业形态。

二 经济资源到文化资源

以上论及的是白盐井盐业作为经济资源的呈现方式，在白盐井盐业漫长的开发历程中，盐业资源还以文化资源的形态沉淀下来。盐作为一种商品，却又不仅仅作为一种商品而存在。"物质文化概念在与商品文化相重合的同时，又溢出了商品文化的领域"[1]，物质及物质文化本身为文化行为改变，所创造。"既然是文化行为所改变所创造的物质形态，物质就有了近似于文字、象征、叙事乃至历史的性质"[2]，笔者对盐的关注便是将物质文化作为可以叙事的对象认知基础上的。盐业资源实现从经济资源向文化资源的转化具备了以下条件：一是盐作为国家重要资源的特殊性使然，国家及地方一直对盐业资源的开发与利用倾尽全力，白盐井因盐未被历史遗忘，国家的盐业资源开发与地方的持续性发展需要形成共同的利益诉求，盐业资源的保护型开发延续了盐业资源的生命历程，使盐业资源作为文化资源的形态得以形成与延续。二是盐业资源开发的时间性使然，白盐井的盐业开采自当地志书考证的汉代，尤其是有大量文献记载的明清以来，一直延续到20世纪90年代，这一盐业开发历程是持久的。一些资源型产区因矿产资源的有限性，对其开发仅是短暂的，开发之时，多的是为了开发建造的简易建筑，伴随资源的枯竭，人去楼空，仅留下矿区难以修复的生态，形成"暴力的掠夺"。而白盐井因长期盐业资源开发形成独具特色的盐业社会，盐业社会得以在时间的洗练中延续。当地以盐为中心而形成的文化资源也成为地方城镇文化的个性表达。"龙女牧羊的地方"等诸多盐业传说在历史中发生流变，不断赋予新的时代风貌。当地的卤龙王、龙女

---

[1] 孟悦：《什么是"物"及其文化——关于物质文化的断想》，载孟悦、罗钢《物质文化读本》，北京大学出版社2008年版，"前言"第2页。
[2] 同上书，"前言"第3页。

郡主、石羊将军，成为盐业社会独有的盐业神，围绕盐业神形成固化持久的信仰观念和仪式行为。龙王会、盐商会、火神会等会期，成为盐业社会的展演场。盐从经济资源走向文化资源的过程中，标志着盐于地方社会来说，已经从短暂性的开发型资源，转变为可供当地世代享用的延续型资源，以盐为代表的文化资源具有了历史的传承性与延续性。

三　资源命运的可逆与不可逆

在石羊古镇以自然资源的盐到经济资源的盐，再到文化资源的盐的转化过程中，盐业资源适应了时代发展的需要，跟上了时代发展的节拍。当白盐井盐业资源发展到清末，其与时代的不适应性逐渐暴露出来，当地盐业社会在交通、技术、管理等方面所面对的制约不可避免，在促进事物发展过程中新旧事物的交替更新不容改变，当地作为经济资源的盐业资源终将退场，也带有历史的必然性，成为资源开发的不可逆表现。另外，当地社会又实现了资源开发的可逆性表达。对盐业资源的文化赋予与实践，又成为改变当地发展方向，促进当地社会发展的内原动力。具体表现为20世纪90年代以后，以当地政府与地方民众共同合力所形成的对地方社会的文化自觉与自觉实践，有意将石羊古镇当地的发展、未来的前途与石羊古镇历史上的盐业社会对接，积极以历史上的盐业社会为城镇未来发展的基础，实现文化的生产与再生产，盐业社会的文化形态在新时期以旅游的形式实现了活态的表达，这一表达成为破除"资源诅咒"的地方实践。

以上，笔者对石羊古镇城镇化历程中盐的要素的研究，对"物的社会生命史"（The Social Life of Things）研究及饮食人类学相关的研究成果进行借鉴，为叙述方便，笔者统一用"物"来涵盖。在整个学术史发展的过程中，物质文化的性质与角色迭有变异。不论是早期的演化论、传播论，还是之后的结构论，或是19世纪60年代晚期兴起的新考古学，物质文化所扮演的都是被动（Passive）的角色，是达成另外一个目的的新工具。一直到实践论兴起，19世纪70年代末80年代初开始，物质文化被赋予主动、积极的角色。物质文化重新被视为整合人类学与考古学的桥梁。[1] 追

---

[1] 陈玉美：《文化接触与物质文化的变迁：以兰屿雅美族为例》，《中央研究院历史语言研究所集刊》1996年第6期。

溯物质在时间中的变化成长成为物质文化研究的一种重要方法。①"物质文化是一个激发新思考和促进新的对话的场所"②，那么以对物的观照为出发点，从以人为中心"人看物"的视角转变到以物为中心"物看人"的视角，又是一种对人与物关系理解的有效维度。"任何社会变革都会通过其中人与物关系的变化而昭显出来。"③ 物与人不是简单的使用关系，物有自己的独立性，物对人起着宰制作用。物有传记，有兴衰，有独特的历史叙事。物的规模、物的性质、物与人的关系，成为消费社会的重要标志。以阿帕杜莱（Arjon Appadurai）的《物的社会生命》为代表，对商品的时间性关注和"去商品化"过程开始进入人们的研究视野。收录于这本书的一篇由伊格尔·克比托夫（Igor Kopytoff）写的《为物质作传》（"The Cultural Biography of Things"）的文章，直接将物质在时间中的变化成长当作物质文化研究的一种重要方法。

"物的社会生命史"中的"物"即"物质性"（materiality），物质性不是简单的物的物理性，即简单所见的材质、成分的表现元素，而是物质的物理性质、文化和社会性质及其之间的关系，即在于强调人与物之间的互动关系及其对社会实践的影响。物质文化的物质性指社会实践与其依附的物质（或者环境）之间的相互依存、不可分割的关系；有物质的存在，才有人的活动，同时物质又制约人的行为。物的物性（material qualities）直接影响人在社会实践中如何认识、理解、利用特定的物质；物性也决定了物以何种方式和途径贯穿在人的社会生活中，如何塑造和影响人的思想、情感、社会关系以及人自我本身。物质性强调的是人和物之间的动态关系，特别是社会实践的方式、途径与物性之间的联系。我们了解物本身，不仅仅限于对物本身的了解，我们更愿意"破物见人"，透过物本身来看创造与运用物本身的人，以物来切入、来了解物所在的社会生成。物放在整个社会史的立场，即"物的社会生命史"的立场，就能更好地把握这个社会的维度。正如人有生物性与社会性的表达，物在"物的社会生命史"

---

① 孟悦、罗钢：《物质文化读本》，北京大学出版社2008年版，第12—13页。
② 孟悦：《什么是"物"及其文化——关于物质文化的断想》，载孟悦、罗钢《物质文化读本》，北京大学出版社2008年版，"前言"第4页。
③ 孟悦、罗钢：《物质文化读本》，北京大学出版社2008年版，第486页。

的维度内也有物理性及社会性的表达。物与人一样，也具有主动性与能动性，[①] 在几乎所有的文化里，物被赋予了灵魂、价值与象征。物质的物性、来源和使用的历史直接影响到物质的社会价值和文化价值，物质所处的社会、文化、历史不同，物质的社会价值、文化内涵也会随着改变。[②]

从物的社会生命视角来看，盐与人之间一直处于持续性的互动过程。盐既是必需品，本身也在历史时期具有稀缺性，即盐既是所有人维持生命的营养源头，也是少数人获取财富与权力的源头。在食盐专控的长时段历史里，因为有国家权力的介入，盐已经不仅仅是以商品的形式出现，即不是简单市场化了的商品，而更多是一种国家权力、政治性赋权的存在物。盐业时代"斗米斤盐"的盐，并非一般民众所能如愿，盐具有了等级，盐的不同等级由不同的群体来享用，也就意味着区域内的人群分层。一个物在社会中的分类精细程度，可以反映该物在该社会中的重要程度，如因纽特人对雪的分类一样，白盐井亦围绕盐，对盐有不同的分类，盐的等级的分类就可见人群的分类。

其后，盐从"斗米斤盐"的"高贵"身份降格到了"飞入寻常百姓家""普通"身份，作为"飞入寻常百姓家"的盐已经无法体现盐的等级及盐的等级背后的群体分层。由此形成盐的象征价值的衰落与窄化，盐的象征价值的衰落与工业化背景下的技术变革几乎是同一阶段，盐亦使西南边陲的弹丸之地与世界体系紧密连接。当地的盐却又不因进入寻常百姓家伴随的象征衰落、窄化及其相伴随的文化体系渐渐退去而终结或是失去意义的表达。当地的盐在地域空间内具有稀缺性，逝去的盐在此成了我们要去回望历史、复原过去的稀缺性资源，当盐再次摇身一变具有稀缺性特征的同时，当地城镇化进程中以盐文化作为发展旅游的转向也就顺理成章。由此，当地的盐还形成了从象征窄化到象征重建的过程。在对过去盐业社会复原的"象征重构"中，可以形成盐业社会记忆的保存与展演，以此形成地方社会城镇化的文化资源形态。

当今社会，我们虽然承认自己身处一个"物的时代"，但仍然无可避免地身处一个"由文化裹挟的物的时代"，"文化正在成为经济，成为使用

[①] 关于物的能动性参见 A., Gell *Art and Agency: Towards A New Anthropogical Theory*, Oxford: Glarendon Press, 1998。

[②] A., Appadurai, "Introduction: commodities and The Politics of Value" *The Social Life of Things: Commodities in Cultural Perspective*, New York: Cambridge University Press, 1986, pp. 3 – 63.

价值，成为我们的生存空间，成为我们的餐具、衣着、居室和食品"①。面对当今"物欲横流"的社会，物的文化与生动性非但没有被物的冰冷与物理性淹没，反而文化性的表达与扩张更为凸显，与其说我们被物包围，不如说我们被物所代表的文化包围。石羊古镇的旅游开发，就是原本盐作为物的实用性不复存在，而以文化商品的物的形态登场的过程。在这一过程中，盐即是文化，文化即是商品。以文化产品存在的盐，它作为商品的盐的"前世"与盐销声匿迹后价值重现的"今生"也一展无遗。

第二节 市场：城镇化的关键

白盐井的盐业生产属于外向型的生产，所生产的盐必须通过广阔的市场来支撑，因此，市场成为白盐井盛衰的生命线。正如与白盐井同质性较高的自贡一样，"市场决定了它的形成和盛衰"②。在城镇化语境下，市场是城镇体系形成的决定性推手。③

施坚雅等概括了城市化过程的影响因素：一是人口密度，其中迁居是一个会使每个地区接近其人口潜力的过程；二是劳动分工；三是技术的运用；四是商业化和地区内部的贸易；五是地区的对外贸易；六是行政。④施坚雅等认为城市化的发生是经济的推动，同时，他们认为经济方面的重要职能是城市的基本职能。第一，在物资和服务交流中，在货币和信贷流通中，在为生计和其他经济利益的人员流动中，市镇和商业城市都是它们的中心节点，商业中心吸引了其他类型的重要职能。第二，由于提取经济盈余，无处不是使政治机构得以运转的关键。第三，在形成中国的各城市体系方面，贸易似乎大大胜过行政活动，大大胜过沟通城镇的任何其他形

---

① 孟悦：《什么是"物"及其文化——关于物质文化的断想》，载孟悦、罗钢《物质文化读本》，北京大学出版社 2008 年版，"前言"第 4 页。
② 王仁远：《自贡城市史》，社会科学文献出版社 1995 年版，"序言"第 2 页。
③ 丁元竹：《费孝通城镇化思想：特色与启迪》，《江海学刊》2014 年第 1 期。
④ [美] 施坚雅编：《中华帝国晚期的城市》，叶光庭等译，中华书局 2008 年版，第 267—271 页。

式。① 就此，施坚雅等从经济层面强化了对城镇的认识："对一个经济比较发达的地区我们可以下这样一个定义：在这个地区内，生产按地区进行专业分工，一个不同职业结构，以及一个信用层级系统，这些支持一个协调一致的地区内部贸易网；在这个地区内，主要技术水平，通过大量的累加投资转换成整个地区的社会公用建设。在地区上升周期过程中，这一些成就是同以下的发展密不可分地交织在一起的：人口的增长和城市的发展。"②

费正清在研究中也指出了集市于地方社会的重要性："向市场运送农产品总是成问题，因此以分散的集市类型为主，每个村社在当地集镇以易货方式交换产品。一个集市中心和附近步行可达范围内的乡村组成一个单元，当然，这个单元遇上像水灾、旱灾这类自然灾害时可能被毁灭，但反言之只要自然条件良好差不多也能自给自足地生活。"③

从1988年开始，费孝通先生就已经关注到市场因素与区域体系之间的关系。他认为，市场因素是他这些年来在研究工作中忽视了的一个具有重大意义的因素，尽管已经八十高龄，他依然主张对此应当补课。④ 纵观历史，西方的城镇化在很大程度上是通过市场机制的创新形成的。⑤ 按照经典现代化理论，城镇化与工业化市场化具有密切的内在联系和共生关系。推动工业化城镇化发展的主体、内容以及制约它们发展的环境都是以市场机制为前提的，因此城镇化本身就是一个市场化过程，国家制定有关政策的部门也一再强调推进城镇化要以市场化为基础。⑥ 当下做农民研究的学者也提出"让农村问题市场化，让农民问题社会化，减少普遍问题被政治化的过程"⑦ 的建议，将市场介入农村、农民问题的解决上。

基于以上既有研究，笔者将市场因素作为石羊古镇城镇化历程中的重要因素之一来考量，市场因素在石羊古镇城镇化历程中占据重要位置。盐业时代的石羊古镇日日为市，足显集市带动下的市场繁荣。白盐井的集

---

① [美] 施坚雅编：《中华帝国晚期的城市》，叶光庭等译，中华书局2008年版，第328页。
② 同上书，第252页。
③ [美] 费正清、赖肖尔：《中国：传统与变革》，陈仲丹等译，江苏人民出版社1992年版，第14页。
④ 丁元竹：《费孝通城镇化思想：特色与启迪》，《江海学刊》2014年第1期。
⑤ 张鸿雁：《西方城市化理论反思与中国本土化城市化理论模式建构论》，《南京社会科学》2011年第9期。
⑥ 陈峰：《关于我国城镇化的非主流视角》，《城市规划》2005年第12期。
⑦ 赵树凯：《农民的鼎革》，商务印书馆2013年版，第69页。

市，以盐业贸易为大宗，运输盐的来往马帮络绎不绝。此外，柴薪作为白盐井唯一的煮盐燃料，也成为集市的主要商品。盐业社会的生产必需品：铁锅、马具等亦成为白盐井集市的主要构成商品。马帮、盐商、其他商贩等人群带动了当地住宿业、饮食业的繁荣。同时，白盐井"以卤代耕"而不事农业的特殊生计方式，亦带动了白盐井周边区域的商品化进程，除盐外的生活必需品唯有由周边区域来供给。白盐井与周边区域通过集市形成聚合与互动，白盐井的食盐形成自成范围的销售区域，周边区域亦以自身优势供给白盐井生产、生活所需物资。

随着白盐井盐业社会的衰落，盐业行业集聚效应渐失。加之1949年以后封闭市场的形成，其成为当地市场活跃的枷锁。自1953年国家对粮食实行"统购统销"后，当地活跃的市场渐失，当地商品均列入"统购统销"的范围之内，白盐井的"日日为市"也因市场的萎缩改为定期市。

以石羊古镇自20世纪80年代城镇生机与活力的日渐恢复及当地文物保护单位的获得，首批省级历史文化名镇殊荣的取得为契机开启的当地旅游业，为当地城镇的发展开拓了市场。伴随旅游市场的形成与扩展而成长起来的市场，如当地的房地产市场、消费市场（餐饮、住宿等）、第三产业市场等，是与旅游业市场比肩，继旅游业之后形成扩大的市场。石羊古镇现有市场与历史时期相比，从质和量的比较来看是缩小的。但要关注一点，历史时期的市场，其交换物资较为单一，多因交通的阻碍等原因，商品为来自有限地域的有限商品，而当下的市场交换的物资较为多样，来自无限地域的无限商品，伴随交通网络的优化、全球化步伐的加快、现代性的共享、互联网的运用等，使不同产地的商品汇聚石羊古镇成为现实。

每个城镇的发展必有支撑其发展的地域，这些地域多由农村来支撑。于当下的行政区划来看就较为明显，但实际的行政区划并不能代表城镇的实际影响范围，几乎所有的城镇都有跨越有形行政边界的趋向，笔者认为这就是市场的力量。石羊古镇就是一个很好的例子，因石羊古镇作为历史文化名镇被开发为一个旅游小镇，现在其旅游的知名度到达楚雄、昆明、大理，跨省的四川攀枝花等地，许多人亦慕名而来。当地盛产的核桃、板栗等特色产品，经过市场运往全国各个地方。以石羊古镇为代表的小城镇与周边农村存在紧密勾连，城镇的物资一部分来自上一级城市供给，如服装、加工食品、家电等，这些物资通过大姚、楚雄、昆明的市场基本可以得到满足；另一部分物资来自当地农村，如蔬菜、粮食、水果等日常生活必需品。据笔者了解,当地农贸市场所贩卖的时鲜农副产品就来自周边农村。一部分物资是通过城镇这一中转站继续流向市场,这样的流动主要靠周三的定期集市和城镇平日里的商品贸易。另一部分物资是出现在乡村间的流动市场。在乡村,通常会有开着卡车,喊着喇叭销售电器产品的,有骑着摩托车游走乡间贩卖豆花、豆腐和凉粉的。由此,由城镇作为一个中心点,形成一个不断向外延伸的网络,周边农村成为石羊古镇市场尤其是农产品市场和劳动力市场的来源。

对于市场,笔者要回应的一点是市场并非万能。保守主义经济学坚信市场是一切社会经济问题的万应灵药,新古典经济学、新制度经济学认为市场和私有产权可以激发企业的创新动力和竞争力,它们都完全将市场机制作为发展的决定性要素,主张通过市场机制而理性地追求个人效益最大化及利润最大化。而面对我国国情,城镇化进程中的市场要素,需要配合政府角色等要素来发挥效用。关于政府角色,笔者将在其后专门叙述。

在此,笔者努力摆脱仅仅将市场作为单纯经济自由市场的考量,而是将市场看作复合要素的交换场域,是经济、政治、文化、社会资本的转换和交换场所。在石羊古镇市场的考量过程中,会发现政治市场、社会市场、文化市场和象征市场在很大程度上主导了盐的交换,盐业经济市场甚至成为政治市场、社会市场等的附庸。在市场的研究中,发现传统盐业时代盐的销售区域、食盐价格并不必然受纯市场规律控制,而是成了国家权力、地方利益等各种政治诉求相互妥协的均衡结果。盐作为政治性商品的属性,注定它的市场发育机制是不健全的。甚至,国家权力的市场直接制约着盐业市场,盐业经济市场成为权力市场的服务平台,渐渐失却的盐业市场也象征着国家权力市场的崩塌。在旅游时代,当地的盐作为文化资本、象征资本又重新在市场里发挥功效。

第三节 人的流动:城镇化的活力与个性

一 人的流动与城镇化

帕克(Robert Ezra Park)一脉的城市研究注意到了人口的流动性于城

市活力的重要意义，"城市将其本地因素或外来因素吸收并融合到自身机体中的过程，可以称为城市生活的新陈代谢。流动性就是这种新陈代谢的一个指数"①。辜胜阻的《当代中国人口流动与城镇化》一书揭示了农村人口流动与城镇化的关系。类似的研究还有很多，无不揭示出人是城镇的主体，城镇的兴衰主要表现为城镇对人口吸引力的强弱。因此，笔者在前文的叙述中，从资源开发中人的流动与异质性层面来谈城镇化，即研究的线索之一是资源开发与人的流动。笔者对城镇化的定位不仅是非农业人口的聚集，更是人口的流动，人的流动与异质性应该是城镇化的一个重要指标，旨在与传统的城镇化定义形成对话与补充。

基于中国城镇化的实践与反思，人口结构和社会经济结构的深度调整是城镇化的核心内涵，其演化路径显示中国城镇化发展经历了两次转型：一是人口转移型的城镇化，强调的是人口由农村向城市的空间转移，这是城镇化的初级形态；二是结构转换型的城镇化，强调的是区域经济社会结构由传统社会向现代社会的转型，这是城镇化的高级形态。中国城镇化已进入发展转型的新阶段，人口转移型的城镇化向结构转换型的城市化转变是走新型城镇化道路的必然选择。②因此，城市的真正活力应该是源源不断来到城市的流动人口。

在石羊古镇的城镇化进程中，"人的流动"是实现地方城镇化及城镇化指标的重要依据。明代以来，白盐井"生聚日众，或各方流寓，或商贾寄籍，林林总总，实繁有徒"③，受政治、军事性移民影响，盐课提举、民屯、军屯、商屯、自由移民等移民类型，不断涌入白盐井，促发城镇人口规模扩大。这些移民类型及其发展情况在当地发现的家谱中留下了详细的记载。因当地大量的移民生成，当地的城镇文化体现鲜明的移民特性，从多样的饮食、多元的信仰、杂糅的风俗观念可窥见当地社会的移民特性。随着移民人口的大量增长，白盐井人口极度膨胀，形成地狭人稠的局面。面对地狭人稠的情况，就出现白盐井当地原有移民人口迁移到少数民族聚

---

① ［美］帕克等：《城市社会学：芝加哥学派城市研究》，宋俊岭、郑也夫译，商务印书馆2012年版，第229页。
② 孔令刚、程必定：《人口转移型城镇化与结构转换型城镇化——我国城镇化发展趋势研究》，《华东经济管理》2013年第7期。
③ 乾隆《白盐井志》卷一《户口》，载杨成彪主编《楚雄彝族自治州旧方志全书·大姚卷》，云南人民出版社2005年版，第420页。

居地的现象，形成"井界之外，山多田少，地僻山稀，行不数里，即汉夷杂处之地矣"①的居住格局，这又进一步促进了移民文化与当地文化的融合，是另一种扩大的城镇化形态。

"因盐而衰"的石羊城镇化阶段的人口从流动性的强度来看，大为减弱；从人口的流向来看，多以流出为主要形式。这一阶段的人口形态与流动特点，一是受白盐井盐业衰落所伴随的盐业社会衰落的影响。二是受国家政策下所形成的封闭的市场、户籍制度的制约等的影响。这一时期的石羊古镇，受封闭的市场和严格的户籍制度的管控，流动性几乎为零。三是当地以1961年为标志的洪灾，致使当地几乎成为一座空城。

在石羊古镇复兴的城镇化阶段，从石羊古镇镇区和镇域的人口总量来看，大致呈现微弱的增长之势而未出现人口的大增大减情况。石羊古镇在可见的人口数量的变化上未表现明显，但深入看其表现不明显的人口数量背后反映的是复杂的人口流动特征，当地的人口流动表现为人口的流入与人口的流出类型，人口的流入和流出特征导致了石羊古镇长期以来在人口数量变化上未出现明显增降的情况。当下石羊古镇的人口流动，既有流入形式，也有流出形式。当地人口的流入主要包括来自周边区域的教育移民、商业移民及短期的旅游者。人口外流的情况大致分为两种类型：从当地外流到别地的打工群体、外出求学的学生群体。不管是人口的流入还是人口的流出，均增强了当地人口的流动性，成为石羊古镇城镇化的活力与个性特征。

综观石羊古镇城镇化的历程，不管是长期的移民还是短期的集市贸易、旅游等形式，都促成了信息的共享与文化的交流，城镇的生活方式在人的流动过程中得到了播散与吸纳。同时随着现代化与全球化的推进，文化不止通过以人为载体的人的流动来实现，各种传媒的出现就是与"人的流动"兼容的文化的分享形式，这些新的城镇化中文化的分享形式虽不在笔者此项研究的考察范围，但这样的新形式的确是对"人的流动"的地位的补充。

---

① 乾隆《白盐井志》卷一《地图》，载杨成彪主编《楚雄彝族自治州旧方志全书·大姚卷》，云南人民出版社2005年版，第408页。

二 迁移自由与城镇化

在笔者对石羊古镇城镇化进程的考察中，人的流动性的强弱与城镇化的发展直接关联，促进人的流动性，成为实现城镇化活力的选择。关于促进人的流动，笔者引入现有研究成果——"迁移自由"的相关研究。"迁徙自由"曾是公民的一项基本权利。1954年的第一部《宪法》中，就明文规定公民有"迁移和居住的自由"，而1972年，这一条在《宪法》中消失了，此后《宪法》几经修订，但"迁徙自由"权利一直没有得到恢复。① 我国的"迁徙自由"在当代经历了一个由肯定到否定再到一定程度默认的曲折历程。以城镇化作为我国户籍制度改革的价值取向，治标不治本。无法解决公民权利和身份平等的问题，因此，要尽快把"迁徙自由"确立为户籍制度改革的价值取向。② 当下，人的流动由于我国城乡二元体制并没有从根本上得到改变，结果造成了大批农民"进城就业"和"身份转换"的不同步，"新生代农民工"只好选择不离城、不返乡、不种地的生活方式，留守农民出现了"精神生活沙漠化"的现象。③ "迁徙自由"是为了解决农民进城的阻碍性因素而提出的，当下的中国人口迁移呈现出实质性的增长势头，从实际规模来看，人口迁移从1978年的2145万人，发展到2000年的6299万人，而其中非正式迁移的规模，则从1978年的315万人，迅速增加到2000年的4391万人，其在总迁移中所占的比例，已经明显超过户籍迁移。④

当下，国家的城镇化建设将户籍制度改革作为重要的手段来实行，户籍制度实际上是国家有关机关依法搜集、确认、登记有关公民身份、亲属关系以及法定地址等公民人口基本信息的法律制度。《国务院关于进一步推进户籍制度改革的意见》对户口迁移政策做出调整，全面放开建制镇和小城市落户限制，有序放开中等城市限制，合理确定大城市落户条件，严格控制特大城市人口规模。⑤《楚雄彝族自治州新型城镇化规划（2014—

---

① 蒋昕捷：《在城市的屋檐下》，《中国青年报》2008年10月22日第9版。
② 黄仁宗：《对我国户籍制度改革价值取向的反思》，《中国行政管理》2003年第1期。
③ 张新光：《新中国农民生活方式60年变迁与反思》，《现代经济探讨》2009年第9期。
④ 王文军：《人口、资源与环境经济学》，清华大学出版社2013年版，第66页。
⑤ 《国务院关于进一步推进户籍制度改革的意见》，人民出版社2014年版，第3—4页。

2020年)》指出,持续贯彻落实省委、省政府针对农业转移人口所确定的"兼有两个身份、同享城乡待遇、享有五项保留、提供五项保障"的政策制度,有序全面放开楚雄市、各个县城和建制镇落户限制,逐步建立城乡人口与资源要素有序流动的制度体系,引导、鼓励农业转移人口向城镇有序转移。"十二五"期间,采取政策引导、科学推进的方式解决存量问题,优先将具备条件的农业转移人口重点群体转户进城;"十三五"期间,转户进入常态化,逐步使新生代农民工能够全部转变为城镇居民,有条件的农民工大部分转变为城镇居民,农村籍大中专毕业生能够基本在城镇稳定下来并获得发展,耕地已征用或大部分征用而尚未转非农民的城镇居民身份得到妥善解决。①

石羊古镇为贯彻落实省、州、县《加大城乡统筹力度促进农业转移人口转变为城镇居民的意见》,进一步优化配置城乡资源,鼓励农业转移人口变为城镇居民,逐步缩小附着在户籍上的政策差异,形成科学的人口管理机制,加快推进城镇化进程,石羊镇党委、政府开展了"农转城"的一系列政策措施。重点将农村低保户、"五保户"、大中专毕业生和新考取的大中专新生、已征地未转非人员等作为重点转户对象。在转户过程中,镇机关干部和村两委干部率先完成了整户转户工作,起到了较好的示范带动作用。为便于民众办理转户手续,石羊镇派出所专门开设了"农转城绿色服务通道"窗口,镇党委、政府从相关部门抽调三名工作人员参与派出所办理转户工作。各村委会设立了户口代办点,即在群众自愿申请办理"农转城"手续的基础上,由村委会统一收取户口和转户申请表,交派出所后进行集中办理。截至2012年8月20日,石羊镇共完成转户1532人,完成县人民政府下达指标1390人的110.2%。②

以上是以政府为主导实行的"农转非"政策,是在农民都想进城,都想"农转非"的假设前提下来提出与实施的。但在笔者的实地调查中,这似乎又事与愿违,亦有相当一部分民众不愿意将自己农民的身份转为城镇居民的身份,于他们而言,这一转化过程中,他们将失去土地,失去赖以生存的物质基础。对农民身份而言,最大的资本就是拥有可以不断投入再

---

① 《楚雄彝族自治州新型城镇化规划(2014—2020年)》,楚雄州住房和城乡建设局网站(http://www.cxjs.net/file_ read.aspx? id = 2267)。
② 张继海:《石羊镇积极开展农转城工作》,《石羊古镇》2012年9月1日。

生产的土地,虽然从事农业生计赚不了太多,但是拥有土地至少能使家庭得以拥有维持基本生计的开支。笔者的这一实地调查所得与当下的最新研究相吻合。根据中国流动人口发展报告,约60%的农村户籍的流动人口不愿意转为非农户口,那些表示愿意"农转非"的人员中,35%不愿意交回承包地;不愿意"农转非"的人员中,34%是因为想要保留土地。[1] 同时,根据相关的统计研究,家中有需要赡养的老人会使农民工倾向于返回老家的农村或县城,农民工愿意留在城市的概率降低7.3%。因第一代农民工已经失去了在外打工的最佳年龄,失去了职业竞争力,加之他们对农村生活的眷恋,他们回到了原有的土地。农民不同的现实选择,也可以回应既有城镇化研究中一味追求大都市模式的城市建设主张。以石羊古镇为例的在地城镇化基础上发展起来的小城镇,其基础设施虽没法和大城市相比,集聚效应也较差,但它确实给人们(不仅是当地人,还是外来人)选择何种生活模式提供了一种自由选择的空间。一纸城市居民户口带不来额外的变化,一纸城镇居民户口不能具有实质性的说明,归根结底应是让农村人一样享有城市人的生活方式,与城市人一起享有文化与公共服务。据笔者的调查,近年来,农村也发生了翻天覆地的变化,20年前,当地某村子还有米不够吃,很多人家需要在米中掺玉米等杂粮(俗称包谷饭、杂粮饭)的情况,而现在,这样的情况是没有的,同样的村子里20户左右人家,有3户买了微型车或皮卡车,有2户在县城买了住房。

牟复礼指出,中国并没有像别的文明国家那样,赋予典型的城市活动以很大的重要性。中国人的价值标准并不支持作为人口组成部分的城市上流社会,总人口中的城市部分,也没有代表和支配中国人生活的调子。[2] 他亦进一步论断中国没有一个既是其文明的至善至美之境,又是其文明缩影的独一无二的大城市中心,这使我们倍加感觉到中国是个农村的中国。不是城市,而是乡村成分规定了中国的生活方式。[3] 因此,中国历史时期的城市,并未像当下这样被"顶礼膜拜"和"趋之若鹜",这就为城市创造了一定自由成长的空间。在传统的中国社会,实践的是一个开放的社

---

[1] 国家卫生和计划生育委员会流动人口司编:《中国流动人口发展报告2013》,中国人口出版社2013年版。

[2] [美]施坚雅编:《中华帝国晚期的城市》,叶光庭等译,中华书局2008年版,第113—114页。

[3] 同上书,第117页。

会，民众有自由迁徙的机会与权利，有地理流动与社会流动的通道存在。"小难避乡，大难避城"，在流动过程中，流动的人们并未意识到需要跨越非常明显的界限，并未有在内为城、在外为乡的二元划分。那么，笔者结合对石羊古镇长期城镇化进程中人的流动情况的考察，首先确定增强人的流动性是增强城镇化活力的路径，其次质疑既有户籍制度改革的民众自愿性问题和改革的彻底性问题。城镇化进程中的户籍制度改革，多指向农村人口转为城镇人口的通道，城镇人口的比率构成城镇化率的硬指标。相反，缺少一个城镇人口向农村人口转化的逆向渠道，缺少多样化渠道的城镇化人口转向，就成了生硬的、强迫型的城镇化形式。户籍制度接纳并不等于社会融入，尤其是对新生代农民工来说，这里的不融入是"双边不融入"，既不能融入城市，也不能融入农村。①

人口的迁徙自由认为，当一地的净集聚效应没被穷尽时，就没有理由阻止人口的流动，应该切实为农民进城的愿望代言。"迁徙自由"为农民进城还是不进城提供了选择，也为进城提供了一系列保障。有研究认为户籍制度改革的价值取向不应该是城镇化而应置换为"迁徙自由"。具体来说，就是要建立统一的户口登记制度。以国际上通行的合法住所、稳定职业或收入来源等落户标准代替计划指标控制，进而保障人们居住迁徙的自由和权利。从满足公民权利的角度看，户籍制度改革的根本问题就是要实现公民迁徙和居住的自由和权利。②赋予公民迁徙自由，并不导致一拥而入的"进城狂潮"。

因此，户籍制度改革的价值取向不应该是城镇化，而应重新界定为"迁徙自由"。首先，从满足公民权利的角度看，户籍制度改革的根本问题就是要实现公民迁徙和居住的自由、权利。其次，从适应市场经济来看，户籍制度改革就是要通过"迁徙自由"的实现，使人力资源按照社会主义市场经济配置资源的要求进行合理流动。市场经济的发展，以及劳动力资源的合理定价和优化配置，需要以人口的"迁徙自由"来做保证。再次，城镇化的范围过窄，不足以涵盖人口迁徙的全部内容，因而不宜代替"迁徙自由"作为户籍制度改革的价值取向。最后，从改革的内生性来看，对

---

① 李强等：《多元城镇化与中国发展》，社会科学文献出版社2013年版，第307—326页。
② 黄仁宗：《城镇化抑或迁徙自由——反思我国户籍制度改革的价值取向》，《求实》2002年第5期。

人民最具有吸引力的是"迁徙自由",而非城镇化。①

回到当下,中国呈现多样的移民形式:国际移民与国内移民、跨省移民及省内移民、生存移民与发展移民、近三亿②的农民工移民群体、百万的大学毕业生群体,显示出当下移民现象的普遍性,其规模之大、流动之频繁是中国历史上从未有过的,标志着中国"流动时代"的到来。不可否认,"移民"并非伴随改革开放才有的关键词,而是伴随中国社会发展自然而然出现的社会现象。移民的过程中矛盾的存在是必然的,但冲突、利益诉求之后的长时段相融也是可见的。

虽然,我国农民工政策经历了从限制到松动,从控制盲目流动到规范流动,进而发展到鼓励流动和倡导融入城市的过程,整体移民策略趋向放缓,但现在的问题仍不容乐观,现在的问题在于无可否认的,目前我国的城市居民在就业、住房和各种社会保障方面还享有许多"城市特权"。同时,人的观念已经将流动看作合法的存在,承认流动,实践流动。但滞后的是制度,制度还没有做到对移民正当性的完全认可。对流动的治理使社会管理成本加大,放开治理,形成"无为而治"也会带来制度惯性后的社会巨大成本。有研究将人口的自由迁移形态看成高于人类采集和游牧时期的原始人口迁移、由国家压力形成的被迫人口迁移形态。当自由迁移成为一种社会风尚的时候,便会形成更为庞大而普遍的大众人口迁移形式。③而当下人的自由迁移还未得到合法性的保障,正当性就更难谈及,大众的人口迁移理想也就困难重重。不可否认,当下的移民,其正当性仍是缺失的,将移民作为正当性的存在仍有很长的路要走。

---

① 黄仁宗:《城镇化抑或迁徙自由——反思我国户籍制度改革的价值取向》,《求实》2002年第5期。
② 数据来源于国务院农民工工作领导小组办公室主任、人力资源社会保障部副部长杨志明于2015年11月17日(星期二)15:00—17:00在中山大学马丁堂讲座PPT信息,同时参见中国新闻网:《中国共2.74亿农民工1.68亿外出打工平均月入2864元》,http://news.china.com.cn/2015-02/28/content_34912197.html。网页浏览时间2016年1月5日。
③ 段成荣:《人口迁移研究理论与方法》,重庆出版社1998年版,第12—16页。

第八章 结论:石羊古镇的城镇化

第四节 国家在城镇化中的角色

笔者在对石羊古镇城镇化的研究过程中,深深感到国家已经成为研究中无法回避的存在,从研究开始到最后的研究结论,地方发展都深深和国家角色嵌合在了一起。地方的城镇发展脉络,蕴含于国家权力和"国家话语"的深刻理解之中。如果忽视了国家的存在,来谈当地的城镇化,就难免"隔靴搔痒"和"削足适履"了,因此,研究中"国家的视角"也就显露了出来。"国家的视角"概念由斯科特(James C. Scott)所提出,意指国家往往通过一些宏大的现代社会工程或项目来进行社会改造,出于自身的目的对社会和环境的简单化、清晰化重塑,在极端现代性的意识形态下,试图理性地设计社会秩序。"国家的视角"过分强调国家行动而虚弱了社会自身壮大和忽视了民意诉求。① 从现实来看,"国家的视角"在我国的城镇化过程中的体现较为明显。史考特用"国家生产方式"(state mode of production)来揭示国家对社会生活越来越强的支配作用,指出在晚期的资本主义国家中,官僚、规划者、专业顾问、学者等形成一种新阶级,成为社会权威和控制的主要化身。每一个地方的社会关系,实质均是由国家机器用这种方式或那种方式来加以经营。② 面对国家权力的影响,有研究专门提出"嵌入性政治"的概念用以专门指称集体化时代地方强力、过渡介入对地方经济所造成的消极影响。③ "嵌入性"(embeddedness)最先由经济人类学家波拉尼(K. Polanyi)提出。嵌入性政治是指政治运动、政治行为以及政治权力嵌入社会、经济生活之中,成为人们生活方式和经济活动的组成部分的过程及现象。④ 嵌入性政治让农民没有了宽松的发展空间,

---

① [美]詹姆斯·C. 斯科特:《国家的视角:那些试图改善人类状况的项目是如何失败的》,王晓毅译,社会科学文献出版社2012年版,第2—3页。
② [美]艾伦·史考特:《社会的空间基础之论述的意义和社会根源》,载《空间的文化形式与社会理论读本》,夏铸九等译,明文书局1993年版,第5—14页。
③ 陆益龙:《嵌入性政治与村落经济的变迁:安徽小岗村调查》,上海人民出版社2007年版。
④ 陆益龙:《嵌入性政治对存量经济绩效的影响——小岗村的个案研究》,《中国人民大学学报》2006年第5期。

连选择的机会都被剥夺,以致酿就了停滞不前的农村社会发展形态。

看既有的研究,华南学派的国家与地方关系的探讨成为其无法回避的客观存在,国家与地方关系的理解也就此成为华南学派的经典研究范式。斯科特的"不被统治的艺术"可谓对既有国家与地方关系的颠覆研究。佐米亚地区人群通过内部社会的移动性,拒绝内部的永久阶序和国家的控制。在斯科特看来,这样体系社会中的人与人、人与群体的关系都是暂时的、易变的,这样可以有效防止阶序化和集权化的产生。山地社会的交通阻隔、游耕生计方式、弹性社会结构、口头文化传统以及异端宗教信仰,恰好与国家之间的交通便利、定居农业、固化社会结构、文字书写传统以及正统宗教信仰构成鲜明对比,但这远非自然而然的客观存在,而是逃离国家、防止国家而又不得不与国家为邻的山地人群有意识地"适应"与"设计"。① 需要注意的是,斯科特这样的颠覆研究,仍是在国家与地方关系探讨的框架内,斯科特的"不被统治的艺术"背后其实笼罩的是国家的统治底色,"逃离"与"不被统治"仅仅作为王朝国家统治框架下的典型与非常规。

国家统治仍是主调,国家统治的策略主要依靠市场与税收、王朝的联姻策略、王权的下放、国家触角在山地地区的重点操控等来实现,如对山地地区资源的掌控,军事城市、政治城市等的生成。在王朝时期,国家权力造就的军事城市与政治城市多于自发形成的经济型城市,成为国家权力触及地方的强有力写照。以上华南学派和斯科特的研究可以看出对国家与地方关系理解的一体两面。地方人群与国家的关系就像一场牌局,有的人愿意坐下来争吵、谈判与妥协("华南研究"的侧重方面);有的人则对玩牌毫无兴趣,根本不愿意坐下来,所以躲得远远的("佐米亚"研究的侧重方面);还有人会怒而把牌桌掀翻。正如程美宝评价"逃离"与"加入",是国家扩张过程中的一体两面。近世以来,加入越来越多,逃离的空间越来越少。② 到了当下,国家与地方的距离只会越来越近,现代技术发展背景下"压缩距离"工具(如铁路、电话等现代通信工具)的普及,

---

① 杜树海:《山民与国家之间——詹姆斯·斯科特的佐米亚研究及其批评》,《世界民族》2014年第2期。
② 程美宝:《国家如何"逃离":中国"民间"社会的悖论》,《中国社会科学报》2010年10月14日第11版;杜树海:《山民与国家之间——詹姆斯·斯科特的佐米亚研究及其批评》,《世界民族》2014年第2期。

第八章 结论:石羊古镇的城镇化

大大增强了不被统治地带"自治人群"的卷入过程。

我国的城镇化过程不仅仅是一个"集聚与扩散""侵入与接替"的自然生成过程,更多地表现为政府有计划的政策推动过程。① 现代城市的一个特点便是国家权力的长驱直入,国家政权成为一股凌驾于社会生产方式之上的独立力量,并直接影响城市发展的进程。② 现有的中国城镇化越来越成为由政府主导的外生过程和人为过程,③ 而缺乏原内生动力。问题在于,当城市化主张成为切合国家目标的意识形态,那么,存在于其中的种种问题,可能有意无意地被忽略、被遮蔽。城市化同样被赋予的压倒一切的必要性、紧迫性等,使得人们对很多问题视而不见,或者在很多问题面前放弃了基本的判断准则。④ 中国的城市开发在政治号召之下从大城市一直蔓延到小城市,甚至乡镇一级。那么,当城镇化还未确立为国家意识形态之前,自发自觉的城镇化是怎样的,就更加利于我们去看清,以达到比较与反思的目的。费孝通先生在城镇化的研究过程中也意识到了国家视角于城镇化进程的重要意义,他在主张城镇化过程中各地区以市场为导向的同时,又主张国家政策的"支持",国家的参与是必要的,但是最根本的发展动力来自当地的人民群众。⑤

笔者在石羊古镇城镇化历程的考察过程中,无疑无法摆脱城镇化历程中国家因素的影响考量,在国家力量下,以国家为代表的地方政府政策的施行,都深深地嵌入石羊古镇城镇化的发展中。

国家因有对食盐这一特殊资源的专控权,白盐井亦成为国家视野下的专控对象。从当地食盐生产、流通、销售,盐税的抽取,盐务的改革与施行,无疑都留下了国家影响的影子。从行政层面施行的沉重盐税负担,积弊的盐务管理,成为石羊城镇化进程中的阻碍。在1961年水淹石羊后,因行政力量的缺失,致使石羊在很长一段时期难以承担灾后的恢复重建。20世纪80年代,尤其是90年代以来,当地政府借当地历史文化资源优

---

① 董阳、王娟:《从"国家的视角"到"社会建构的视角"——新型城镇化问题研究综述》,《城市发展研究》2014年第3期。
② 陈映芳:《城市中国的逻辑》,生活·读书·新知三联书店2012年版,第22页。
③ 文贯中:《吾民无地:城市化、土地制度和户籍制度的内生逻辑》,东方出版社2014年版,第84页。
④ 陈映芳:《"城市化"质疑》,《读书》2004年第2期。
⑤ 丁元竹:《费孝通城镇化思想:特色与启迪》,《江海学刊》2014年第1期。

势，走出一条小镇发展的新路子。石羊古镇被列为云南省历史文化名镇，在此契机之下，楚雄州积极推进历史文化名镇名村的发展，积极探索保护与合理利用相结合的方式，引导历史文化名镇名村文化产业和旅游业发展。鼓励农业转移人口就地就近城镇化，从事旅游服务业，实现名镇名村的可持续发展。科学规划开发古村镇、古建筑群和遗址遗迹，发展文化遗产观光旅游。将重要文化遗产的保护与开发纳入经济社会发展、城乡建设、旅游发展规划之中。重视居民生活环境改善和基础设施建设，使居民生活得到实在改善，促进居民自觉自愿维护历史遗产，为历史文化保护提供保障和基础。① 这些政府层面的实践无疑为石羊古镇的后续发展提供了动力。

在全国城镇化建设的浪潮中，当地的城镇化建设也风生水起。城镇化政策中的"村改居""农转非""城镇上山"等口号与政策也在石羊古镇产生效力。原设于石羊镇区的宝莲村办事处，现已经改为石羊社区居民委员会。政府有上一级下达的"农转非"指标，"农转非"列入地方政府的工作目标，在石羊镇派出所专门设有"农转非"办公室，以方便手续的办理。近年来，"农转非"的政策不止影响石羊镇区人口，还将这一政策的宣传拓展到镇域范围内的村落一级。每年，每个村委会都有几个特设的"农转非"名额，一般而言，村里的实力派才能获得"农转非"的名额。

云南省针对山多地少的省情，为避免城镇化的空间建设对土地资源的剥夺，提出城镇化建设中"城镇上山"的口号。云南省住房和城乡建设厅厅长就指出："山地城镇化是经过政府部门充分调研和论证，精心设计的一条符合云南实际的特色城镇化发展道路，这是破解云南省山多坝少，建设用地发展和耕地保护双重压力的关键。城镇上山就是要加快建设山地城镇，就云南而言，建设山地城镇的优势十分明显。"② "城镇上山"政策也在当地有了地方性的实践表达。如将镇区内的老鼠山夷为平地，在此基础上做基础设施建设，就是当地"城镇上山"的典型表达。老鼠山位于石羊镇区中段位置，是在镇区边缘的独立小山丘，在地方志书中，有相关记

---

① 《楚雄彝族自治州新型城镇化规划（2014—2020年）》，楚雄州住房和城乡建设局网站（http://www.cxjs.net/file_read.aspx?id=2267）。
② 罗应光：《云南特色城镇化之路》，云南人民出版社2014年版，第107页。

载，在历史的表达中，积淀了太多当地人对此座山的记忆，衍生出对老鼠山的传说故事。老鼠山的整体形貌至2003年未有大的改变，2003年，石羊古镇为发展交通之需要，削去了老鼠山的一半，用以建设公路。2015年，政府将老鼠山划拨企业用来建设冷库，当年7月，老鼠山在挖掘机的作业下，渐夷为平地。未来的老鼠山，将被建筑填满，以此体现当地的城镇化速度。关于老鼠山的地名将在最新的地理标志中消除，关于老鼠山的传说故事后代人将无从知晓。在"城镇上山"等的驱使下，带来当地空间格局的大变化，这也正是强大行政力量在当地城镇化进程中施力且形成震撼效力的表现。

当地城镇化建设在取得成绩的同时，也能看出一些问题。城镇建设过于注重形式的表达，如关注文化的展演如万人学子祭孔仪式（这些类似的展演也在周边乡镇时兴着，如"最美马缨花女"的选拔、打造"第一羊汤锅"等），不想一个"红红火火"的节日背后，徒留冷清，徒留政府伤筋动骨但收效甚微的结局。即使是在日常事务中，政府的财政支出过多地倾注在城镇中心。石羊古镇为了发展旅游业，进行了大规模的城区改造工程。而笔者认为这些貌似可以促进旅游业的策略只会失去自身的独特味道，陷入发展同质陷阱之中。

以上这些，我们需要进而回应的是，国家并非石羊古镇城镇化过程的主力，只是配角。而当下城镇化建设多靠国家政策发力，在笔者调查期间，人们几乎将城镇化与"农转非"同等起来看待，认为实现了"农转非"即实现了城镇化，而据笔者的研究所得，政策性的倡导与发力仅是城镇化过程中的一环，而非关键因素。国家作为城镇化的配角时而迎合了城镇发展的必然需要，成为城镇发展的促进剂，时而试图打破城镇发展的内在需要，而让城镇化受到一定影响。例如，政府在一段时期内通过强有力的政策措施如户口、就业、商品粮、住房等的管制措施，来实现人口不向城市扩展的企图。在逐渐意识到这样的措施打破了已有的市场规律的时候，又逐渐放开政策，允许农村人口向城市流动，并且逐渐出台了相关规定，以保流动人口在城镇获得应有的生存发展权利。

当下方兴未艾的中国城镇化政策过程带有明显的政府动员色彩实属无疑。当下的城镇化发展，采取的是政府干预式发展，缺乏个性的规划不仅造成资源的浪费，还让政府付出的心力难以得到回报。城镇化过程究竟是现代化进程中自然而然的过程，还是政府需要主动为之、强势介入的过程? 传统的由政府主导的城镇化是基于"国家的视角"的现代性逻辑产物,压力型体制的作用结果,最终偏离了"人的城镇化"的核心目标。针对这一问题,基于社会建构的视角,"新型城镇化"的概念得以提出,突出国家与社会的相互建构,以及城市与乡村的相互建构,从而对传统城镇化予以矫正。① 城镇化发展中"存在器物层面的转变与城市性的发展不同步的情况",甚至越来越凸显出"见物不见人的异化倾向"。城镇化所应突出强调的是"人的城镇化",可以视为一种赋予人以主体性的过程。② 由于"政府主导"抑制了市场和社会在有效配置资源和形成兼容激励中的作用,最后还是摊铺子、摊大饼,演变为大拆大建的造城运动,对加快城镇化起了负面作用。

内外城镇化的经验表明,正确调适市场与政府的关系是城镇化健康发展的关键。城镇化受市场和政府两大动力机制的驱动:市场是根本动力,政府是关键动力,二者有效组合方能促进城镇化健康发展。然而,中国传统的城镇化模式呈现鲜明的政府主导特征,它是"政策之治"在城镇化进程中的具体体现。新型城镇化提出了"市场主导、政府引导"的市场与政府关系新定位,它需要我们一方面充分发挥市场在城镇化资源配置中的决定性作用,另一方面以体制机制创新优化城镇化进程中的政府行为。③ 党的十八大新型城镇化发展战略目标的提出,开始正视长期以来片面追求土地的城镇化和忽略城市建设质量的传统城市建设模式的弊端。自上而下的政府往往成为城镇化的主导力量及主要参与方,这使政府面临什么都管的压力与无力。因此,城镇化的发展应该推行"多元主体推动",即政府(中央政府、地方政府)、企业(国有企业、乡镇企业、独资企业等)、个人(市民、农民)等多个市场主体各自以其独特的方式影响城镇化,共同推动城镇化。④

---

① 董阳、王娟:《从"国家的视角"到"社会建构的视角"——新型城镇化问题研究综述》,《城市发展研究》2014 年第 3 期。
② 同上。
③ 张玉磊:《新型城镇化进程中市场与政府关系调适:一个新的分析框架》,《理论导刊》2014 年第 9 期。
④ 宋俊岭:《中国城镇化知识 15 讲》,中国城市出版社 2001 年版,第 122 页。

第八章 结论:石羊古镇的城镇化

第五节 "文化"的城镇化

  笔者意在通过对石羊古镇长时段、粗线条的城镇化过程研究,抽离出影响城镇化进程的主线:资源、市场、人的流动、政府角色与城镇化的关系存在。四者将在城镇化过程中殊途同归——一切只为了留得住文化,让城镇生活更加美好。

  早在两千多年前,古希腊哲学家亚里士多德在其名著《政治学》中写道:"人们为了生活来到城市,为了生活得更好留在城市。"前联合国秘书长潘基文在《世界城市状况报告》中曾经这样说:"城市是人类最复杂的作品之一。从来没有完成,也没有确切的形态,就像没有终点的旅程;它是过去,是现在,更是未来。"过去 20 年,全球范围内的城市居民从 15 亿人增至 36 亿人,城镇化已经成为减贫和实现千年发展目标的主要推动力。全球 80%的经济活动集中在城市。① 2000 年,美国经济学家、诺贝尔经济学奖获得者斯蒂格利茨(Stiglitse)曾经说过影响 21 世纪人类社会进程的两件最深刻的事情:第一是以美国为首的新技术革命,第二是中国的城镇化。② 城市化是中国走出延续了两千多年的农本社会之希望所在。城镇化是一个重要的社会文化现象和形态,如果脱离社会和文化层面的认识和考察,仅仅把城镇化视为人类聚居物质形态的改变从而简单地得出城市比乡村集约和经济的结论就会陷入误区,以致误导城镇化进程。③ 而以石羊古镇为代表的小城镇是国家政权的神经末梢,存在着各种基层微观事件。小城镇具有托底作用,近期可以拉动经济增长,远期能够掌控经济社会转型的大方向。城镇化意味着人口不仅向大城市集聚,也会向小城镇转移。

  回归当下的城镇化,存在"半城市化"的现象,"半城市化"成为描述当下中国的一个准确而有效的概念。"半城市化"是相对于"城市化"

---

① 李从军:《迁徙风暴:城镇化建设启示录》,新华出版社 2013 年版,第 1 页。
② 转引自吴良镛《面对城市规划"第三个春天"的冷静思考》,《城市规划》2002 年第 2 期。
③ 陈峰:《关于我国城镇化的非主流视角》,《城市规划》2005 年第 12 期。

而言，实际上是不彻底的城市化状态，是一种残缺的状态，除了体现在地域和城市景观方面，更集中表现为产业结构和就业构成的非农化水平已相当高，但城市社会、管理和文化系统相互脱节，缺乏整合。它意味着部分国民经济权利的不完整、政治权利的不完整、文化权利的不完整，意味着享受国家发展成果的不平等、参与国家文明进程的不平等。① 例如，当下城镇化人口的聚集是劳动力的聚集，而将劳动力背后的家属（老人和小孩）排斥在外的情况。同时，城镇化进程中文化的流失也尤其明显，最近10年，我国每天消失80个村落，最近30年，40000多处不可移动文物消失。民俗专家冯骥才疾呼：被切断的不只是一段历史，还有世代积淀在那里的特有的文化与习俗，与生俱来的劳作习惯与天人关系，土地里的祖先及其信仰，以及中华民族文化的"根性"。② 更普遍的，在许多地方，城镇化被异化为"大拆大建大手笔，高楼大厦平地起，各种园区扎堆聚，CBD扮靓GDP"③，传统文化却一再被边缘化。一哄而起的造城运动，正在破坏着城市作为文化积淀物、文化载体的价值。在中国既有的城镇化成果中，土地的城镇化胜过了人口的城镇化，没有任何力量可以阻挡推土机的中国的城市开发运动。而留得住文化，记得住乡愁，是民意期待在政策中的诗意体现，是城镇化文化回归的信号。

既有研究针对当下城镇化建设中文化性缺失的现状，提出"新型城镇化"的概念：新型城镇化是我国调整经济结构、转变发展方式的重大战略举措。在新型城镇化进程中，如何保持文化的传承、文脉的延续和历史的记忆，将成为不容回避的文化命题。④ 传统城镇化与新型城镇化二者的区别表现在于：第一，时代背景不同。传统城镇化产生于传统经济体制下，而新型城镇化是以经济的双重转型为背景的。第二，侧重点不同。传统城镇化侧重于人口的城镇化和城镇规模及数量的扩大，而新型城镇化更关注城镇质量的优化，致力于经济社会之间、城乡之间的协调发展，资源环境

---

① 孔令刚、程必定：《人口转移型城镇化与结构转换型城镇化——我国城镇化发展趋势研究》，《华东经济管理》2013年第7期。
② 转引自《村落消失，"乡愁"之忧》，网易新闻（http://news.163.com/13/1225/01/9GTEOMI100014Q4P.html。浏览时间：2019年7月25日）。
③ 刘敏、刘元旭：《莫让"乡愁"变"乡痛"——一些地方城镇化沦为"拆旧立新"现象反思》，《农村·农业·农民》2014年第1期。
④ 卜希霆、齐骥：《新型城镇化的文化路径》，《现代传播》2013年第7期。

与人口之间的协调发展。第三，主体不同。新型城镇化的主体是多元的，主要包括政府、企业、居民等，而传统城镇化的主体主要是各级政府。第四，方式不同。传统城镇化以"自上而下"的方式为主，以"自下而上"的方式为辅，而新型城镇化则是以"自下而上"的方式为主，以"自上而下"的方式为辅。第五，动力机制不同。传统城镇化的根本动力主要来自工业化，而新型城镇化的动力主要是来自城市服务业的发展、新型产业的创新以及信息化。[①]

而石羊古镇的城镇化脉络中，总是缓缓流淌着对文化建设与延续的诉求。传统盐业时代，当地作为自然资源的盐业资源向经济资本转化，但当地的城镇并未在此环节止步不前，而是在时间的洗练中，以文化之名积淀下来。伴随盐的流动、人的流动，也带来了文化的流动，流动的文化给当地城镇带来长盛不衰的基因。"天天有节过""七寺八阁九座庵"等，独特的文化形塑了石羊古镇尤为凸显的城镇样态。"因盐复兴"的城镇化阶段，当地又重拾盐业社会的文化价值，以文化之名形塑当地的城镇个性。而当下的旅游时代的到来，新型城镇化的提出与践行，又与当地的盐业社会文化复兴有某种程度的耦合。

行文至此，笔者的石羊古镇城镇化研究暂可做个小结。在笔者关于明清以来石羊古镇城镇化这一长时段的研究过程中，抽离出影响石羊古镇城镇化进程的几大因素：资源、市场、人的流动，同时兼谈国家角色。在长时段研究中抽离出的这几个要素避免了当下城镇化进程中时髦提法的制约，而回归到石羊古镇自然成长的原本状态。石羊古镇未来的城镇化，将牢牢把握资源、市场、人的流动、政府角色要素与城镇化的关系，一切为了留住石羊古镇的文化，让文化脉络在石羊古镇城镇化进程中继续流动，让石羊古镇的未来更加美好。

[①] 吴江等：《中国新型城镇化进程中的地方政府行为研究》，《中国行政管理》2009年第3期。

参考文献

一 历史文献

(一) 地方文献

(清)刘邦瑞:雍正《白盐井志》,张海洋校注,内部资料,楚雄州地方志办公室编印,楚雄师范学院印刷厂印装,2014年。

(清)沈懋价:《康熙黑盐井志》,李希林主校点,云南大学出版社2003年版。

《楚雄州盐业志》编纂委员会编:《楚雄州盐业志》,云南民族出版社2001年版。

《大姚县坤舆说明书》,藏于云南省图书馆,1919年抄本。

《盐丰县编辑省志材料》,藏于云南省图书馆,民国21年10月编辑。

《云南大姚毛氏家族史》,内部资料。

《云南大姚七街仓东王氏族谱》,内部资料。

大姚县地方志办公室:《大姚县盐业志》,内部资料,楚雄日报社印刷厂印装,2002年。

大姚县地方志编纂委员办公室:《大姚县志(1978—2005)》,云南人民出版社2010年版。

大姚县地方志编纂委员会办公室编:《大姚县年鉴(1992—2013年)》,内部资料,昆明云南民族印刷厂,1993—2013年。

大姚县人民政府编:《云南省大姚县地名志》,内部资料,云南省地质矿产局测绘队印刷厂,1993年。

大姚县石羊诗书画协会编印:《石羊诗书画选集》全集(1994—2013年),内部资料。

方国瑜主编：《云南史料丛刊》第 13 卷，云南大学出版社 2001 年版。

杨成彪主编：《楚雄彝族自治州旧方志全书·大姚卷》，云南人民出版社 2005 年版。

杨甫旺：《千年盐都——石羊》，云南民族出版社 2006 年版。

云南省地方志编纂委员会：《云南省志·盐业志》，云南人民出版社 1998 年版。

云南省政协文史委员会，云南省楚雄州政协编：《楚雄州文史资料合辑》，内部资料，云南省地矿测绘院印刷厂，2012 年。

云南省志编纂委员会：《续云南通志长编（中）》卷五十六，内部资料，云南省科学技术情报研究所印刷厂印装，1985 年。

张国信：《龙女牧羊的地方》，内部资料，大姚县石羊诗书画协会编印，2004 年。

张秀芬、王珏、李春龙等点校：《新纂云南通志》九，云南人民出版社 2007 年版。

中国人民政治协商会议大姚县委员会编：《大姚文史》全辑（共八册），内部资料，1991—2014 年。

（二）其他历史文献

（明）李贤《明一统志》卷八十七，清文渊阁四库全书本。

（明）倪辂《南诏野史》，明祁氏淡生堂钞本。

（明）申时行：《大明会典》卷三十三户部二十，明万历内府刻本。

（明）汪砢玉《古今鹾略》补卷八，清钞本。

（明）谢肇淛《滇略》卷十，清文渊阁四库全书本。

（清）鄂尔泰：雍正《云南通志》卷四，清文渊阁四库全书本。

赵尔巽等撰：《清史稿》（一）卷一至卷二四，吉林人民出版社 1998 年版。

二　著书类

［美］弗里斯：《欧洲的城市化：1500—1800 年》，朱明译，商务印书馆 2014 年版。

［美］刘易斯：《城市发展史——起源、演变与背景》，宋俊岭、倪文彦译，中国建筑工业出版社 2005 年版。

［美］施坚雅：《中国农村的市场和社会结构》，史建云、徐秀丽译，中国社会科学出版社1998年版。

［美］施坚雅编：《中华帝国晚期的城市》，叶光庭等译，中华书局2008年版。

［美］西敏司：《甜与权力——糖在近代历史上的地位》，王超、朱健刚译，商务印书馆2015年版。

［英］吉登斯：《现代性的后果》，田禾译，译林出版社2000年版。

陈春声：《市场机制与社会变迁——18世纪广东米价分析》，中国人民大学出版社2010年版。

陈光：《小城镇发展研究》，天津人民出版社2000年版。

陈国灿：《江南农村城市化历史研究》，中国社会科学出版社2004年版。

陈一筠主编：《城市化与城市社会学》，光明日报出版社1986年版。

陈映芳：《城市中国的逻辑》，生活·读书·新知三联书店2012年版。

段成荣：《人口迁移研究理论与方法》，重庆出版社1998年版。

费孝通：《小城镇四记》，新华出版社1985年版。

费孝通：《费孝通文集》第2卷，群言出版社1999年版。

费孝通：《论小城镇及其他》，天津人民出版社1986年版。

［美］费正清、赖肖尔：《中国：传统与变革》，陈仲丹等译，江苏人民出版社1992年版。

傅衣凌：《明清社会经济史论文集》，人民出版社1982年版。

国务院研究室课题组：《小城镇发展政策与实践》，中国统计出版社1994年版。

黄培林、钟长永主编：《滇盐史论》，四川人民出版社1997年版。

黄宗智：《华北的小农经济与社会变迁》，法律出版社2013年版。

贾植芳：《近代中国经济社会》，岳麓书社2013年版。

蒋彬：《四川藏区城镇化与文化变迁：以德格县更庆镇为个案》，巴蜀书社2005年版。

科大卫：《皇帝与祖宗：华南的国家与宗族》，卜永坚译，江苏人民出版社2009年版。

李从军：《迁徙风暴：城镇化建设启示录》，新华出版社2013年版。

李培林：《村落的终结》，商务印书馆2010年版。

李强等:《多元城镇化与中国发展》,社会科学文献出版社2013年版。
刘德法:《生命的盐》,中国文史出版社2006年版。
刘石吉:《明清时代江南市镇研究》,中国社会科学出版社1987年版。
陆益龙:《嵌入性政治与村落经济的变迁:安徽小岗村调查》,上海人民出版社2007年版。
罗应光:《云南特色城镇化之路》,云南人民出版社2014年版。
马学良等:《彝族文化史》,上海人民出版社1989年版。
孟悦、罗钢:《物质文化读本》,北京大学出版社2008年版。
任放:《中国市镇的历史研究与方法》,商务印书馆2010年版。
舒瑜:《微盐大义——云南诺邓盐业的历史人类学考察》,世界图书出版公司2010年版。
宋俊岭:《中国城镇化知识15讲》,中国城市出版社2001年版。
王笛:《跨出封闭的世界——长江上游区域社会研究(1644—1911)》,中华书局2001年版。
王铭铭:《逝去的繁荣:一座老城的历史人类学考察》,浙江人民出版社1999年版。
王晓毅:《血缘与地缘》,浙江人民出版社1993年版。
吴滔:《清代江南市镇与农村关系的空间透视——以苏州地区为中心》,上海古籍出版社2010年版。
吴兴帜:《延伸的平行线:滇越铁路与边民社会》,北京大学出版社2012年版。
肖桂云等:《农村社会学》,中国审计出版社2001年版。
许学强:《中国小市镇的发展》,中山大学出版社1987年版。
杨懋春:《一个中国村庄:山东台头》,张雄等译,江苏人民出版社2001年版。
[美]詹姆斯·C.斯科特:《国家的视角:那些试图改善人类状况的项目是如何失败的》,王晓毅译,社会科学文献出版社2012年版。
赵建国:《人的迁移与传播》,中国社会科学出版社2012年版。
赵敏:《隐存的白金时代:洱海区域盐井文化研究》,云南人民出版社2011年版。
赵启林:《中国盐文化史》,大象出版社2009年版。
折晓叶:《村庄的再造:一个超级村庄的社会变迁》,中国社会科学出版社1997年版。

周大鸣:《现代都市人类学》,中山大学出版社1997年版。

周大鸣:《中国乡村都市化》,广东人民出版社1996年版。

三 论文类

(一) 期刊、论文集类

[美] 李中清:《明清时期中国西南的经济发展与人口增长》,载《清史论丛》第五辑,北京中华书局1984年版。

《改进盐丰教育的若干问题》,《滇黔月刊》第三卷第一期。

《云南区呈报封闭白井场安丰井之备案》,《盐务汇刊》1936年第104期。

卜希霆、齐骥:《新型城镇化的文化路径》,《现代传播》2013年第7期。

陈峰:《改革开放三十年我国城镇化进程和城市发展的历史回顾和展望》,《规划师》2009年第1期。

陈映芳:《"城市化"质疑》,《读书》2004年第2期。

丁元竹:《费孝通城镇化思想:特色与启迪》,《江海学刊》2014年第1期。

董咸庆:《清代云南食盐产销的独特性》,载云南大学历史系编《史学论丛》(第五辑),云南大学出版社1993年版。

董阳、王娟:《从"国家的视角"到"社会建构的视角"——新型城镇化问题研究综述》,《城市发展研究》2014年第3期。

杜树海:《山民与国家之间——詹姆斯·斯科特的佐米亚研究及其批评》,《世界民族》2014年第2期。

杜雪飞:《技术、制度、利益与生态环境变迁——云南黑井地区盐矿生产的生态环境史研究》,《思想战线》2012年第6期。

费孝通:《论中国小城镇的发展》,《中国农村经济》1996年第3期。

顾朝林、吴莉娅:《中国城市化研究主要成果综述》,《城市问题》2008年第12期。

黄仁宗:《对我国户籍制度改革价值取向的反思》,《中国行政管理》2003年第1期。

姜爱林：《中国城镇化理论研究回顾与述评》，《城市规划汇刊》2002年第3期。

姜道章：《明代的盐业》，《中国文化大学地理学系地理研究报告》2000年第13期。

姜道章：《清代的盐业历史地理》，《中国文化大学地理学系地理研究报告》1999年第12期。

焦华富、陆林：《西方资源型城镇研究的进展》，《自然资源学报》2000年第3期。

科大卫：《告别华南研究》，载华南研究会编《学步与超越：华南研究会论文集》，香港文化创造出版社2004年版。

李培林：《巨变：村落的终结》，《中国社会科学》2002年第1期。

李源：《云南盐业生产与生态、环境保护问题》，《中国井矿盐》1990年第6期。

林文勋：《明清时期内地商人在云南的经济活动》，《云南社会科学》1991年第1期。

刘志军：《论城市化定义的嬗变与分歧》，《中南民族大学学报》2006年第2期。

刘志伟：《"遗产"的现代性——〈文与物：国保单位佛山东华里的构建〉序》，《开放时代》2013年第5期。

刘志伟：《祖先谱系的重构及其意义：珠江三角洲一个宗族的分析》，《中国社会经济史研究》1992年第4期。

陆韧：《明代汉族移民与云南城镇发展》，《云南社会科学》1999年第6期。

梅雪芹：《中国环境史研究的过去、现在和未来》，《史学月刊》2009年第2期。

乔素玲、黄国信：《中国宗族研究：从社会人类学到社会历史学的转向》，《社会学研究》2009年第4期。

任放：《20世纪明清市镇经济研究》，《历史研究》2001年第5期。

舒瑜：《物的生命传记：读〈物的社会生命：文化视野中的商品〉》，《社会学研究》2007年第6期。

宋良曦：《中国盐业的行业偶像与神祇》，《盐业史研究》1998年第2期。

文军：《农民市民化》，《开放时代》2009年第8期。

吴良镛：《面对城市规划"第三个春天"的冷静思考》，《城市规划》2002年第2期。

吴闫：《我国小城镇概念的争鸣与界定》，《城镇化研究》2014年第6期。

熊月之、张生：《中国城市史研究综述（1986—2006）》，《史林》2008年第1期。

徐建平、文正祥：《清代云南盐业法律制度与工商市镇的形成和发展》，《广西社会科学》2009年第12期。

徐康宁、韩剑：《中国区域经济的"资源诅咒"效应：地区差距的另一种解释》，《经济学家》2005年第6期。

薛暮桥：《农产商品化和农村市场》，《中国农村》1935年第2卷第7期。

杨庭硕：《目前生态环境史研究中的陷阱和误区》，《南开大学学报》2009年第2期。

杨煜达：《清代中期（公元1726—1855年）滇东北的铜业开发与环境变迁》，《中国史研究》2004年第3期。

尹绍亭、赵文娟：《人类学生态环境史研究的理论和方法》，《广西民族大学学报》2007年第3期。

尹绍亭：《人类学的生态文明观》，《中南民族大学学报》2013年第2期。

张鸿雁：《中国新型城镇化理论与实践创新》，《社会学研究》2013年第3期。

张继焦：《英美人类学界对都市的研究》，《国外社会科学》1992年第9期。

张新光：《新中国农民生活方式60年变迁与反思》，《现代经济探讨》2009年第9期。

赵世瑜：《庙会与明清以来的城乡关系》，《清史研究》1997年第4期。

赵小平、肖世华：《八十年来云南盐业史研究综述》，《盐业史研究》2014年第3期。

赵旭东：《平常的日子与非常的控制——一次晚清乡村危机及其社会

结构的再思考》,《民俗研究》2013 年第 3 期。

周大鸣、郭正林:《论中国乡村都市化》,《社会科学战线》1996 年第 5 期。

周大鸣:《城市文化职能论——都市人类学研究》,《广西民族学院学报》1997 年第 3 期。

周大鸣:《未来的城市与都市人类学——都市人类学研究(下)》,《广西民族学院学报》1997 年第 4 期。

(二) 硕博论文

代启福:《人、资源与自治:凉山矿产和雅克玛森林开发案例研究》,博士学位论文,中央民族大学,2013 年。

韩全芳:《矿山社区分化与社区重构——云南大姚铜矿的变迁研究》,博士学位论文,中山大学,2009 年。

李何春:《动力与桎梏:澜沧江峡谷的盐与税》,博士学位论文,中山大学,2014 年。

李清清:《唐代西南地区盐的产销及其在经济社会中的作用》,硕士学位论文,西南大学,2010 年。

张崇荣:《清代白盐井盐业与市镇文化研究》,硕士学位论文,华中师范大学,2014 年。

四 外文文献

Adema and Pauline, *Garlic Capital of the World*:*Gilroy*,*Garlic*,*and the Making of a Festive Foodscape*, Jackson : University Press of Mississippi, 2009.

Appadurai ed. , *The Social Life of Things*:*Commodities in Cultural Perspective*, New York:Cambridge University Press, 1988.

N. , Boivin *Material Cultures*,*Material Minds*:*The Impact of Things Human Thought*,*Society*,*and Evolution*, New York:Cambridge University Press, 2008.

G. A. , Davis, J. E. Tilton, "The Resource Curse", *Natural Resources Forum*, 2005 (29).

A. M. , Gill, "Enhancing Social Interaction in New Resource Towns:Planning Perspectives", *Journal of Economic and Social Geography* (*TESG*), 1990 (5).

James C. Scott, *The Art of Not Being Governed: An Anarchist History of Upland Southeast Asia*, New Haven: Yale University Press, 2009.

Lash and Scott, *Another Modernity: A Different Rationality*, Oxford: Blackwell, 1999.

Miller and Daniel, *Material Culture and Mass Consumption*, Oxford: Blackwell, 1987.

索 引

白盐井 Baiyanjing 4－8，32，37，38，44，47－54，56－58，60－67，69，71－73，75－148，150－186，193，198，199，202，204，206－209，211－223，225，227－242，245，246，248，254－256，258，262，263，283，284，289，292，295－297，299－302，304，305，313

城乡关系 Urban-rural relations 11，15，21，23，24，41，124

城乡协调 Urban-rural coordination 1，4，6，7，9－14，16，17，20－22，26，29，36－39，41－50，101，123，124，126，128，139，140，145，147，163，171－173，183，194，199，202，204，221，232，233，235，241，242，249，250，253，267，268，270，276，277，280，290－295，297，299－301，303－311，313－319

城镇化 Urbanization 9，16，22，33，38，124，143，196，199，200，202，271，304，309

城镇人口 Town population

滇盐 Yunnan salt 3，66，100，109，110，122，124，173，174，178，184，216，218－220，222，226，236

都市人类学 Urban anthropology 13，15，16

多元生计 Multiple livelihoods 9，193，196，293

多元信仰 Diverse beliefs 166，171

非农人口 Non-agricultural population 123

国家角色 National role 37，39，294，311，319

经济中心 Economic center 6，124，125，292

井盐 Well salt 3，6－8，28，32，50，52，58－61，76，78－80，82－84，91，95，99－101，103，106，108，112，113，115，126－128，138，142，147，148，150，173，174，176，178－180，185，202，204－207，209，211，212，215－221，223，227－229，231，234，239，241，242，296，297，302

农村城镇化 Rural urbanization

商品化 Commercialization 14，30，124，250，298，302

施坚雅模式 The Skinner model 23

石羊古镇 Old Shiyang Town 1－5，7，9，20，22，26，32，36－45，47，

49，51，65，66，132，151，158，160，161，166，168，171，183，186，190，196，242，244，247，249，251－256，258，260－262，265－268，270－280，282，283，285，288－295，297，300－305，307－310，313－317，319

食盐贸易 Salt trade　28

私盐 Private salt　2，26，27，51，71，76，113，117，165，214，225，226，228，231，238

文化变迁 Cultural change　17，18

文化转型 Cultural transformation　17－20，22，37，276

文化资本 Cultural capital　39，40，62，99，160，247，250，259，303

文化资源 Cultural resources　22，39，44，49，61，157，252，254，256，261，279，281，294，296，297，299，313

物的社会生命 The social life of objects　1，29－31，39，297－299

物质文化 Material culture　29，30，264，296－299

乡村都市化 Rural urbanization　10，13－18，22

乡土中国 Rural China　21，41，171

盐 Salt　1，7，29，58

盐丰县 Yanfeng County　7，8，49－51，77，100，122，125，127，128，132，134，138，157，177，180，181，185，189，196，199，201，209，210，217，221，234，236－238，240，256，287

盐工 Salt worker　67－71，73，74，104，158，165，191，199，219，285，292

盐官 Salt official　47，49，65，78，100，113，176，217，226，228，245

盐井 Salt well　6，7，9，28，32

盐业时代 Era of salt plants　2，4，9，37，40，52，61，73，106，124，126，182，190，205－208，212，215，218，245，247，254，255，299，301，303，319

移民社会 Immigrant society　85，158，163，171，292

以卤代耕 Replacing farming by brine　50，51，108，120，126，173，193，208，215，217，219，285，291－293，302

资源型城镇 Resource－based towns　3，4，33－35，37，145，204

后　　记

　　本书是在我博士论文的基础上修改而成的，抱歉的是因为自己的才疏学浅，未能给自己的研究画上一个完美的惊叹号，而姑且以平静的句号来完结。句号的得以完结，也并非我的一己之力，而全凭了在我身边一直陪伴我、支撑我的人与物。在这里，我最想表达的就是"感谢"的心情与言语。愿意收下我，不嫌我愚讷，一直鼓励我的恩师；陪我分享与分担的同窗好友；在大理大学工作所遇到的同事与朋友；在云南民族大学读博士后的机会；天天都欣赏不够的校园……这些我都要感谢。

　　书稿的顺利完成，首先感谢我的博士导师周大鸣教授，我是他众多学生中最最普通的一个，但他总能发现每个学生的长处，用欣赏的眼光看待每个学生，是他给了我做学问的信心。读博期间，导师在我的成长之路上尽心尽力：在学术上，出经费给我多次田野调查的机会，从调查到论文，导师必亲力亲为地指导。同时感谢马丁堂可亲可敬的老师们，你们讲授的课程、茶余饭后与交流，都让我受益良多，真诚地谢谢你们。我的硕士导师张实教授也一直牵挂着我的论文、学习与工作，谢谢您，开启我的学术之路。也非常感谢云南民族大学民族学博士后流动站给我继续深造的机会，感谢本书的出版，能有第八批中国社会科学博士后文库的出版资助。感谢沈海梅老师可以作为我博士后工作期间的合作导师，感谢您赐予我的学术理想与学术热情。

　　感谢我遇见的可爱的同窗和朋友们，张超、韦小鹏、郑燕姬、王君、廖子宜、蒲涛、邹礼跃、王健……我们常常一起讨论论文，分享生活，有了你们的陪伴，我的博士生活变得色彩斑斓。感谢周门的师兄师姐、师弟师妹们对我论文进展的关心和生活的关照。同时，从文献收集、田野调查到论文成型，一直有云南大学历史系娄贵品副教授的帮助与鼓励；兰州大学张超副教授为我的论文提出了专门的修改意见，并帮我处理很多技术性难题。在论文的后期处理中，五邑大学的黄文保老师细心通读全文，帮我指正相关的历史专业问题；陈世明师弟、蒋梦洋师妹帮我指出文中的错别字等，谢谢你们，没有你们，我的论文也是不可能顺利完成的。

书稿的顺利完成，要感谢田野里给我关心与帮助的人。感谢我的关键报道人——张国信老师，在数月的时间里，感谢他让我分享了他的时间和学识。遗憾他未能见到我的书稿成书就离去，祝福您在天堂安好。感谢王学武、罗用衮、范国培等当地人，耐心为我讲述古镇的点滴，费心为我提供资料，将我所做之事当作了自己的事情来做。也感谢大姚县县委书记陆积峰，大姚县宣传部部长肖燕，大姚县文联主席起云金，石羊镇政府的罗世全、李国荣、李红亮，大姚县李一平基金会的钟开元、初怀雄、张洪源等，感谢大姚县档案馆、大姚县图书馆等对我调查的帮助。是你们，让我度过了一个没有阻力与压力的田野调查时光，谢谢你们。在此，祝愿你们平安吉祥，祝愿石羊古镇的明天越来越好。

也特别感激我毕业以来工作的单位，大理大学民族文化研究院。原赵敏院长、现寸云激院长，你们对我学术的指导，已变成我这本书思想的一部分。还要感谢杨红斌、殷群、李学龙、王伟、陶琳、黄正良、李亚融、高瑜、杨德爱、缪芸、由申、沈玉菲、沈满琳、潘文良、何畏、潘宝、雷宝、郭硕知、杜新燕、颜文强、罗勇、刘艺兰、侯小纳、马良成、王丽梅、周维佳、张爱谷等我的领导、前辈与同事，是你们赐予我一个其乐融融的工作学习环境，谢谢你们对我的爱。

此书能够顺利出版，需要感谢第八批《中国社会科学博士后文库》的出版资助，尤其需要感谢中国社会科学出版社王琪编辑，谢谢您的严谨与耐心，帮我发现了书稿中我未曾发现的问题。

最后，要感谢我的家人，谢谢你们对我一如既往的支持。父亲热衷我的研究，每当我有文字出炉，他总是要看看，与我交流，并将我写的文章锁到保险柜里，谢谢您对我满怀信心的鼓励。不识字的母亲虽然不知道我在学些什么，但她浑身上下散发的坚韧与温柔，总能给我温暖与幸福。

以上的感激权且化作新的动力，作为学者，我们需要的是真正的好奇而不是简单的信条，真诚的求真而不是懒散的接纳，系统的探讨而不是时髦的答案，质疑而不是给定的一切。以本书的出版作为我学术的一个终点和另外一个开端，虽道阻且长，但仍星汉灿烂。

2019 年 7 月 26 日

李陶红

第八批《中国社会科学博士后文库》专家推荐表1

《中国社会科学博士后文库》由中国社会科学院与全国博士后管理委员会共同设立,旨在集中推出选题立意高、成果质量高、真正反映当前我国哲学社会科学领域博士后研究最高学术水准的创新成果,充分发挥哲学社会科学优秀博士后科研成果和优秀博士后人才的引领示范作用,让《文库》著作真正成为时代的符号、学术的标杆、人才的导向。

推荐专家姓名	周大鸣	电话	
专业技术职务	教授	研究专长	族群与区域文化
工作单位	中山大学人类学系	行政职务	
推荐成果名称	《咸的历程——明清以来云南石羊古镇城镇化研究》		
成果作者姓名	李陶红		

(对书稿的学术创新、理论价值、现实意义、政治理论倾向及是否具有出版价值等方面做出全面评价,并指出其不足之处)

此书稿是在作者博士论文的基础上花费两年的时间修改而成的,博士论文阶段由我全程指导,其后作者在独立研究的过程中又进行了细致修改。

此书稿是对城镇化的在地化研究,中国的城镇化,过多受到西方城镇化进程与研究的影响,此研究以云南石羊古镇为个案,通过扎实的田野调查,梳理与总结具有历史个性(资源型城镇)的城镇化特征。

具体来看,此书稿在历时性的城镇化研究中,以"盐"为切入点,意在抽离出在长时段的城镇化中,影响石羊古镇城镇化的关键因素:资源、市场、人的流动、国家角色,这几个要素在城镇化进程的各个阶段互为作用。研究延伸了对城镇化时间维度的和中国本土维度的考量,具有城镇化理论的对话与思考,尤其对资源型城镇"资源诅咒"的回应,既具有理论意义,也充满现实意义。

此书稿政治方向正确,同时达到博士后文库出版要求,具有出版价值,特别推荐给予出版,同时,在出版前,再加强此书稿的理论提升。

签字:周大鸣
2018年11月23日

说明:该推荐表须由具有正高级专业技术职务的同行专家填写,并由推荐人亲自签字,一旦推荐,须承担个人信誉责任。如推荐书稿入选《文库》,推荐专家姓名及推荐意见将印入著作。

第八批《中国社会科学博士后文库》专家推荐表2

《中国社会科学博士后文库》由中国社会科学院与全国博士后管理委员会共同设立，旨在集中推出选题立意高、成果质量高、真正反映当前我国哲学社会科学领域博士后研究最高学术的创新成果，充分发挥哲学社会科学优秀博士后科研成果和优秀博士后人才的引领示范作用，让《文库》著作真正成为时代的符号、学术的标杆、人才的导向。

推荐专家姓名	沈海梅	电话	
专业技术职务	教授	研究专长	西南民族与区域文化
工作单位	云南民族大学云南民族研究所	行政职务	
推荐成果名称	《咸的历程——明清以来云南石羊古镇城镇化研究》		
成果作者姓名	李陶红		

（对书稿的学术创新、理论价值、现实意义、政治理论倾向及是否具有出版价值等方面做出全面评价，并指出其不足之处）

此研究具有扎实的田野调查，有丰富的历史文献资料与当下的田野调查资料，充分运用了历史人类学研究方法，对所选田野点400余年长时段的历史梳理与概括显示出研究的既有功力。也正基于丰富的文献资料的把握，整个研究显得比较有厚度。

此研究有明确的问题意识，并有相关的理论回应。研究呈现中国特有的以盐为代表的资源型城镇的发展脉络，是一篇典型的通过"物的研究"来呈现城镇化形态的民族志。为了讲清楚石羊古镇的"城长"历程，笔者切入物的社会生命研究视角，将当地的"盐"作为故事的主角，即"咸的历程"。盐之咸作为人类天性中非常普遍的味觉体验，且是不可或缺的体验，在当地城镇化中扮演了重要角色。盐在城镇化的不同阶段扮演了不同的资源优势，呈现阶段式的资源优势特征，当地盐业资源的变迁史也就是一部石羊古镇的城镇化历程史。同时，整个研究以盐业资源为中心的同时，能够拓展讨论始终影响城镇发展的资源、市场、人的流动与国家角色要素的互动。主线清晰，同时体现研究的深度与广度。

综合以上，此研究政治理论导向正确，在学术创新、理论价值、现实意义方面均有表达与回应，符合作为一位民族学博士后的研究水准，特别推荐入选《中国社会科学博士后文库》。同时，在出版前建议再细致修改书稿，做到尽其所能地完善。

签字：沈海梅
2018年11月22日

说明：该推荐表须由具有正高级专业技术职务的同行专家填写，并由推荐人亲自签字，一旦推荐，须承担个人信誉责任。如推荐书稿入选《文库》，推荐专家姓名及推荐意见将印入著作。